2021 湖州统计年鉴

HUZHOU STATISTICAL YEARBOOK

湖州市统计局
国家统计局湖州调查队 编

中国统计出版社
China Statistics Press

图书在版编目（CIP）数据

湖州统计年鉴. 2021 = Huzhou Statistical Yearbook 2021 / 湖州市统计局, 国家统计局湖州调查队编. -- 北京 : 中国统计出版社, 2021.10
ISBN 978-7-5037-9684-5

Ⅰ. ①湖… Ⅱ. ①湖… ②国… Ⅲ. ①统计资料－湖州－2021－年鉴 Ⅳ. ①C832.553-54

中国版本图书馆CIP数据核字(2021)第200716号

湖州统计年鉴—2021

作　　者/ 湖州市统计局　国家统计局湖州调查队
责任编辑/ 钟　钰
装帧设计/ 湖州吴兴立达数码快印有限公司
出版发行/ 中国统计出版社有限公司
地　　址/ 北京市丰台区西三环南路甲6号　邮政编码/ 100073
电　　话/ 邮购（010）63376909　书店（010）68783171
网　　址/ http://www.zgtjcbs.com
印　　刷/ 湖州吴兴立达数码快印有限公司
经　　销/ 新华书店
开　　本/ 890mm × 1240mm　1/16
字　　数/ 742千字
印　　张/ 28.25　彩页 0.25
版　　别/ 2021年10月第1版
版　　次/ 2021年10月第1次印刷
定　　价/ 300.00元

如有印装差错，由本社发行部调换。

编 辑 说 明

一、《湖州统计年鉴—2021》是一本信息密集、资料翔实的资料性年刊。它通过大量的统计数据全面系统地记载了湖州经济和社会发展情况以及改革开放以来取得的新进展、新成就。

二、全书内容共分综合，人口、劳动力、职工人数、基本单位，农林牧渔业，工业、能源、用水，交通运输、邮政、电信，固定资产投资、建筑业，国内贸易、外资、外贸、旅游，财政、金融、保险、证券，职工工资、居民生活、物价，科技、教育、文艺、体育、卫生、广电，城建、环保、水利、气象、林业、民政福利、社保、公积金、治安、档案、技术监督，全省分市县、长三角城市主要经济指标等共12个篇章。为便于读者使用，每篇章后附有主要统计指标解释。

三、本年鉴收录的数据以2020年为主，增列了历年来我市部分重要指标的统计数据，部分指标增列了主要年份数据，以满足不同的需要。主要行业统计范围：①规模以上工业，年主营业务收入2000万元及以上的工业法人单位；②限额以上批发和零售业，年主营业务收入2000万元及以上的批发业、年主营业务收入500万元及以上的零售业法人单位；③限额以上住宿和餐饮业，年主营业务收入200万元及以上住宿和餐饮业法人单位；④固定资产投资，计划总投资500万元及以上项目和全部房地产开发投资；⑤房地产开发经营业包括全部房地产开发经营业法人单位。

四、本年鉴对以往发布的数据资料重新予以核实，对部分数据作了调整，凡与本年鉴有出入的，均以本年鉴为准。

五、本年鉴中“#”表示其中项，“空格”表示无该项指标数据或数据不详，“…”表示数据不足该表最小单位数。

六、本年鉴涉及吴兴区的统计指标分两种口径，请注意区别：一是包括全区整个区域范围的大口径，即包括南太湖新区，年鉴中一般以“吴兴区”表示；二是不包括南太湖新区的小口径，年鉴中一般以“吴兴”表示。

在《湖州统计年鉴—2021》编辑过程中我们得到了各级领导和有关部门的大力支持与协助，在此表示衷心的感谢！同时，我们殷切期望社会各界继续给予支持并欢迎提出宝贵意见。

目　录

一、综　合

1-1　地理位置……1

1-2　行政区划……1

1-3　主要年份国民经济主要指标……2

1-3　主要年份国民经济主要指标……3

1-4　主要年份湖州的一天……4

1-5　历年湖州的人均水平（一）……5

1-5　历年湖州的人均水平（二）……6

1-5　历年湖州的人均水平（三）……7

1-6　湖州占全省比重……8

1-7　历年分县区生产总值……9

1-8　历年分县区生产总值增长速度……10

1-9　历年分县区生产总值发展指数……11

1-10　历年分县区人均生产总值……12

1-11　历年分县区人均生产总值增长速度……13

1-12　历年分县区人均生产总值发展指数……14

1-13　历年分产业生产总值……15

1-14　历年分产业生产总值增长速度……16

1-15　历年分产业生产总值发展指数……17

1-16　历年分产业生产总值构成……18

1-17　历年市区分产业生产总值……19

1-18　历年市区分产业生产总值增长速度……20

1-19　历年市区分产业生产总值发展指数……21

1-20　历年德清县分产业生产总值……22

1-21　历年德清县分产业生产总值增长速度……23

1-22　历年德清县分产业生产总值发展指数……24

1-23　历年长兴县分产业生产总值……25

1-24　历年长兴县分产业生产总值增长速度……26

1-25　历年长兴县分产业生产总值发展指数……27

1-26　历年安吉县分产业生产总值……28

1-27　历年安吉县分产业生产总值增长速度……29

1-28　历年安吉县分产业生产总值发展指数……30

1-29 分县区分行业生产总值（一）......31
1-29 分县区分行业生产总值（二）......32
1-30 分县区分行业生产总值增长速度......33
1-30 分县区分行业生产总值增长速度......34
主要统计指标解释......35

二、人口、劳动力、职工人数、基本单位

2-1 历年年末户籍户数、人口数......37
2-2 历年市区年末户籍户数、人口数......38
2-3 历年全市户籍人口变动情况......39
2-4 历年市区户籍人口变动情况......40
2-5 分县区年末户籍人数与人口变动情况......41
2-6 分县区计划生育情况......42
2-7 历年劳动力资源与从业人员数......43
2-8 历年全社会从业人员数......44
2-9 规上单位年末从业人员......45
2-10 分县区规上单位年末从业人员......46
2-11 规上单位从业人员平均人数......47
2-12 分县区规上单位在岗职工人数......48
2-13 分县区法人单位数（一）......49
2-13 分县区法人单位数（二）......50
2-13 分县区法人单位数（三）......51
2-13 分县区法人单位数（四）......52
2-13 分县区法人单位数（五）......53
2-13 分县区法人单位数（六）......54
2-13 分县区法人单位数（七）......55
2-13 分县区法人单位数（八）......56
主要统计指标解释......57

三、农林牧渔业

3-1 分县区农村基本情况......59
3-2 历年农林牧渔业产值......60
3-3 历年农林牧渔业产值增长速度......61

3-4 历年农林牧渔业产值发展指数……62
3-5 分县区农林牧渔业产值……63
3-6 农、林、牧、渔业增加值……64
3-7 历年主要农产品生产……65
3-8 历年主要农产品产量……66
3-9 主要年份农作物播种面积……67
3-10 分县区农作物播种面积……68
3-11 主要年份农作物产量……69
3-12 分县区农作物产量……70
3-13 主要年份农作物单产……71
3-14 分县区农作物单产……72
3-15 主要年份畜牧业生产……73
3-16 分县区畜牧业生产……74
3-17 分县区茶叶和园林水果生产……75
3-18 分县区林业生产……76
3-19 分县区渔业生产……77
3-20 分县区农业机械年末拥有量……78
3-21 分县区农田水利……79
3-22 分乡镇基本情况（一）……80
3-22 分乡镇基本情况（一）……81
3-23 分乡镇基本情况（二）……82
3-23 分乡镇基本情况（二）……83
主要统计指标解释……84

四、工业、能源、用水

4-1 分县区规模以上工业总产值……85
4-2 分县区规模以上工业单位数……87
4-3 分县区规模以上工业主要指标……89
4-4 分行业规模以上工业主要指标……91
4-5 市区分行业规模以上工业主要指标……93
4-6 分县区规模以上工业增加值……95
4-7 历年用电量……98
4-8 分县区供电量、用电量……99
4-9 历年主要能源消费量……101

4-10 历年市区主要能源消费量 …… 102
4-11 分县区主要能源消费量 …… 103
4-12 分行业主要能源品种消费量 …… 105
4-13 历年节能降耗情况 …… 106
4-14 分县区节能降耗情况 …… 107
主要统计指标解释 …… 109

五、交通运输、邮政、电信

5-1 历年客运情况 …… 111
5-2 历年货运情况 …… 112
5-3 历年通车、航道里程 …… 113
5-4 历年分县区公路通车里程 …… 114
5-5 历年民用汽车拥有量 …… 115
5-6 历年营业性客、货运输汽车拥有量 …… 116
5-7 历年船舶拥有量 …… 117
5-8 分县区公路通车、航道通航情况 …… 118
5-9 分县区全社会客、货运情况 …… 119
5-10 分县区民用汽车、摩托车年末拥有量 …… 120
5-11 分县区营业性公路运输工具年末拥有量 …… 121
5-12 分县区全社会水路运输工具年末拥有量 …… 122
5-13 历年邮政电信主要指标 …… 123
5-14 分县区电信业主要指标 …… 124
主要统计指标解释 …… 125

六、固定资产投资、建筑业

6-1 历年分县区全社会固定资产投资 …… 127
6-2 历年分县区全社会固定资产投资增长速度 …… 128
6-3 历年分县区全社会固定资产投资发展指数 …… 129
6-4 历年限额以上固定资产投资 …… 131
6-5 分县区固定资产投资 …… 133
6-6 分县区国有及国有控股固定资产投资 …… 145
6-7 分县区非国有经济固定资产投资 …… 157
6-8 分县区私营个体经济固定资产投资 …… 169

6-9 分县区港澳台经济固定资产投资 181
6-10 分县区外商经济固定资产投资 193
6-11 历年房地产开发投资 205
6-12 分区县房地产开发投资 207
6-13 建筑业企业生产情况 219
主要统计指标解释 220

七、国内贸易、外资、外贸、旅游

7-1 历年分县区社会消费品零售总额 223
7-2 历年分县区社会消费品零售总额增长速度 224
7-3 历年分县区社会消费品零售总额发展指数 225
7-4 历年社会消费品零售总额分类情况（一） 226
7-4 历年社会消费品零售总额分类情况（二） 227
7-5 历年限额以上批发零售业主要指标 228
7-6 主要年份限额以上连锁总店（公司）经营情况 229
7-7 限额以上连锁总店（公司）经营情况 231
7-8 限额以上批发零售业法人企业基本情况 232
7-9 市区限额以上批发零售业法人企业基本情况 236
7-10 限额以上批发零售业法人企业购销存情况 240
7-11 市区限额以上批发零售业法人企业购销存情况 244
7-12 分县区限额以上批发零售业法人企业主要财务指标 248
7-13 历年限额以上住宿和餐饮业主要指标 249
7-14 限额以上住宿和餐饮业法人企业基本情况 250
7-15 市区限额以上住宿和餐饮业法人企业基本情况 252
7-16 分县区限额以上住宿和餐饮业法人企业主要财务指标 254
7-17 历年商品交易市场数量 255
7-18 商品交易市场分类成交情况 256
7-19 亿元以上商品交易市场分类成交情况 257
7-20 历年亿元以上商品交易市场情况 258
7-21 历年全市对外经济主要指标 259
7-22 历年市区对外经济主要指标 260
7-23 历年德清县对外经济主要指标 261
7-24 历年长兴县对外经济主要指标 262
7-25 历年安吉县对外经济主要指标 263

7-26　外商直接投资……264
7-27　分行业外商直接投资……265
7-28　进出口贸易……266
7-29　主要进出口产品情况表……267
7-30　历年旅游业主要指标……268
7-31　分县区旅游业主要指标……269
7-32　主要景区门票收入及接待人数……270
主要统计指标解释……271

八、财政、金融、保险、证券

8-1　历年分县区财政总收入……273
8-2　历年分县区财政总收入增长速度……274
8-3　历年分县区财政总收入发展指数……275
8-4　历年分县区地方财政收入……276
8-5　历年分县区地方财政收入增长速度……277
8-6　历年分县区地方财政收入发展指数……278
8-7　历年分县区地方财政税收收入……279
8-8　主要年份财政收入（一）……280
8-8　主要年份财政收入（二）……281
8-9　分县区财政收入……282
8-10　历年分县区财政支出……283
8-11　历年分项目财政支出……284
8-12　主要年份财政支出（一）……285
8-12　主要年份财政支出（二）……286
8-13　分县区财政支出……287
8-14　分县区税务系统税收征收情况……288
8-15　历年金融业主要指标……290
8-16　主要年份金融机构人民币信贷收支（一）……291
8-16　主要年份金融机构人民币信贷收支（二）……292
8-17　分县区金融机构本外币信贷收支……293
8-18　主要年份金融机构现金收支……294
8-19　主要年份证券交易情况……295
8-20　历年保险业主要指标……296
8-21　历年市区保险业主要指标……298

主要统计指标解释 300

九、职工工资、居民生活、物价

9-1 分县区规上私营单位在岗职工工资总额 301
9-2 分县区规上单位在岗职工平均工资 302
9-3 规上单位从业人员劳动报酬（一） 303
9-3 规上单位从业人员劳动报酬（二） 304
9-4 分县区规上单位从业人员劳动报酬 305
9-5 历年湖州市城乡居民收入 306
9-6 全市主要年份城乡居民主要收支指标 307
9-7 全市主要年份城乡居民每百户耐用消费品拥有量 308
9-8 历年分县区城镇居民人均可支配收入 309
9-9 历年分县区城镇居民人均可支配收入增长速度 310
9-10 年分县区城镇居民人均可支配收入发展指数 311
9-11 全市城镇居民人均收入结构 312
9-12 历年全市城镇居民人均消费支出 313
9-13 历年全市城镇每百户居民家庭主要耐用消费品拥有量 314
9-14 历年全市城镇居民生活水平 315
9-15 分县区城镇居民人均收支及每百户主要耐用消费品 316
9-16 历年分县区农村居民人均可支配收入 317
9-17 历年分县区农村居民人均可支配收入增长速度 318
9-18 历年分县区农村居民人均可支配收入发展指数 319
9-19 历年全市农村居民人均可支配收入结构 320
9-20 历年全市农村居民人均消费支出 321
9-21 历年全市农村每百户居民家庭主要耐用消费品拥有量 322
9-22 历年全市农村居民生活水平 323
9-23 分县区农村居民人均收支及每百户主要耐用消费品 324
9-24 历年市区价格指数 325
9-25 主要年份市区居民消费价格指数（一） 326
9-25 主要年份市区居民消费价格指数（二） 328
9-26 主要年份市区商品零售价格指数（一） 336
9-26 主要年份市区商品零售价格指数（二） 338
9-27 主要年份市区居民消费价格分月指数 339
9-28 主要年份市区商品零售价格分月指数 340

9-29 工业品出厂价格指数（一）……341
9-29 工业品出厂价格指数（二）……343
9-30 工业品出厂价格分月指数（一）……345
9-30 工业品出厂价格分月指数（二）……346
9-31 原材料、燃料、动力购进价格指数（一）……347
9-31 原材料、燃料、动力购进价格指数（二）……349
主要统计指标解释……351

十、科技、教育、文艺、体育、卫生、广电

10-1 主要年份科技事业基本情况……353
10-2 分县区科技事业基本情况……354
10-3 主要年份科技活动情况……355
10-4 工业企业办研发机构人员情况……356
10-5 规上工业企业研究与试验发展人员和经费支出情况……358
10-6 历年各类学校数……360
10-7 历年各级学校在校学生数……361
10-8 历年各级学校专任教师数……362
10-9 历年各级学校招生数……363
10-10 历年各级学校毕业生数……364
10-11 全市教育事业基本情况……365
10-12 市区教育事业基本情况……366
10-13 分县区基础教育普及情况……367
10-14 分县区普通中学基本情况……368
10-15 分县区小学基本情况……369
10-16 分县区中等职业教育基本情况……370
10-17 分县区幼儿教育基本情况……371
10-18 分县区文化、艺术事业基本情况……372
10-19 历年卫生事业基本情况……373
10-20 历年分县区卫生技术人员数……374
10-21 历年分县区医院床位数……375
10-22 分县区卫生机构与卫生技术人员……376
10-23 历年体育运动情况……377
10-24 分县区体育运动基本情况……378
10-25 分县区广播、电视基本情况……379

主要统计指标解释……380

十一、城建、环保、水利、气象、林业、民政福利、社保、公积金、治安、档案、技术监督

11-1 分县区市政、公用事业情况……381
11-2 主要年份中心城市建设情况……383
11-3 主要年份环境保护情况……389
11-4 分县区环境保护情况……391
11-5 分县区水利情况……395
11-6 历年气象资料……396
11-7 分县区林业建设情况……397
11-8 主要年份民政与社会福利事业……398
11-9 分县区民政与社会福利事业……399
11-10 主要年份社会保险……400
11-11 分县区社会保险……401
11-12 历年住房公积金情况……402
11-13 分县区住房公积金情况……403
11-14 主要年份社会治安……404
11-15 分县区社会治安……405
11-16 主要年份档案馆情况……406
11-17 分县区档案馆基本情况……407
11-18 主要年份标准计量、质量监督情况……408
11-19 分县区标准计量、质量监督基本情况……409

十二、长三角城市主要经济指标

12-1 长三角各城市主要经济指标（一）……411
12-1 长三角各城市主要经济指标（二）……412
12-1 长三角各城市主要经济指标（三）……413
12-1 长三角各城市主要经济指标（四）……414
12-1 长三角各城市主要经济指标（五）……415

一、综 合

1-1　地理位置

四　周	位　置
东径	119°　14’　－120°　29’
北纬	30°　22’　－31°　11’
东西长度	126 公里
南北宽度	90 公里
四邻	东接江苏省苏州（吴江）市、本省嘉兴（桐乡）市；
	南连本省杭州（余杭）市；
	西邻安徽省广德、宁国两县；
	北靠江苏省宜兴市和太湖；与苏州、无锡隔湖相望。

1-2　行政区划

	乡（个）	镇（个）	街道（个）	居委会（个）	村委会（个）	土地面积（平方公里）	户籍人口（万人）	人口密度（人/平方公里）
全　市	6	38	28	296	916	5820	268.06	461
吴兴区	1	5	13	69	146	863	63.74	739
南浔区		8	2	34	211	702	48.90	697
德清县		8	5	37	137	938	44.32	473
长兴县	2	9	4	69	206	1431	63.77	446
安吉县	3	8	4	41	168	1886	47.32	251
△市　区	1	13	15	149	405	1565	112.64	720

1-3 主要年份国民经济主要指标

	单位	1980 年	1990 年	2000 年	2010 年	2015 年	2016 年	2017 年	2018 年	2019 年	2020 年
年末总人口	万人	223.90	245.28	255.79	259.98	263.71	264.84	266.14	267.06	267.57	268.06
#非农业人口	万人	32.27	43.66	65.56	82.90						
年末从业人员数	万人	124.83	150.55	157.50	179.92	184.48	187.11	188.93	191.50	193.90	198.35
生产总值	亿元	12.23	54.99	325.23	1385.48	2223.06	2391.14	2607.86	2881.21	3122.27	3201.41
第一产业增加值	亿元	4.91	18.85	44.64	104.22	122.60	124.22	125.75	128.37	134.11	140.54
第二产业增加值	亿元	4.92	24.14	175.45	797.74	1180.73	1250.24	1360.86	1491.53	1599.62	1587.58
#工业增加值	亿元	4.32	21.38	153.80	716.62	1050.03	1111.95	1195.92	1321.42	1421.22	1420.13
第三产业增加值	亿元	2.39	12.00	105.13	483.51	919.72	1016.68	1121.25	1261.32	1388.55	1473.29
人均 GDP（按户籍人口计算）	元	548	2247	12733	53375	84287	90478	98227	108072	116801	119538
人均 GDP（按常住人口计算）	元				48241	72530	76836	82254	89215	94816	95579
农林牧渔业总产值	亿元	7.29	29.05	86.94	176.32	213.44	214.48	213.86	216.42	226.61	238.94
全社会用电量	亿千瓦时	6.53	15.77	41.72	140.15	198.91	222.20	244.33	274.80	295.02	302.23
#工业用电量	亿千瓦时	4.27	13.11	30.59	108.23	151.16	165.73	182.16	203.47	215.51	217.68
客运量	万人	1537	3078	6675	9964	6047	5006	5261	5340	5645	3542
客运周转量	亿人公里	3.86	9.71	26.75	33.29	20.91	17.87	17.17	18.48	19.32	10.60
货运量	万吨	1088	3142	6541	18108	13565	14526	16756	18783	21002	19743
货物周转量	亿吨公里	12.76	26.92	61.12	213.46	146.73	152.78	176.35	186.58	199.55	199.62
财政总收入	亿元	1.75	5.03	21.06	172.35	327.82	360.89	408.89	490.71	540.55	582.09
#地方财政收入	亿元			9.89	97.27	191.31	211.18	237.43	287.10	316.07	336.56
地方财政支出	亿元	0.61	2.54	13.25	127.12	273.74	288.62	325.02	397.54	466.87	484.42
金融机构年末人民币存款余额	亿元	3.40	24.23	268.87	1789.70	3034.64	3476.80	3963.05	4514.08	5163.75	5856.70
#住户存款	亿元	1.07	18.42	160.28	818.37	1548.15	1744.76	1904.64	2121.37	2444.97	2784.70
金融机构年末人民币贷款余额	亿元	3.36	24.65	192.52	1419.97	2509.83	2740.36	3266.82	3871.53	4818.46	5923.47

1–3　主要年份国民经济主要指标

续 1

	单位	1980 年	1990 年	2000 年	2010 年	2015 年	2016 年	2017 年	2018 年	2019 年	2020 年
全社会固定资产投资	亿元	0.87	11.75	109.34	719.98	1402.64	1592.18	1730.98			
社会消费品零售总额	亿元	5.35	21.32	149.18	516.09	963.92	1068.86	1188.15	1297.24	1409.94	1424.43
合同外资	亿美元		0.03	1.23	20.37	16.63	21.32	23.60	34.01	48.32	39.25
实到外资	亿美元		0.02	0.82	9.19	9.42	10.01	10.53	12.71	18.99	12.06
进出口总额	亿美元			6.93	69.28	102.07	102.22	113.95	134.19	136.34	163.34
#出口额	亿美元			4.63	58.61	88.55	90.16	100.56	116.83	121.60	147.98
市区商品零售物价指数	%		102.4	99.7	104.1	99.6	100.5	101.4	102.3	102.9	101.4
市区居民消费价格指数	%		102.9	101.4	104.0	101.0	101.6	101.8	102.2	103.0	102.3
城镇居民人均可支配收入	元		1988	8684	25668	42238	45794	49934	54393	59028	61743
农村居民人均纯收入	元	343	1270	4335	13288	24410	26508	28999	31767	34803	37244
普通高校在校学生数	人	1067	956	3991	24768	26947	26668	26383	26941	28834	33770
普通中专在校学生数	人	750	3040	7759	11886	11726	11894	11880	11496	10639	10973
普通中学在校学生数	万人	9.54	7.15	12.92	14.63	11.64	11.09	11.25	11.43	11.62	11.69
小学在校学生数	万人	27.18	19.44	21.6	16.01	15.58	15.79	16.03	16.66	17.28	18.07
卫生机构数	个	432	492	392	1321	1377	1391	1393	1460	1506	1496
#医院、卫生院	个	167	158	143	125	124	146	149	151	157	157
床位数	张	6789	7395	7487	10129	13568	14113	15669	16873	18276	18420
#医院、卫生院	张	6080	7005	7377	9639	13254	12836	14370	15532	16925	17080
卫生技术人员	人	6074	7201	8634	15973	20556	21407	22762	24660	25830	27120
#医师医士	人	2249	3092	4106	5871	7370	7619	8080	8847	9422	9851
职工工资总额	亿元	1.61	6.24	20.05	128.78	258.60	285.34	305.71	330.65	380.97	428.21
职工平均工资	元	741	2275	9806	36485	60454	64384	71388	80513	89631	70712

注：城镇居民人均可支配收入，2004 年起为全市口径，以前年份为市区口径；规上工业，2010 年及以前为 500 万元及以上，2011 年起为 2000 万元及以上；职工工资，2008 年–2019 年为在岗职工工资口径，2020 年为规上单位口径；固定资产投资，2011 年起为 500 万元以上；因户籍制度改革，2015 年起取消农业和非农划分口径；根据人民银行总行调整，2015 年起城乡居民储蓄变更为住户存款。

1-4 主要年份湖州的一天

	单位	2005年	2010年	2013年	2014年	2015年	2016年	2017年	2018年	2019年	2020年
生产总值	万元	17613	37958	52898	57094	60906	65511	71448	78937	85546	87710
#工业增加值	万元	8590	19633	25775	27712	28768	30464	32765	36203	38961	38908
农林牧渔业总产值	万元	2906	4831	5835	5792	5848	5876	5859	5929	6209	6546
社会消费品零售总额	万元	6514	14140	20992	23868	26409	29284	32552	35541	38628	39026
财政总收入	万元	2034	4722	7443	8102	8981	9887	11203	13444	14810	15948
#地方财政收入	万元	1089	2665	4237	4598	5241	5786	6505	7866	8659	9221
地方财政支出	万元	1208	3483	5414	6153	7500	7907	8905	10892	12791	13272
进出口总额	万美元	622	1898	2612	2737	2810	2801	3122	3676	3735	4475
#出口	万美元	547	1606	2216	2413	2439	2470	2755	3201	3331	4054
合同外资	万美元	463	558	461	431	456	584	647	932	1324	1075
实到外资	万美元	178	252	290	270	258	274	289	348	520	330
全社会固定资产投资	万元	9944	19725	29316	34053	38429	43621	47424			
#工业性投入	万元	6089	11493	14477	15606	16785	18576	19633			
房地产开发	万元	1892	3921	7333	9390	8860	7513	8251			
商品房竣工面积	平方米	6221	8577	6653	12438	6959	12140	26537			
商品房销售面积	平方米	6808	11282	8452	8355	10932	15261	20381	22164	22569	24552
客运周转量	万人公里	806	912	777	607	573	490	470	506	529	290
货物周转量	万吨公里	4178	5848	5540	3927	4020	4186	4831	5112	5467	5469
保险业务收入	万元	428	1135	1618	1732	1803	2153	2479	2757	3134	3499
通信业务收入	万元	486	715	866	846	857	893	987	999	1050	1118
结婚登记	对	45	57	69	61	58	56	55	51	46	43
离婚登记	对	9	14	18	17	17	20	22	21	21	20

注：2011年起固定资产投资为500万元以上投资。

1-5 历年湖州的人均水平（一）

（按户籍人口计算）

年份	生产总值（GDP）	在岗职工平均工资	城镇居民可支配收入	农村居民可支配收入	住户本外币	#人民币
1978						
1979						
1980						
1981						
1982						
1983	701	796		422		108
1984	837	924		549		134
1985	1072	1167		629		187
1986	1264	1366		701		268
1987	1485	1498		824		343
1988	1877	1839		1104		395
1989	2049	2048		1210		549
1990	2247	2275		1270		751
1991	2460	2440		1250		942
1992	3235	2923		1406		1173
1993	5101	4028		1741		1442
1994	7222	5442		2393		2023
1995	8569	6267		3052		2742
1996	9836	6777		3440		3523
1997	10602	7287		3648		4315
1998	11393	7536		3865		5299
1999	11769	8416		4011		5896
2000	12733	9806		4335		6266
2001	14170	12307		4695		7096
2002	15463	16019		5052		8350
2003	17887	19250		5536	10435	10147
2004	21475	21477		6380	11482	11222
2005	24977	23488	15375	7288	13053	12848
2006	29414	25674	17503	8333	15200	15004
2007	34537	28053	19663	9536	16187	16058
2008	39981	31455	21604	10751	20974	20853
2009	46190	33843	23280	11745	26559	26429
2010	53375	36485	25668	13288	31606	31478
2011	60627	41107	29367	15381	36562	36415
2012	66922	45933	32987	17188	41426	41260
2013	73712	51075	36220	19044	47384	47193
2014	79196	55972	38959	22404	52120	51934
2015	84287	60454	42238	24410	58987	31405
2016	90478	64384	45794	26508	66304	65879
2017	98227	71388	49934	28999	72299	71915
2018	108072	80513	54393	31767	79955	79571
2019	116801	89631	59028	34803	91834	91464
2020	119538	70712	61743	37244	104259	103884

注：在岗职工平均工资口径：2007 年及以前年份为单位职工，2008 年开始为城镇以上单位，2020 年为规上单位口径；“医院床位数”、“卫技人员数”、“医生数”三项指标为每万人；农村居民纯收入 2014 年起变更为农村居民可支配收入；根据人民银行总行调整，2015 年起城乡居民储蓄变更为住户存款。

1-5 历年湖州的人均水平（二）

（按户籍人口计算）

年份	医院床位数	卫技人员数	#医生数	财政总收入（元）	#地方财政收入	#税收收入	财政支出（元）
1978			9	73			22
1979			9	74			24
1980			10	79			27
1981			10	84			23
1982			11	97			25
1983	26	29	11	106			32
1984	27	29	11	113			46
1985	27	28	10	146			52
1986	28	28	10	158			70
1987	28	28	10	173			70
1988	28	28	13	183			86
1989	29	28	13	202			96
1990	29	29	13	206			104
1991	29	30	13	212			115
1992	29	30	13	225			123
1993	30	31	13	302	115		166
1994	30	32	14	337	137		194
1995	30	32	15	380	157	158	223
1996	30	34	16	418	170		254
1997	32	34	16	476	184		280
1998	31	33	15	559	228		331
1999	29	33	16	620	278		408
2000	29	34	16	825	387	420	519
2001	29	34	16	1151	638		751
2002	30	34	15	1501	725	750	948
2003	31	37	17	1993	983	969	1186
2004	32	38	17	2428	1254	1087	1421
2005	34	42	18	2884	1544	1427	1713
2006	35	47	19	3561	1932	1711	2170
2007	35	49	20	4424	2392	2183	2669
2008	34	54	20	5182	2774	2609	3348
2009	36	59	22	5667	3091	2898	4192
2010	37	61	23	6640	3747	3593	4897
2011	40	62	23	8410	4688	4491	5824
2012	42	68	24	9451	5304	5063	6413
2013	45	69	25	10371	5905	5538	7544
2014	44	72	26	11238	6378	5941	8534
2015	50	78	28	12429	7254	6419	10379
2016	53	81	29	13656	7991	6911	10921
2017	53	86	31	15401	8943	7625	12242
2018	58	92	33	18406	10769	9035	14912
2019	63	97	35	20221	11824	10127	17465
2020	69	101	37	21715	12555	11674	18072

1-5 历年湖州的人均水平（三）

（按户籍人口计算）

年份	全社会用电量（千瓦时）	#工业用	#生活用	固定资产投资额（元）	社会消费品零售总额（元）	进出口总额（美元）	#出口	实到外资（美元）
1978				27	148			
1979				31	189			
1980				39	240			
1981				44	265			
1982				54	273			1
1983				102	299			
1984				154	350			0
1985	465			231	481			0
1986	579	455	29	320	571			2
1987	649	513	37	423	661			2
1988	680	531	47	504	827			1
1989	667	523	45	464	886			1
1990	702	536	57	480	871			1
1991	782	600	63	533	964	12	11	1
1992	874	683	68	995	1138	19	18	7
1993	1015	799	73	1831	1684	64	51	14
1994	1164	898	88	2324	2555	88	61	20
1995	1248	964	103	2876	3416	122	81	26
1996	1311	996	134	3152	3964	124	89	22
1997	1275	960	132	3302	4414	121	98	24
1998	1283	927	145	3698	4859	112	94	20
1999	1373	1003	158	3777	5303	142	107	24
2000	1633	1198	192	4281	5840	271	181	32
2001	1783	1325	209	5667	6214	292	225	82
2002	2092	1601	228	7386	6655	346	276	140
2003	2533	1934	285	9610	7097	474	394	209
2004	2873	2338	255	12750	8097	661	563	238
2005	3312	2666	306	14101	9265	882	775	253
2006	3719	2980	360	15801	10689	1168	1035	294
2007	4155	3312	400	17776	12496	1654	1426	327
2008	4357	3411	456	20484	14985	2165	1899	311
2009	4754	3701	508	24579	17099	1867	1575	313
2010	5399	4169	593	27737	19882	2669	2258	354
2011	6048	4705	637	30888	23411	3325	2824	361
2012	6349	4843	736	37162	26946	3345	2832	393
2013	6984	5256	845	40851	29252	3639	3088	404
2014	7282	5616	750	47235	33108	3796	3346	374
2015	7542	5731	815	53188	36552	3870	3358	357
2016	8408	6271	991	60117	40358	3860	3404	378
2017	9203	6861	1059	65358	44862	4302	3797	397
2018	10308	7632	1177		48658	5025	4375	477
2019	11026	8062	1253		52744	5101	4549	710
2020	11275	8121	1331		53139	6094	5521	450

1-6 湖州占全省比重

	单位	湖州市	占浙江省%
年末户籍人口	万人	268.06	5.3
生产总值	亿元	3201.41	5.0
#第一产业增加值	亿元	140.54	6.5
第二产业增加值	亿元	1587.58	6.0
第三产业增加值	亿元	1473.29	4.1
财政总收入	亿元	582.09	4.7
#地方财政收入	亿元	336.56	4.6
财政支出	亿元	484.42	4.8
社会消费品零售总额	亿元	1424.43	5.3
外贸出口	亿元	1025.79	4.1
实到外资	亿美元	12.06	7.6
工业用电量	亿千瓦时	217.68	6.6
金融机构年末本外币存款余额	亿元	5956.58	3.9
#住户存款	亿元	2794.74	4.5
金融机构年末本外币贷款余额	亿元	5940.01	4.1

1-7 历年分县区生产总值

单位：万元

年份	全　市	吴兴区	吴兴	南太湖新　区	南浔区	德清县	长兴县	安吉县	△市区
1978	88828					14188	17680	13223	43737
1979	111903					17943	23254	15841	54865
1980	122262					19146	24812	17209	61095
1981	137237					21680	28618	20529	66410
1982	153716					24454	33675	21580	74007
1983	160436					25513	34452	22001	78470
1984	192316					30908	39339	26244	95825
1985	248121					42961	51788	32372	120989
1986	295964					53087	61324	35607	145946
1987	351864					63380	70804	41809	175868
1988	449892					85319	106250	53238	205085
1989	497157					90581	118218	56072	232286
1990	549910					99023	121214	60616	269057
1991	605189					106094	132685	72079	294331
1992	800391					134372	175989	99536	382610
1993	1268238					209235	276481	156002	598465
1994	1806522					316327	404725	231026	821548
1995	2157554					354300	485170	298133	985756
1996	2494399					399261	530480	348700	1167320
1997	2698764					434772	574957	384676	1246047
1998	2901967					471274	610327	420179	1344473
1999	3000455					504800	634644	435973	1393828
2000	3252262					558414	671610	480489	1515243
2001	3629457					635865	750529	520567	1693981
2002	3970650					724836	837040	578377	1845086
2003	4595432					831860	970728	662696	2139931
2004	5518809	1570653	1178787	391866	995678	1018826	1154711	769304	2566332
2005	6428892	1820154	1351597	468557	1169465	1193177	1340146	889588	2989619
2006	7581084	2146102	1571580	574523	1356908	1390193	1605402	1028686	3503011
2007	8905035	2514375	1822293	692082	1594811	1652489	1903990	1219393	4109186
2008	10321040	2890365	2122847	767517	1872057	1914427	2211697	1463494	4762422
2009	11955476	3562652	2662437	900215	2073184	2154089	2464633	1676729	5635835
2010	13854758	4058120	3006381	1051740	2372557	2507360	2928573	1970204	6430677
2011	15794028	4605649	3388335	1217314	2670927	2870896	3400376	2263506	7276576
2012	17481084	5154138	3805613	1348525	2866166	3185282	3783886	2537999	8020304
2013	19307769	5680081	4172048	1508033	3084438	3503968	4200660	2819267	8764519
2014	20839466	6131904	4535606	1596299	3314162	3727332	4588106	2933442	9446066
2015	22230569	6644158	4967769	1676389	3491822	3924638	4844385	3241748	10135980
2016	23911367	7173072	5394005	1779068	3638668	4169233	5265441	3487537	10811741
2017	26078618	8005388	6006524	1998864	3876938	4517416	5781493	3903684	11882325
2018	28812134	8895384	6689499	2205885	4264716	4943400	6376176	4332491	13160100
2019	31222746	9640140	7269786	2370354	4587944	5360992	6929609	4707257	14228084
2020	32014061	10016315	7527509	2488806	4678302	5441498	7023938	4870578	14694695

注：从 2019 年开始取消开发区，新设南太湖新区。

1-8 历年分县区生产总值增长速度

（按可比价格计算） 单位：%

年份	全 市	吴兴区	吴兴	南太湖新区	南浔区	德清县	长兴县	安吉县	△市区
1979	17.4					17.0	23.2	13.7	16.4
1980	8.4					5.2	0.1	6.2	11.0
1981	7.5					13.5	5.7	10.1	5.8
1982	10.7					10.2	19.5	0.4	9.4
1983	3.3					3.8	-0.5	5.5	5.1
1984	18.1					18.1	15.8	19.5	18.9
1985	20.1					30.2	16.1	15.9	20.1
1986	13.1					18.1	13.1	9.7	13.2
1987	8.9					9.7	9.2	8.2	9.0
1988	5.6					3.6	20.1	10.9	1.1
1989	2.5					-1.0	4.3	-4.0	4.4
1990	5.4					6.0	3.4	1.0	7.1
1991	8.5					8.6	9.7	14.0	9.2
1992	22.7					25.3	23.2	29.2	30.2
1993	27.6					23.9	36.4	31.9	25.4
1994	19.8					26.3	20.0	26.3	18.4
1995	10.0					5.1	9.9	17.0	10.1
1996	13.5					10.7	5.3	15.1	16.9
1997	8.4					9.3	7.0	10.3	7.0
1998	9.4					10.5	10.5	10.3	9.5
1999	7.4					10.4	8.3	7.5	7.8
2000	9.6					11.2	10.8	10.2	9.6
2001	10.7					12.4	11.6	8.1	10.5
2002	11.6					12.2	12.8	11.8	10.1
2003	13.8					15.2	15.5	13.7	14.5
2004	14.9					17.3	15.9	12.3	15.2
2005	13.6	13.0	12.3	15.2	14.8	13.6	12.9	13.0	13.7
2006	13.8	14.0	12.6	17.9	11.6	12.2	15.6	12.0	13.1
2007	14.0	13.9	12.8	17.0	13.7	15.3	15.2	15.0	13.9
2008	10.4	9.5	10.7	6.4	11.4	10.3	10.5	14.5	10.3
2009	10.5	21.6	23.6	16.1	11.0	11.9	11.3	12.8	9.8
2010	12.2	7.4	6.7	9.4	8.1	10.1	12.0	11.5	11.7
2011	10.7	7.1	6.5	8.7	6.6	8.4	11.6	10.8	10.9
2012	9.8	11.9	12.5	10.2	7.7	11.2	11.2	10.2	8.4
2013	9.0	10.2	10.0	10.7	8.8	11.3	10.6	11.0	8.7
2014	8.4	8.3	8.8	7.1	8.0	6.9	8.8	8.0	8.2
2015	8.3	9.8	11.0	6.5	6.7	6.3	7.9	8.9	8.8
2016	7.6	8.6	9.7	5.2	3.6	6.4	8.2	9.1	7.1
2017	8.5	10.2	10.5	9.3	7.5	7.4	8.2	9.9	8.9
2018	8.2	8.4	8.3	8.6	7.6	8.0	8.5	8.3	8.2
2019	7.9	7.7	7.8	7.5	7.3	8.3	8.2	7.8	7.6
2020	3.3	3.5	3.3	3.9	3.3	2.6	2.6	4.3	3.5

1-9 历年分县区生产总值发展指数

（以 1978 年为 100）

年份	全 市	吴兴区	吴兴	南太湖新区	南浔区	德清县	长兴县	安吉县	△市区
1978	100.0					100.0	100.0	100.0	100.0
1979	117.4					117.0	123.2	113.7	116.4
1980	127.2					123.1	123.3	120.7	129.2
1981	136.8					139.7	130.3	132.9	136.7
1982	151.4					153.9	155.7	133.5	149.6
1983	156.4					159.8	154.9	140.8	157.1
1984	184.6					188.7	179.4	168.3	186.9
1985	221.7					245.7	208.3	195.0	224.4
1986	250.7					290.2	235.5	214.0	254.0
1987	273.0					318.3	257.1	231.5	276.9
1988	288.3					329.8	308.9	256.7	280.0
1989	295.5					326.5	322.1	246.5	292.5
1990	311.3					346.1	333.1	248.9	313.3
1991	337.8					375.8	365.3	283.8	342.0
1992	414.3					470.7	450.1	366.6	445.4
1993	528.5					583.1	613.9	483.5	558.3
1994	633.4					736.5	736.7	610.8	661.1
1995	696.5					774.0	809.7	714.6	728.2
1996	790.2					857.2	852.5	822.4	851.4
1997	856.5					936.7	912.5	906.9	910.6
1998	936.8					1035.0	1007.8	1000.0	996.9
1999	1006.4					1142.5	1091.5	1074.8	1074.3
2000	1103.2					1271.0	1209.0	1184.2	1177.9
2001	1220.9					1428.0	1349.0	1280.1	1301.7
2002	1362.3					1602.4	1521.7	1431.7	1433.4
2003	1550.9					1846.2	1757.7	1627.8	1642.0
2004	1782.4	100.0	100.0	100.0	100.0	2166.4	2037.9	1827.4	1891.6
2005	2025.4	113.0	112.3	115.2	114.8	2461.4	2300.5	2065.4	2150.5
2006	2304.5	128.8	126.5	135.8	128.1	2760.6	2659.4	2312.8	2432.4
2007	2626.7	146.7	142.7	158.9	145.7	3182.0	3062.8	2659.6	2769.9
2008	2900.1	160.7	157.9	169.1	162.3	3510.1	3383.7	3045.2	3054.8
2009	3204.4	195.4	195.2	196.3	180.2	3928.1	3764.8	3433.6	3353.6
2010	3594.0	209.9	208.3	214.8	194.8	4326.2	4214.9	3828.4	3745.4
2011	3980.4	224.7	221.8	233.5	207.7	4688.3	4702.1	4241.9	4153.9
2012	4371.8	251.4	249.5	257.2	223.8	5211.8	5230.0	4676.5	4502.8
2013	4766.3	277.0	274.5	284.6	243.5	5802.1	5783.4	5188.8	4894.0
2014	5164.6	300.1	298.5	304.8	262.9	6200.5	6291.3	5603.9	5295.9
2015	5592.9	329.6	331.4	324.5	280.5	6590.8	6786.1	6102.7	5759.9
2016	6017.0	357.8	363.6	341.2	290.5	7010.1	7342.1	6658.0	6168.7
2017	6530.4	394.2	401.6	372.8	312.3	7527.6	7941.7	7319.2	6717.6
2018	7064.4	427.3	435.1	404.9	336.2	8128.9	8615.3	7929.5	7265.4
2019	7619.2	460.0	469.2	435.2	360.7	8806.1	9324.0	8551.3	7820.6
2020	7867.3	476.1	484.4	452.2	372.5	9038.8	9562.9	8921.2	8095.3

1-10 历年分县区人均生产总值

单位：元

年份	全市		吴兴区			南浔区	德清县	长兴县	安吉县	△市区
	按户籍	按常住		吴兴	南太湖新区					
1978	402						394	333	336	473
1979	504						496	435	400	590
1980	548						528	461	434	654
1981	610						591	527	514	707
1982	677						659	614	536	781
1983	701						682	624	541	822
1984	837						823	710	639	1000
1985	1072						1140	919	786	1257
1986	1264						1397	1064	855	1506
1987	1485						1648	1214	993	1795
1988	1877						2202	1800	1263	2067
1989	2049						2298	1984	1305	2308
1990	2247						2491	2029	1398	2642
1991	2460						2656	2216	1621	2871
1992	3235						3340	2920	2281	3714
1993	5101						5173	4566	3539	5779
1994	7222						7752	6704	5218	7883
1995	8569						8588	7993	6706	9403
1996	9836						9678	8603	7791	11061
1997	10602						10366	9316	8580	11730
1998	11393						11191	9923	9385	12647
1999	11769						11954	10309	9750	13097
2000	12733						13191	10882	10741	14208
2001	14170	13520					15003	12137	11630	15808
2002	15463	14714					17105	13512	12899	17147
2003	17887	16920					19637	15648	14788	19869
2004	21475	20164	26968	24318	40121	19674	24109	18616	17181	23803
2005	24977	23323	31106	28121	44834	23100	28116	21630	19752	27691
2006	29414	27290	36508	33275	49719	26914	32777	25997	22632	32401
2007	34537	31792	42580	38976	56288	31726	38888	30899	26822	37937
2008	39981	36593	48753	45498	60779	37381	44881	35847	32249	43908
2009	46190	42104	59920	57357	69047	41522	50371	39802	36764	51924
2010	53375	48241	67992	64985	78354	47592	58414	47099	43075	59142
2011	60627	54154	76727	73183	88683	53584	66633	54443	49347	66693
2012	66922	59158	85392	82104	96270	57559	73708	60443	55224	73286
2013	73712	64574	93534	90417	103398	62920	80682	66989	61201	79860
2014	79196	68823	100187	98709	104639	67522	85391	72902	63381	85650
2015	84287	72530	107823	108158	106841	71212	89808	76897	69868	91600
2016	90478	76836	115681	117944	109323	74439	95187	83458	74982	97501
2017	98227	82254	128146	131893	118065	79225	102622	91272	83530	106657
2018	108072	89215	141545	147687	125694	86924	111867	100343	92258	117598
2019	116801	94816	152702	161398	131047	93471	121085	108811	99853	126793
2020	119538	95579	157718	167581	133885	95536	122787	110178	103036	130647

注：分县区人均 GDP 按户籍人口计算。

1-11 历年分县区人均生产总值增长速度

（按可比价格计算） 单位：%

年份	全市		吴兴区			南浔区	德清县	长兴县	安吉县	△市区
	按户籍	按常住		吴兴	南太湖新区					
1979	16.9						16.8	22.5		16.0
1980	6.4						4.7	-0.7		19.7
1981	6.5						12.5	4.8		-3.1
1982	9.9						99.0	18.3		8.4
1983	2.3						2.2	-1.3		4.3
1984	17.4						-35.1	15.5		18.5
1985	19.0						29.7	14.1	15.1	19.6
1986	11.7						17.1	9.6	8.5	12.4
1987	7.7						8.4	8.8	7.0	7.7
1988	4.4						2.3	18.8	-4.9	0.3
1989	1.2						-2.2	3.2	-0.1	2.5
1990	4.5						5.1	3.1	13.2	5.9
1991	8.1						8.0	9.4	28.5	8.4
1992	22.3						24.4	22.4	35.5	29.6
1993	27.7						23.2	35.7	30.6	24.7
1994	19.2						25.2	20.4	25.8	17.7
1995	9.3						4.0	9.3	16.5	9.5
1996	13.0						10.7	3.6	14.3	16.1
1997	8.1						7.5	6.9	10.1	6.3
1998	9.4						10.0	10.8	10.4	9.4
1999	7.4						10.1	8.2	7.6	7.6
2000	9.4						11.0	10.5	10.1	9.4
2001	10.4						12.2	11.4	8.0	10.0
2002	11.3	11.0					12.2	12.6	11.6	9.7
2003	13.8	13.1					15.3	15.3	13.8	14.4
2004	14.9	14.0					17.3	15.9	12.3	15.0
2005	13.5	12.8	12.4	13.2	15.9	14.8	13.4	13.5	12.4	13.5
2006	13.6	12.9	13.5	14.6	6.1	12.0	12.2	15.9	11.0	12.9
2007	13.9	13.0	13.4	14.0	27.9	14.0	15.2	15.5	15.0	13.7
2008	10.3	9.6	9.1	10.9	20.4	11.5	9.9	10.5	14.7	10.1
2009	10.2	9.8	21.3	24.3	6.0	11.5	11.5	11.0	12.2	9.7
2010	11.8	10.9	7.0	7.1	15.9	8.2	9.7	11.5	11.2	11.5
2011	10.4	9.1	6.4	6.4	12.1	6.6	8.0	11.1	10.5	10.5
2012	9.5	8.4	11.3	12.4	4.5	7.9	10.8	10.8	10.0	8.1
2013	8.7	7.7	9.5	10.5	13.5	10.5	10.8	10.4	10.2	8.4
2014	7.9	7.0	7.5	9.2	5.3	7.9	6.3	8.5	7.5	7.7
2015	8.0	7.0	9.1	11.1	18.9	6.8	6.1	7.6	8.6	8.4
2016	7.4	6.0	7.9	10.5	8.9	4.1	6.1	8.4	8.8	6.9
2017	8.0	6.5	9.4	10.9	7.3	7.4	6.8	7.9	9.4	8.4
2018	7.7	6.2	7.8	8.9	18.2	7.4	7.5	8.1	7.8	7.7
2019	7.6	5.8	7.3	8.4	4.3	7.2	8.1	8.0	7.4	7.2
2020	3.1	1.5	2.8	3.5	1.1	3.5	2.5	2.5	4.0	3.2

注：分县区人均 GDP 按户籍人口计算。

1-12 历年分县区人均生产总值发展指数

（以 1978 年为 100）

年份	全市		吴兴区			南浔区	德清县	长兴县	安吉县	△市区
	按户籍	按常住		吴兴	南太湖新区					
1978	100.0						100.0	100.0		100.0
1979	116.9						116.8	122.5		116.0
1980	124.4						122.3	121.7		138.9
1981	132.5						137.7	127.5		134.6
1982	145.6						274.0	150.8		146.0
1983	148.9						279.9	148.9		152.3
1984	174.8						181.7	172.0	100.0	180.4
1985	208.1						235.7	196.3	115.1	215.9
1986	232.4						276.0	215.1	124.9	242.7
1987	250.3						299.1	234.1	133.6	261.4
1988	261.3						306.0	278.0	127.1	262.2
1989	264.5						299.3	287.0	127.0	268.9
1990	276.4						314.5	296.0	143.7	284.7
1991	298.7						339.7	323.9	184.7	308.7
1992	365.4						422.7	396.6	250.2	400.1
1993	466.7						520.8	538.3	326.7	499.0
1994	556.3						652.0	648.0	410.9	587.2
1995	607.9						678.1	708.3	478.8	642.9
1996	687.0						750.7	734.2	547.3	746.7
1997	742.9						807.0	785.0	602.5	793.4
1998	812.9						887.7	870.1	665.3	868.0
1999	872.9						977.3	941.5	716.0	934.3
2000	955.4						1084.8	1040.1	788.5	1022.3
2001	1054.3	100.0					1217.4	1158.7	851.9	1124.4
2002	1173.6	111.0					1366.3	1304.7	951.1	1233.0
2003	1335.3	125.6					1574.7	1504.3	1082.0	1411.1
2004	1534.1	143.1	100.0	100.0	100.0	100.0	1847.3	1743.5	1215.6	1623.4
2005	1740.5	161.5	112.4	113.2	115.9	114.8	2095.7	1979.0	1365.9	1843.1
2006	1977.7	182.3	127.6	129.8	122.9	128.6	2351.8	2292.8	1515.6	2081.7
2007	2253.3	206.1	144.7	147.9	157.2	146.6	2709.0	2647.7	1742.5	2366.2
2008	2484.9	226.0	157.9	164.0	189.4	163.4	2977.0	2926.4	1998.7	2606.0
2009	2738.4	248.1	191.4	203.8	200.7	182.2	3319.0	3248.1	2242.5	2858.9
2010	3062.6	275.1	204.8	218.3	232.6	197.1	3641.8	3622.3	2493.2	3187.3
2011	3379.6	300.0	218.0	232.2	260.7	210.2	3932.1	4023.7	2754.6	3522.9
2012	3702.0	325.2	242.6	260.9	272.4	226.7	4357.6	4460.2	3030.9	3807.1
2013	4024.9	350.4	265.7	288.4	309.2	250.5	4828.9	4922.3	3341.3	4126.2
2014	4341.4	374.9	285.5	314.9	325.6	270.2	5134.7	5340.4	3591.7	4443.2
2015	4690.5	401.1	311.5	349.7	387.3	288.5	5449.7	5747.1	3901.6	4816.4
2016	5036.0	425.0	336.1	386.3	421.7	300.3	5784.5	6229.5	4246.2	5147.5
2017	5440.7	452.7	367.5	428.6	452.4	322.5	6180.4	6719.9	4645.7	5579.4
2018	5861.2	480.8	396.0	466.8	535.0	346.3	6646.7	7263.8	5007.0	6007.4
2019	6304.6	508.6	424.7	506.2	557.9	371.4	7186.7	7843.9	5378.9	6440.0
2020	6497.8	516.3	436.6	524.1	564.0	384.4	7369.7	8036.6	5596.3	6648.3

注：分县区人均 GDP 按户籍人口计算。

1-13　历年分产业生产总值

单位：万元

年份	生产总值	第一产业增加值	第二产业增加值	#工业增加值	第三产业增加值
1978	88828	40076	32259	27801	16493
1979	111903	55007	37433	32805	19463
1980	122262	49135	49180	43195	23947
1981	137237	58044	51556	45710	27637
1982	153716	67344	55009	48441	31363
1983	160436	65791	60439	54763	34206
1984	192316	75985	76342	69690	39989
1985	248121	82599	110383	101464	55139
1986	295964	96933	134140	123337	64891
1987	351864	115981	160177	147281	75706
1988	449892	161459	196176	181646	92257
1989	497157	160492	225434	198757	111231
1990	549910	188527	241389	213767	119994
1991	605189	184818	283529	250607	136842
1992	800391	205288	404506	352747	190597
1993	1268238	257612	711150	620800	299476
1994	1806522	352022	991492	855293	463007
1995	2157554	403851	1142823	953731	610881
1996	2494399	431833	1347738	1140396	714828
1997	2698764	446769	1473726	1278099	778268
1998	2901967	445099	1587187	1378225	869682
1999	3000455	436996	1631672	1431452	931787
2000	3252262	446423	1754491	1538034	1051347
2001	3629457	467684	1967246	1725275	1194527
2002	3970650	472169	2155215	1882010	1343267
2003	4595432	504063	2454353	2154044	1637017
2004	5518809	584700	3030424	2655095	1903685
2005	6428892	630966	3532468	3135326	2265458
2006	7581084	659011	4334271	3849058	2587802
2007	8905035	711113	5088924	4609467	3104998
2008	10321040	848268	5913379	5333855	3559392
2009	11955476	902588	6988117	6295976	4064772
2010	13854758	1042216	7977421	7166227	4835121
2011	15794028	1162184	8741182	7791869	5890661
2012	17481084	1226473	9622409	8635683	6632202
2013	19307769	1198028	10449921	9407757	7659820
2014	20839466	1203392	11306912	10114750	8329162
2015	22230569	1226044	11807289	10500339	9197235
2016	23911367	1242173	12502441	11119488	10166753
2017	26078618	1257474	13608639	11959209	11212505
2018	28812134	1283706	14915271	13214217	12613158
2019	31222745	1341080	15996153	14212156	13885512
2020	32014061	1405389	15875820	14201273	14732852

注：从 2013 年开始三次产业划分标准为 GB/T 4754—2011。

1-14 历年分产业生产总值增长速度

（按可比价格计算）　　　　单位：%

年份	生产总值	第一产业增加值	第二产业增加值	#工业增加值	第三产业增加值
1979	17.4	17.9	16.6	18.7	17.5
1980	8.4	-11.4	29.0	28.8	16.6
1981	7.5	6.2	5.2	6.3	15.0
1982	10.7	14.9	6.3	5.7	11.0
1983	3.3	-5.6	9.5	12.4	9.5
1984	18.1	12.4	26.3	27.3	12.8
1985	20.1	-0.2	35.8	35.9	22.6
1986	13.1	5.3	15.9	15.4	17.5
1987	8.9	5.0	13.8	13.2	2.9
1988	5.6	6.0	5.3	5.1	5.9
1989	2.5	1.2	3.8	4.3	0.9
1990	5.4	6.7	5.6	3.6	3.1
1991	8.5	1.6	12.6	11.2	11.1
1992	22.7	4.0	30.2	29.8	34.1
1993	27.6	1.4	39.6	42.5	32.8
1994	19.8	4.2	20.8	19.2	31.1
1995	10.0	3.1	10.3	8.0	13.9
1996	13.5	2.5	18.4	19.9	11.0
1997	8.4	4.4	10.6	12.7	6.2
1998	9.4	1.0	10.8	10.8	11.2
1999	7.4	0.2	8.1	9.0	9.6
2000	9.6	2.2	10.0	10.3	12.4
2001	10.7	4.7	12.2	12.2	10.6
2002	11.6	2.7	12.6	12.6	13.5
2003	13.8	5.6	15.7	14.0	13.7
2004	14.9	7.3	18.2	18.7	11.9
2005	13.6	4.3	14.7	15.9	14.8
2006	13.8	5.5	16.2	15.5	12.4
2007	14.0	0.5	15.1	16.8	15.8
2008	10.4	7.1	10.7	11.3	10.6
2009	10.5	0.0	15.1	14.4	5.5
2010	12.2	4.6	12.8	13.4	12.6
2011	10.7	3.4	10.4	11.0	12.9
2012	9.8	2.4	10.5	11.0	10.2
2013	9.0	0.5	8.6	8.8	11.1
2014	8.4	0.2	9.2	8.7	8.4
2015	8.3	1.6	6.4	6.2	12.3
2016	7.6	2.2	6.6	7.3	9.5
2017	8.5	2.2	7.6	7.7	10.5
2018	8.2	2.9	8.4	9.9	8.6
2019	7.9	2.8	7.7	8.5	8.5
2020	3.3	2.5	2.0	3.0	4.8

1-15 历年分产业生产总值发展指数

（以 1978 年为 100）

年份	生产总值	第一产业增加值	第二产业增加值	#工业增加值	第三产业增加值
1978	100.0	100.0	100.0	100.0	100.0
1979	117.4	117.9	116.6	118.7	117.5
1980	127.2	104.5	150.4	152.9	137.0
1981	136.8	110.9	158.2	162.5	157.6
1982	151.4	127.5	168.2	171.8	174.9
1983	156.4	120.3	184.2	193.1	191.5
1984	184.6	135.2	232.6	245.8	216.0
1985	221.7	135.0	315.9	334.0	264.8
1986	250.7	142.1	366.1	385.5	311.2
1987	273.0	149.2	416.7	436.4	320.2
1988	288.3	158.2	438.7	458.6	339.1
1989	295.5	160.1	455.4	478.3	342.1
1990	311.3	170.8	480.9	495.6	352.8
1991	337.8	173.5	541.5	551.1	391.9
1992	414.3	180.5	705.0	715.3	525.4
1993	528.5	183.0	984.4	1019.0	698.0
1994	633.3	190.7	1189.6	1214.4	914.8
1995	696.4	196.6	1312.5	1311.7	1041.8
1996	790.2	201.4	1554.1	1572.7	1156.4
1997	856.4	210.3	1719.0	1772.5	1228.5
1998	936.8	212.4	1903.9	1964.4	1365.8
1999	1006.3	212.8	2058.7	2140.8	1497.2
2000	1103.1	217.4	2264.1	2361.6	1682.1
2001	1220.8	227.6	2540.8	2649.2	1860.8
2002	1362.2	233.7	2860.6	2982.3	2111.1
2003	1550.7	246.8	3309.3	3399.7	2401.1
2004	1782.3	264.8	3912.1	4036.4	2686.7
2005	2025.2	276.1	4485.3	4677.9	3084.7
2006	2304.2	291.3	5210.3	5404.2	3466.3
2007	2626.4	292.6	5995.9	6313.8	4012.4
2008	2899.8	313.2	6640.2	7024.8	4438.8
2009	3204.1	313.2	7639.6	8038.1	4682.6
2010	3593.7	327.5	8617.0	9115.8	5273.8
2011	3980.0	338.6	9516.3	10122.5	5951.8
2012	4371.4	346.6	10520.0	11240.0	6556.3
2013	4765.8	348.3	11429.9	12233.5	7284.6
2014	5164.1	349.0	12476.5	13300.4	7895.0
2015	5592.4	354.6	13274.0	14119.1	8863.8
2016	6016.4	362.3	14155.8	15148.6	9706.3
2017	6529.7	370.5	15226.1	16309.2	10728.2
2018	7063.7	381.1	16498.8	17931.0	11647.4
2019	7618.5	392.0	17777.1	19450.5	12640.7
2020	7866.5	401.9	18136.8	20043.6	13249.6

1-16 历年分产业生产总值构成

单位：%

年份	生产总值	第一产业增加值	第二产业增加值	#工业增加值	第三产业增加值
1978	100.0	45.1	36.3	31.3	18.6
1979	100.0	49.2	33.4	29.3	17.4
1980	100.0	40.2	40.2	35.3	19.6
1981	100.0	42.3	37.6	33.3	20.1
1982	100.0	43.8	35.8	31.5	20.4
1983	100.0	41.0	37.7	34.1	21.3
1984	100.0	39.5	39.7	36.2	20.8
1985	100.0	33.3	44.5	40.9	22.2
1986	100.0	32.8	45.3	41.7	21.9
1987	100.0	33.0	45.5	41.9	21.5
1988	100.0	35.9	43.6	40.4	20.5
1989	100.0	32.3	45.3	40.0	22.4
1990	100.0	34.3	43.9	38.9	21.8
1991	100.0	30.5	46.8	41.4	22.7
1992	100.0	25.6	50.5	44.1	23.8
1993	100.0	20.3	56.1	48.9	23.6
1994	100.0	19.5	54.9	47.3	25.6
1995	100.0	18.7	53.0	44.2	28.3
1996	100.0	17.3	54.0	45.7	28.7
1997	100.0	16.6	54.6	47.4	28.8
1998	100.0	15.3	54.7	47.5	30.0
1999	100.0	14.6	54.3	47.7	31.1
2000	100.0	13.7	53.9	47.3	32.4
2001	100.0	12.9	54.2	47.5	32.9
2002	100.0	11.9	54.3	47.4	33.8
2003	100.0	11.0	53.4	46.9	35.6
2004	100.0	10.6	54.9	48.1	34.5
2005	100.0	9.8	54.9	48.8	35.3
2006	100.0	8.7	57.2	50.8	34.1
2007	100.0	8.0	57.1	51.8	34.9
2008	100.0	8.2	57.3	51.7	34.5
2009	100.0	7.5	58.5	52.7	34.0
2010	100.0	7.5	57.6	51.7	34.9
2011	100.0	7.4	55.3	49.3	37.3
2012	100.0	7.0	55.0	49.4	38.0
2013	100.0	6.2	54.1	48.7	39.7
2014	100.0	5.8	54.2	48.5	40.0
2015	100.0	5.5	53.1	47.2	41.4
2016	100.0	5.2	52.3	46.5	42.5
2017	100.0	4.8	52.2	45.9	43.0
2018	100.0	4.5	51.7	45.9	43.8
2019	100.0	4.3	51.2	45.5	44.5
2020	100.0	4.4	49.6	44.4	46.0

1-17　历年市区分产业生产总值

单位：万元

年份	生产总值	第一产业增加值	第二产业增加值	#工业增加值	第三产业增加值
1978	43737	18345	16495	15213	8897
1979	54865	25507	19075	17793	10283
1980	61095	22795	25594	23327	12706
1981	70910	25334	26220	23898	14856
1982	78505	29830	27643	24857	16534
1983	84717	30346	30292	27564	17832
1984	102414	36562	38583	35304	20680
1985	128854	35321	56792	52173	28876
1986	155929	43084	69861	62844	33001
1987	187012	53513	83841	75480	38514
1988	220314	66099	93720	82170	45266
1989	247452	62921	112979	100170	56386
1990	284189	87532	119050	106264	62475
1991	294331	79614	143921	129119	70796
1992	390494	88001	198979	177959	95630
1993	626520	111191	338615	298301	148658
1994	854444	143124	446941	388091	231482
1995	1019951	166199	520708	450050	298848
1996	1215958	175397	644543	570306	347380
1997	1304359	181247	697663	625979	367138
1998	1400187	180203	755495	670356	408775
1999	1425038	180875	781464	688536	431489
2000	1541749	184518	839411	735750	491313
2001	1722496	195155	932957	818676	565869
2002	1830397	194351	1012625	884871	638110
2003	2130148	208122	1146616	1005262	785194
2004	2566332	238008	1371520	1197333	956804
2005	2989619	251045	1623748	1433518	1114826
2006	3503011	255665	2017653	1780256	1229693
2007	4109186	262171	2390037	2160021	1456977
2008	4762422	326077	2779060	2502612	1657285
2009	5635835	336752	3389792	3065891	1909291
2010	6430677	391905	3732504	3342853	2306269
2011	7276576	433476	4006303	3539872	2836797
2012	8020304	455230	4375166	3892682	3189908
2013	8764519	438866	4652795	4145826	3672858
2014	9446066	422628	5045798	4477016	3977641
2015	10135980	433534	5345781	4714593	4356666
2016	10811741	455205	5537843	4857210	4818693
2017	11882325	452015	6036860	5139031	5393450
2018	13160100	457019	6701010	5796372	6002071
2019	14228084	479714	7237779	6294187	6510591
2020	14694695	506797	7182023	6302312	7005875

1-18 历年市区分产业生产总值增长速度

（按可比价格计算）　　单位：%

年份	生产总值	第一产业增加值	第二产业增加值	#工业增加值	第三产业增加值
1979	16.4	15.9	15.9	17.2	18.5
1980	11.0	-10.6	36.9	34.3	17.1
1981	5.8	4.0	2.6	3.0	15.6
1982	9.4	14.2	5.7	4.4	8.1
1983	5.1	-3.5	11.1	12.7	9.2
1984	18.9	14.6	26.2	27.4	12.6
1985	20.1	-5.3	37.8	38.3	23.7
1986	13.2	1.4	16.3	14.4	20.1
1987	9.0	7.9	14.7	15.1	-2.2
1988	1.1	6.4	-1.1	-2.7	1.1
1989	4.4	2.9	5.0	5.5	4.9
1990	7.1	12.7	5.1	7.6	5.8
1991	9.2	-6.8	19.3	20.3	10.3
1992	30.2	13.1	37.0	37.3	34.7
1993	25.4	3.2	32.4	32.8	30.6
1994	18.4	-0.1	17.5	16.0	33.9
1995	10.1	3.3	11.5	11.5	11.2
1996	16.9	1.3	24.3	26.7	10.6
1997	7.0	3.0	9.5	10.6	3.4
1998	9.5	0.8	11.0	10.1	10.0
1999	7.8	2.4	8.3	7.8	8.7
2000	9.6	2.0	9.9	9.7	12.0
2001	10.5	5.7	11.0	11.3	11.5
2002	10.1	2.2	10.4	10.4	12.5
2003	14.5	5.0	15.4	14.3	16.1
2004	15.2	8.2	17.4	18.1	13.5
2005	13.7	1.8	14.0	14.5	16.2
2006	13.1	3.0	16.4	15.4	10.5
2007	13.9	-5.8	14.8	16.9	16.5
2008	10.3	5.9	10.1	10.5	11.2
2009	9.8	2.6	6.1	6.0	16.5
2010	11.7	3.7	9.9	9.8	15.3
2011	10.9	1.8	8.2	7.7	16.0
2012	8.4	2.3	7.8	8.1	10.1
2013	8.7	0.3	9.2	10.5	9.1
2014	8.2	-3.2	8.7	9.0	8.9
2015	8.8	1.6	7.0	6.7	11.6
2016	7.1	2.3	5.3	5.4	9.4
2017	8.9	1.8	8.8	8.7	9.6
2018	8.2	2.8	8.5	9.9	8.3
2019	7.6	3.6	8.6	9.6	6.9
2020	3.5	2.5	0.8	2.0	6.8

1-19　历年市区分产业生产总值发展指数

（以 1978 年为 100）

年份	生产总值	第一产业增加值	第二产业增加值	#工业增加值	第三产业增加值
1978	100.0	100.0	100.0	100.0	100.0
1979	116.4	115.9	115.9	117.2	118.5
1980	129.2	103.6	158.7	157.4	138.7
1981	136.7	107.7	162.9	162.1	160.4
1982	149.6	123.1	172.2	169.2	173.4
1983	157.1	118.7	191.3	190.7	189.4
1984	186.9	136.0	241.3	242.9	213.2
1985	224.4	128.9	332.5	336.1	263.7
1986	254.0	130.7	386.8	384.6	316.7
1987	276.9	140.9	443.7	442.7	309.7
1988	280.0	150.0	438.8	430.7	313.0
1989	292.5	154.3	460.7	454.6	328.3
1990	313.3	173.9	484.2	489.2	347.4
1991	342.0	162.0	577.5	588.5	383.1
1992	445.4	183.1	791.1	808.2	516.1
1993	558.3	188.9	1047.7	1073.2	674.2
1994	661.1	188.8	1230.8	1244.7	902.4
1995	728.2	195.0	1372.6	1387.3	1003.9
1996	851.4	197.6	1706.5	1758.0	1110.7
1997	910.6	203.5	1868.1	1945.2	1148.3
1998	996.9	205.2	2073.8	2140.9	1262.7
1999	1074.3	210.1	2246.6	2307.4	1372.7
2000	1177.9	214.4	2469.5	2531.4	1537.5
2001	1301.7	226.5	2740.8	2816.8	1715.0
2002	1433.4	231.4	3025.8	3109.1	1928.9
2003	1642.0	243.1	3493.0	3555.2	2240.1
2004	1891.6	263.0	4100.8	4198.6	2542.5
2005	2150.5	267.7	4674.5	4807.0	2954.1
2006	2432.4	275.8	5441.4	5547.6	3264.5
2007	2769.9	259.8	6245.4	6483.8	3802.4
2008	3054.8	275.1	6875.4	7163.8	4227.7
2009	3353.6	282.1	7294.7	7595.2	4925.8
2010	3745.4	292.5	8018.9	8342.7	5678.3
2011	4153.9	297.7	8676.2	8986.5	6586.2
2012	4502.8	304.4	9348.8	9714.3	7253.0
2013	4894.0	305.2	10208.1	10733.4	7914.6
2014	5295.9	295.5	11099.4	11698.9	8619.4
2015	5759.9	300.4	11880.5	12478.2	9617.2
2016	6168.7	307.4	12505.1	13156.0	10522.5
2017	6717.6	312.9	13604.1	14304.5	11537.9
2018	7265.4	321.7	14761.6	15725.3	12490.7
2019	7820.6	333.5	16028.8	17230.9	13352.0
2020	8095.3	341.9	16151.7	17581.7	14254.7

1-20 历年德清县分产业生产总值

单位：万元

年份	生产总值	第一产业增加值	第二产业增加值	#工业增加值	第三产业增加值
1978	14188	7830	4398		1960
1979	17943	10748	4845		2350
1980	19146	9060	6952		3134
1981	21680	10270	8022		3388
1982	24454	11571	8559		4324
1983	25513	12118	9185		4210
1984	30908	13880	12054		4974
1985	42961	16340	18903		7718
1986	53087	18068	25330		9689
1987	63380	21178	30888		11314
1988	85319	33667	36802		14850
1989	90581	33519	38588		18474
1990	99023	34114	42673		22236
1991	106094	32673	50239		23182
1992	134372	35150	71778	62486	27444
1993	209235	42131	128367	110114	38737
1994	316327	60009	193627	165174	62691
1995	354300	66226	206233	165877	81841
1996	399261	71122	233286	191745	94853
1997	434772	75314	254848	210866	104610
1998	471274	75822	279121	235492	116331
1999	504800	76500	298283	256464	130017
2000	558414	79609	330270	285877	148535
2001	635865	83049	375977	327881	176839
2002	724836	86665	429825	376177	208346
2003	831860	91523	496895	435924	243442
2004	1018826	104331	615220	542511	299275
2005	1193177	109305	716832	645515	367040
2006	1390193	115438	858129	774891	416626
2007	1652489	126062	1016358	933231	510070
2008	1914427	149214	1162304	1060404	602909
2009	2154089	159950	1311625	1202582	682514
2010	2507360	178290	1520741	1401768	808329
2011	2870896	203108	1715489	1587192	952298
2012	3185282	213002	1910120	1778023	1062160
2013	3503968	201118	2066288	1936831	1236562
2014	3727332	200972	2224965	2069272	1301395
2015	3924638	203573	2304932	2124255	1416132
2016	4169233	212971	2432815	2232022	1523448
2017	4517416	217773	2640591	2418013	1659052
2018	4943400	224060	2898724	2647403	1820616
2019	5360992	233729	3099072	2826965	2028191
2020	5441498	249533	3053766	2789026	2138199

1-21 历年德清县分产业生产总值增长速度

（按可比价格计算） 单位：%

年份	生产总值	第一产业增加值	第二产业增加值	#工业增加值	第三产业增加值
1979	17.0				
1980	5.2				
1981	13.5				
1982	10.2				
1983	3.8				
1984	18.1				
1985	30.2				
1986	18.1				
1987	9.7				
1988	3.6				
1989	-1.0				
1990	6.0	7.9	2.0		14.5
1991	8.6	0.8	18.4		1.5
1992	25.3	13.7	34.0		22.8
1993	23.9	1.8	34.1	34.4	22.8
1994	26.3	6.8	29.2	27.7	38.6
1995	5.1	4.5	2.3	-1.8	14.1
1996	10.7	3.1	13.8	16.2	8.3
1997	9.3	7.2	10.6	11.3	7.1
1998	10.5	2.1	12.4	14.0	11.1
1999	10.4	5.1	10.6	12.5	13.3
2000	11.2	3.2	12.4	12.8	13.0
2001	12.4	4.2	13.8	14.8	13.6
2002	12.2	4.5	13.3	13.7	13.5
2003	15.2	5.0	15.8	16.2	18.5
2004	17.3	9.1	18.8	19.3	17.5
2005	13.6	1.2	14.0	16.3	17.2
2006	12.2	6.7	13.2	13.0	11.7
2007	15.3	0.3	16.0	17.5	18.0
2008	10.3	4.8	9.1	9.3	14.0
2009	11.9	0.0	17.1	18.0	4.8
2010	10.1	4.3	10.0	10.9	11.7
2011	8.4	4.5	8.4	9.3	9.3
2012	11.2	1.9	13.4	14.0	9.0
2013	11.3	-0.1	12.5	13.3	11.2
2014	6.9	-0.6	8.7	8.1	4.5
2015	6.3	0.3	4.8	4.1	10.2
2016	6.4	4.2	6.5	7.1	6.5
2017	7.4	3.1	7.9	8.4	7.2
2018	8.0	3.9	8.4	8.3	7.8
2019	8.3	2.7	7.9	8.5	9.7
2020	2.6	1.7	1.6	2.1	4.5

1-22　历年德清县分产业生产总值发展指数

（以1978年为100）

年份	生产总值	第一产业增加值	第二产业增加值	#工业增加值	第三产业增加值
1978	100.0				
1979	117.0				
1980	123.1				
1981	139.7				
1982	153.9				
1983	159.8				
1984	188.7				
1985	245.7				
1986	290.2				
1987	318.3				
1988	329.8				
1989	326.5	100.0	100.0		100.0
1990	346.1	107.9	102.0		114.5
1991	375.8	108.8	120.7		116.2
1992	470.7	123.7	161.8	100.0	142.6
1993	583.1	125.9	217.0	134.4	175.2
1994	736.5	134.5	280.3	171.6	242.8
1995	774.0	140.6	286.8	168.4	277.0
1996	857.2	144.9	326.4	195.7	299.9
1997	936.7	155.2	361.0	217.9	321.2
1998	1035.0	158.5	405.7	248.3	356.9
1999	1142.5	166.6	448.8	279.3	404.4
2000	1271.0	172.0	504.4	315.1	457.2
2001	1428.0	179.2	573.8	361.8	519.2
2002	1602.4	187.3	650.3	411.3	589.3
2003	1846.2	196.7	753.1	478.0	698.5
2004	2166.4	214.6	894.6	570.1	820.7
2005	2461.4	217.3	1020.3	662.8	961.9
2006	2760.6	231.8	1155.4	748.7	1074.0
2007	3182.0	232.5	1340.5	879.7	1267.7
2008	3510.1	243.5	1462.8	961.1	1444.8
2009	3928.1	243.6	1713.3	1134.2	1514.5
2010	4326.2	254.0	1884.3	1257.4	1691.5
2011	4688.3	265.3	2041.8	1374.9	1848.0
2012	5211.8	270.4	2315.4	1567.8	2013.4
2013	5802.1	270.2	2603.7	1776.7	2239.3
2014	6200.5	268.6	2830.9	1920.5	2339.5
2015	6590.8	269.5	2966.7	1999.5	2578.5
2016	7010.1	281.0	3158.5	2142.3	2746.1
2017	7527.6	289.5	3407.0	2322.2	2944.0
2018	8128.9	300.9	3693.7	2514.8	3174.6
2019	8806.1	309.0	3986.1	2727.3	3484.1
2020	9038.8	314.3	4048.5	2783.7	3640.8

1-23 历年长兴县分产业生产总值

单位：万元

年份	生产总值	第一产业增加值	第二产业增加值	#工业增加值	第三产业增加值
1978	17680	7994	6372		3314
1979	23254	11409	7760		4085
1980	24812	10192	9530		5090
1981	24118	13328	9304		5986
1982	29177	16227	11050		6398
1983	28205	14140	12666		7646
1984	32750	14930	15878		8531
1985	43934	18235	22585		10968
1986	51341	21571	26716		13037
1987	59663	23486	31769		15549
1988	91021	38355	47028		20867
1989	103052	40391	56197		21630
1990	106082	38179	60856		22179
1991	132685	40216	66682		25787
1992	175989	43316	96115	81210	36558
1993	276481	54792	159165	143317	62524
1994	404725	84147	227482	203810	93096
1995	485170	97625	257482	216753	130063
1996	530480	105992	272140	227854	152348
1997	574957	110044	289530	258445	175383
1998	610327	108672	316461	286207	185194
1999	634644	106241	332602	299291	195801
2000	671610	110737	355332	318424	205541
2001	750529	115595	394918	353943	240016
2002	837040	119672	444469	395791	272899
2003	970728	127903	525528	469689	317297
2004	1154711	141788	631039	562814	381884
2005	1340146	153242	730885	656294	456019
2006	1605402	158962	906099	804899	540341
2007	1903990	174896	1076946	967384	652147
2008	2211697	196731	1277446	1142890	737519
2009	2464633	221080	1397903	1232266	845650
2010	2928573	255665	1679031	1479830	993877
2011	3400376	288423	1900204	1661971	1211749
2012	3783886	304807	2093796	1845123	1385283
2013	4200660	304900	2280484	1992867	1615277
2014	4588106	316510	2527647	2213417	1743949
2015	4844385	319082	2614813	2284126	1910489
2016	5265441	330635	2814337	2471000	2120470
2017	5781493	339415	3033099	2692012	2408979
2018	6376176	334617	3315336	2953566	2726223
2019	6929609	352353	3523563	3149067	3053693
2020	7023938	368611	3474629	3139935	3180698

1-24 历年长兴县分产业生产总值增长速度

（按可比价格计算） 单位：%

年份	生产总值	第一产业增加值	第二产业增加值	#工业增加值	第三产业增加值
1979	23.2	27.3	18.5		20.7
1980	0.1	-12.5	9.5		18.2
1981	5.7	3.4	2.5		16.3
1982	19.5	28.0	18.2		5.2
1983	-0.5	-12.7	4.5		19.0
1984	15.8	10.5	26.1		9.0
1985	16.1	1.9	30.2		15.5
1986	13.1	12.3	12.0		12.3
1987	9.2	1.5	15.6		12.1
1988	20.1	9.6	27.8		18.8
1989	4.3	3.0	12.7		-12.4
1990	3.4	-2.5	8.7		-2.6
1991	9.7	2.8	12.2		13.7
1992	23.2	9.9	22.8		44.7
1993	36.4	5.1	45.1	57.7	52.0
1994	20.0	12.3	19.5	18.2	28.5
1995	9.9	3.2	8.5	4.0	18.7
1996	5.3	4.2	5.9	5.6	4.8
1997	7.0	3.8	9.0	14.3	4.6
1998	10.5	0.6	12.0	13.1	13.3
1999	8.3	0.6	9.9	9.5	9.1
2000	10.8	4.9	10.8	10.6	14.0
2001	11.6	4.1	11.0	11.3	16.6
2002	12.8	3.7	14.2	13.8	15.0
2003	15.5	6.3	17.2	18.0	16.8
2004	15.9	8.2	16.1	16.1	18.7
2005	12.9	4.4	13.4	13.8	15.3
2006	15.6	4.8	17.4	15.4	16.4
2007	15.2	3.4	16.6	17.3	16.4
2008	10.5	4.2	12.9	13.6	8.4
2009	11.3	4.8	9.9	8.6	15.1
2010	12.0	4.2	11.3	11.4	14.8
2011	11.6	4.5	9.2	10.6	17.0
2012	11.2	2.7	11.3	12.0	13.1
2013	10.6	1.1	11.4	11.6	11.3
2014	8.8	3.8	9.5	10.2	8.7
2015	7.9	-0.1	6.9	7.2	10.7
2016	8.2	2.1	8.6	9.3	8.7
2017	8.2	2.5	6.0	8.5	11.7
2018	8.5	2.7	8.2	8.7	9.6
2019	8.2	2.9	8.4	9.9	8.6
2020	2.6	3.7	1.5	2.8	3.8

1–25 历年长兴县分产业生产总值发展指数

（以 1978 年为 100）

年份	生产总值	第一产业增加值	第二产业增加值	#工业增加值	第三产业增加值
1978	100.0	100.0	100.0		100.0
1979	123.2	127.3	118.5		120.7
1980	123.3	111.4	129.8		142.7
1981	130.3	115.2	133.1		166.0
1982	155.7	147.5	157.3		174.7
1983	154.9	128.7	164.4		207.9
1984	179.4	142.2	207.3		226.7
1985	208.3	144.9	270.0		261.8
1986	235.5	162.7	302.3		293.9
1987	257.1	165.1	349.6		329.5
1988	308.9	180.9	446.7		391.5
1989	322.1	186.3	503.4		342.8
1990	333.1	181.6	547.2		333.9
1991	365.3	186.7	614.1		379.7
1992	450.1	205.1	754.3	100.0	549.3
1993	613.9	215.6	1094.8	157.7	834.8
1994	736.7	242.0	1308.0	186.5	1072.4
1995	809.7	249.8	1419.8	193.8	1272.6
1996	852.5	260.3	1502.9	204.8	1333.1
1997	912.5	270.2	1637.9	234.2	1394.1
1998	1007.8	271.8	1834.7	264.9	1579.4
1999	1091.5	273.3	2016.3	290.1	1722.6
2000	1209.0	286.7	2233.6	320.8	1963.2
2001	1349.0	298.3	2479.6	356.9	2289.3
2002	1521.7	309.5	2830.5	406.0	2631.7
2003	1757.7	329.1	3316.2	478.9	3073.4
2004	2037.9	356.0	3850.4	556.1	3649.2
2005	2300.5	371.7	4364.8	632.9	4206.4
2006	2659.4	389.5	5123.0	730.4	4896.6
2007	3062.8	402.9	5973.0	856.4	5699.9
2008	3383.7	419.8	6742.3	972.7	6177.3
2009	3764.8	439.9	7409.7	1056.2	7112.7
2010	4214.9	458.3	8245.9	1177.0	8165.3
2011	4702.1	479.2	9005.0	1302.0	9552.6
2012	5230.0	492.0	10018.6	1458.1	10804.1
2013	5783.4	497.2	11161.7	1627.4	12024.0
2014	6291.3	515.9	12217.4	1793.1	13071.8
2015	6786.1	515.5	13054.7	1922.2	14468.8
2016	7342.1	526.4	14175.9	2100.1	15725.2
2017	7941.7	539.7	15032.5	2279.3	17561.4
2018	8615.3	554.4	16272.2	2477.1	19246.2
2019	9319.9	570.3	17632.4	2723.4	20895.3
2020	9558.7	591.5	17893.6	2799.2	21680.2

1-26 历年安吉县分产业生产总值

单位：万元

年份	生产总值	第一产业增加值	第二产业增加值	#工业增加值	第三产业增加值
1978	13223	5907	4846		2470
1979	15841	7343	5753		2745
1980	17209	7088	7104		3017
1981	20529	9112	7787		3630
1982	21580	9716	7502		4362
1983	22001	9187	8004		4810
1984	26244	10612	9829		5803
1985	32372	12702	12105		7565
1986	35607	14210	12233		9164
1987	41809	17801	13685		10323
1988	53238	23338	17837		12063
1989	56072	23661	17670		14741
1990	60616	28702	18810		13104
1991	72079	32315	22687		17077
1992	99536	39241	39993	33440	20302
1993	156002	50063	72627	57568	33312
1994	231026	65588	106389	83949	59049
1995	298133	74310	137807	107013	86016
1996	348700	79983	167001	129675	101716
1997	384676	81118	189616	151644	113942
1998	420179	82470	204274	165428	133435
1999	435973	81551	206627	170436	147795
2000	480489	83953	223004	183460	173532
2001	520567	86713	247345	203525	186509
2002	578377	88246	273038	223106	217093
2003	662696	92227	311887	258969	258582
2004	769304	100575	364920	304900	303809
2005	889588	116263	441217	380464	332108
2006	1028686	126020	532455	468498	370212
2007	1219393	145597	638679	578493	435117
2008	1463494	176246	769572	702950	517676
2009	1676729	184806	893337	809792	598585
2010	1970204	216883	1037554	942297	715767
2011	2263506	237177	1147389	1042334	878940
2012	2537999	253434	1276607	1167037	1007958
2013	2819267	253145	1396360	1278218	1169761
2014	2933442	257261	1490345	1343093	1185836
2015	3241748	262647	1594729	1439850	1384372
2016	3487537	271309	1701991	1546381	1514237
2017	3903684	262683	1854910	1662022	1786091
2018	4332491	268010	2000182	1816877	2064299
2019	4707257	275284	2113814	1916004	2318159
2020	4870578	280448	2163472	1965570	2426658

1-27 历年安吉县分产业生产总值增长速度

（按可比价格计算） 单位：%

年份	生产总值	第一产业增加值	第二产业增加值	#工业增加值	第三产业增加值
1979	13.7				
1980	6.2				
1981	10.1				
1982	0.4				
1983	5.5				
1984	19.5				
1985	15.9	3.6	19.2		30.6
1986	9.7	9.8	2.3		21.0
1987	8.2	2.9	9.6		12.6
1988	10.9	1.7	14.2		16.9
1989	–4.0	2.9	–12.5		1.6
1990	1.0	–0.6	11.1		–12.1
1991	14.0	6.2	16.5		27.0
1992	29.2	9.3	60.2		22.3
1993	31.9	3.7	54.9	55.0	35.8
1994	26.3	8.3	27.0	25.5	47.5
1995	17.0	0.8	25.2	24.6	17.2
1996	15.1	2.6	21.4	21.8	12.7
1997	10.3	6.0	12.6	14.6	8.6
1998	10.3	3.2	9.4	10.2	17.2
1999	7.5	0.3	6.5	8.0	13.9
2000	10.2	3.0	7.9	7.7	18.4
2001	8.1	3.2	10.6	11.0	7.2
2002	11.8	2.1	11.0	11.3	17.5
2003	13.7	3.8	13.4	14.1	18.1
2004	12.3	5.2	13.2	13.9	13.7
2005	13.0	11.7	18.3	21.7	6.2
2006	12.0	9.5	14.3	15.9	9.8
2007	15.0	9.5	17.5	20.5	13.4
2008	14.5	13.1	14.8	16.8	14.5
2009	12.8	–1.8	20.5	19.9	6.5
2010	11.5	4.7	12.0	12.7	12.8
2011	10.8	2.6	11.1	12.1	12.8
2012	10.2	3.0	9.6	10.1	13.2
2013	11.0	–0.6	12.1	12.4	11.0
2014	8.0	1.4	7.7	7.6	9.1
2015	8.9	2.7	8.6	7.7	12.3
2016	9.1	2.1	6.5	8.3	12.1
2017	9.9	2.0	9.6	8.8	13.4
2018	8.3	0.6	6.2	8.0	11.4
2019	7.8	1.7	6.8	7.3	9.7
2020	4.3	1.4	5.3	5.9	3.8

1-28 历年安吉县分产业生产总值发展指数

（以 1978 年为 100）

年份	生产总值	第一产业增加值	第二产业增加值	#工业增加值	第三产业增加值
1978	100.0				
1979	113.7				
1980	120.7				
1981	132.9				
1982	133.5				
1983	140.8				
1984	168.3	100.0	100.0		100.0
1985	195.0	103.6	119.2		130.6
1986	214.0	113.8	121.9		158.0
1987	231.5	117.1	133.6		177.9
1988	256.7	119.0	152.6		208.0
1989	246.5	122.5	133.5		211.3
1990	248.9	121.8	148.4		185.8
1991	283.8	129.3	172.9		235.9
1992	366.6	141.3	276.9	100.0	288.5
1993	483.5	146.6	428.9	155.0	392.0
1994	610.8	158.8	544.7	194.6	578.3
1995	714.6	160.0	681.8	242.4	677.5
1996	822.4	164.2	827.9	295.3	763.4
1997	906.9	174.1	931.9	338.4	828.8
1998	1000.0	179.7	1019.4	372.9	971.2
1999	1074.8	180.3	1086.1	402.9	1105.9
2000	1184.2	185.7	1172.2	433.9	1309.2
2001	1280.1	191.6	1296.7	481.9	1404.0
2002	1431.7	195.6	1439.4	536.3	1649.6
2003	1627.8	203.0	1632.4	611.8	1947.6
2004	1827.4	213.5	1847.3	696.8	2214.4
2005	2065.4	238.4	2184.6	848.3	2352.8
2006	2312.8	261.0	2497.1	983.0	2582.6
2007	2659.6	285.8	2934.5	1184.2	2929.5
2008	3045.2	323.2	3369.1	1383.5	3354.9
2009	3433.6	317.3	4059.0	1658.4	3573.5
2010	3828.4	332.1	4544.7	1869.3	4032.0
2011	4241.9	340.7	5050.9	2096.4	4548.1
2012	4676.5	350.8	5536.2	2308.4	5146.6
2013	5188.8	348.6	6207.0	2595.7	5714.6
2014	5603.9	353.7	6683.8	2793.1	6235.5
2015	6102.7	363.1	7256.3	3008.5	7003.5
2016	6658.0	370.7	7731.0	3259.4	7849.7
2017	7319.2	378.3	8474.7	3546.7	8898.1
2018	7929.5	380.7	9000.4	3831.1	9913.6
2019	8551.3	387.1	9616.8	4110.0	10876.4
2020	8921.2	392.5	10126.0	4352.8	11284.5

1-29 分县区分行业生产总值（一）

单位：万元

	全　市	吴兴区	吴兴	南太湖新区	南浔区
地区生产总值	**32014061**	**10016315**	**7527509**	**2488806**	**4678302**
第一产业	1405389	239338	228054	11284	267390
第二产业	15875820	4474755	3416004	1058751	2707185
第三产业	14732852	5302222	3883451	1418771	1703727
农、林、牧、渔业	1494696	256295	245011	11284	300863
工　业	14201273	3770937	3002304	768633	2531374
建筑业	1680031	707169	414073	293096	176211
交通运输仓储邮政业	829692	254952	70529	184423	37044
批发零售业	3934380	1568095	1312206	255889	367830
批发业	2072724	900281	820415	79866	186258
零售业	1861656	667814	491791	176023	181572
住宿餐饮业	816477	250069	196611	53457	79267
住宿业	121582	37530	21841	15689	2294
餐饮业	694895	212539	174770	37768	76973
金融业	2546967	839052	595572	243480	429840
房地产业	1875932	738015	622285	115731	228835
其他服务业	4634613	1631731	1068918	562813	527038
营利性服务业	1947471	635586	427699	207887	243985
非营利性服务业	2687142	996145	641220	354926	283053

1-29 分县区分行业生产总值（二）

单位：万元

	德清县	长兴县	安吉县	△市区
地区生产总值	**5441498**	**7023938**	**4870578**	**14694695**
第一产业	249533	368611	280448	506797
第二产业	3053766	3474629	2163472	7182023
第三产业	2138199	3180698	2426658	7005875
农、林、牧、渔业	271425	380352	285685	557234
工　业	2789026	3139935	1965570	6302312
建筑业	265335	335684	198132	883380
交通运输仓储邮政业	66708	341038	124955	291996
批发零售业	463660	1002229	549553	1935926
批发业	240171	621918	153702	1086539
零售业	223489	380311	395851	849387
住宿餐饮业	132516	212416	130185	329335
住宿业	26762	20704	35415	39823
餐饮业	105754	191712	94770	289512
金融业	431111	445570	408875	1268892
房地产业	295256	288328	319660	966851
其他服务业	726461	878386	887963	2158769
营利性服务业	243143	418741	426708	879571
非营利性服务业	483318	459645	461255	1279199

1-30　分县区分行业生产总值增长速度

单位：%

	全　市	吴兴区	吴兴	南太湖新　区	南浔区
地区生产总值	**3.3**	**3.5**	**3.3**	**3.9**	**3.3**
第一产业	2.5	–1.5	1.6	–9.6	4.1
第二产业	2.0	0.4	0.9	0.7	1.7
第三产业	4.8	6.6	5.6	6.6	5.9
农、林、牧、渔业	2.8	–1.4	2.0	–9.6	4.4
工　业	3.0	1.8	2.0	3.6	2.5
建筑业	–8.9	–8.7	–8.8	–8.6	–12.8
交通运输仓储邮政业	1.8	–3.8	–1.9	–5.7	–3.3
批发零售业	3.3	7.4	3.3	14.8	2.8
批发业	2.7	8.9	5.7	1.5	5.6
零售业	4.2	5.0	–1.1	24.3	–0.7
住宿餐饮业	–5.4	–9.5	–9.8	–8.5	–16.1
住宿业	–4.6	–12.1	–16.6	–5.1	–12.2
餐饮业	–5.5	–8.9	–8.7	–10.0	–16.2
金融业	11.9	12.6	12.6	12.6	12.6
房地产业	5.9	12.1	15.0	5.9	8.1
其他服务业	4.5	5.4	3.7	7.1	6.9
营利性服务业	5.4	7.1	5.0	8.5	7.9
非营利性服务业	3.9	4.3	2.9	6.2	6.1

1–30 分县区分行业生产总值增长速度

单位：%

	德清县	长兴县	安吉县	△市区
地区生产总值	**2.6**	**2.6**	**4.3**	**3.5**
第一产业	1.7	3.7	1.4	2.5
第二产业	1.6	1.5	5.3	0.8
第三产业	4.5	3.8	3.8	6.8
农、林、牧、渔业	2.1	3.8	1.5	2.9
工　业	2.1	2.8	5.9	2.0
建筑业	–5.6	–13.3	–3.0	–10.5
交通运输仓储邮政业	0.6	3.7	5.5	–3.8
批发零售业	1.4	0.2	1.4	6.8
批发业	2.8	0.8	6.6	8.8
零售业	–0.5	–1.1	–0.9	3.8
住宿餐饮业	–4.0	7.3	–9.8	–11.2
住宿业	0.7	9.2	–15.4	–12.1
餐饮业	–5.4	7.1	–6.8	–11.0
金融业	10.4	10.7	13.0	12.6
房地产业	4.2	2.1	4.9	12.8
其他服务业	5.4	4.6	2.9	5.7
营利性服务业	7.4	5.0	2.2	7.3
非营利性服务业	4.4	4.2	3.7	4.6

主要统计指标解释

生产总值 原名称为国内生产总值（英文缩写GDP），它反映一国（或地区）范围内所有常住单位生产活动的最终成果，它有三种表现形式。

从价值形态看，它是所有常住单位在一定时期内所生产的全部货物和服务的价值超过投人的全部非固定资产货物和服务价值的差额，即所有常住单位的增加值之和，包括农林牧渔业、工业、建筑业、水利管理业、交通运输仓储邮政业、信息传输与计算机服务业、批零贸易业、住宿餐饮业、金融保险业、房地产业、社会服务业、教育文化艺术影视业、卫生体育社会福利业、科学技术研究和综合技术服务业、机关团体等行业部门的生产单位的新创造价值之和。

从收入形态看，它是所有常住单位在一定时期内所创造并分配给常住单位和非常住单位的初次分配收入之和，包括各类报酬收入（工资、奖金、补贴、津贴、福利等）、各类利前税收入（各类流转税及附加、各类规费及附加等）、固定资产折旧和营业盈余收入。

从产品形态看，它是最终使用的货物和服务加上净出口的货物和服务，包括总消费（城乡居民消费、社会消费）、总投资（固定资产形成、存货增加）、出口和进口的差额。

由于国内生产总值只统计核算经济活动的新创造价值部分，它比总产值指标更能确切地反映经济发展的成果；由于国内生产总值是国民经济各部门经济活动成果之和，它比工农业总产值更能全面反映整个国民经济的发展状况。因此，目前国际上一般以国内生产总值及人均水平来反映经济发展情况。国务院在1992年决定把衡量国民经济发展规模、速度、结构、效益的核心指标改为国内生产总值指标，并将国内生产总值作为日常考核评价经济运行情况的基础指标。

根据国家统计局2004年《关于改进和规范地区GDP核算的通知》要求，从2004年1月1日起，今后地区GDP的中文名称改为“地区生产总值”，各地区的GDP用行政区的名称作定语，再加“生产总值”字样，不再使用“地区国内生产总值”名称。

三次产业 是根据社会生产活动历史发展的顺序对国民经济部分的一种划分。我国将农业划为第一产业，工业和建筑业划为第二产业，其他各业均为第三产业，包括农林牧渔服务业、地质勘探和水利管理业、交通运输、邮电通信仓储业、批发和零售贸易餐饮业、金融保险业、房地产业、社会服务业、卫生体育和社会服务业、教育文化和广播电影电视业、科学研究和综合技术服务业、国家政党机关和社会团体等行业。

当年价格 指报告期的实际价格，如工厂的出厂价格，农产品的收购价格，商业的零售价格等。按当年价格计算，是指一些以货币表现的物量指标，如工农业总产值，国内生产总值等，按照当年的实际价格来计算总量。使用当年价格计算的数字，是为了使国民经济各项指标互相衔接，便于考察当年社会经济效益，便于对生产和流通，生产和分配，生产和消费进行经济核算和综合平衡。

可比价格 指在不同时期的价值指标对比时，扣除了价格变动的因素，以确切表示物量的变化。按可比价格计算有两种方法：一种是直接按产品产量乘以不变价格计算；一种是用物价指数换算。

不变价格 用某一时期的同类产品的平均价格作为固定价格，来计算各个时期的产品价值。新中国成立后，随着工农业产品价格水平的变化，国家统计局先后五次制定了全国统一的工业产品不变价格和农业产品不变价格，1949年到1957年使用1952年不变价格，1957年到1971年使用1957年不变价格，1971年到1981年使用1970年不变价格，1981年到1990年使用1980年不变价格，1991年到2000年使用1990年不变价格，2001年到2005年使用2000年不变价格，2006年到2010年使用2005年不变价格，2011年到2015年使用2010年不变价格，2016年起使用2015年不变价格。

二、人口、劳动力、职工人数、基本单位

2-1 历年年末户籍户数、人口数

单位：万户、万人

年份	总户数	总人口	男性人口	女性人口	农业人口	非农业人口
1978	53.21	221.46	117.69	103.77	192.12	29.34
1979	53.84	222.51	117.89	104.62	191.56	30.95
1980	54.53	223.90	118.29	105.61	191.63	32.27
1981	55.18	225.76	119.05	106.71	192.44	33.32
1982	56.56	228.18	120.13	108.05	193.23	34.95
1983	58.00	229.40	120.74	108.66	193.93	35.47
1984	58.83	230.00	121.11	108.89	193.91	36.09
1985	62.68	232.99	122.47	110.52	189.26	43.73
1986	64.41	235.47	123.61	111.86	192.16	43.31
1987	66.32	238.27	124.85	113.42	194.76	43.51
1988	68.44	241.15	126.09	115.06	197.22	43.93
1989	69.07	244.07	127.32	116.75	200.11	43.96
1990	70.05	245.28	127.43	117.85	201.62	43.66
1991	71.30	246.76	127.95	118.81	202.81	43.95
1992	73.18	248.02	128.48	119.54	203.00	45.02
1993	73.94	249.37	128.90	120.47	202.71	46.66
1994	74.49	250.95	129.71	121.24	202.07	48.88
1995	75.69	252.63	130.29	122.34	202.60	50.03
1996	76.71	254.56	131.20	123.36	202.74	51.82
1997	77.32	254.58	130.64	123.94	200.38	54.20
1998	79.24	254.81	130.57	124.24	195.83	58.98
1999	79.33	255.07	130.44	124.63	194.51	60.56
2000	79.87	255.79	130.56	125.23	190.23	65.56
2001	80.25	256.49	130.68	125.81	185.53	70.96
2002	80.34	257.05	130.81	126.24	184.84	72.21
2003	80.49	256.78	130.27	126.51	182.31	74.47
2004	82.06	257.21	130.27	126.94	180.84	76.37
2005	82.69	257.58	130.36	127.22	179.77	77.81
2006	83.28	257.89	130.19	127.70	179.48	78.41
2007	83.97	257.80	129.52	128.27	178.19	79.61
2008	84.59	258.50	129.67	128.83	177.75	80.75
2009	85.00	259.17	129.78	129.39	177.33	81.84
2010	84.13	259.98	129.88	130.10	177.08	82.90
2011	85.80	261.05	130.17	130.88	175.88	85.17
2012	85.54	261.38	130.09	131.29	171.92	89.47
2013	85.59	262.49	130.42	132.07	169.59	92.90
2014	85.98	263.78	130.89	132.89	168.94	94.84
2015	86.28	263.71	130.68	133.03		
2016	86.53	264.84	131.08	133.76		
2017	86.74	266.14	131.54	134.60		
2018	87.11	267.06	131.85	135.22		
2019	87.49	267.57	131.95	135.62		
2020	88.01	268.06	132.02	136.04		

注：因户籍制度改革，2015 年起取消农业和非农划分口径。

2–2 历年市区年末户籍户数、人口数

单位：万户、万人

年份	总户数	总人口	男　性 人　口	女　性 人　口	农　业 人　口	非农业 人　口
1978	23.45	92.64	49.02	43.62	77.96	14.68
1979	23.37	93.06	49.20	43.86	77.32	15.74
1980	23.35	93.67	49.44	44.23	77.21	16.46
1981	23.89	94.27	49.65	44.62	77.24	17.03
1982	24.38	95.26	50.12	45.14	77.58	17.68
1983	25.18	95.67	50.29	45.38	77.70	17.97
1984	25.57	96.01	50.56	45.45	77.51	18.50
1985	26.96	96.44	50.74	45.70	75.59	20.85
1986	27.63	97.38	51.16	46.22	76.17	21.21
1987	28.27	98.55	51.59	46.96	77.10	21.45
1988	28.85	99.89	52.15	47.74	78.09	21.80
1989	28.83	101.38	52.74	48.64	79.63	21.75
1990	29.35	102.28	53.00	49.28	80.47	21.81
1991	29.49	102.80	53.13	49.67	80.90	21.90
1992	29.84	103.25	53.18	50.07	80.92	22.33
1993	30.02	103.89	53.46	50.43	80.95	22.94
1994	30.21	104.54	53.71	50.83	80.69	23.85
1995	30.33	105.14	53.83	51.31	80.74	24.40
1996	30.74	105.93	54.13	51.80	80.37	25.56
1997	30.89	106.24	53.98	52.26	79.42	26.82
1998	31.27	106.37	53.91	52.49	76.67	29.70
1999	31.41	106.48	53.90	52.78	75.77	30.71
2000	31.42	106.80	53.88	52.92	75.33	31.47
2001	31.63	107.52	54.09	53.43	73.13	34.39
2002	31.83	107.68	54.11	53.57	72.53	35.15
2003	32.36	107.72	53.99	53.73	63.68	36.95
2004	33.14	107.91	53.99	53.92	68.89	39.02
2005	33.52	108.01	54.00	54.01	67.85	40.16
2006	33.66	108.22	54.05	54.17	67.30	40.92
2007	33.93	108.41	54.09	54.32	66.41	42.00
2008	34.21	108.52	54.10	54.42	65.63	42.88
2009	34.49	108.56	54.03	54.53	65.05	43.51
2010	33.38	108.90	54.07	54.83	64.59	44.31
2011	34.71	109.31	54.17	55.13	63.83	45.48
2012	34.64	109.57	54.16	55.41	62.74	46.83
2013	34.68	109.93	54.28	55.64	62.06	47.87
2014	34.75	110.65	54.55	56.10	61.33	49.32
2015	34.90	110.66	54.47	56.19		
2016	35.00	111.12	54.63	56.49		
2017	35.14	111.70	54.83	56.86		
2018	35.34	112.12	54.98	57.13		
2019	35.57	112.31	55.01	57.31		
2020	35.96	112.64	55.09	57.55		

注：因户籍制度改革，2015 年起取消农业和非农划分口径。

2-3 历年全市户籍人口变动情况

年份	出生		死亡		自然增长率（‰）	迁入人口（人）	迁出人口（人）	人口密度（人/平方公里）
	出生人口数（人）	人口出生率（‰）	死亡人口数（人）	人口死亡率（‰）				
1978	26400	11.95	14259	6.46	5.49	34576	34740	381
1979	26756	12.05	13956	6.29	5.76	48321	50044	383
1980	24169	10.83	14045	6.29	4.54	38209	34978	385
1981	34226	15.22	14849	6.60	8.62	38376	38379	388
1982	38155	16.81	14858	6.55	10.26	35697	34746	392
1983	25759	11.26	16205	7.08	4.18	26483	24508	394
1984	20057	8.73	16326	7.11	1.62	25890	26322	395
1985	24092	10.41	15711	6.79	3.62	77650	57442	401
1986	36646	15.60	15705	6.70	8.90	41504	38358	405
1987	40131	16.90	16157	6.80	10.10	39558	33922	410
1988	36584	15.26	16902	7.05	8.21	39421	31697	415
1989	39089	16.11	15796	6.51	9.60	39822	32841	420
1990	38025	15.54	17265	7.06	8.48	25245	25104	422
1991	29458	11.97	16020	6.51	5.46	26644	25508	424
1992	30922	12.50	16966	6.87	5.63	25869	25750	426
1993	28900	11.62	16196	6.51	5.11	22801	21396	429
1994	28902	11.55	16889	6.75	4.80	28716	24753	431
1995	29313	11.64	17506	6.95	4.69	28198	23397	434
1996	29324	11.56	16890	6.66	4.90	74763	67761	438
1997	24654	9.68	16816	6.60	3.08	53004	54927	438
1998	24104	9.46	18183	7.14	2.32	39537	40282	438
1999	20654	8.10	17160	6.73	1.37	99567	100679	438
2000	26710	10.46	19051	7.46	3.00	32712	33991	440
2001	20181	7.88	15101	5.90	1.98	38090	35995	441
2002	18869	7.35	15311	5.96	1.39	33321	31209	442
2003	18557	7.22	19486	7.58	–0.36	36724	38788	441
2004	20876	8.12	17030	6.62	1.49	60211	59125	442
2005	19067	7.40	16856	6.54	0.86	34552	33180	443
2006	19182	7.44	17750	6.88	0.56	31109	29815	443
2007	19432	7.54	17665	6.85	0.69	24921	27746	443
2008	19112	7.40	18634	7.22	0.19	24334	18078	444
2009	19282	7.45	18866	7.29	0.16	21911	15586	445
2010	20428	7.87	20205	7.78	0.09	22363	14517	447
2011	20746	7.96	17694	6.79	1.17	20001	12213	449
2012	24135	9.24	24518	9.39	–0.15	17494	13548	449
2013	23524	8.98	17749	6.78	2.20	24799	18832	451
2014	27916	10.61	18843	7.16	3.45	20357	15428	453
2015	20237	7.67	19166	7.27	0.41	12151	8824	453
2016	24675	9.34	16974	6.42	2.91	12105	8020	455
2017	29073	10.95	21879	8.24	2.71	16501	10642	457
2018	24981	9.37	19966	7.49	1.88	16605	11599	459
2019	23066	8.63	18528	6.93	1.70	13526	12493	460
2020	19650	7.33	18849	7.03	0.30	14717	10669	461

2-4 历年市区户籍人口变动情况

年份	出生		死亡		自然增长率（‰）	迁入人口（人）	迁出人口（人）	人口密度（人/平方公里）
	出生人口数（人）	人口出生率（‰）	死亡人口数（人）	人口死亡率（‰）				
1978	10005	10.80	7014	7.60	3.20	14576	14594	591
1979	10202	11.00	6609	7.10	3.90	27695	27064	594
1980	9596	10.30	6543	7.00	3.30	17719	15087	598
1981	14018	14.90	7139	7.60	7.30	15521	15030	602
1982	15540	16.40	6824	7.20	9.20	14720	13304	608
1983	10130	10.60	7559	7.90	2.70	9885	8823	611
1984	7344	7.70	7583	7.90	–0.20	12322	11755	613
1985	8657	8.99	7508	7.80	1.19	28618	25485	616
1986	13537	14.00	4346	7.60	6.40	20602	18044	622
1987	16462	16.80	7579	7.70	9.10	14538	10804	629
1988	15846	15.97	7734	7.79	8.18	15643	11260	638
1989	18305	18.19	7418	7.37	10.82	20030	14852	647
1990	16767	16.47	8126	7.98	8.49	6813	4761	653
1991	11349	11.07	7354	7.17	3.90	9321	8354	656
1992	11925	11.58	7839	7.61	3.97	5280	4137	659
1993	11552	11.15	7451	7.19	3.96	6414	4025	663
1994	12301	11.80	8054	7.73	4.07	8477	5384	667
1995	11852	11.31	8158	7.78	3.53	7408	4871	671
1996	11667	11.06	7901	7.49	3.57	9808	5466	676
1997	9087	8.56	7474	7.05	1.51	7700	5158	678
1998	8308	7.81	8147	7.66	0.15	7942	6775	679
1999	7608	7.15	7982	7.50	–0.35	8396	7320	680
2000	10214	9.58	9086	8.52	0.11	8737	7967	682
2001	8746	8.16	7238	6.75	1.41	13854	7993	686
2002	7714	7.17	7743	7.20	–0.03	11273	9505	687
2003	7295	6.77	8798	8.17	–1.40	9975	8968	688
2004	8287	7.68	7685	7.12	0.56	11283	9329	689
2005	7184	6.65	7981	7.39	–0.74	10168	8544	689
2006	7485	6.92	8106	7.49	–0.57	10199	7835	691
2007	7378	6.81	7896	7.29	–0.48	9943	7653	692
2008	7514	6.93	8500	7.84	–0.91	9843	7962	693
2009	7727	7.12	8545	7.88	–0.75	8187	6824	693
2010	8550	7.85	8381	7.70	0.16	10189	5572	695
2011	8865	8.11	8144	7.45	0.66	8220	4749	698
2012	10563	9.65	10327	9.44	0.22	6736	3920	700
2013	10038	9.15	8222	7.49	1.65	6353	4240	702
2014	12769	11.58	8415	7.63	3.95	6942	3582	707
2015	8437	7.62	8710	7.87	–0.25	6160	3871	707
2016	10178	9.18	7750	6.99	2.19	5660	3498	710
2017	12140	10.90	9778	8.78	2.12	8104	4595	714
2018	10189	9.10	8775	7.84	1.26	7707	4899	716
2019	9260	8.25	8530	7.60	0.65	6746	5407	718
2020	8060	7.16	8574	7.61	–0.46	8126	4360	720

2-5 分县区年末户籍人数与人口变动情况

	单位	全　市	±%或千（百）分点	△市区	吴兴区	南浔区	德清县	长兴县	安吉县
总户数	户	880116	0.60	359643	216920	142723	135049	229796	155628
总人口数	人	2680587	0.18	1126394	637423	488971	443246	637710	473237
#乡村人口	人	1424585	-2.45	569184	372137	305898	267775	290813	296813
城镇人口	人	1256002	3.35	557210	265286	183073	175471	346897	176424
#男	人	1320220	0.05	550851	311487	239364	217534	318047	233788
女	人	1360367	0.31	575543	325936	249607	225712	319663	239449
#18 岁以下	人	383344	-0.01	158817	101955	56862	60919	92783	70825
18-35 岁	人	535499	-0.83	223656	127963	95693	88967	129597	93279
35-60 岁	人	1050401	-0.77	424047	242561	181486	171341	259748	195265
60 岁以上	人	711343	2.52	319874	164944	154930	122019	155582	113868
出生人口	人	19650	-14.81	8060	4758	3302	3135	4773	3682
人口出生率	‰	7.33	7.33	7.16	7.46	6.75	7.07	7.48	7.78
死亡人口	人	18849	1.73	8574	4382	4192	2912	4199	3164
人口死亡率	‰	7.03	7.03	7.61	6.87	8.57	6.57	6.58	6.69
自然增长人口	人	801	-82.35	-514	376	-890	223	574	518
人口自然增长率	‰	0.30	-82.33	-0.46	0.59	-1.82	0.50	0.90	1.10
迁入人口	人	14717	8.81	8126	5974	2152	1992	2351	2248
省内迁入	人	4217	10.92	2239	1720	519	618	734	626
省外迁入	人	10500	7.98	5887	4254	1633	1374	1617	1622
迁出人口	人	10669	-14.60	4360	2958	1402	2065	2537	1707
迁往省内	人	7339	2.26	2730	1818	912	1593	1831	1185
迁往省外	人	3330	-37.36	1630	1140	490	472	706	522

注：因户籍制度改革，2015 年起取消农业和非农划分口径，改用城镇和乡村人口。

2-6 分县区计划生育情况

单位：人、%

	全　市	吴兴区	南浔区	德清县	长兴县	安吉县	南太湖新　区	△市区
计划生育率	97.74	97.77	98.01	98.41	97.29	97.32	98.23	97.95
女性初婚人数	9450	1631	1685	1541	2364	1632	597	3913
育龄妇女人数	608515	103250	101050	99718	152343	111137	41017	245317
已婚育龄妇女人数	456033	75384	76290	73354	115837	84029	31139	182813
已婚育龄妇女独生子女领证人数	109608	16630	15786	18247	31025	21135	6785	39201
已婚育龄妇女独生子女领证率	24.0	22.1	20.7	24.9	26.8	25.2	21.8	21.4
采取节育措施人数	372276	59900	64360	58784	96420	68412	24400	148660
节育率	81.6	79.5	84.4	80.1	83.2	81.4	78.4	81.3

2-7 历年劳动力资源与从业人员数

单位：万人

年份	劳动力资源总数	从业人员总数	在岗职工人数	国有经济单位	城镇集体经济单位	城镇登记失业人员	城镇登记失业率(%)
1978	141.73	117.95	20.05	13.76	6.29		
1979	143.30	125.60	21.61	14.62	6.99		
1980	143.74	124.83	22.40	15.02	7.38		
1981	145.84	127.56	23.51	15.74	7.77		
1982	148.32	129.94	23.81	16.09	7.72		
1983	150.72	136.77	24.30	16.45	7.85		
1984	151.11	136.04	24.80	15.26	9.52		
1985	153.77	138.88	26.00	15.80	10.17		
1986	156.35	141.64	27.14	16.73	10.38		
1987	158.69	145.75	27.50	17.19	10.25		
1988	161.33	146.55	27.95	17.30	10.55		
1989	163.53	148.00	27.65	17.10	10.38		
1990	166.23	150.55	27.77	17.49	10.06		
1991	164.85	150.51	28.63	17.88	10.32		
1992	163.26	148.95	28.73	18.05	10.06		
1993	166.61	148.72	28.52	18.59	8.96		
1994	179.06	149.75	28.32	18.22	8.86		
1995	179.95	148.38	27.68	17.90	8.56		
1996	181.35	147.70	26.85	17.66	7.57		
1997	181.63	146.21	26.22	17.36	7.31		
1998	185.04	143.74	24.29	15.92	5.54		
1999	188.48	142.70	21.57	13.87	4.31		
2000	210.94	157.50	19.86	12.34	3.38		
2001	213.74	159.59	17.59	9.25	2.35	1.22	4.00
2002	216.58	161.72	15.63	8.54	1.79	1.15	4.20
2003	219.47	163.87	14.49	8.08	1.28	1.05	4.00
2004	222.40	166.06	19.10	8.10	1.75	1.05	3.80
2005	225.37	168.28	23.46	7.69	1.10	1.19	3.80
2006	228.39	170.54	25.72	7.78	1.10	1.23	3.80
2007	231.46	172.83	28.16	7.89	1.13	1.56	3.20
2008	234.58	175.15	30.78	8.24	1.19	1.66	3.30
2009	237.74	177.52	31.94	7.98	1.02	1.65	3.20
2010	240.96	179.92	35.95	8.16	1.29	1.36	3.20
2011	241.41	180.14	38.07	8.19	1.23	1.28	3.05
2012	241.88	180.32	41.17	8.52	1.28	1.31	3.10
2013	242.80	180.90	42.23	8.42	0.96	1.34	3.07
2014	244.06	182.97	42.73	8.50	0.71	1.73	2.98
2015	245.71	184.48	42.76	8.87	0.28	1.68	2.67
2016	247.82	187.11	43.50	9.05	0.27	1.59	2.52
2017	249.51	188.93	42.75	9.08	0.27	1.49	2.22
2018	252.23	191.50	40.96	8.79	0.24	1.71	2.32
2019	254.95	193.90	42.33	9.65	0.16	1.50	1.86
2020	284.36	198.35				1.51	1.50

注：1. 2000 年及以后年份的劳动力资源总数、从业人员数按人口普查常住人口测算。

2. 2020 年制度调整，在岗职工仅统计四上单位。

2–8 历年全社会从业人员数

单位：万人

年份	年末从业人数	按三次产业分			三次产业从业人员构成(%)		
		第一产业	第二产业	第三产业	第一产业	第二产业	第三产业
1978	117.95	89.05	19.22	9.68	75.5	16.3	8.2
1979	125.60	92.71	22.19	10.70	73.8	17.7	8.5
1980	124.83	90.25	23.72	10.86	72.3	19.0	8.7
1981	127.56	89.51	25.14	12.91	70.2	19.7	10.1
1982	129.94	91.22	25.57	13.15	70.2	19.7	10.1
1983	136.77	93.63	29.00	14.14	68.5	21.2	10.3
1984	136.04	89.79	31.09	15.16	66.0	22.9	11.1
1985	138.88	78.74	43.61	16.53	56.7	31.4	11.9
1986	141.64	77.28	45.29	19.07	54.6	32.0	13.4
1987	145.75	77.79	47.27	20.69	53.4	32.4	14.2
1988	146.55	76.82	47.98	21.75	52.4	32.7	14.9
1989	148.00	79.71	45.37	22.92	53.9	30.6	15.5
1990	150.55	86.70	43.38	20.47	57.6	28.8	13.6
1991	150.51	84.45	44.67	21.39	56.1	29.7	14.2
1992	148.95	79.94	45.03	23.98	53.7	30.2	16.1
1993	148.72	72.78	50.17	25.77	48.9	33.7	17.4
1994	149.75	68.57	51.88	29.30	45.8	34.6	19.6
1995	148.38	66.48	51.92	29.98	44.8	35.0	20.2
1996	147.70	66.13	50.02	31.55	44.8	33.8	21.4
1997	146.21	66.87	47.58	31.76	45.7	32.6	21.7
1998	143.74	67.31	44.78	31.65	46.8	31.2	22.0
1999	142.70	65.91	43.83	32.96	46.2	30.7	23.1
2000	157.50	62.95	59.38	35.17	40.0	37.7	22.3
2001	159.59	60.96	61.82	36.82	38.2	38.7	23.1
2002	161.72	57.25	65.82	38.65	35.4	40.7	23.9
2003	163.87	54.40	68.99	40.48	33.2	42.1	24.7
2004	166.06	51.81	71.74	42.51	31.2	43.2	25.6
2005	168.28	49.14	74.72	44.46	29.2	44.4	26.4
2006	170.54	46.04	77.59	46.90	27.0	45.5	27.5
2007	172.83	43.21	80.71	48.91	25.0	46.7	28.3
2008	175.15	40.46	83.37	51.32	23.1	47.6	29.3
2009	177.52	36.82	85.74	54.96	20.7	48.3	31.0
2010	179.92	34.75	88.90	56.27	19.3	49.4	31.3
2011	180.14	30.35	90.91	58.88	16.8	50.5	32.7
2012	180.32	25.83	92.01	62.48	14.3	51.0	34.7
2013	180.90	24.95	92.43	63.52	13.8	51.1	35.1
2014	182.97	23.34	94.25	65.38	12.8	51.5	35.7
2015	184.48	22.87	94.73	66.88	12.4	51.3	36.3
2016	187.11	21.98	95.72	69.41	11.7	51.2	37.1
2017	188.93	21.04	95.94	71.95	11.1	50.8	38.1
2018	191.50	21.09	94.28	76.13	11.0	49.2	39.8
2019	193.90	20.56	94.60	78.74	10.6	48.8	40.6
2020	198.35	10.12	99.32	88.91	5.1	50.1	44.8

注：2000 年及以后年份的从业人员数按人口普查常住人口测算；2018 年–2019 年三次产业从业人员数根据四经普调整。

2-9 规上单位年末从业人员

单位：人

	单位从业人员	#女性	#在岗职工	#劳务派遣人员	#其他从业人员
总　计	**681963**	**222378**	**619423**	**33489**	**29051**
按企业、事业、机关分组					
企　业	681963	222378	619423	33489	29051
事　业					
机　关					
按国民经济行业分组					
农、林、牧、渔业					
采矿业	2001	191	1931	35	35
制造业	409552	155192	388817	17581	3154
电力、热力、燃气及水生产和供应业	6720	1411	6499	180	41
建筑业	146979	14990	121352	5755	19872
批发和零售业	26383	13507	24882	1003	498
交通运输、仓储和邮政业	9267	2921	8005	853	409
住宿和餐饮业	21329	12871	17205	1291	2833
信息传输、软件和信息技术服务业	4779	1805	4370	301	108
金融业					
房地产业	13019	5341	12133	479	407
租赁和商务服务业	21871	5928	19116	2646	109
科学研究、技术服务业	5868	1361	5369	190	309
水利、环境和公共设施管理业	6011	2358	2689	2368	954
居民服务、修理和其他服务业	1992	949	1429	543	20
教育	373	67	371		2
卫生和社会工作	2920	2093	2700	195	25
文化、体育和娱乐业	2899	1393	2555	69	275
公共管理、社会保障和社会组织					

2-10 分县区规上单位年末从业人员

单位：人

	单位从业人员	#女姓	#在岗职工	#劳务派遣人员	#其他从业人员
全　市	**681963**	**222378**	**619423**	**33489**	**29051**
吴兴区	210445	52015	177394	13463	19588
南浔区	95981	31039	89290	4736	1955
德清县	124631	46548	114592	7200	2839
长兴县	128628	46657	121243	4615	2770
安吉县	122278	46119	116904	3475	1899
△市区	306426	83054	266684	18199	21543

2–11 规上单位从业人员平均人数

单位：人

	单位从业人员	在岗职工	劳务派遣人员	其他从业人员
总　计	**663926**	**600854**	**34302**	**28770**
按企业、事业、机关分组				
企　业	663926	600854	34302	28770
事　业				
机　关				
按国民经济行业分组				
农、林、牧、渔业				
采矿业	1979	1907	40	32
制造业	399949	379710	16963	3276
电力、热力、燃气及水生产和供应业	6711	6452	186	73
建筑业	141443	115592	6877	18974
批发和零售业	26928	24951	1415	562
交通运输、仓储和邮政业	9212	7894	843	475
住宿和餐饮业	21414	17108	1306	3000
信息传输、软件和信息技术服务业	4816	4412	299	105
金融业				
房地产业	12870	11649	786	435
租赁和商务服务业	19993	17690	2179	124
科学研究、技术服务业	4401	3923	192	286
水利、环境和公共设施管理业	6136	2691	2366	1079
居民服务、修理和其他服务业	1973	1399	554	20
教育	374	372		2
卫生和社会工作	2830	2620	186	24
文化、体育和娱乐业	2897	2484	110	303
公共管理、社会保障和社会组织				

2-12 分县区规上单位在岗职工人数

单位：人

	全　市	吴兴区	南浔区	德清县	长兴县	安吉县	△市区
总　　计	**619423**	**177394**	**89290**	**114592**	**121243**	**116904**	**266684**
按企业、事业、机关分组							
企　业	619423	177394	89290	114592	121243	116904	266684
事　业							
机　关							
按国民经济行业分组							
农、林、牧、渔业							
采矿业	1931	883		683	335	30	
制造业	388817	58904	71617	84849	87661	85786	130521
电力、热力、燃气及水生产和供应业	6499	1283	631	1111	2503	971	1914
建筑业	121352	78452	10097	5343	11464	15996	88549
批发和零售业	24882	10973	2179	4383	4427	2920	13152
交通运输、仓储和邮政业	8005	3143	380	1115	2502	865	3523
住宿和餐饮业	17205	6783	1295	2502	3614	3011	8078
信息传输、软件和信息技术服务业	4370	2959	19	1177	77	138	2978
金融业							
房地产业	12133	4332	818	1800	3357	1826	5150
租赁和商务服务业	19116	5406	1972	10082	960	696	7378
科学研究、技术服务业	5369	1946	138	390	2635	260	2084
水利、环境和公共设施管理业	2689	224	98	417	519	1431	322
居民服务、修理和其他服务业	1429	238	18	192	369	612	256
教育	371	135		206		30	135
卫生和社会工作	2700	1567			685	448	1567
文化、体育和娱乐业	2555	166	28	342	135	1884	194
公共管理、社会保障和社会组织							

2-13 分县区法人单位数（一）

单位：个

	全市					
	2010年	2016年	2017年	2018年	2019年	2020年
总计	**22168**	**60229**	**73939**	**80615**	**79056**	**104042**
按机构类型分组						
企业	17689	53009	66650	73265	71302	96447
事业	1526	1880	1871	1871	1802	1788
机关	406	454	464	464	463	412
社会团体	582	860	835	835	946	952
民办非企业单位	271	488	467	467	789	731
基金会	1	5	5	5	11	10
居委会	238	256	256	256	306	294
村委会	1001	1017	1011	1011	996	966
农民专业合作社		1447	1523	1584	1273	1269
农村集体经济组织						846
其他组织机构	454	813	857	857	1168	327
按三次产业分组						
第一产业	601	2651	2854	3051	2118	2428
第二产业	11006	22925	27372	29069	24803	30103
第三产业	10561	34653	43713	48495	52135	71511
按行业门类分组						
农、林、牧、渔业	601	2651	2854	3051	2118	2428
采矿业	275	159	151	155	109	108
制造业	10082	21007	24784	26128	21148	24833
电力、燃气及水的生产和供应业	141	284	394	431	295	335
建筑业	508	1475	2043	2355	3251	4827
批发和零售业	3051	14688	19080	20578	17885	24897
交通运输、仓储和邮政业	343	1250	1541	1693	2003	2541
住宿和餐饮业	210	1233	1483	1575	1648	2188
信息传输、软件和信息技术服务业	369	1097	1541	1828	2786	5054
金融业	106	258	271	365	264	366
房地产业	603	1562	1928	2252	2771	3402
租赁和商务服务业	1083	5317	7247	8563	9907	14519
科学研究和技术服务业	408	1692	2310	2641	3520	5623
水利、环境和公共设施管理业	217	559	626	677	756	993
居民服务、修理和其他服务业	146	788	937	1042	1237	1631
教育	660	1010	1089	1132	1742	2119
卫生和社会工作	322	499	553	582	678	749
文化、体育和娱乐业	165	1134	1565	2023	3208	3768
公共管理、社会保障和社会组织	2878	3566	3542	3544	3730	3661

注：从2020年起按机构类型分组中农村集体经济组织从其他组织机构中单列出来；2020年县区合计数与全市数稍有差异，原因是湖州市所管辖的单位中有几家区划代码不在三县三区。

2-13 分县区法人单位数（二）

单位：个

	市区					
	2010年	2016年	2017年	2018年	2019年	2020年
总　　计	**8604**	**28349**	**36761**	**39825**	**33613**	**45029**
按机构类型分组						
企业	6644	25199	33618	36670	30376	41996
事业	675	937	932	933	953	824
机关	184	221	223	223	229	201
社会团体	238	401	392	392	401	410
民办非企业单位	91	222	208	208	303	256
基金会		4	4	4	5	4
居委会	113	136	136	136	156	151
村委会	444	448	447	447	454	448
农民专业合作社		469	476	487	306	279
农村集体经济组织						309
其他组织机构	215	312	325	325	430	151
按三次产业分组						
第一产业	168	787	817	872	635	731
第二产业	3736	11475	14664	15486	11098	13944
第三产业	4700	16087	21280	23467	21880	30354
按行业门类分组						
农、林、牧、渔业	168	787	817	872	635	731
采矿业	30	22	22	24	13	13
制造业	3495	10727	13615	14282	9570	11538
电力、燃气及水的生产和供应业	48	99	136	155	91	114
建筑业	163	627	891	1025	1424	2279
批发和零售业	1551	7620	10536	11253	8729	12459
交通运输、仓储和邮政业	128	464	575	630	703	932
住宿和餐饮业	80	560	672	711	708	886
信息传输、软件和信息技术服务业	175	566	799	902	882	1727
金融业	62	137	149	236	150	198
房地产业	254	617	754	893	956	1305
租赁和商务服务业	373	1877	2755	3172	3042	4636
科学研究和技术服务业	186	724	988	1159	1515	2361
水利、环境和公共设施管理业	59	163	186	204	215	304
居民服务、修理和其他服务业	66	346	442	489	563	769
教育	248	419	458	481	808	1021
卫生和社会工作	118	190	223	241	289	333
文化、体育和娱乐业	65	608	958	1310	1459	1693
公共管理、社会保障和社会组织	1335	1796	1785	1786	1861	1730

2–13 分县区法人单位数（三）

单位：个

	吴兴区					
	2010 年	2016 年	2017 年	2018 年	2019 年	2020 年
总　　计	**3428**	**15060**	**20969**	**22364**	**15084**	**19504**
按机构类型分组						
企业	2685	13686	19588	20979	13785	18281
事业	237	385	383	383	372	313
机关	63	80	79	79	72	65
社会团体	81	184	180	180	164	176
民办非企业单位	47	136	128	128	145	134
基金会		1	1	1	3	2
居委会	64	77	77	77	82	81
村委会	165	167	165	165	158	158
农民专业合作社		190	196	200	108	96
农村集体经济组织						131
其他组织机构	86	154	172	172	195	67
按三次产业分组						
第一产业	52	341	363	383	241	271
第二产业	1273	6214	8725	8927	4886	6127
第三产业	2103	8505	11881	13054	9957	13106
按行业门类分组						
农、林、牧、渔业	52	341	363	383	241	271
采矿业	24	16	17	18	8	7
制造业	1139	5833	8201	8336	4360	5284
电力、燃气及水的生产和供应业	12	40	55	61	28	38
建筑业	98	325	452	512	490	798
批发和零售业	821	4398	6631	6924	4235	5953
交通运输、仓储和邮政业	57	254	331	360	285	330
住宿和餐饮业	34	233	285	308	296	365
信息传输、软件和信息技术服务业	58	326	477	538	376	661
金融业	31	70	76	78	69	74
房地产业	125	292	369	437	426	564
租赁和商务服务业	184	1005	1397	1603	1197	1650
科学研究和技术服务业	77	368	479	596	682	941
水利、环境和公共设施管理业	20	85	100	103	81	110
居民服务、修理和其他服务业	33	160	201	217	211	308
教育	105	206	230	244	388	476
卫生和社会工作	50	88	107	113	133	156
文化、体育和娱乐业	25	262	448	783	837	828
公共管理、社会保障和社会组织	483	758	750	750	741	690

2-13 分县区法人单位数（四）

单位：个

	南浔区					
	2010 年	2016 年	2017 年	2018 年	2019 年	2020 年
总　　计	**3639**	**8297**	**9282**	**10279**	**10829**	**14409**
按机构类型分组						
企业	2836	7143	8138	9127	9684	13268
事业	283	329	329	330	299	284
机关	49	63	63	63	57	55
社会团体	81	111	112	112	102	102
民办非企业单位	30	49	45	45	88	83
基金会		1	1	1	1	1
居委会	33	36	36	36	35	35
村委会	221	221	222	222	220	220
农民专业合作社		244	243	250	169	154
农村集体经济组织						144
其他组织机构	106	100	93	93	174	63
按三次产业分组						
第一产业	104	386	393	423	332	383
第二产业	2034	4443	4973	5485	5085	6269
第三产业	1501	3468	3916	4371	5412	7757
按行业门类分组						
农、林、牧、渔业	104	386	393	423	332	383
采矿业				1	1	1
制造业	1971	4283	4763	5215	4550	5449
电力、燃气及水的生产和供应业	31	53	70	83	45	56
建筑业	32	107	140	186	489	763
批发和零售业	413	1599	1874	2064	2418	3452
交通运输、仓储和邮政业	31	112	119	130	286	413
住宿和餐饮业	30	115	122	130	147	204
信息传输、软件和信息技术服务业	56	45	60	73	144	321
金融业	5	17	15	16	19	45
房地产业	70	164	176	202	232	339
租赁和商务服务业	86	279	337	478	582	840
科学研究和技术服务业	49	71	108	135	285	581
水利、环境和公共设施管理业	25	36	41	45	75	114
居民服务、修理和其他服务业	11	72	81	95	127	172
教育	99	124	133	138	234	324
卫生和社会工作	53	67	65	69	81	94
文化、体育和娱乐业	23	126	142	152	187	274
公共管理、社会保障和社会组织	550	641	643	644	595	584

2-13　分县区法人单位数（五）

单位：个

	南太湖新区					
	2010年	2016年	2017年	2018年	2019年	2020年
总　　计	**1537**	**3969**	**5260**	**5901**	**7700**	**11116**
按机构类型分组						
企业	1123	3626	4924	5555	6907	10447
事业	155	116	114	118	282	227
机关	72	28	30	34	100	81
社会团体	76	40	34	36	135	132
民办非企业单位	14	27	26	27	70	39
基金会		1	1	1	1	1
居委会	16	17	17	17	39	35
村委会	58	41	40	40	76	70
农民专业合作社		26	27	26	29	29
农村集体经济组织						34
其他组织机构	23	47	47	47	61	21
按三次产业分组						
第一产业	12	36	37	40	62	77
第二产业	429	743	885	985	1127	1548
第三产业	1096	3190	4338	4876	6511	9491
按行业门类分组						
农、林、牧、渔业	12	36	37	40	62	77
采矿业	6	6	5	5	4	5
制造业	385	564	600	672	660	805
电力、燃气及水的生产和供应业	5	6	11	11	18	20
建筑业	33	167	269	297	445	718
批发和零售业	317	1470	1854	2091	2076	3054
交通运输、仓储和邮政业	40	89	115	129	132	189
住宿和餐饮业	16	145	185	190	265	317
信息传输、软件和信息技术服务业	61	147	216	243	362	745
金融业	26	48	54	136	62	79
房地产业	59	126	160	197	298	402
租赁和商务服务业	103	491	899	955	1263	2146
科学研究和技术服务业	60	232	346	371	548	839
水利、环境和公共设施管理业	14	26	27	41	59	80
居民服务、修理和其他服务业	22	92	134	151	225	289
教育	44	48	54	59	186	221
卫生和社会工作	15	24	37	43	75	83
文化、体育和娱乐业	17	62	72	78	435	591
公共管理、社会保障和社会组织	302	190	185	192	525	456

2-13 分县区法人单位数（六）

单位：个

	德清县					
	2010 年	2016 年	2017 年	2018 年	2019 年	2020 年
总　　计	**4826**	**10319**	**11924**	**13062**	**11925**	**14997**
按机构类型分组						
企业	4080	9203	10754	11876	10575	13685
事业	296	368	362	362	317	279
机关	73	71	74	74	74	67
社会团体	97	115	111	111	138	137
民办非企业单位	32	76	77	77	138	135
基金会	1	1	1	1	4	4
居委会	28	30	30	30	32	32
村委会	166	151	150	150	139	135
农民专业合作社		232	258	273	297	313
农村集体经济组织						141
其他组织机构	53	72	107	108	211	69
按三次产业分组						
第一产业	126	650	703	734	496	522
第二产业	2718	4009	4267	4569	4400	4958
第三产业	1982	5660	6954	7759	7029	9517
按行业门类分组						
农、林、牧、渔业	126	650	703	734	496	522
采矿业	74	23	20	20	12	12
制造业	2523	3649	3820	4057	3900	4269
电力、燃气及水的生产和供应业	22	46	71	82	54	60
建筑业	99	291	356	410	434	617
批发和零售业	571	1948	2422	2713	2391	3172
交通运输、仓储和邮政业	74	164	191	212	255	345
住宿和餐饮业	49	190	231	252	247	305
信息传输、软件和信息技术服务业	78	230	325	407	401	563
金融业	17	36	38	39	41	50
房地产业	96	222	273	320	404	428
租赁和商务服务业	238	1287	1713	1943	1182	1799
科学研究和技术服务业	89	387	508	564	618	1197
水利、环境和公共设施管理业	55	98	103	113	143	168
居民服务、修理和其他服务业	21	75	89	104	129	154
教育	117	178	195	204	267	307
卫生和社会工作	90	128	136	140	149	152
文化、体育和娱乐业	25	172	187	205	250	364
公共管理、社会保障和社会组织	462	545	543	543	552	513

2-13 分县区法人单位数（七）

单位：个

	长兴县					
	2010 年	2016 年	2017 年	2018 年	2019 年	2020 年
总　　计	**5337**	**12123**	**14188**	**16029**	**19828**	**26119**
按机构类型分组						
企业	4316	10532	12588	14407	18142	24411
事业	271	287	284	283	290	347
机关	73	81	89	89	73	70
社会团体	150	170	159	159	166	166
民办非企业单位	122	127	121	121	187	163
基金会					1	1
居委会	61	51	51	51	65	64
村委会	222	241	237	237	206	202
农民专业合作社		449	482	504	401	407
农村集体经济组织						219
其他组织机构	122	185	177	178	297	69
按三次产业分组						
第一产业	179	713	763	816	542	611
第二产业	2771	3929	4466	4867	5070	6015
第三产业	2387	7481	8959	10346	14216	19493
按行业门类分组						
农、林、牧、渔业	179	713	763	816	542	611
采矿业	91	29	30	30	20	17
制造业	2450	3524	3886	4190	4059	4593
电力、燃气及水的生产和供应业	38	70	100	106	77	86
建筑业	192	306	450	541	914	1319
批发和零售业	630	3162	3700	4026	3926	5487
交通运输、仓储和邮政业	96	489	595	655	770	881
住宿和餐饮业	42	184	227	242	309	519
信息传输、软件和信息技术服务业	80	176	229	312	1161	2118
金融业	14	71	71	72	42	63
房地产业	158	401	500	593	778	940
租赁和商务服务业	304	1099	1521	2103	3842	5134
科学研究和技术服务业	73	352	477	559	862	1306
水利、环境和公共设施管理业	51	156	170	187	198	256
居民服务、修理和其他服务业	44	226	251	285	354	449
教育	181	239	248	255	380	461
卫生和社会工作	62	82	88	95	139	144
文化、体育和娱乐业	39	180	223	302	815	1036
公共管理、社会保障和社会组织	613	664	659	660	640	699

2-13 分县区法人单位数（八）

单位：个

	安吉县					
	2010 年	2016 年	2017 年	2018 年	2019 年	2020 年
总　计	**3401**	**9438**	**11064**	**11699**	**13689**	**17892**
按机构类型分组						
企业	2649	8075	9688	10312	12208	16351
事业	284	288	293	293	242	338
机关	76	81	78	78	87	74
社会团体	97	174	173	173	241	238
民办非企业单位	26	63	61	61	161	177
基金会					1	1
居委会	36	39	39	39	53	47
村委会	169	177	177	177	197	181
农民专业合作社		297	307	320	269	270
农村集体经济组织						177
其他组织机构	64	244	248	246	230	38
按三次产业分组						
第一产业	128	501	571	629	445	564
第二产业	1781	3512	3974	4147	4235	5184
第三产业	1492	5425	6519	6923	9009	12144
按行业门类分组						
农、林、牧、渔业	128	501	571	629	445	564
采矿业	80	85	79	81	64	66
制造业	1614	3107	3462	3599	3619	4432
电力、燃气及水的生产和供应业	33	69	87	88	73	75
建筑业	54	251	346	379	479	611
批发和零售业	299	1958	2422	2586	2839	3778
交通运输、仓储和邮政业	45	133	180	196	275	383
住宿和餐饮业	39	299	353	370	384	478
信息传输、软件和信息技术服务业	36	125	188	207	342	645
金融业	13	14	13	18	31	55
房地产业	95	322	401	446	632	729
租赁和商务服务业	168	1054	1258	1345	1841	2950
科学研究和技术服务业	60	229	336	359	525	759
水利、环境和公共设施管理业	52	142	167	173	200	265
居民服务、修理和其他服务业	15	141	155	164	191	259
教育	114	174	188	192	287	330
卫生和社会工作	52	99	106	106	101	120
文化、体育和娱乐业	36	174	197	206	684	675
公共管理、社会保障和社会组织	468	561	555	555	677	718

主要统计指标解释

人口数 指一定时点全市行政管辖范围内的有生命的个人的总和。年度统计的年末人口数是指12月31日24时常住户口和未落户口的人口数。

性别比 指在总人口或各组年龄组人口中男性人数和女性人数之比。计算公式：

$$性别比 = \frac{男性人口数}{女性人口数} \times 100$$

出生率 指一年内平均每千人所出生的人数比例，一般以千分率表示。计算公式：

$$出生率 = \frac{全年出生人数}{年平均人数} \times 1000‰$$

出生人数指活产婴儿，即胎儿脱离母体时（不管怀孕月 数），有过呼吸或其他生命现象。年平均人数是年初、年末人口数的平均数。

死亡率 指一年内平均每千人所死亡的人数比例，一般以千分率表示。计算公式：

$$死亡率 = \frac{全年死亡人数}{年平均人数} \times 1000‰$$

人口自然增长率 指一年内人口自然增长数（出生人数减死亡人数）与平均人数之比例，一般以千分率表示。计算公式：

人口自然增长率=（年内出生人数 － 年内死亡人数）/年平均人数×1000‰

或

人口自然增长率=人口出生率 － 人口死亡率

人口密度 指在一定时点一定地区的人口数与该地区的面积之比，即一定时点的单位土地面积上的人口数，通常以每平方公里的居民人数来表示。计算公式：

$$人口密度 = \frac{该地区的人口数}{该地区的土地面积数}$$

已婚育龄妇女独生子女领证率 指15 － 49岁已婚育龄妇女已领独生子女证的人数同15 － 49岁已婚育龄妇女人数之比，一般以千分比表示。计算公式：

已婚育龄妇女独生子女领证率 = 15 － 49岁已婚育龄妇 女已领独生子女证的人数/15－49岁已婚育龄妇女人数×100%

城镇失业人员 指在一定年龄内，有劳动能力，无业而有要求就业并进行待业登记的人员，包括城镇年满16周岁至25周岁的初、高中毕业生中未能升学、参军的待业青年和年龄在25周岁至男50岁、女45岁以内的其他待业人员。

城镇失业率 是从另一个侧面反映城镇劳动者就业程度的指标。它的计算公式：

城镇失业率 = 城镇失业人员/（城镇从业人员 ＋ 城镇失业人员）×100%

劳动力资源 指劳动年龄内（16周岁及以上），有劳动能力，在正常情况下，可能或实际参加社会劳动的人口。

经济活动人口 指劳动力资源中已经或要求参加社会经济活动的人口，各地区的经济活动人口不包括现役军人。

从业人员期末人数 指期末最后一日24时在本单位中工作，并取得工资或其他形式劳动报酬的人员数。该指标为时点指标，不包括最后一日当天及以前已经与单位解除劳动合同关系的人员。是在岗职工、劳务派遣人员及其他从业人员之和。从业人员不包括：（1）离开本单位仍保留劳动关系，并定期领取生活费的人员；（2）利用课余时间打工的学生及在本单位实习的各类在校学生；（3）本单位因劳务外包而使用的人员。

在岗职工 指在本单位工作且与本单位签订劳动合同，并由本单位支付工资的人员，以及有工作岗位，但由于学习、病伤产假等原因暂未工作，仍由本单位支付工资的人员。在岗职工还包括：（1）应订立劳动合同而未订立劳动合同人员（如使用的农村户籍人员）；（2）处于试用期人员；（3）编制外招用的人员；（4）派往外单位工作，但工资仍由本单位发放的人员（如挂职锻炼、外派工作等情况）。在岗职工不包括：（1）本单位使用的且由本单位直接支付工资的劳务派遣人员，应统计在本单位“劳务派遣人员”指标中；（2）本单位因劳务外包而使用的人员，由承包劳务的单位统计为在岗职工。

劳务派遣人员 根据《中华人民共和国劳动合同法》规定，指与劳务派遣单位签订劳动合同；并被劳务派遣单位派遣到实际用工单位工作；且劳务派遣单位与实际用工单位签订《劳务派遣协议》的人员。注意：无论用工单位是否直接支付劳动报酬，劳务派遣人员均由实际用工单位填报，而劳务派遣单位（派出单位）不填报这些人员。

其他从业人员 指本单位中不能归到在岗职工、劳务派遣人员中的人员。此类人员实际参加本单位生产或工作并从本单位取得相应劳动报酬的人员。具体包括：非全日制人员、聘用的正式离退休人员、兼职人员和第二职业者等，以及在本单位中工作的外籍和港澳台方人员。

人才资源 具体包括在各级国家行政机关和参照公务员制度管理的党政机关、人大政协机关、法院检察院机关、民主党派和有关群众团体机关依照公务员制度管理的事业单位中工作的公务员；在企业、事业单位和其他非公有制经济组织中从事专业技术工作或专业技术管理工作的人员；在企业、事业单位和其他非公有制经济组织经营管理岗位上工作的人员；在各级机关、事业、企业单位和其他非公有制经济组织中技术工人岗位上工作的技术工人。

经营管理人员（管理人员） 在企业、事业单位和其他非公有制经济组织经营管理岗位上工作的人员。统计对象为企业、事业单位中的单位负责人、部门负责人以及在管理岗位上从事行政业务、行政事务工作的人员（不包括专业技术管理工作人员，专业技术管理工作人员作为专业技术人员统计）。

专业技术人员 专业技术人员指专门从事各种科学研究和专业技术工作的人员。从事本类职业的人员，要求接受过系统的专业教育，具备相应的专业理论知识，并且按规定的标准条件评聘专业技术职务。专业技术人员还包括未聘任专业技术职务，但在专业技术岗位上工作的人员。

三、农林牧渔业

3-1 分县区农村基本情况

	单位	全 市	吴兴区	南浔区	德清县	长兴县	安吉县	△市区
一、农村人口与从业人员								
农村户数	万户	62.43	9.3	11.57	10.2	19.4	11.96	20.87
农村人口	万人	208.35	34.12	43	35.65	55.58	40	77.12
1.男	万人	103.48	16.84	21.21	17.64	27.88	19.91	38.05
2.女	万人	104.87	17.28	21.79	18.01	27.7	20.09	39.07
农村劳动力资源数	万人	130.16	20.03	25.32	22.13	36.36	26.32	45.35
1.男	万人	67.29	10.36	12.98	11.45	18.89	13.61	23.34
2.女	万人	62.87	9.67	12.34	10.68	17.47	12.71	22.01
农村从业人员	万人	114.30	17.34	21.05	19.93	32.40	23.58	38.39
1.男	万人	60.09	9.23	10.95	10.57	16.75	12.59	20.18
#从事农业	万人	10.84	1.88	2.63	1.87	2.24	2.22	4.51
2.女	万人	54.21	8.11	10.1	9.36	15.65	10.99	18.21
#从事农业	万人	8.39	1.41	2	1.38	1.97	1.63	3.41
二、农村基础设施								
自来水受益村数	个	922	192	212	138	206	174	404
通有线电视村数	个	922	192	212	138	206	174	404
通宽带村数	个	922	192	212	138	206	174	404

3-2 历年农林牧渔业产值

单位：万元

年份	农林牧渔业总产值	农业	林业	牧业	渔业	农林牧渔服务业
1978	59671	41551	3505	12759	1856	
1979	81468	54951	3968	20171	2378	
1980	72947	46493	3853	20157	2444	
1981	83148	55230	4601	20293	3024	
1982	99071	66903	4994	23262	3912	
1983	98091	65147	5142	23207	4595	
1984	116783	76195	6095	27301	7192	
1985	126768	74359	7780	33904	10725	
1986	143284	83946	9036	34660	15642	
1987	177480	98673	12715	46024	20068	
1988	238956	116556	18254	80219	23927	
1989	250670	130145	16329	80829	23367	
1990	290508	150980	21609	86104	31813	
1991	291612	148622	25370	84617	33003	
1992	322593	167635	28044	89690	37224	
1993	419164	229031	41327	97008	51798	
1994	600930	328793	56997	139798	75337	
1995	696477	419251	61144	138417	77665	
1996	745258	445543	72069	133489	94157	
1997	779765	469165	71090	136664	102846	
1998	791775	477564	70748	133789	109674	
1999	793512	462244	81603	127826	121839	
2000	869351	472147	92982	147870	156352	
2001	787560	363043	100105	155741	168671	
2002	804384	371453	107016	144983	180932	
2003	864522	393154	117053	157965	196350	
2004	1020902	461598	127766	215792	215746	
2005	1060754	423333	143564	244826	241377	7654
2006	1137308	454993	150605	265576	257683	8451
2007	1290769	545721	159828	322009	211639	51572
2008	1444510	633944	171037	333720	246169	59640
2009	1530907	676188	188782	338789	264187	62961
2010	1763232	817961	196710	381581	297236	69744
2011	1985207	894007	214079	462146	341034	73941
2012	2084828	936259	231157	458268	379741	79403
2013	2129835	950085	231739	459351	403819	84841
2014	2114043	960387	214668	408522	436838	93628
2015	2134428	971134	217702	341373	505099	99120
2016	2144769	948404	221306	285385	583169	106505
2017	2138636	978978	224235	208547	615664	111212
2018	2164215	989939	218599	183097	655626	116954
2019	2266278	1026845	224019	213805	679911	121698
2020	2389393	1055439	223129	228072	749934	132819

注：2016 年、2017 年产值数据根据农业普查作相应调整。

3-3　历年农林牧渔业产值增长速度

（按可比价格计算）　　单位：%

年份	农林牧渔业总产值	农业	林业	牧业	渔业	农林牧渔服务业
1979	15.2	11.6	-4.5	33.4	6.9	
1980	-10.6	-15.3	-2.8	-0.1	2.7	
1981	4.6	8.9	9.6	-7.6	13.6	
1982	17.1	19.0	6.8	12.7	27.3	
1983	-5.2	-6.8	-1.5	-4.5	12.4	
1984	14.0	15.1	7.3	9.9	26.7	
1985	2.6	-3.1	10.4	10.6	32.9	
1986	3.4	2.6	-0.6	0.3	25.6	
1987	8.8	3.9	15.9	4.6	53.7	
1988	6.0	0.7	6.6	2.3	19.9	
1989	3.6	12.3	-9.9	1.2	-6.5	
1990	2.3	-1.1	23.2	0.2	14.4	
1991	1.0	-7.3	10.6	-1.1	7.2	
1992	10.0	22.1	0.8	8.6	12.2	
1993	8.8	10.0	21.0	-2.8	20.7	
1994	7.8	10.9	8.2	-1.8	13.5	
1995	7.5	13.2	-1.8	-0.2	4.6	
1996	5.6	9.9	3.7	-4.1	4.0	
1997	7.8	9.1	2.2	8.4	5.0	
1998	3.1	2.4	2.6	5.0	3.4	
1999	3.7	3.0	6.4	-2.5	12.8	
2000	7.1	-1.1	18.7	4.1	29.8	
2001	6.7	0.1	-0.9	7.5	16.9	
2002	5.3	4.9	4.0	2.4	8.1	
2003	5.7	0.1	7.1	4.6	11.9	
2004	8.0	7.4	1.6	16.2	6.2	
2005	5.6	-2.2	5.8	15.6	10.2	
2006	5.6	3.9	5.7	7.4	6.0	10.4
2007	4.5	4.0	1.4	-1.1	12.7	8.1
2008	3.4	6.3	6.7	-6.2	6.0	11.2
2009	3.6	1.0	2.8	6.4	6.7	5.6
2010	3.8	2.8	5.4	2.7	5.3	10.8
2011	3.5	3.2	1.8	4.0	5.0	1.2
2012	2.3	1.3	2.2	-0.2	7.9	5.3
2013	0.6	0.3	2.5	0.3	0.4	4.4
2014	-1.0	0.1	-10.6	-6.5	6.2	8.0
2015	0.6	2.2	1.5	-18.8	14.0	4.8
2016	2.6	1.4	-2.4	2.0	6.6	7.5
2017	0.6	2.5	1.5	-22.3	10.8	6.0
2018	0.7	2.7	1.0	-19.4	4.6	1.4
2019	2.5	2.4	1.7	-6.6	4.9	5.4
2020	2.8	3.4	-2.5	-6.2	5.9	5.4

3-4 历年农林牧渔业产值发展指数

（以 1978 年为 100）

年份	农林牧渔业总产值	农业	林业	牧业	渔业	农林牧渔服务业
1978	100.0	100.0	100.0	100.0	100.0	
1979	115.2	111.6	92.5	133.4	106.9	
1980	103.2	94.5	92.8	133.3	109.8	
1981	107.9	103.0	101.6	123.2	124.7	
1982	126.4	122.6	108.5	138.9	158.7	
1983	119.8	114.3	106.9	132.6	178.3	
1984	136.6	131.6	114.7	145.6	226.0	
1985	140.2	127.6	126.7	161.1	300.4	
1986	145.0	131.0	126.0	161.6	377.4	
1987	157.7	136.1	146.1	169.0	580.2	
1988	167.2	137.1	155.7	172.8	696.0	
1989	173.2	153.9	140.3	174.8	651.1	
1990	177.1	152.3	172.8	175.2	745.0	
1991	178.9	141.2	191.1	173.3	798.7	
1992	196.8	172.5	192.6	188.2	896.3	
1993	214.2	189.8	233.1	183.0	1081.8	
1994	231.0	210.5	252.2	179.7	1227.5	
1995	248.4	238.3	247.7	179.4	1283.8	
1996	262.3	262.1	256.9	172.0	1335.2	
1997	282.7	285.9	262.6	186.4	1401.9	
1998	291.5	292.8	269.4	195.7	1449.6	
1999	302.3	301.6	286.6	190.8	1635.1	
2000	323.8	298.3	340.2	198.6	2122.4	
2001	345.5	298.6	337.1	213.5	2481.1	
2002	363.8	313.2	350.6	218.6	2682.1	
2003	384.5	313.5	375.3	228.7	3001.3	
2004	415.3	336.7	381.3	265.7	3187.4	
2005	438.6	329.3	403.4	307.1	3512.5	100.0
2006	463.2	342.1	426.4	329.8	3723.3	110.4
2007	484.0	355.8	432.4	326.2	4196.2	119.3
2008	500.5	378.2	461.4	306.0	4448.0	132.7
2009	518.5	382.0	474.3	325.6	4746.0	140.1
2010	538.2	392.7	499.9	334.4	4997.5	155.2
2011	556.8	405.4	508.8	347.9	5248.1	157.0
2012	569.6	410.6	519.8	347.1	5660.3	165.3
2013	573.0	412.0	532.6	348.2	5685.2	172.5
2014	567.2	412.4	476.0	325.6	6037.7	186.3
2015	570.6	421.5	483.1	264.4	6883.0	195.3
2016	585.5	427.4	471.5	269.7	7337.2	209.9
2017	589.6	439.0	476.2	217.4	7674.8	212.8
2018	593.7	450.8	481.0	175.2	8027.8	215.8
2019	608.5	466.1	469.0	164.4	8501.4	227.5
2020	625.6	482.0	457.2	154.2	9003.0	239.8

3-5　分县区农林牧渔业产值

（按现行价格计算）　　　　单位：万元

	全　市	吴兴区	南浔区	德清县	长兴县	安吉县	△市区
合　　计	**2389393**	**389153**	**487639**	**439648**	**643353**	**429592**	**876792**
一、农业产值	1055439	136374	112600	82225	454296	269944	248974
1. 粮食作物	151214	23700	30370	15276	58134	23734	54070
(1)谷　物	128154	19863	28619	12218	47604	19850	48482
(2)豆　类	13619	1858	996	1946	6597	2222	2854
(3)薯　类	9441	1979	755	1112	3933	1662	2734
2. 油　料	12987	1406	3540	507	5118	2416	4946
#油 菜 籽	11624	1345	3359	446	4694	1780	4704
3. 棉　花	267		75	182	4	6	75
4. 甘　蔗	225			156	2	67	
5. 药材类	11192	181	34	2907	2397	5673	215
6. 蔬　菜	299153	74129	45023	23628	94317	62056	119152
7. 食用菌	1967	451	38	976	324	178	489
8. 花卉园艺	236779	12734	14645	22885	163802	22713	27379
9. 茶、桑、果、坚果	321782	22331	14641	15006	118944	150860	36972
(1)茶　叶	200175	9900		4960	59959	125356	9900
(2)桑叶（包括桑枝）	2169	72	1462	288	212	135	1534
(3)水　果	109294	12359	13179	9611	57962	16183	25538
(4)坚　果	10144			147	811	9186	
10.其他农作物	19873	1442	4234	702	11254	2241	5676
二、林业产值	223129	32047	306	52509	48403	89864	32353
三、牧业产值	228072	40046	80644	52980	33958	20436	120690
1. 牲　　畜	149274	23635	45716	40974	21949	17000	69351
#猪	105553	16563	30205	32557	11384	14844	46768
2. 家禽饲养	42861	11245	22834	2374	3854	2554	34079
3. 活的畜禽产品	22681	4230	6302	6647	5306	188	10532
4. 捕猎野兽野禽	346	90			252	4	90
5. 其他动物饲养	12910	846	5792	2985	2597	690	6638
#蚕　　茧	9735	311	5310	2343	1385	386	5621
四、渔业产值	749934	156778	245192	218501	87595	41868	401970
1. 鱼　类	513794	97791	204033	141187	57464	13319	301824
2. 甲壳类	121508	41780	29130	29160	18868	2570	70910
3. 贝　类	2157	102	14		2041		116
4. 其他类	112475	17105	12015	48154	9222	25979	29120
#甲鱼	90636	9218	10492	42922	2261	25743	19710
五、农林牧渔服务业	132819	23908	48897	33433	19101	7480	72805

3-6 农、林、牧、渔业增加值

单位：万元

年份	农、林、牧、渔业增加值	农业增加值	林业增加值	牧业增加值	渔业增加值	服务业增加值
2010	1042216	537654	128928	130524	198066	47044
2011	1162184	586113	140371	158664	227227	49809
2012	1226473	612443	151477	157300	251826	53427
2013	1255563	621173	151389	157738	267728	57535
2014	1266123	627355	139987	146854	289196	62731
2015	1292456	629621	140980	122915	332528	66412
2016	1313509	614380	143350	102626	381817	71336
2017	1331938	633991	145231	75105	403147	74464
2018	1362012	645106	141587	67853	429160	78306
2019	1422755	669239	144722	80553	446566	81675

注：1. 农林牧渔业增加值中包括服务业增加值。2. 农林牧渔业增加值已与农普数衔接。3. 2020 年数据暂未公布。

3-7 历年主要农产品生产

年份	粮食播种面积（千公顷）	油料播种面积（千公顷）	茶园总面积（公顷）	蚕种饲养数（万张）	年末生猪存栏数（万头）	年末家禽存栏数（万只）	年末羊存栏数（万只）	年末兔存栏数（万只）	蔬菜播种面积（千公顷）	渔业内陆养殖面积（公顷）
1978	279.47	29.35	7180	53.86	116.28		80.60			14153
1979	275.26	31.02	7667	57.64	136.03		93.32			13260
1980	275.37	30.11	7860	63.39	115.64		86.44			13713
1981	271.52	35.09	8100	60.13	106.29		75.92			14087
1982	275.01	33.77	8513	65.81	112.70		67.93			14453
1983	280.94	28.99	8587	58.02	117.51		56.59			14493
1984	281.64	27.29	8540	58.52	108.43		45.42			15720
1985	257.45	37.49	8113	72.14	108.87		34.99			18780
1986	249.09	38.50	8287	81.59	107.07		28.94			21200
1987	253.36	40.01	7640	83.49	94.46		26.23			21207
1988	251.78	41.01	7767	94.11	86.53		24.58			21320
1989	249.13	41.91	7664	108.68	82.26	577.80	25.22	16.55	15.39	20768
1990	251.23	45.39	7576	113.65	76.32	588.90	26.20	16.13	14.57	20135
1991	249.93	46.75	7515	108.88	71.00	593.77	27.07	21.69	13.95	20473
1992	243.00	46.58	7257	110.34	69.25	635.42	27.64	54.28	13.18	20446
1993	209.07	40.86	7157	108.38	62.67	748.22	29.65	40.99	15.31	20986
1994	211.08	41.72	7126	95.54	57.77	837.78	31.57	32.83	16.62	21398
1995	211.46	54.13	7056	93.19	54.02	821.92	34.42	29.13	17.83	21404
1996	221.04	49.16	7092	69.14	50.44	709.24	27.48	26.46	18.68	21359
1997	224.80	46.11	6564	69.04	69.14	733.78	31.91	23.28	19.26	21248
1998	212.39	51.09	6887	76.13	68.76	693.07	32.63	21.73	20.92	21591
1999	204.36	51.39	7091	65.95	67.93	810.24	34.97	18.53	25.08	21194
2000	149.70	58.20	7485	59.61	70.96	827.77	40.55	16.68	28.47	20553
2001	117.49	55.51	8317	64.07	76.27	792.72	40.03	16.29	34.59	20197
2002	115.77	51.55	8168	53.24	78.45	803.67	40.86	15.59	38.00	20516
2003	112.07	44.03	9497	40.62	82.52	996.72	41.72	19.55	40.58	20547
2004	123.07	42.65	11235	45.42	80.89	1319.53	42.52	18.69	38.28	20351
2005	125.29	43.79	10069	45.71	83.98	1700.31	41.48	28.27	37.53	20078
2006	128.95	41.39	12341	49.97	55.25	1828.40	38.04	41.14	37.67	21126
2007	130.51	34.28	14620	49.62	54.71	2065.78	35.94	46.07	37.90	22599
2008	138.36	32.20	15466	40.09	70.45	1830.53	32.36	38.72	36.08	23220
2009	135.00	32.43	16358	29.88	85.81	1841.37	30.48	28.57	37.48	23511
2010	134.57	28.37	17096	29.86	93.28	1876.00	29.10	26.81	36.91	23848
2011	134.01	25.36	18210	31.05	103.16	1820.93	29.46	26.94	37.80	24094
2012	136.14	21.61	18542	27.14	107.94	1749.86	30.07	26.27	36.76	24577
2013	136.09	19.89	17210	24.86	97.06	1683.25	32.57	27.26	36.91	24831
2014	106.43	11.89	22423	20.57	60.45	1465.49	35.60	25.42	37.51	24896
2015	94.87	10.26	22711	15.68	54.22	1469.81	38.04	31.97	37.59	25801
2016	89.64	8.72	23209	14.13	26.75	1046.23	37.73	23.54	37.27	25725
2017	88.65	8.50	24539	11.25	18.75	719.27	32.13	18.58	37.87	34844
2018	78.55	8.60	24696	10.09	19.03	732.89	33.41	19.07	37.94	38458
2019	78.61	10.66	25211	9.01	16.63	833.65	39.34	15.72	38.42	38659
2020	79.11	9.71	26956		28.41	911.31	40.57	12.74	40.48	38439

注：2014 年起粮食油数据采用粮食监测调查数据。2018 年起粮食采用调查表队核定数据。

3-8 历年主要农产品产量

年份	粮 食（吨）	油 料（吨）	茶 叶（吨）	蚕 茧（吨）	猪牛羊肉（吨）	蔬 菜（吨）	园 林 水 果（吨）	水产品（吨）	毛 竹 采伐量（万支）
1978	1221265	30679	3220	15770	30004	38151	6428	17685	2088
1979	1379770	34111	3696	19605	43384	31836	5968	19060	1728
1980	1070035	28646	4175	21580	50435	39100	7448	19395	1446
1981	1142770	47747	4960	21095	43277	102084	3004	21650	1600
1982	1411315	54360	6039	22610	52387	110740	7584	26045	1738
1983	1335095	39782	5590	20485	52330	118368	3802	30090	1613
1984	1459310	42439	5558	22960	51454	124060	4663	36340	1922
1985	1268275	58838	5549	27600	54772	137480	4526	46555	1914
1986	1328137	52979	5949	27705	55090	158801	5070	55995	1846
1987	1276365	62000	6438	31970	52929	187045	5500	61558	2280
1988	1223285	63840	7101	35202	50246	228006	6930	67057	1960
1989	1314192	67828	6503	38227	48337	238751	7360	67372	1959
1990	1357880	74938	5998	38237	48246	218860	7920	70492	1609
1991	1355325	67050	5600	35475	47835	270900	6552	76372	2030
1992	1342554	84016	5337	40981	50059	280600	7834	82010	1962
1993	1299033	71283	6184	34812	48244	342200	10914	89980	2212
1994	1200529	67847	5444	33113	43915	358072	14064	95657	2140
1995	1249861	95788	5484	33120	48795	385067	15990	100730	2439
1996	1296467	93529	5523	23527	47483	373669	18723	110288	2621
1997	1337291	88336	6171	25942	56620	417651	22301	117707	2539
1998	1272181	63524	6475	27735	63292	452722	19916	124636	2637
1999	1164737	103464	7046	23851	65861	538285	23099	125017	2846
2000	953205	117113	7200	21580	71240	647272	31243	135673	2769
2001	806791	109082	7159	25211	78231	741325	39464	143955	2762
2002	821996	81284	7500	21726	83651	869183	43708	151922	2649
2003	790075	79120	7953	17237	94290	919273	53616	166944	2679
2004	874763	92746	8833	19506	98739	908957	61412	172987	3055
2005	822112	91378	8461	18920	107573	895009	69210	178382	3461
2006	912422	84896	8840	22049	79898	901456	70074	190423	3425
2007	869144	76527	9977	20559	82334	887361	74917	212700	3186
2008	926847	72556	11389	17373	91944	848865	82850	227562	3733
2009	914187	71808	11184	13836	108830	859453	90612	239019	3969
2010	901991	61308	10360	13718	111367	852827	95807	250197	4568
2011	902949	57871	10653	14058	115268	855906	119339	264746	5079
2012	899386	47721	10615	13334	118892	855433	120248	283544	5070
2013	905545	44893	10487	11620	124365	802771	126434	292010	5149
2014	737476	29320	10344	9338	105838	845965	132716	305810	5150
2015	669500	24987	10606	7884	76218	845585	136838	360594	5102
2016	629718	18887	10546	7261	78038	872969	135898	383076	4992
2017	625423	19686	10797	5842	45263	912422	135590	423123	5013
2018	518200	21037	10667	5254	30733	914511	136206	464797	5021
2019	518995	25158	10865	4893	28119	930565	133592	507526	4787
2020	525088	24118	11258	4065	26645	1015189	142144	532832	4736

注：2016 年后的猪牛羊肉产量根据 2016 年农业普查作相应调整。2014 年后粮食数据采用粮食监测数据，2018 年起粮食数据采用调查队核定数。2018 年起猪牛羊肉产量已调整为调查队数据。

3-9 主要年份农作物播种面积

单位：千公顷

	1985年	1990年	1995年	2000年	2005年	2010年	2015年	2016年	2017年	2018年	2019年	2020年
总　计	**324.67**	**322.98**	**295.53**	**247.97**	**224.38**	**212.18**	**151.68**	**143.98**	**142.88**	**133.06**	**135.16**	**137.05**
一、粮　食	257.45	251.23	211.46	149.70	125.29	134.57	94.83	89.64	88.65	78.55	78.61	79.11
（一）稻　谷	204.90	202.37	176.54	104.33	96.38	89.85	63.7	60.93	57.65			51.45
1. 早　稻	81.25	80.34	59.17	4.55	0.24	0.08	0	0.04	0.03			0.28
2. 晚　稻	123.65	122.03	117.37	99.78	96.16	89.77	63.7	60.90	57.62			51.17
#单季稻	27.33	26.95	47.81	92.46	93.59	88.70	63.29	60.71	57.21			
（二）小　麦	19.51	13.02	9.06	10.25	2.52	15.70	22.51	16.50	16.56			12.64
（三）大　麦	24.87	27.73	12.84	9.06	1.72	3.06	0.85	0.40	0.53			
（四）玉　米	0.32	0.45	0.21	1.64	2.20	2.93	2.17	2.41	2.79			3.05
（五）其它谷物	0.01	0.01	0.01	0.03	0.50	0.38	0.14	0.36	0.37			0.39
（六）豆　类	3.82	3.15	5.56	14.14	15.43	14.63	3.46	5.42	6.77			6.98
#大　豆	2.05	1.64	2.95	8.00	9.23	8.51	2.45	2.67	4.46			5.46
蚕　豆	1.89	1.31	2.05	4.02	3.31	3.26	0.76	2.12	1.65			
（七）薯　类	4.02	4.50	7.24	10.25	6.54	8.01	2.04	3.67	3.97			4.59
二、油　料	37.49	45.55	54.31	58.20	43.79	28.37	10.26	8.72	8.45	8.60	10.66	9.71
#油菜籽	37.39	45.39	54.13	57.72	43.05	27.63	9.76	8.23	7.99	8.23	10.25	9.26
三、糖　料	0.24	0.08	0.15	0.30	0.23	0.10	0.05	0.05	0.04	0.03	0.03	0.03
四、药　材	0.52	0.10	0.27	0.48	1.51	1.36	1.37	1.56	1.57	1.49	1.49	1.64
五、蔬　菜	9.33	14.57	17.83	28.47	37.53	36.91	37.59	37.27	37.87	37.94	38.42	40.48
六、果用瓜	1.77	1.97	5.61	7.10	6.98	6.19	4.82	4.11	3.92	4.32	3.79	3.95
#西　瓜	1.62	1.66	5.13	6.42	6.16	5.44	3.68	2.96	2.79	2.65	2.38	2.41
草　莓			0.06	0.19	0.11	0.07	0.18	0.21	0.17	0.18	0.20	0.38
七、花卉苗木			0.01	0.37	8.70	12.45	21.21	22.59	23.03	23.08	23.59	
八、其它农作物	17.87	9.48	5.90	3.72	9.05	4.68	2.76	2.63	2.38	2.13	2.16	2.02
#绿　肥	15.36	7.90	3.83	1.30	0.66	0.46	0.44	0.38	0.35	0.29	0.35	
席　草				0.02	0.08	0.09	0.05	0.04	0.03			
饲料草			1.99	0.49	1.65	0.79	0.75	0.55	0.53	0.48	1.35	0.44

注：2018年起粮食数据采用调查队核定数，不分具体品种。农作物播种面积根据国家新统计制度不包括花卉苗木面积，已调整。

3-10　分县区农作物播种面积

单位：公顷

	全　市	吴兴区	南浔区	德清县	长兴县	安吉县	△市区
农作物总面积	137055	21886	25325	12803	50760	26280	47211
一、粮食	79107	11738	15168	7456	30758	13986	26906
㈠、谷物	67530	9966	14040	5930	25611	11983	24007
1.稻谷	51453	7599	12426	4207	18328	8892	20025
①早稻	283	50		143	63	27	50
②中稻和一季晚稻	51170	7549	12426	4064	18265	8865	19975
③双季晚稻							
2.小麦	12639	1898	1150	1156	6292	2143	3048
3.玉米	3053	456	463	566	770	798	919
4.其他谷物	386	13	2		221	150	15
㈡、豆类	6981	891	610	857	3451	1171	1502
1.大豆	5456	393	503	355	3324	881	897
2.其他豆类	1525	498	107	502	128	291	605
㈢、薯类	4595	880	517	669	1696	832	1398
1.马铃薯	1561	454	136	319	420	233	590
2.甘薯	3033	427	381	350	1277	599	808
二、油　　料	9713	1067	2606	351	3890	1799	3673
1.油菜籽	9256	1064	2562	322	3738	1570	3626
2.花　　生	279	1	1	7	105	165	2
3.芝　　麻	148	2	43	15	47	41	45
4.其　　他	23			7		16	
三、棉　花（皮棉）	118		37	76	2	3	37
四、生　麻							
五、甘　蔗	31		1	19		11	1
六、烟　叶（未加工烟草）							
七、中草药材	1644	59	18	77	206	1284	77
八、蔬　菜（含菜用瓜）	40475	7834	6056	4371	14242	7972	13890
九、食用菌（干鲜混合）							
十、果用瓜	3952	651	783	426	1147	945	1434
1.西　　瓜	2407	390	358	253	811	595	748
2.香　　瓜（甜瓜）	587	96	138	71	171	111	234
3.草　　莓	379	90	125	55	84	25	215
4.其　　他	579	75	162	47	81	214	237
十一、其他作物	2015	537	656	27	515	280	1193
#青饲料	436	159	226		39	12	385

注：2018 年起粮食数据采用调查队提供的核定数。

3-11 主要年份农作物产量

单位：吨

	1985年	1990年	1995年	2000年	2005年	2010年	2015年	2016年	2017年	2018年	2019年	2020年
一、粮　食	1268275	1357880	1249861	953205	822112	901991	669500	629718	625423	518200	518995	525088
（一）稻　谷	1111225	1194929	1118247	793978	703556	710489	531247	511640	493818			397926
1.早　稻	464267	484890	323921	27939	1408	470		227	206			1501
2.晚　稻	646958	710039	794326	756039	702148	710019	531247	511413	493612			396425
#单季稻	156191	154423	349505	709230	683907	702663	528124	510024	490535			
（二）小　麦	52313	38835	30408	37182	8604	68638	100018	64556	69539			59662
（三）大　麦	72588	91254	44538	32366	6124	12291	3573	1482	2195			
（四）玉　米	508	603	731	8621	11411	16351	10810	12576	14159			15616
（五）其它谷物	45	48	51	117	2411	1511	512	1460	1551			1692
（六）豆　类	7657	4896	12715	39651	46541	48208	11963	17413	21726			22711
#大豆	3326	2542	7045	23089	28321	27899	8630	9419	14547			18333
蚕豆	4251	2315	3920	9801	8887	9948	2389	5739	4828			
（七）薯　类	23939	27315	43171	51290	43465	44503	11377	20591	22435			27480
二、油　料	58838	74938	95788	117113	91378	61308	24987	18887	19686	21037	25158	24118
#油菜籽	58732	74692	95480	116296	89792	59662	23527	17790	18712	20237	24318	23073
三、糖　料	8351	5154	5851	13336	10222	3787	1897	1696	1328	1058	934	1102
四、药　材					7441	7127	7067	8765	9136	8627	9108	9386
五、蔬　菜	137480	218860	385067	647272	895009	852827	845585	872969	912422	914511	930565	1015189
六、果用瓜	35843	40789	128916	201609	180403	164948	123500	106824	104407	103659	99419	103681
#西瓜	33583	36971	119293	182946	166243	150163	101106	84401	81226	76853	70398	70641
草莓			580	2483	2033	1392	4071	4390	3735	3991	4197	8149
七、其它农作物												
#席草				289	237	118	370	285	206			

注：2018年起粮食数据采用调查队核定数。

3-12 分县区农作物产量

单位：吨

	全 市	吴兴区	南浔区	德清县	长兴县	安吉县	△市区
一、粮食	525088	81038	112370	47901	202309	81470	193408
(一)、谷物	474896	72553	107067	41103	180778	73394	179621
1.稻谷	397926	60878	99145	33290	144436	60177	160023
①早稻	1501	263		719	363	157	263
②中稻和一季晚稻	396425	60616	99145	32571	144074	60020	159760
③双季晚稻							
2.小麦	59662	9038	5335	4810	31466	9014	14373
3.玉米	15616	2587	2581	3004	3819	3626	5168
4.其他谷物	1692	51	6		1058	577	57
(二)、豆类	22711	2940	2133	2866	11382	3391	5073
1.大豆	18333	1568	1781	1377	10967	2640	3348
2 .其他豆类	4378	1372	352	1489	415	750	1725
(三)、薯类	27480	5545	3169	3932	10149	4685	8714
1.马铃薯	7273	2376	625	1586	1736	950	3001
2.甘薯	20207	3169	2544	2346	8412	3735	5714
二、油　　料	24118	2682	6751	927	9592	4166	9433
1.油菜籽	23073	2674	6680	846	9334	3539	9354
2.花　　生	755	4	2	30	186	533	6
3.芝　　麻	227	4	68	29	72	54	72
4.其　　他	43		1	22		20	1
三、棉　花（皮棉）	152		40	107	2	3	40
四、生　麻							
五、甘　蔗	1102		2	759	9	332	2
六、烟　叶（未加工烟草）							
七、中草药材	9386	482	64	356	1173	7311	546
八、蔬　菜（含菜用瓜）	1015189	211429	142477	93150	386838	181295	353906
九、食用菌（干鲜混合）	2097	355	111	989	505	137	466
十、果用瓜	103681	21068	16909	9684	32964	23056	37977
1.西　　瓜	70641	14950	8798	6663	24251	15979	23748
2.香　　瓜（甜瓜）	13341	2760	2545	1432	4659	1945	
3.草　　莓	8149	1881	2568	1043	2173	484	
4.其　　他	11550	1477	2998	546	1881	4648	4475
十一、其他作物							
#青饲料							

注：2018 年起粮食数据采用调查队核定数。

3-13　主要年份农作物单产

单位：公斤／公顷

	1985年	1990年	1995年	2000年	2005年	2010年	2015年	2016年	2017年	2018年	2019年	2020年
一、粮　食	4926	5400	5911	6367	6562	6703	7057	7025	7055	6597	6602	6638
（一）稻　谷	5423	5905	6334	7514	7300	7908	8340	8397	8566			7734
1.早　稻	5714	6030	5474	6142	5842	6026		6306	6438			5308
2.晚　稻	5232	5820	6768	7577	7137	7909	8340	8398	8567			7747
#单季稻	5715	5730	7310	7671	7308	7922	8344	8401	8575			
（二）小　麦	2685	2985	3356	3629	3410	4373	4443	3914	4198			4720
（三）大　麦	2925	3285	3469	3574	3571	4010	4184	4163	4157			
（四）玉　米	1587	1340	3481	5254	5180	5586	4986	5227	5075			5115
（五）其它谷物	4500	4800	5100	3545	4841	3915	3606	4022	4158			4388
（六）豆　类	2004	1554	2287	2805	3017	3295	3454	3215	3209			3253
#大豆	1622	1550	2383	2885	3067	3280	3520	3530	3261			3360
蚕豆	2249	1770	1912	2437	2683	3047	3160	2711	2923			
（七）薯　类	5955	6070	5963	5002	6646	5554	5582	5611	5648			5981
二、油　料	1569	1650	1764	2012	2087	2161	2434	2166	2331	2446	2361	2483
#油菜籽	1571	1650	1764	2015	2086	2159	2412	2161	2341	2460	2372	2493
三、糖　料	34796	64425	39007	44752	43871	36413	36481	34612	32390	34129	32207	35548
四、药　材					4921	5221	5143	5637	5819	5790	6109	5709
五、蔬　菜	14735	15021	21423	22735	23848	23108	22493	23423	24094	24104	24220	25082
六、果用瓜	20250	20705	22980	28396	25849	26652	25633	25979	26628	23978	26253	26235
#西瓜	20730	22272	23254	28479	27005	27588	27445	28495	29166	29001	29542	29348
草莓			9667	13138	19362	18811	22246	21208	22232	21690	20574	21501
七、其它农作物				12042	2821							
#席草				12042	2821	1326	7872	8143	7923			

注：2018年起粮食数据采用调查队核定数。

3-14 分县区农作物单产

单位：公斤/公顷

	全 市	吴兴区	南浔区	德清县	长兴县	安吉县
一、粮食	6638	6904	7408	6425	6577	5825
(一)、谷物	7032	7280	7626	6932	7059	6125
1.稻谷	7734	8011	7979	7913	7881	6767
①早稻	5308	5250		5042	5763	5765
②中稻和一季晚稻	7747	8029	7979	8014	7888	6770
③双季晚稻						
2.小麦	4720	4761	4641	4159	5001	4206
3.玉米	5115	5675	5577	5303	4957	4546
4.其他谷物	4388	3850	3850		4790	3850
(二)、豆类	3253	3299	3495	3342	3298	2895
1.大豆	3360	3985	3537	3878	3300	2998
2 .其他豆类	2871	2756	3295	2963	3249	2583
(三)、薯类	5981	6298	6126	5879	5983	5633
1.马铃薯	4658	5237	4588	4974	4139	4076
2.甘薯	6661	7424	6675	6704	6589	6239
二、油　　料	2483	2514	2591	2641	2466	2316
1.油菜籽	2493	2513	2607	2627	2497	2254
2.花　　生	2706	4000	2000	4286	1771	3230
3.芝　　麻	1534	2000	1581	1933	1532	1317
4.其　　他	1870			3143		1250
三、棉　花（皮棉）	1288		1081	1408	1000	1000
四、生　麻						
五、甘　蔗	35548		2000	39947		30182
六、烟　叶（未加工烟草）						
七、中草药材	5709	8169	3556	4623	5694	5694
八、蔬　菜（含菜用瓜）	25082	26989	23527	21311	27162	22741
九、食用菌（干鲜混合）						
十、果用瓜	26235	32363	21595	22732	28739	24398
1.西　　瓜	29348	38333	24575	26336	29903	26855
2.香　　瓜（甜瓜）	22727	28750	18442	20169	27246	17523
3.草　　莓	21501	20900	20544	18964	25869	19360
4.其　　他	19948	19693	18506	11617	23222	21720
十一、其他作物						
#青饲料						

注：2018 年起粮食数据采用调查队核定数。

3-15 主要年份畜牧业生产

	单位	1985年	1990年	1995年	2000年	2005年	2010年	2015年	2016年	2017年	2018年	2019年	2020年
年末生猪存栏数	万头	108.87	76.32	54.02	70.96	83.98	93.28	54.22	26.75	18.75	18.8	16.39	28.41
#能繁殖母猪	万头	6.67	4.15	3.15	3.33	5.12	9.21	4.77	2.38	1.85	1.62	1.77	2.36
年末羊存栏数	万只	34.99	26.20	34.32	40.55	41.48	29.10	38.04	37.73	32.13	29.74	32.99	40.57
年末兔存栏数	万只	69.85	16.13	29.13	16.68	28.27	26.81	31.97	23.54	18.58	19.07	15.72	12.74
年末家禽存栏数	万只	541.61	588.90	821.92	827.77	1700.31	1876.00	1469.81	1046.23	719.27	833.38	944.76	911.31
生猪出栏数	万头	97.40	86.75	68.80	109.82	159.95	147.25	97.25	94.9	47.85	32.49	28.70	26.61
羊出栏数	万只	7.11	6.46	17.87	24.82	37.18	30.36	39.86	40.86	41.99	30.90	32.35	36.76
家禽出栏数	万只	764.02	706.54	1400.64	1402.14	4628.31	4977.16	3649.99	3679.1	2690.56	2311.23	2490.32	2628.95
肉产量合计	吨	62396	54930	62634	87679	163965	184554	129790	134361	88314	65255	66106	63267
#猪肉	吨	53678	47021	45153	66402	99737	104680	67973	69429	36180	25150	21913	19938
羊肉	吨	960	1169	3501	4663	7454	6298	7769	8358	8851	5450	6071	6561
禽肉	吨	7624	6639	13686	16305	55826	72483	53130	55908	42606	34126	37595	36388
禽 蛋	吨	13067	13176	8558	24178	36908	54203	42608	42080	34327	28950	23859	22463
饲养蚕种	张	721445	1136456	931927	596097	457126	298611	156816	141266	112463	100898	90078	
春蚕	张	231720	442430	378522	279168	230017	163316	109743	99019	75383	64567	58711	
夏蚕	张	94227	95583	75926	28740	21520	7841	2322	2067	1660	2208	1688	
秋蚕	张	395498	598443	477479	288189	205589	127454	44751	40180	35420	34123	29679	
蚕茧产量	吨	27600	38237	33120	21580	18920	13718	7884	7261	5842	5254	4893	4065
春茧	吨	11908	18178	16538	11652	11667	8635	5794	5398	4239	3600	3414	
夏茧	吨	3023	2816	2512	1032	783	296	103	118	74	102	83	
秋茧	吨	12669	17243	14070	8896	6470	4787	1985	1746	1529	1552	1396	

注：2016 年后的主要畜牧品种根据农业普查作相应调整。2018 年起生猪、牛、羊、家禽的存栏、出栏、肉产量已调整这调查队数据。

3-16　分县区畜牧业生产

	单位	全　市	吴兴区	南浔区	德清县	长兴县	安吉县	△市区
年末生猪存栏数	万头	28.41	5.36	6.41	5.57	5.56	5.50	11.77
#能繁殖母猪	万头	2.36	0.30	0.73	0.53	0.28	0.52	1.03
肥猪出栏数	万头	26.6051	2.99	7.10	8.04	2.67	5.80	10.09
生猪全年饲养量	万头	55.0151	8.35	13.52	13.61	8.23	11.30	21.86
年末牛存栏数	头	2068	19		1350	491	208	19
牛出栏数	头	935	9		261	556	109	9
年末羊存栏数	万只	40.57	5.81	13.43	8.32	11.73	1.29	19.24
羊出栏数	万只	36.76	4.15	14.10	7.49	9.64	1.39	18.25
年末家禽存栏数	万羽	911.31	156.55	423.72	96.52	161.82	72.71	580.26
家禽出栏数	万羽	2628.95	462.82	1476.06	210.86	337.21	142.00	1938.88
年末兔存栏数	万只	12.74		9.23	3.45	0.06	0.01	9.23
兔出栏数	万只	15.42	0.04	13.76	1.47	0.14	0.00	13.80
肉类产量		63267	9497	27949	10175	9076	6570	37446
#猪肉	吨	19938	2281	5749	5790	1992	4127	8030
牛肉	吨	146	1		38	87	20	1
羊肉	吨	6561	644	2767	1212	1684	255	3410
禽肉	吨	36388	6567	19225	3115	5312	2168	25792
兔肉	吨	234	4	209	21	1		213
鸡鸭鹅蛋产量	吨	22463	3802	6681	4723	6700	557	10483
蚕茧总产量	吨	4065	131	2194	881	688	171	2325

3-17 分县区茶叶和园林水果生产

	单位	全　市	吴兴区	南浔区	德清县	长兴县	安吉县	△市区
茶园总面积	公顷	26956	2224	2	1801	9074	13855	2226
#本年新增面积	公顷	26210	2126		1752	8726	13606	2126
茶叶总产量	吨	11258	584		715	5927	4032	584
1. 春茶	吨	7261	532		657	2781	3291	532
2. 夏茶	吨	2606	24		31	2232	319	24
3. 秋茶	吨	1391	28		27	914	422	28
果园面积	公顷	9612	768	599	1155	6028	1062	1367
1. 柑桔园	公顷	362	8	260	9	82	3	268
2. 梨园	公顷	690	142	41	114	225	168	183
3. 桃园	公顷	1554	431	54	137	781	151	485
4. 李子园	公顷	74	2	4	4	34	30	6
5. 杨梅园	公顷	1550	48		82	1208	212	48
6. 枇杷园	公顷	594	21	20	532	15	6	41
7. 柿子园	公顷	75	3	7	2	35	28	10
8. 葡萄园	公顷	2438	79	124	155	1941	139	203
9. 弥猴桃园	公顷	253	19	4	6	111	113	23
10. 其他果园	公顷	2022	15	85	114	1596	212	100
水果总产量	吨	142144	10399	7759	11967	97850	14169	18158
1. 柑桔	吨	4953	198	2646	151	1925	33	2844
(1)柑	吨	2886	4	2140	1	741		2144
(2)桔	吨	1642	174	497	148	790	33	671
(3)橙	吨	182	20	2		160		22
(4)柚	吨	176		7	2	167		7
2. 梨头	吨	11147	1856	709	1135	2779	4668	2565
3. 桃子	吨	22302	5061	635	1579	13212	1815	5696
4. 李子	吨	744	4	31	44	345	320	35
5. 杨梅	吨	15358	86		778	13557	937	86
6. 枇杷	吨	5557	191	525	4614	171	56	716
7. 柿子	吨	1325	34	8	62	424	797	42
8. 葡萄	吨	62462	2538	1947	2745	52527	2705	4485
9. 弥猴桃	吨	1593	190	43	20	907	433	233
10. 其他水果	吨	16703	241	1215	839	12003	2405	1456

3-18 分县区林业生产

	单位	全 市	吴兴区	南浔区	德清县	长兴县	安吉县	△市区
一、人工造林面积	公顷	876	140	139	139	168	290	279
二、年末实有封山育林面积	公顷							
三、四旁（零星）植树	万株	72	8	6	14	26	18	14
四、育苗面积	公顷							
五、森林抚育面积	公顷	2723	533		667	790	733	533
六、主要林产品产量								
1. 油 茶 籽	吨	8	8					8
2. 棕　　片	吨							
3. 竹 笋 干	吨	26029	3969		9100	6032	6928	3969
4. 山 核 桃	吨	420					420	
5. 板　　栗	吨	2729			205	177	2347	
6. 白　　果	吨	900				830	70	
7. 箬　　叶	吨							
8. 毛　　料	吨	155383	19560		17343	16180	102300	19560
9. 竹　　壳	吨	21007			12737	7120	1150	
10. 人造板原料	吨	44865	220			23565	21080	220
11. 木本药材	吨							
七、竹木采伐量								
1. 商品材采伐	立方米	20108	2869		2577	4823	9839	2869
2. 大径竹采伐	万根	4736	512		692	492	3041	512

3-19　分县区渔业生产

	单位	湖州市	吴兴区	南浔区	德清县	长兴县	安吉县	△市区
一、淡水产品产量	吨	532832	98902	185793	157099	70831	20207	284695
1. 鱼　类	吨	420380	71112	167570	132781	38171	10746	238682
2. 甲壳类	吨	44382	11637	14689	9095	6403	2558	26326
#养殖青虾	吨	37080	6023	13940	9094	5490	2533	19963
养殖河蟹	吨	7302	5614	749	1	913	25	6363
3. 贝　类	吨	3271	190			3081		190
4. 其　它	吨	38591	11571	3359	12429	5911	5321	14930
#龟鳖类	吨	23004	3764	2497	11001	559	5183	6261
二、淡水养殖面积	公顷	38439	5878	12636	13010	4874	2041	18514
1. 池　塘	公顷	38439	5878	12636	13010	4874	2041	18514
2. 河　沟	公顷							
3. 水　库	公顷							
三、淡水鱼苗种生产								
1. 鱼苗生产	亿尾	95.12	27.00	36.24	24.05	6.00	0.83	63.24
2. 鱼种生产	吨	18031.9	6530	9324	7.9	2100	58	15854
3. 投放鱼种	吨	20416	5100	5226		6330	3760	10326

3-20　分县区农业机械年末拥有量

	单位	全　市	吴兴区	南浔区	德清县	长兴县	安吉县	△市区
农业机械总动力	千瓦	1430493	181516	317439	276826	389261	265451	498955
#柴 油 机	千瓦	604470	99460	60959	113934	197849	132268	160419
汽 油 机	千瓦	66449	6268	5715	5495	24373	24598	11983
电 动 机	千瓦	759574	75788	250765	157397	167039	108585	326553
一、耕作机械动力	千瓦	204085	33560	16886	24378	84776	44484	50446
1. 大中型拖拉机	台	1006	102	74	106	412	312	176
2. 农用小型拖拉机	台	10264	1997	1003	1766	3640	1858	3000
二、收获机械总动力	千瓦	87020	10274	7011	5340	43549	20846	17285
1. 联合收割机	台	1611	219	167	118	719	388	386
2. 机动脱粒(打稻)机	台	858	344	514				858
三、植保机械动力	千瓦	28996	2731	4514	3419	10583	7749	7245
机动喷雾机	架	7252	170	618	343	2856	3265	788
四、排灌机械动力	千瓦	412161	34376	135263	86338	112157	44027	169639
1. 农用水泵	台	89598	7030	21911	24527	25753	10377	28941
2. 节水灌溉机械	套	1460	542	161	99	591	67	703
五、农产品加工机械动力	千瓦	61281	7149	11297	8988	17537	16310	18446
1. 粮食加工机械		3068	645	852	349	675	547	1497
2. 油料加工机械	台	579	52	76	163	170	118	128
六、运输机械动力	千瓦	18527	11915	514	139	2192	3767	12429
1. 农用运输车	辆							
2. 运输型拖拉机	辆	1	1					1
七、渔业机械动力	千瓦	2244	537		856	89	762	537
八、其他农业机械动力	千瓦	125146	2058	10148	55000	51991	5949	12206

3-21 分县区农田水利

	单 位	全 市	吴兴区	南浔区	德清县	长兴县	安吉县	△市区
一、有效灌溉面积	千公顷	135.01	20.50	34.86	23.95	33.57	22.13	55.36
二、除涝面积	千公顷	99.18	19.28	27.65	14.09	29.37	8.79	46.93
三、堤坊总长度	公里	4305.13	1157.08	529.00	651.43	525.56	1442.06	1686.08
四、堤防保护耕地	千公顷	143.50	34.20	29.44	23.95	31.90	24.01	63.64
五、已建水库	座	154	22		16	34	82	22
六、已建水库总库容	万立方米	89352.26	11157		15331.20	19911.41	42953	11157
七、水利资金总投入	万元	335196	19375	59862	69958	55372	51392	79237
1. 省及以上补助	万元	53457	3845	6491	17891	11162	3732	10336
2. 市县自筹	万元	108672	5466	1842	11823	34573	47660	7308
3. 乡镇村自筹	万元	17366	7564	1119				8683
4. 其他	万元	155701	2500	50410	40244	9637		52910

3-22 分乡镇基本情况（一）

	村民委员会（个）	农村常住人口（人）	农村从业人员（人）	乡镇一般公共预算收入（万元）	乡镇一般公共预算支出（万元）
吴兴区					
康山街道	10	4505	1233	9281	9078
仁皇山街道	6	2383	1240	1529	395
滨湖街道	9	17975	8463	12536	12536
龙溪街道	12	20386	9647	3919	4816
杨家埠街道	11	19781	10178	6162	6168
环渚街道	5	10706	5692	26492	6406
织里镇	34	72816	39591	144912	27699
八里店镇	18	37251	20369	149834	13932
妙西镇	15	17238	8496	32005	7545
埭溪镇	20	32670	16001	70740	12903
东林镇	23	31848	19975	13886	7186
道场乡	7	15712	6223	11239	5302
南浔区					
南浔镇	48	98830	39469	74471	22164
双林镇	31	61424	31062	33330	16953
练市镇	38	79194	41895	32583	22793
善琏镇	15	24132	11845	8593	7448
旧馆镇	13	20544	10324	16582	8756
菱湖镇	26	62284	31466	21807	15908
和孚镇	22	49011	25762	24379	14643
千金镇	10	20961	11991	4915	4915
石淙镇	7	13616	6725	4643	3653
德清县					
武康街道	2	8977	4745	34776	17630
舞阳街道	11	25811	15866	17917	12434
阜溪街道	6	16480	9108	16032	16032
下渚湖街道	13	22356	12865	15866	8175
康乾街道	5	12930	7158	1179	1179
乾元镇	8	20770	10221	36917	8881
新市镇	19	51235	28833	53698	29341
洛舍镇	6	19140	9235	23702	8196
钟管镇	19	41123	23656	43150	9362
雷甸镇	10	45265	27280	41207	10158
禹越镇	10	29447	16634	18361	7601

3-22 分乡镇基本情况（一）

续 1

	村民委员会（个）	农村常住人口（人）	农村从业人员（人）	乡镇一般公共预算收入（万元）	乡镇一般公共预算支出（万元）
新安镇	11	30605	17769	17271	5620
莫干山镇	17	32316	15968	12196	10666
长兴县					
雉城街道		9451	5670	26802	5384
画溪街道	11	48824	29473	52256	23161
太湖街道	8	48175	25390	123577	2866
龙山街道	4	19516	11026	26026	3648
洪桥镇	21	43977	23321	20240	7182
李家巷镇	12	26101	14152	65456	5585
夹浦镇	13	31448	18854	22766	8922
林城镇	18	54787	32065	14435	10397
虹星桥镇	17	37468	20384	10463	7231
小浦镇	11	24492	13785	17354	5666
和平镇	23	53429	30118	39594	13200
泗安镇	27	66342	45668	32443	18330
煤山镇	24	50986	30397	122249	31058
水口乡	8	18891	11538	12382	6174
吕山乡	9	21898	12155	8442	11418
安吉县					
递铺街道	25	74532	41197	200666	71498
昌硕街道	4	28774	16079	46959	12862
灵峰街道	6	16715	9112	10440	12474
孝源街道	5	10340	4966	13150	12450
鄣吴镇	6	11208	6568	6502	2649
杭垓镇	18	34486	21072	21448	22608
孝丰镇	15	37216	21930	1786	8723
报福镇	10	17653	9402	5473	15412
章村镇	8	14751	12281	3150	2002
天荒坪镇	11	21536	12859	13596	13596
梅溪镇	22	56366	37158	27794	27794
天子湖镇	20	49663	26332	1305	4701
溪龙乡	5	9038	5612	4288	3975
上墅乡	7	12066	8020	6809	3620
山川乡	6	5650	3169	6106	6861

3-23 分乡镇基本情况（二）

	茶 叶 产 量 （吨）	园林水果 产 量 （吨）	油菜籽 种面积 （亩）	蔬菜播 种面积 （亩）
吴兴区				
康山街道		98	150	180
仁皇山街道		315		202
滨湖街道			350	5944
龙溪街道		60		95
杨家埠街道	10	604	197	2326
环渚街道				2200
湖东街道				1478
织里镇		1340	2483	19335
八里店镇		641	1740	14443
妙西镇	226	4004	2604	6963
埭溪镇	240	902	646	9980
东林镇	19	1191	4012	9422
道场乡	74	1094	1208	7321
高新区		146	2500	37541
南浔区				
南浔镇		1654	1605	10311
双林镇	1	1835	4029	15048
练市镇		1741	6880	21154
善琏镇		514	2053	4894
旧馆镇		587	256	4428
菱湖镇		380	12365	9552
和孚镇		353	3053	12421
千金镇		158	4100	8020
石淙镇		426	3000	2025
开发区		110	1082	2988
德清县				
武康街道	11	67	30	581
舞阳街道	5	248	254	16863
阜溪街道	214	340	202	3719
下渚湖街道	7	412	880	2729
康乾街道	1	219		391
乾元镇	4	1951	488	9236
新市镇		226	689	7060
洛舍镇	5	252	326	2132
钟管镇		572	452	6211
雷甸镇		3806	601	3869

3-23 分乡镇基本情况（二）

续 1

	茶 叶 产 量 （吨）	园林水果 产 量 （吨）	油菜籽 种面积 （亩）	蔬菜播 种面积 （亩）
禹越镇		1096	237	3889
新安镇		482	635	3126
莫干山镇	469	2296	40	5766
长兴县				
雉城街道			77	198
画溪街道	81	13500	4922	8912
太湖街道	2	2877	1490	6440
龙山街道	129	6830	2650	2950
洪桥镇	12	2418	1050	17749
李家巷镇	24	5081	2186	6886
夹浦镇	72	10050	4224	4648
林城镇	134	5648	9424	22631
虹星桥镇	2	9956	4702	33480
小浦镇	72	3024	5441	6617
和平镇	1525	19529	5507	29457
泗安镇	3507	9202	8161	34703
煤山镇	130	3620	2052	9547
水口乡	229	3493	1208	7455
吕山乡	7	2123	2930	21215
太湖图影旅游度假区	1	500	40	1425
安吉县				
递铺街道	1238	4321	1250	25953
昌硕街道	17	320		4792
灵峰街道	74	3850	2670	7880
孝源街道	603	48	190	1875
鄣吴镇	91	681	2153	6198
杭垓镇	172	53	3364	3889
孝丰镇	320	489	1563	17921
报福镇	80	148	1285	10399
章村镇	20	296	85	5424
天荒坪镇	53	311	677	4229
梅溪镇	462	1712	530	9739
天子湖镇	294	1407	9600	11638
溪龙乡	489	399	110	1469
上墅乡	105	41	1126	6300
山川乡	16	92	127	1871

主要统计指标解释

农村户数 是指长期(一年以上)居住在农村的住户数，户口不在本地而在本地居住一年及以上的住户也包括在本地农村住户内；有本地户口，但举家外出谋生一年以上的住户，无论是否保留承包耕地都不包括在本地农村住户范围内。不包括乡村地区内的国有经济的机关、团体、学校、事业单位的集体户。

农村人口数 指本行政区域内的以下四部分人口：居住在本行政区域，户口在本行政区域或者户口待定的人口；居住在本行政区域，户口在外县（市），离开户口登记地半年以上的人口；户口在本行政区域，居住在外县（市），离开户口登记地不到半年的人口；户口在本行政区域，居住在港澳台或国外的人口。

农村从业人员 指农村人口中 16 岁以上实际参加生产经营活动并取得实物或货币收入的人员，既包括劳动年龄内经常参加劳动的人员，也包括超过劳动年龄但经常参加劳动的人员。但不包括户口在家的在外学生、现役军人和丧失劳动能力的人，也不包括待业人员和家务劳动者。从业人员年龄为 16 岁以上。

自来水受益村数 是指符合卫生标准，并经公用设施处理的管道输送水。通自来水的村指乡镇行政区域内通自来水的村数。

通有线电视村数 指已开通有线电视线路，并开始使用的行政村。

通宽带村数 指能通过 XDSL、FTTX+LAN、WLAN 等有线和无线方式接入中国互联网的行政村个数。

农作物播种面积 指实际播种或移植有农作物的面积。凡是实际种植有农作物的面积，不论种植在耕地上还是非耕地上的，也不论面积大小，均应包括在内。统计播种面积，按种植一次算一次，但移植作物的，按移植后的面积计算。

粮食产量 统计上分为谷物、豆类、薯类。谷物包括稻谷、小麦、大麦、玉米和其他谷物，均按脱粒晒干后的原粮计算产量；豆类包括大豆、蚕（豌）豆、杂豆，按去豆荚后的干豆计算产量；薯类包括蕃薯、马铃薯，按 5 公斤鲜薯折 1 公斤粮食计算产量。

茶叶产量 指本年度内生产的全部茶叶产量。包括从成片茶园和零星种植的茶树以及荒芜未垦复的茶树上所采摘的全部产量。不论自食的或出售的，都应统计在内。茶叶的产量按经过初步加工的干毛茶的重量计算。根据制造方法的不同和品质上的差异，将茶叶分为绿茶、青茶、红茶、黑茶、黄茶、白茶、其他茶等。

农业机械总动力 是指主要用于农、林、牧、渔业的各种动力机械的动力总和，包括耕作机械、农用排灌机械、收获机械、植保机械、林业机械、畜牧机械、渔业机械、农产品加工机械、农用运输机械等其他农业机械。

造林面积 指本年度内在荒山、荒地、沙丘等一切可以造林的土地上，采取人工播种、植苗、飞机播种等方法，新植的成片乔木和灌木林，经检查验收，符合“造林技术规程”要求的株数，成活率达 85%以上（1986 年以前成活率按 40%以上计算）的面积。四旁植树在四行以上，连续面积在一亩以上，应统计造林面积内。

牲畜出栏数 是指饲养生产者在一定时期内将饲养的成年畜出售和自宰自食的全部头数。

肉产量 是指当年出栏并已屠宰的畜禽肉产量。即屠宰后除去头蹄下水后带骨的胴体重量。

水产品产量 是指人工养殖并已起捕的水产品和捕捞天然生长的全部水产品总量。

农林牧渔业总产值 是指以货币表现的农林牧渔业全部产品总量，反映一定时期内农林牧渔业生产的总成果和总规模。

农林牧渔业增加值 是指在报告期内农林牧渔业生产单位和农户从事农、林、牧、渔业生产经营活动所提供的最终成果的货币表现。1997 年起，农林牧渔业增加值采用生产法计算，取消分配法计算方法。

四、工业、能源、用水

4-1 分县区规模以上工业总产值

单位：万元

	全 市	吴兴区	吴兴	南太湖新 区	南浔区	德清县	长兴县	安吉县	△市区
规模以上工业	**49884408**	**8973182**	**6324179**	**2649004**	**9500104**	**9883169**	**12614252**	**7494428**	**19892559**
#轻工业	19998625	3005642	2242710	762932	2229820	3547545	6558593	4657024	5235463
重工业	29885784	5967540	4081469	1886071	7270284	6335624	6055659	2837404	14657097
#国有控股企业	3417642	319164	243302	75863	135588	1153944	1169596	639351	454752
#大型企业	8661087	2469694	2231763	237931	894723	1429708	1990077	1876885	3364417
中型企业	12136595	2085292	1286799	798493	2332578	1969526	4034048	1715151	4417870
小型企业	29086726	4418196	2805616	1612580	6272803	6483935	6590127	3902393	12110272
1. 按登记注册类型分									
内资企业	41095660	7599072	5340521	2258551	8026747	7965201	9964153	6121215	17045092
#国有企业	571580	62764	62764		8583	277752		222482	71347
集体企业	3310					3310			
股份合作企业	6372					2479	3893		
有限责任公司	7637132	1321323	824499	496824	394395	1688124	2179367	634650	3134991
股份有限公司	5403715	1456837	678071	778766	1215221	1163830	592147	975681	2672058
私营企业	27473550	4758148	3775187	982962	6408548	4829706	7188746	4288402	11166696
港澳台商投资公司	3644955	758925	689137	69789	465609	1119691	690610	610120	1224534
外商投资企业公司	5143793	615185	294521	320664	1007748	798277	1959490	763093	1622933
2.按国民经济行业分									
采矿业	463789	218913	161920	56994		161544	81240	2091	218913
非金属矿采选业	463789	218913	161920	56994		161544	81240	2091	218913
制造业	45569695	8507900	5950867	2557033	9301145	9267463	11495690	6997496	17809045
农副食品加工业	750622	61240	26225	35015	248396	251284	84640	105061	309636
食品制造业	421979	105961	40149	65812	4574	80806	117924	112714	110535
酒、饮料和精制茶制造业	387318	230466	17494	212972	2173	67706	30039	56935	232639
纺织业	4109960	504313	447829	56484	803569	436443	2291034	74602	1307882
纺织服装、服饰业	483119	144384	109334	35050	68947	196897	39075	33816	213331
皮革、毛皮、羽毛及其制品和制鞋业	86353	7990	3755	4234	18209	50978	7050	2127	26199
木材加工和木、竹、藤、棕、草制品业	1841829	48769	44159	4610	1135100	243432	90455	324074	1183869
家具制造业	3543824	23182	12044	11139	210467	392519	19754	2897902	233649

4-1 分县区规模以上工业总产值

续1 　　　　　　　　　　　　　　　　　　　　　　　　单位：万元

	全 市	吴兴区			南浔区	德清县	长兴县	安吉县	△市区
			吴兴	南太湖新区					
造纸和纸制品业	768131	40017	30455	9562	125596	311819	150953	139747	165613
印刷和记录媒介复制业	191546	56554	19601	36953	7066	55726	52089	20112	63620
文教、工美、体育和娱乐用品制造业	878728	34143	27671	6472	149956	342532	284802	67295	184099
石油、煤炭及其他燃料加工业	38683				15447	15897		7339	15447
化学原料和化学制品制造业	2433204	203522	117830	85692	284653	1015425	557281	372322	488175
医药制造业	1097614	68548	7365	61183	49378	406705	45752	527231	117926
化学纤维制造业	3045401	1295009	1277246	17764	268767	82562	1233576	165488	1563776
橡胶和塑料制品业	1124945	138611	79269	59342	72674	301390	239816	372454	211285
非金属矿物制品业	5192372	607300	355938	251362	795487	1557229	2007381	224974	1402787
黑色金属冶炼和压延加工业	1578348	1078413	576719	501694	279717	154684	34121	31414	1358130
有色金属冶炼和压延加工业	952014	575358	575358		80618	99068	128923	68047	655976
金属制品业	2231210	174003	136805	37198	1354985	420472	113748	168003	1528987
通用设备制造业	4029447	690670	372154	318517	1342207	1121200	543905	331466	2032877
专用设备制造业	1719955	882327	779085	103242	42815	356328	365006	73481	925141
汽车制造业	1003669	206995	29154	177841	50960	194942	373769	177003	257955
铁路、船舶、航空航天和其他运输设备制	65978	16475	16475		6107	37353	3293	2749	22583
电气机械和器材制造业	5703407	1055791	702495	353296	1786838	545731	2080170	234877	2842630
计算机、通信和其他电子设备制造业	1085922	172081	121306	50775	57100	329797	153150	373794	229181
仪器仪表制造业	202755	11121	6209	4913		52723	138910		11121
其他制造业	120723				8279	112444			8279
废弃资源综合利用业	471262	67403	18744	48659	31062	33372	306953	32473	98465
电力、燃气及水的生产和供应业	3850925	246369	211392	34977	198959	454162	1037321	494840	1864601
电力、热力生产和供应业	3391607	72400	53151	19249	129546	377344	930188	462856	1621219
燃气生产和供应业	358907	123026	107298	15728	64639	57172	91535	22535	187665
水的生产和供应业	100411	50943	50943		4774	19646	15599	9449	55718

4-2 分县区规模以上工业单位数

单位：个

	全　市	吴兴区	吴兴	南太湖新　区	南浔区	德清县	长兴县	安吉县	△市区
规模以上工业	**3792**	**557**	**392**	**165**	**1076**	**785**	**851**	**522**	**1634**
#轻工业	1750	236	179	57	401	322	429	362	637
重工业	2042	321	213	108	675	463	422	160	997
#国有控股企业	68	9	7	2	8	21	20	10	17
#大型企业	39	8	6	2	3	10	6	12	11
中型企业	214	26	18	8	33	53	54	48	59
小型企业	3539	523	368	155	1040	722	791	462	1564
按登记注册类型分									
内资企业	3473	497	362	135	1025	700	779	471	1523
#国有企业	6	2	2		1	1		2	3
集体企业	1					1			
股份合作企业	2					1	1		
有限责任公司	222	55	30	25	29	60	52	25	85
股份有限公司	80	18	13	5	13	22	8	19	31
私营企业	3162	422	317	105	982	615	718	425	1404
港澳台商投资公司	159	20	12	8	30	47	30	32	50
外商投资企业公司	160	40	18	22	21	38	42	19	61

4-3 分县区规模

	全 市	吴兴区	吴兴	南太湖新 区
工业企业单位数（家）	3792	557	392	165
#亏损企业	596	113	80	33
工业总产值（现价）	49884408	8973182	6324179	2649004
产成品	2501016	537190	336585	200606
资产合计	54491571	12191751	8630113	3561638
流动资产合计	31858800	7117790	4793388	2324402
应收帐款	10505385	1941677	1313543	628134
固定资产原价	23659912	4492631	3257262	1235369
本年折旧	1446069	302150	209315	92835
负债合计	30998104	6735543	5027823	1707719
流动负债	27753136	5764871	4200780	1564091
所有者权益	23481703	5456206	3602289	1853917
实收资本	11773948	2680825	1900416	780409
营业收入	51459584	10113626	7123907	2989720
营业成本	43071916	8556885	6131960	2424925
税金及附加	276837	38738	23114	15625
销售费用	1583051	333505	166211	167294
营业利润	3437237	584969	387109	197860
利润总额	3668576	635434	424090	211345
亏损企业亏损额	297056	62580	34878	27703
利税总额	5362302	900262	597292	302970
本年应交增值税	1416889	226090	150089	76001
平均用工人数（人）	411581	67171	46204	20967

以上工业主要指标

单位：万元

南浔区	德清县	长兴县	安吉县	△市区
1076	785	851	522	1634
120	135	150	78	233
9500104	9883169	12614252	7494428	19892559
415806	685888	565572	296560	952996
9378437	10666815	13955731	7613877	22255147
6326085	6164845	7780019	4426097	13487839
2416741	2179343	2491237	1440640	4394164
3083510	4319004	6711052	3588311	9041545
194185	260413	425408	203263	556984
5717379	5556916	8210519	4092788	13137882
5074877	4974890	7576660	3765951	11435635
3658179	5104965	5743292	3519060	9114385
1781280	2463989	3276529	1571326	4462105
9931743	9864488	12546610	7583844	21464643
8584672	8034613	10532119	5965514	18539670
39691	50960	107661	37222	80993
277262	361854	322502	287928	610767
440170	747736	979978	684424	1025100
480420	802908	1020592	723620	1121455
58028	39531	90728	46188	120608
731468	1108063	1438388	1015704	1800147
211358	254195	310135	254861	597698
75621	92153	90101	85412	143915

4-4 分行业规模

	企业单位数（家）	#亏损企业	营业收入	营业成本
总　计	**3792**	**596**	**51459584**	**43071916**
采矿业	19	1	465153	268240
非金属矿采选业	19	1	465153	268240
制造业	3708	590	47012481	39210154
农副食品加工业	64	11	784964	702021
食品制造业	39	6	484275	380866
酒、饮料和精制茶制造业	21	7	575763	429240
纺织业	617	124	4225147	3663058
纺织服装、服饰业	91	23	534683	446393
皮革、毛皮、羽毛及其制品和制鞋业	21	9	83782	74971
木材加工和木、竹、藤、棕、草制品业	362	43	1899484	1563084
家具制造业	355	31	3588926	2912034
造纸和纸制品业	66	13	781630	687240
印刷和记录媒介复制业	29	7	191280	162881
文教、工美、体育和娱乐用品制造业	79	12	744041	628056
石油、煤炭及其他燃料加工业	11	3	40639	38020
化学原料和化学制品制造业	209	27	2445064	1919972
医药制造业	52	9	1035392	510150
化学纤维制造业	27	10	3155675	2955022
橡胶和塑料制品业	125	22	1142029	977472
非金属矿物制品业	328	29	5170268	4145781
黑色金属冶炼和压延加工业	61	13	1611175	1408177
有色金属冶炼和压延加工业	57	5	1027851	937277
金属制品业	179	23	2387585	2081294
通用设备制造业	311	57	4092772	3181689
专用设备制造业	123	19	1782169	1367614
汽车制造业	92	19	1009278	814853
铁路、船舶、航空航天和其他运输设备制	9		64248	52559
电气机械和器材制造业	243	52	6095429	5429827
计算机、通信和其他电子设备制造业	77	7	1158416	954880
仪器仪表制造业	24	3	204987	143065
其他制造业	6	1	105226	83237
废弃资源综合利用业	28	4	580195	554835
电力、燃气及水的生产和供应业	65	5	3981950	3593522
电力、热力生产和供应业	45	3	3493717	3174494
燃气生产和供应业	9		376584	320730
水的生产和供应业	11	2	111649	98298

以上工业主要指标

单位：万元

利税总额	利润总额	全部从业人员年平均人数（人）	资产总计	负债合计	应付账款	产成品存货
5362302	**3668576**	**411581**	**54491571**	**30998104**	**8014067**	**2501016**
162364	127464	1976	696542	409439	46944	3883
162364	127464	1976	696542	409439	46944	3883
4674743	3266415	401402	48751829	27447444	7760756	2491361
39326	28884	5444	537379	320535	72678	34253
44610	26280	4390	726324	431551	71598	33550
85029	65879	4240	690573	328957	59935	25259
387695	281252	46496	3961129	2704153	565139	308683
34532	11529	12698	631274	335577	68319	26063
1600	-532	1539	125571	79078	18082	7803
200775	136668	20975	2003383	1305331	305792	124630
359796	219504	54939	3100659	1762145	802807	118900
51652	26787	5473	738865	512968	111930	23456
13651	8945	2381	202425	131893	27617	7734
48736	19076	11344	802560	501973	218443	65500
973	-197	187	28537	20423	5682	1560
266483	197416	15624	2522397	1211429	290354	125536
358463	309827	10090	1432981	554704	121735	55378
77289	12402	15323	3192835	1646752	193253	132020
69869	42880	10537	1167151	754857	129127	45021
708907	494248	28848	5277584	3044921	1160482	252786
124133	94484	6525	1430544	499896	144590	75980
48814	34804	7604	686193	435968	54919	46353
179972	128897	16443	1748149	836215	204109	111736
534092	397702	37150	5416049	2829593	961154	273734
266467	212364	12345	1989697	1066421	377059	102129
75945	49580	12455	1552623	927003	254142	57551
4280	3148	1061	60866	38742	11222	2290
458207	310974	38151	6344658	3864588	1111230	242501
109203	90272	13088	1462824	721557	217481	126915
35036	24773	2572	246639	147279	45168	25680
16986	14000	1884	105493	25819	12249	21563
68796	22137	1426	546768	398732	143468	15975
525194	274697	8203	5043200	3141221	206367	5773
448456	209697	6144	3747101	2318179	168079	5012
54737	47444	828	278055	107846	16344	721
22001	17557	1231	1018043	715197	21944	39

4-5 市区分行业

	企业单位数（家）	#亏损企业	营业收入	营业成本
总　计	**1634**	**233**	**21464643**	**18539670**
采矿业	7		220911	103397
非金属矿采选业	7		220911	103397
制造业	1602	233	19326490	16640179
农副食品加工业	33	6	327840	298989
食品制造业	19	3	146902	114488
酒、饮料和精制茶制造业	6	1	423763	308010
纺织业	253	50	1656550	1495841
纺织服装、服饰业	60	15	235510	196267
皮革、毛皮、羽毛及其制品和制鞋业	12	5	26298	23936
木材加工和木、竹、藤、棕、草制品业	304	33	1193389	1038333
家具制造业	94	1	233717	209820
造纸和纸制品业	18	2	168950	153965
印刷和记录媒介复制业	11	3	64698	51246
文教、工美、体育和娱乐用品制造业	30	3	180332	153963
石油、煤炭及其他燃料加工业	8	2	17027	16266
化学原料和化学制品制造业	72	8	502340	402635
医药制造业	12	3	116453	78188
化学纤维制造业	9	4	1663305	1542334
橡胶和塑料制品业	35	4	224592	190239
非金属矿物制品业	101	9	1418202	1218220
黑色金属冶炼和压延加工业	32	8	1380777	1198611
有色金属冶炼和压延加工业	39	3	727559	664443
金属制品业	63	11	1681530	1490380
通用设备制造业	157	26	2097986	1637577
专用设备制造业	35	6	1018440	783394
汽车制造业	23	5	259610	206519
铁路、船舶、航空航天和其他运输设备制	3		22337	16869
电气机械和器材制造业	119	16	3094650	2763252
计算机、通信和其他电子设备制造业	29	4	243231	196189
仪器仪表制造业	3		11510	8938
其他制造业	3	1	9362	8373
废弃资源综合利用业	18	1	172036	170211
电力、燃气及水的生产和供应业	25		1917242	1796095
电力、热力生产和供应业	17		1664380	1565494
燃气生产和供应业	3		196220	175437
水的生产和供应业	5		56642	55163

规模以上工业主要指标

单位：万元

利税总额	利润总额	全部从业人员年平均人数（人）	资产总计	负债合计	应付账款	产成品存货
1800147	**1121455**	**143915**	**22255147**	**13137882**	**3061987**	**952996**
99029	86440	904	421253	193345	25862	2916
99029	86440	904	421253	193345	25862	2916
1434239	943094	139932	19433263	11235280	2958601	950016
17791	14661	1709	157255	104304	20541	11469
14237	4968	1582	493852	297051	28328	10467
65341	52492	2758	478522	213552	31317	6793
74893	32153	19801	1696857	1240382	301346	109495
14092	4297	5204	248889	154698	30785	13379
54		679	55574	39104	4214	6301
83372	48258	13143	1185680	863897	207692	84869
12001	6884	3597	179983	116970	37318	5675
4853	1666	1145	171917	146908	30420	2367
7316	5268	1015	75959	48620	13242	4107
12167	6171	3128	194482	125005	54984	9095
110		108	15597	11957	3870	287
52063	35892	3286	467994	261672	69377	23484
10884	6681	1393	150440	85582	10133	7294
40456		7370	2167628	1208626	108535	46505
10238	4741	2187	199354	123016	40493	9320
117249	65574	7348	1353798	929516	411713	92648
114110	89071	4953	1278782	411573	124808	55293
37844	28863	5483	482441	304166	20134	36125
122566	96483	7181	1057448	450446	103319	73648
221962	142633	17893	2700933	1578030	478581	76918
165465	141046	4648	1054969	582630	249922	69291
21568	14442	3139	308957	178208	71911	18922
2370	1645	425	28106	18712	5133	308
161689	119172	16276	2646106	1407965	388548	155990
17449	13979	3619	433530	232036	75040	13897
555	230	140	9475	7739	2213	363
481		176	14784	10028	4009	41
27799	6648	421	114997	80166	30303	5239
266878	91922	3079	2400632	1709257	77525	64
230937	61296	1947	1492473	1170053	61626	27
25309	22890	441	141267	41981	3674	38
10633	7736	691	766891	497223	12225	

4-6 分县区

	全 市	吴兴区	吴兴
规模以上工业	**9861049**	**1819589**	**1276941**
#轻工业	3876952	548314	388031
重工业	5984098	1271275	888909
#国有控股企业	863935	100779	80906
#大型企业	2032673	503466	430189
中型企业	2542737	362040	224672
小型企业	5285640	954083	622079
1. 按登记注册类型分			
内资企业	7992903	1542028	1114404
#国有企业	86697	16696	16696
集体企业	466		
股份合作企业	914		
有限责任公司	1602771	264100	177310
股份有限公司	1311455	290765	136669
私营企业	4990600	970468	783729
港澳台商投资公司	657548	112869	88469
外商投资企业公司	1210598	164693	74068
2. 按国民经济行业分			
非金属矿采选业	202771	116173	83128
农副食品加工业	97613	5193	4257
食品制造业	98128	32589	19637
酒、饮料和精制茶制造业	108710	75834	3550
纺织业	785559	98035	91083
纺织服装、服饰业	121945	33655	26505
皮革、毛皮、羽毛及其制品和制鞋业	11667	1427	825
木材加工和木、竹、藤、棕、草制品业	364463	9955	9453

规模以上工业增加值

单位：万元

南太湖新区	南浔区	德清县	长兴县	安吉县	△市区
542648	**1426299**	**1994246**	**2429387**	**1926907**	**3510510**
160282	360287	777438	991544	1199369	908601
382366	1066012	1216809	1437842	727538	2601909
19873	29801	146928	388272	198156	130580
73277	263096	343911	263332	658868	766562
137368	306256	552647	887592	434202	668296
332004	856947	1097689	1278462	833837	2075652
427624	1148266	1585524	1994093	1458370	2954915
	1076	31584		37342	17771
		466			
		522	392		
86790	87122	278104	494321	214503	615844
154096	207299	373535	157883	281973	498064
186739	852769	901313	1341497	924553	1823237
24400	62678	246062	102686	133255	175547
90625	215355	162660	332608	335282	380048
33046		40764	45761	74	116173
936	28032	20372	9074	34943	33225
12952	752	20123	23006	21657	33341
72284	683	11997	7934	12262	76517
6952	154809	77554	442510	12651	252844
7150	17249	48171	11950	10919	50904
603	1602	6822	1187	629	3029
502	168725	76514	12105	97164	178680

4-6 分县区

续 1

	全 市	吴兴区	吴兴
家具制造业	814357	3793	2756
造纸和纸制品业	104273	4543	2794
印刷和记录媒介复制业	35890	15828	5567
文教、工美、体育和娱乐用品制造业	143279	5593	3450
石油、煤炭及其他燃料加工业	3395		
化学原料和化学制品制造业	455997	47518	27302
医药制造业	481606	13553	-1266
化学纤维制造业	370949	175360	171115
橡胶和塑料制品业	221341	34020	19549
非金属矿物制品业	1070843	93101	63037
黑色金属冶炼和压延加工业	218141	161715	89601
有色金属冶炼和压延加工业	154238	110112	110112
金属制品业	354890	35163	31643
通用设备制造业	907265	161756	101239
专用设备制造业	446479	242595	196317
汽车制造业	226459	45423	8598
铁路、船舶、航空航天和其他运输设备制	13288	4661	4661
电气机械和器材制造业	691416	148834	99971
计算机、通信和其他电子设备制造业	243868	44441	31620
仪器仪表制造业	66611	1856	1172
其他制造业	32539		
废弃资源综合利用业	71935	17869	6764
电力、热力生产和供应业	824309	29692	22379
燃气生产和供应业	66470	15218	10404
水的生产和供应业	45244	29719	29719

规模以上工业增加值

单位：万元

南太湖新区	南浔区	德清县	长兴县	安吉县	△市区
1037	30483	85392	4455	690236	34275
1749	9700	52900	13089	24042	14243
10261	1440	9826	6160	2636	17268
2143	28346	51888	43630	13822	33939
	728	796		1871	728
20216	46183	228332	75805	58159	93701
14819	10465	171409	11119	275061	24018
4245	33926	16033	109496	36135	209286
14470	9634	57645	39095	80947	43654
30064	109530	227815	583866	56532	202631
72114	30200	15974	5645	4607	191915
	6909	5881	20592	10744	117020
3521	173263	95241	16011	35212	208426
60518	273432	281558	111152	79368	435188
46278	5323	61478	107572	29511	247918
36825	15907	53132	76159	35837	61331
	1285	6630	352	360	5946
48863	167271	60392	272721	42198	316105
12821	10654	68410	30438	89926	55095
684		16899	47855		1856
	1868	30671			1868
11106	3553	3016	39940	7557	21422
7313	69772	79505	229744	150975	364086
4814	10989	10328	21384	8550	26208
	3586	780	8834	2326	33305

4-7 历年用电量

单位：万千瓦时

年份	全社会用电量	#工业用	#生活用
1985	107664		
1986	135564	106662	6723
1987	153659	121400	8755
1988	163114	127225	11170
1989	161713	126892	10933
1990	171657	131059	13981
1991	192423	147540	15525
1992	216113	168870	16826
1993	252546	198828	18216
1994	291188	224568	22013
1995	314227	242686	25839
1996	332478	252565	33956
1997	324470	244365	33640
1998	326830	236014	36816
1999	350158	255710	40205
2000	417195	305879	49020
2001	456715	339371	53444
2002	537115	411035	58616
2003	650805	496811	73186
2004	738340	600771	65523
2005	852577	686208	78854
2006	958520	768034	92786
2007	1071456	854017	103262
2008	1124869	880668	117752
2009	1230579	957912	131528
2010	1401547	1082265	153957
2011	1575608	1225725	165939
2012	1658389	1265020	192151
2013	1829435	1376855	221431
2014	1916143	1477791	197405
2015	1989124	1511607	214835
2016	2221981	1657306	261872
2017	2443329	1821630	281239
2018	2748017	2034719	313856
2019	2950204	2155129	335026
2020	3022255	2176807	356770

4-8 分县区供电量、用电量

单位：万千瓦时

	全 市	吴兴区	南浔区	长兴县	德清县	安吉县
一、供 电 量	**2898566**	**539598**	**454943**	**813803**	**493679**	**366756**
售 电 量	2816947	521780	443980	791613	480035	352350
线损电量	81619	17818	10963	22190	13645	14406
线损率（%）	2.82	3.30	2.41	2.73	2.76	3.93
最高负荷（万千瓦）	567	139	77	135	86	72
全社会用电总计	**3022255**	**724676**	**486482**	**885290**	**537238**	**385778**
A、全行业用电合计	2665485	623833	431253	810316	481623	315670
第一产业	33694	5565	12188	1861	12634	1446
第二产业	2229108	469668	375342	737800	390840	252668
第三产业	402683	148600	43723	70655	78150	61555
B、城乡居民生活用电合计	356770	100843	55230	74974	55615	70109
城镇居民	195710	82854	21320	35458	25679	30399
乡村居民	161061	17989	33910	39516	29936	39710
全行业用电分类	**2665485**	**623833**	**431253**	**810316**	**481623**	**315670**
一、农、林、牧、渔业	49799	8827	20650	3923	14028	2370
1. 农业	15330	2470	7891	1011	3077	880
2. 林业	525	330	27	84	27	58
3. 畜牧业	2236	315	623	192	871	234
4. 渔业	15604	2450	3647	574	8659	274
5. 农、林、牧、渔专业及辅助性活动	16105	3262	8462	2062	1394	925
二、工业	2176807	450951	368750	728929	381646	243741
（一）采矿业	19724	10277	123	3726	4355	1242
1. 煤炭开采和洗选业	1					1
2. 石油和天然气开采业	19	19				
3. 黑色金属矿采选业						
4. 有色金属矿采选业	136	136				
5. 非金属矿采选业	16917	8462	122	3402	4239	691
6. 其他采矿活动	2651	1660	1	324	116	550
（二）制造业	1995556	403534	339489	691171	346119	215243
1. 农副食品加工业	16293	2089	4544	2435	4267	2958
2. 食品制造业	16527	4320	1765	2616	2998	4828
3. 酒、饮料及精制茶制造业	3832	309	180	741	1056	1546
4. 烟草制品业						
5. 纺织业	500380	61373	97306	274038	46396	21268
6. 纺织服装、服饰业	57856	42981	3055	6777	3793	1250
7. 皮革、毛皮、羽毛及其制品和制鞋业	7423	282	2951	1843	1100	1246
8. 木材加工和木、竹、藤、棕、草制品业	84528	1863	39613	6999	8990	27063
9. 家具制造业	46616	975	6568	3389	4865	30819
10. 造纸和纸制品业	36420	263	959	1508	15305	18384
11. 印刷和记录媒介复制业	6380	1237	683	781	1814	1864
12. 文教、工美、体育和娱乐用品制造业	9089	320	565	2656	3830	1719
13. 石油、煤炭及其他燃料加工业	2299	118	1040	267	595	279
14. 化学原料和化学制品制造业	65223	5870	5360	8998	39961	5034
15. 医药制造业	19792	4429	1170	1911	5914	6368
16. 化学纤维制造业	202926	102402	30698	60116	2285	7425
17. 橡胶和塑料制品业	78413	9638	5352	19088	22920	21415
18. 非金属矿物制品业	261217	14964	33406	130402	62005	20440

4-8 分县区供电量、用电量

续 1　　　　单位：万千瓦时

	全　市	吴兴区	南浔区	长兴县	德清县	安吉县
19. 黑色金属冶炼和压延加工业	56846	33527	16951	768	5456	143
20. 有色金属冶炼和压延加工业	40543	22633	4444	4190	4704	4573
21. 金属制品业	132394	17369	22711	14051	64573	13691
22. 通用设备制造业	60795	23168	13764	8052	10577	5233
23. 专用设备制造业	23893	4033	1282	11355	3990	3233
24. 汽车制造业	14989	1156	2394	8818	1828	792
25. 铁路船舶航空航天和其他运输设备制造业	9184	2518	501	1646	3007	1510
26. 电气机械和器材制造业	175383	23931	33936	101565	11501	4451
27. 计算机、通信和其他电子设备制造业	34792	12544	4361	8462	5009	4416
28. 仪器仪表制造业	2135	1104	114	344	451	122
29. 其他制造业	21758	7509	3153	6837	3902	358
30. 废弃资源综合利用业	7041	505	611	433	2883	2611
31. 金属制品、机械和设备修理业	587	101	53	83	145	205
（三）电力、热力、燃气及水生产和供应业	161527	37140	29137	34032	31171	27256
1. 电力、热力生产和供应业	133714	30711	24604	24476	27666	23466
2. 燃气生产和供应业	721	114	291	128	76	112
3. 水的生产和供应业	27092	6315	4242	9428	3429	3678
三、建筑业	52888	18818	6645	8954	9339	9132
1. 房屋建筑业	3199	708	275	1839	169	207
2. 土木工程建筑业	46794	17601	5730	6006	8831	8625
3. 建筑安装业	269	163	21	18	41	26
4. 建筑装饰、装修和其他建筑业	2627	345	618	1091	298	274
四、交通运输、仓储和邮政业	44006	23004	2314	9049	6003	3636
1. 铁路运输业	21058	14189	164	2510	2382	1812
2. 道路运输业	10082	5131	1424	1243	1177	1107
3. 水上运输业	326	122	32	54	0	119
4. 航空运输业	137	0	3	0	134	0
5. 管道运输业	3092	8	0	3083	1	0
6. 多式联运和运输代理业	523	201	17	1	174	130
7. 装卸搬运和仓储业	8138	3033	654	2079	1989	383
8. 邮政业	652	319	21	79	146	86
五、信息传输、软件和信息技术服务业	42429	10597	3002	4280	20168	4383
1. 电信、广播电视和卫星传输服务	18666	7274	1529	3793	3284	2786
2. 互联网和相关服务	22521	2589	1460	458	16668	1347
3. 软件和信息技术服务业	1243	734	13	29	216	250
六、批发和零售业	94952	37133	8788	19981	14731	14318
七、住宿和餐饮业	44477	9771	4099	10057	9031	11519
八、金融业	8311	2593	906	866	2726	1220
九、房地产业	31147	14823	3249	5491	3170	4414
十、租赁和商务服务业	14207	6530	2123	2031	2929	594
十一、公共服务及管理组织	106461	40787	10726	16755	17853	20341
1. 科学研究和技术服务业	4697	1987	151	588	888	1083
2. 水利、环境和公共设施管理业	26670	8574	3023	3661	5942	5470
3. 居民服务、修理和其他服务业	7057	2544	1248	1292	974	1000
4. 教育、文化、体育和娱乐业	24559	9254	1827	3748	4462	5269
5. 卫生和社会工作	19221	8733	1690	3433	2351	3014
6. 公共管理和社会组织、国际组织	24257	9695	2787	4034	3236	4505

4-9 历年主要能源消费量

年份	原 煤 （万吨）	焦 炭 （吨）	汽 油 （吨）	柴 油 （吨）	燃料油 （吨）	电 力 （亿千瓦时）
1990	140.53	21009	12025	14966	13727	6.37
1991	163.36	13562	14763	17601	18611	8.87
1992	213.34	9938	15895	24772	15921	9.21
1993	262.75	13430	16698	37547	12002	10.95
1994	282.74	15776	15867	17227	11550	12.00
1995	283.23	13825	14369	20815	12707	14.40
1996	294.47	11236	14531	17366	9119	14.56
1997	266.01	12072	13330	20698	5748	12.74
1998	334.97	16263	7012	22746	11860	20.02
1999	412.79	14392	5860	24811	12555	32.48
2000	457.23	12750	4984	16875	6258	43.98
2001	461.54	13533	4450	21210	6816	55.50
2002	525.94	12390	12071	30676	13201	64.25
2003	703.12	10318	5764	42716	19305	74.35
2004	728.22	9295	4268	40851	21289	66.77
2005	841.50	6685	35877	93262	30513	67.70
2006	1023.55	13103	17877	68678	39558	74.17
2007	1043.84	11447	20547	69369	38142	83.51
2008	942.92	12128	16606	68343	71437	82.68
2009	919.48	9889	14837	63575	86826	88.75
2010	817.58	9206	15392	67179	49887	93.85
2011	808.46	4754	11961	55507	45118	95.27
2012	720.60	8736	12666	53162	29652	101.67
2013	719.00	15203	13520	53174	22552	111.82
2014	713.53	15121	11919	48828	15688	120.34
2015	818.18	14022	11973	44513	15560	127.81
2016	825.43	17823	11966	44613	10500	140.31
2017	888.41	14988	10467	38248	5132	146.48
2018	946.18	10819	8279	36665	5352	161.37
2019	904.84	6244	7597	36510	4610	174.15
2020	829.70	2890	6216	31111	3616	180.04

注：历年统计范围：1990 年–1997 年为乡以上全部独立核算企业；1998 年–2006 年除 2004 年为年耗标煤千吨以上企业之外，其他年份为全部国有及年产品销售收入 500 万元及以上的非国有工业企业；2007 年–2010 年为年主营业务收入 500 万元及以上的工业法人企业；2011 年开始为年主营业务收入 2000 万元及以上的工业法人企业。下同。

4-10 历年市区主要能源消费量

年份	原 煤（万吨）	焦 炭（吨）	汽 油（吨）	柴 油（吨）	燃料油（吨）	电 力（亿千瓦时）
1990	38.21	20007	6549	8836	11226	3.53
1991	45.71	12303	8718	9048	14577	4.03
1992	44.12	9170	7805	10863	12958	3.98
1993	47.56	12808	9170	11607	8641	4.59
1994	47.61	15151	7598	8015	8856	4.84
1995	48.22	12498	6828	9719	9923	5.80
1996	47.98	10804	6171	7464	7457	5.95
1997	42.97	11623	5828	8740	3834	5.27
1998	90.14	14545	3255	13863	3288	8.75
1999	138.92	12351	2720	15140	4313	10.16
2000	141.83	10747	2453	11650	2581	12.15
2001	119.09	11744	1891	11992	2436	11.62
2002	139.28	11188	8995	16119	4440	13.91
2003	151.67	7590	2518	21340	9747	16.45
2004	149.52	4686	2034	21390	8807	12.50
2005	183.86	4578	30134	55994	9621	26.18
2006	208.07	9449	11459	39851	14500	26.74
2007	208.76	6603	13098	40583	8674	31.16
2008	169.20	5667	10146	41580	12809	28.97
2009	147.46	1531	8809	34572	13907	30.89
2010	132.90	1595	9319	34107	9603	32.80
2011	118.64	1264	7196	28747	7034	32.66
2012	111.18	1463	7849	31823	1648	34.21
2013	109.66	1562	8054	31363	2368	37.25
2014	114.38	1582	7323	30158	1953	40.65
2015	111.87	1455	6991	25736	2792	41.79
2016	109.12	1102	7353	25671	2525	45.70
2017	122.80	157	5795	18861	133	48.10
2018	128.50	77	3961	15541	101	56.66
2019	135.72	0	3585	14812	507	64.13
2020	123.37	0	2456	9905	814	63.81

4-11　分县区主要能源消费量

	单位	全　市	吴兴区	吴兴	南太湖新　区	南浔区	德清县	长兴县	安吉县	△市区
综合能耗（等价值）	万吨标准煤	877.01	140.59	101.38	39.21	136.67	148.67	338.69	103.11	286.53
#原　煤	万吨	829.73	67.76	53.41	14.35	55.60	93.14	573.47	39.76	123.37
焦　炭	吨	2890	0.00	0	0	0	2520	0	370	0.00
天然气	亿立方米	9.36	1.41	1.01	0.40	2.48	1.52	3.12	0.83	5.47
汽　油	吨	6216	389	125	264	1714	2339	486	934	2456
柴　油	吨	31111	5893	3287	2606	3944	6950	9003	5252	9905
燃料油	吨	3616	58	58	0	756	2642	0	160	814
热　力	百万千焦	23239454	3847878	2638308	1209570	6170528	8337877	2638543	2240569	13216989
电　力	亿千瓦时	180.04	32.12	23.05	9.07	28.51	30.67	61.23	24.33	63.81

4-12 分行业主要

行业名称	综合能耗（等价值）（万吨标准煤）	原煤（吨）	焦炭（吨）
总　计	**877.01**	**8297291**	**2890**
非金属矿采选业	5.73		
农副食品加工业	7.00		
食品制造业	3.56		
酒、饮料和精制茶制造业	2.95		
纺织业	133.39	10414	
纺织服装、服饰业	3.31		
皮革、毛皮、羽毛及其制品和制鞋业	1.05		
木材加工和木、竹、藤、棕、草制品业	25.17		
家具制造业	10.39		
造纸和纸制品业	19.17	740	
印刷和记录媒介复制业	1.62		
文教、工美、体育和娱乐用品制造业	13.51		
石油加工、炼焦和核燃料加工业	0.52		
化学原料和化学制品制造业	33.60	32458	
医药制造业	6.89		
化学纤维制造业	99.41	274514	
橡胶和塑料制品业	21.79	45885	
非金属矿物制品业	221.14	1584244	2520
黑色金属冶炼和压延加工业	24.93		
有色金属冶炼和压延加工业	15.71		
金属制品业	21.80		370
通用设备制造业	24.68	9769	
专用设备制造业	9.89		
汽车制造业	9.97		
铁路、船舶、航空航天和其他运输设备制造业	0.36		
电气机械和器材制造业	49.52	58	
计算机、通信和其他电子设备制造业	11.96		
仪器仪表制造业	0.31		
其他制造业	0.20		
废弃资源综合利用业	3.78		
电力、热力生产和供应业	90.33	6339209	
燃气生产和供应业	0.07		
水的生产和供应业	3.15		

能源品种消费量

天然气（万立方米）	汽油（吨）	柴油（吨）	燃料油（吨）	热力（百万千焦）	电力（万千瓦时）
93588	**6216**	**31111**	**3616**	**23239454**	**1800397**
		6189			16690
334	26	2090		723746	12426
274	44	23		172019	8254
852				183424	4613
19043	540	439	276	9106760	264612
27	801	167		267389	7654
33	167			140796	1774
1614	228	694		1632065	57682
570	559	105	58	26075	32686
716	23	215		2477441	28816
213	56	63		12042	4378
2154	114	39		573622	27788
179				1129	1117
3110	176	1342	6	2890447	55157
368	112	404		550652	14482
5112		817	50	1669613	223520
1033	66	124	172	399262	53043
17261	158	14658	2747	786285	237444
5987	7	234		35913	55915
4549	71	365	7	27387	34981
3225	172	348	64	169228	58687
2047	1088	814	237	76466	72057
1664	123	191		62004	26491
923	58	539		12814	29894
76	35	23		3825	858
1832	545	359		299144	159760
735	100	65		204975	31782
4	2	5			1037
	11				697
743	99			137993	7680
18913	758	784		596936	256775
	42	16			214
	37				10871

4-13 历年节能降耗情况

年份	单位 GDP 能耗（吨标准煤/万元）	单位 GDP 能耗降低率（%）	单位 GDP 电耗降低率（%）	单位工业增加值能耗降低率（%）
2005	1.18			
2006	1.13	3.8	1.4	4.1
2007	1.08	4.4	1.8	8.5
2008	1.02	5.9	4.8	12.8
2009	0.97	4.8	0.7	8.5
2010	0.94	3.4	–1.6	10.2
2011	0.71	4.4	–1.4	8.3
2012	0.66	6.6	4.0	10.5
2013	0.64	3.5	–1.2	6.8
2014	0.61	5.1	3.4	5.2
2015	0.58	3.7	4.2	5.3
2016	0.55	0.9	–4.0	0.5
2017	0.52	5.2	–1.3	8.5
2018	0.50	4.7	–4.1	6.4
2019	0.46	2.9	0.5	2.2
2020	0.44	4.7	0.8	5.4

注：①表中能耗均为等价值，若降低率为负数说明本期的指标值与上年同期相比没有降低，反而上升。②单位工业增加值能耗的统计范围是规模以上法人工业企业；③指标计算中所采用的 GDP 数据价格口径：2005–2010 年按 2005 年价格计算；2011 年至 2015 年按 2010 年价格计算，2016 年开始按 2015 年价格计算。

4-14 分县区节能降耗情况

	单位GDP能耗 （吨标准煤/万元）	单位GDP能耗 降低率 （%）	单位GDP电耗 降低率 （%）	单位工业增加值 能耗降低率 （%）
吴兴区				
2010	0.53			
2011	0.50	6.0	0.9	
2012	0.47	4.8	2.8	
2013	0.45	4.1	1.0	
2014	0.43	5.2	6.9	
2015	0.42	2.7	2.0	
2016	0.39	2.0	-0.9	
2017	0.37	3.6	-3.1	
2018	0.36	4.3	-5.7	
2019	0.31	2.5	0.8	
2020	0.31	1.0	-3.0	
南浔区				
2010	0.67			
2011	0.65	3.7	-4.7	6.8
2012	0.62	5.0	4.6	12.0
2013	0.59	4.0	-2.9	7.3
2014	0.56	5.0	2.4	3.4
2015	0.54	3.2	3.8	5.3
2016	0.54	0.7	-4.9	-3.8
2017	0.52	5.3	0.0	6.3
2018	0.50	5.6	-0.3	4.8
2019	0.48	4.3	2.6	6.4
2020	0.46	4.6	6.0	5.5
德清县				
2010	0.76			
2011	0.71	5.7	-0.1	8.7
2012	0.66	7.3	6.8	9.7
2013	0.64	3.0	-1.0	7.2
2014	0.61	5.1	7.0	6.6
2015	0.57	6.5	8.2	10.5
2016	0.53	3.6	0.8	10.9
2017	0.48	4.0	-0.7	4.9
2018	0.46	3.6	-7.7	9.1
2019	0.47	4.1	-0.4	6.3
2020	0.45	4.2	-2.6	1.8

4-14　分县区节能降耗情况

续 1

	单位 GDP 能耗（吨标准煤/万元）	单位 GDP 能耗降低率（%）	单位 GDP 电耗降低率（%）	单位工业增加值能耗降低率（%）
长兴县				
2010	1.18			
2011	1.13	4.1	-3.3	9.0
2012	1.03	8.5	8.3	12.7
2013	1.00	3.5	-3.1	6.8
2014	0.95	4.8	0.1	3.7
2015	0.93	2.4	3.3	4.0
2016	0.89	0.3	-6.0	1.2
2017	0.83	7.3	1.4	14.0
2018	0.79	5.1	-1.7	5.2
2019	0.74	1.9	-0.9	-1.8
2020	0.69	6.7	1.4	10.0
安吉县				
2010	0.49			
2011	0.48	2.7	-4.6	5.6
2012	0.46	3.8	-1.3	8.1
2013	0.44	2.8	-1.3	9.1
2014	0.42	5.0	6.7	8.3
2015	0.42	0.5	0.2	-3.9
2016	0.39	0.5	-5.8	-8.1
2017	0.40	-1.5	-8.4	1.8
2018	0.39	3.9	-6.1	7.3
2019	0.34	5.1	0.8	12.3
2020	0.34	-0.6	-3.1	-5.3

注：①表中能耗均为等价值，若降低率为负数说明本期的指标值与上年同期相比没有降低，反而上升。②单位工业增加值能耗的统计范围是规模以上工业法人企业；③“十二五”期间按国家规定，GDP 按 2010 年价格计算；2016 年开始，GDP 按 2015 年价格计算；④吴兴区数据中包括开发区、度假区。

主要统计指标解释

工业 我国的工业，包括（1）对自然资源的开采，如采矿、晒盐、森林采伐等（但不包括禽兽捕猎和水产捕捞；（2）对农副产品的加工、如碾米、磨粉、酿酒、榨油、轧花、缫丝、屠宰、药材加工等；（3）对工业品加工，如炼钢、乳钢、炼焦、化工生产、机器制造、木材加工、纺织印染、服装加工、造纸等；（4）对工业品的修理，如修理机械设备、交通运输工具等；（5）自来水、煤气和电力的生产及供应。

规模以上工业的口径变化 1997 - 2006 年为全部国有和年销售收入 500 万元及以上非国有工业企业，2007 - 2010年为年主营业务收入500万元及以上的工业法人企业，2011 年为年主营业务收入 2000 万元及以上的工业法人企业。

工业总产值（当年价格） 指工业企业在报告期内生产的以货币形式表现的工业最终产品和提供工业劳务活动的总价值量。工业总产值计算有三条原则，工业生产的原则、最终产品的原则和“工厂法”原则。根据国家统计局制度规定,从 1995 年工业普查开始工业总产值统计口径执行新规定,统计范围是指本年生产成品价值、对外加工费收入和自制半成品在制品期末期初差额价值之和。

工业销售产值 是以货币表现的工业企业在一定时期内销售的本企业生产的工业产品总量。它是反映一定时期内工业企业产品销售总规模和总水平的重要指标，是计算工业产品销售率的主要依据。

轻工业 指提供生活消费品和制作手工工具的工业。按其所使用的原料不同，可分为两大类：一是以农产品为原料的轻工业，是指直接或间接以农产品为基本原料的轻工业，主要包括食品制造、饮料制造、纺织、缝纫、毛皮制作、造纸、印刷等工业。二是以非农产品为原料的轻工业，指以工业品为原料的轻工业，主要包括文教用品制造、工艺美术用品制造、化学药品制造、合成纤维制造、日用化学制品、日用玻璃品、日用金属制品、手工工具制造、医疗器械制造、文化和办公用机械制造等工业。

重工业 指生产生产资料的工业，是为国民经济各部门提供物质技术基础的工业。按其生产和产品用途分为三类：（1）采掘（伐）工业，是指对自然资源的开采，包括石油开采、煤炭开采、金属矿开采、非金属开采和木材采伐等工业。（2）原料工业，是指提供国民经济各部门使用的原料、动力和燃料的工业。包括金属冶炼及加工、炼焦及焦炭、化学、化工原料、水泥、人造板、电力、石油加工等。（3）制造工业，是指对原料进行加工制造的工业，包括装备国民经济各部门的机械设备制造工业、金属结构、水泥制品工业，以及为农业提供的生产资料和化肥、农药等工业。

资本金 指企业在工商行政管理部门登记的注册资金合计。企业资本金按投资主体可分为国家资本金、法人资本金、个人资本金、外商资本金等。

总资产 指企业过去的交易或者事项形成的、由企业拥有或者控制的、预期会给企业带来经济利益的资源。资产一般按流动性分为流动资产和非流动资产。其中流动资产可分为货币资金、交易性金融资产、应收票据、应收账款、预付款项、其他应收款、存货等；非流动资产可分为长期股权投资、固定资产、无形资产及其他非流动资产等。

流动资产 资产满足以下条件之一应归为流动资产：（1）预计在一个正常营业周期中变现、出售或耗用，主要包括存货、应收账款等；（2）主要为交易目的而持有；（3）预计在资产负债表日起一年内（含一年）变现；（4）自资产负债日起一年内，交换其他资产或清偿负债的能力不受限制的现金或现金等价物。包括货币资金、应收票据、应收账款、存货等项目。

固定资产 指企业为生产商品、提供劳务、出租或经营管理而持有的，使用寿命超过一个会计年度的有形资产。包括使用期限超过一年的房屋、建筑物、机器、机械、运输工具以及其他与生产、经营有关的设备、器具、工具等。固定资产合计是时点指标，表示固定资产经过扣减折旧、减值准备等后的期末余额。

负债合计 负债合计包括流动负债合计和长期负债合计，流动负债是指将在一年或一年的一个营业周期内偿还的债务，包括短期借款、应付票据、应付帐款、预收帐款、应付工资、应交税金、应付利润、其它应付款、预提费用等。长期负债是指偿还期在一年或者超过一年的一个营业周期以上的借款本息，它是除了投资人投人企业的资本以外，企业向债权人筹资，可供企业长期使用的借款本息。

所有者权益 是指企业投资人对企业净资产的所有权，等于企业全部资产减全部负债后的余额，包括企业投资人对企业的最初投人的实际到位的资产以及资本公积金、盈余公积金和未分配利润。

主营收入 指企业在销售商品（不一定是本企业生产）、提供劳务及让渡资产使用权等日常活动中所产生的收入。

税金及附加 指企业日常活动应负担的税金及附加，包括营业税、消费税、城市维护建设税、资源税、土地增值税和教育附加等。

利润总额 指企业在生产经营过程中各种收入扣除各种耗费后的盈余，反映企业在报告期内实现的亏盈总额，包括营业利润、被贴收入、投资净收益和营业外收支净额。

利税总额 指企业产品销售税金及附加、应交增值税和利润总额之和。不包括成本、费用中的有关税金。

综合能源消费量 指报告期内工业企业在工业生产活动中实际消费的各种能源的总和净值。计算综合能源消费量时，需要先将使用的各种能源折算成标准燃料后再进行计算。综合能源消费量 = 工业生产消费的能源合计 - 加工转换产出能源合计 - 回收利用能源合计。

取水量 指工业法人企业从各种水源实际提取的水量。包括提取的地表水、地下水、自来水、污水处理达标水、未达标污水、雨水收集利用、以及企业从市场购得的其他水或水产品（如纯净水、矿泉水等），其中还包括采盆企业所取的海水、地下卤水、盐湖水，海水淡化企业所取的海水，自来水生产企业所取的地表水和地下水，污水处理厂处理的污水。取水量不包括重复用水量；不包括企业采自河流、水库、湖泊、海洋，用于冷却，不重复使用，又排回到河流、水库、湖泊、海洋的水；不包括水力发电厂的发电动力用水量。取水量按取水企业和供水企业（单位）商定的水表结算流量计算。如没有水表，按取水企业和供水企业（单位）商定的、或有关管理部门规定的计算方法计算。

重复用水量 工业企业重复用水量是指在企业内部，对生产和生活排放的废水直接或经过处理后回收再利用的水量，不包括企业从城市污水处理厂购买的中水和符合企业用水标准的废水。企业废水在报告期每重复利用一次，计算一次重复用水量。重复用水量不包括河湖海冷却直排水量。重复用水量的计算原则：（1）开放原则。即水的循环在开放系统进行，循环一次计算一次，封闭式循环系统的循环水不计算重复用水量。（2）“源头”计算原则。对循环水来说，使用后的水，又回流到系统的取水源头，流经源头一次，计算一次。循环系统中的中间环节用水不得计算重复用水量。(3)异地原则。对于非循环系统，根据不同工艺对不同水质的要求，在一个地方（工艺）使用过的水，在另外一个地方（工艺）中又进行使用，使用一次，计算一次。在同一地方（容器）多次使用的水，不得计算重复用水量。（4）企业经过净化处理后的水重复再用，在任何情况下都可按照重复用水计算。

五、交通运输、邮政、电信

5-1 历年客运情况

年份	客运量（万人）	公路	内河	旅客周转量（万人公里）	公路	内河
1978	1089	780	309	26626	19753	6873
1979	1267	942	325	31637	23536	8101
1980	1537	1168	369	38635	29336	9299
1981	1731	1364	367	41718	32557	9161
1982	1913	1535	378	45537	36431	9100
1983	2030	1685	345	48240	40081	8159
1984	2226	1832	394	57355	46449	10906
1985	2556	2159	397	70161	59419	10742
1986	2804	2280	524	79920	69333	10587
1987	2836	2305	531	86915	76778	10137
1988	2678	2216	462	84806	75712	9094
1989	2636	2289	347	86477	79644	6833
1990	3078	2808	270	97065	92161	4904
1991	3337	3123	214	109235	105533	3702
1992	3233	3054	179	115863	112915	2948
1993	3859	3770	89	146007	144832	1175
1994	4923	4853	70	205884	204815	1069
1995	5326	5276	50	232090	231338	752
1996	5430	5378	52	241912	241095	817
1997	5886	5861	25	252683	252241	442
1998	6060	6043	17	252594	252338	256
1999	6369	6359	10	260515	260386	129
2000	6675	6670	5	267491	267404	87
2001	7016	7016		275336	275336	
2002	7164	7164		285045	285045	
2003	6985	6985		281676	281676	
2004	7266	7264	2	288380	288366	14
2005	7563	7555	8	294182	294133	49
2006	8393	8384	9	319725	319672	53
2007	8942	8934	8	348491	348442	49
2008	9260	9254	6	353201	353167	34
2009	9752	9735	17	324275	324189	86
2010	9964	9938	26	332882	332719	163
2011	9996	9962	34	338084	337847	236
2012	9476	9431	45	328476	328203	273
2013	8363	8325	38	283768	283551	217
2014	6307	6244	63	221397	221026	371
2015	6047	5976	71	209079	208661	418
2016	5006	4925	81	178716	178259	457
2017	5261	5166	95	171708	171172	536
2018	5340	5242	98	184768	184204	564
2019	5645	5522	123	193159	192389	770
2020	3542	3455	87	105977	105376	601

注：1978—1985 年为交通部门运量，1986 年及以后为全社会运量。

5-2 历年货运情况

年份	货运量（万吨）	公路	内河	货物周转量（万吨公里）	公路	内河
1978	879	123	756	98931	5193	93738
1979	1011	157	854	115481	5627	109854
1980	1088	170	918	127577	5810	121767
1981	1192	185	1007	144036	6534	137502
1982	1291	189	1102	159567	7398	152169
1983	1305	198	1107	167327	8257	159070
1984	1457	209	1248	194221	9900	184321
1985	1584	177	1407	225974	10517	215457
1986	3168	1254	1914	287854	28064	259790
1987	3658	1676	1982	316197	35627	280570
1988	4551	2464	2087	348587	37119	311468
1989	4093	2287	1806	310831	34860	275971
1990	3142	1587	1555	269164	31747	237417
1991	3104	1523	1581	276299	35217	241082
1992	3828	1940	1888	340135	44379	295756
1993	4392	2249	2143	431089	74702	356387
1994	5275	3032	2243	504760	133340	371420
1995	5472	3149	2323	502443	138168	364275
1996	5457	3227	2230	499552	143228	356324
1997	5747	3128	2619	578193	137597	440596
1998	5493	3150	2343	497963	136015	361948
1999	6501	3249	3252	614481	137163	477318
2000	6541	3329	3212	611205	142927	468278
2001	7267	3489	3778	754924	160832	594092
2002	9269	3734	5535	1007750	166847	840903
2003	10764	4219	6545	1188591	180621	1007970
2004	11952	4683	7269	1342500	205900	1136600
2005	13811	5385	8426	1524922	230676	1294246
2006	15369	6068	9301	1612392	269891	1342501
2007	16379	6432	9947	1788076	295876	1492200
2008	16604	6792	9812	1770031	312135	1457868
2009	16353	6332	10021	1875984	329156	1546828
2010	18108	6798	11310	2134620	383672	1750948
2011	20103	7129	12974	2486469	436247	2050222
2012	19467	7081	12386	2399366	482758	1916608
2013	16628	7192	9436	2022005	529669	1492336
2014	13202	7463	5739	1433247	568898	864348
2015	13565	7819	5746	1467327	602367	864960
2016	14526	8618	5908	1527786	658185	869601
2017	16756	9817	6939	1763462	773712	989750
2018	18783	11504	7279	1865831	841179	1024652
2019	21002	13183	7819	1995464	896424	1099040
2020	19743	12094	7649	1996194	865160	1131034

注：1978–1985 年为交通部门运量，1986 年及以后为全社会运量。

5-3 历年通车、航道里程

单位：公里

年份	公路通车里程	高速公路	一级公路	二级公路	三级公路	四级公路	等外公路	内河航道里程	# 三级	# 四级	# 五级
1978	1200.37										
1979	1355.95										
1980	1392.16										
1981	1448.31										
1982	1496.91										
1983	1525.98										
1984	1576.00										
1985	1647.51				147.00	1024.00	477.00				
1986	1700.00				163.00	1060.00	477.00				
1987	1764.00				219.00	1068.00	477.00				
1988	1861.00			43.00	236.00	1105.00	477.00				
1989	1739.00			102.00	242.00	1194.00	201.00				
1990	1809.00			102.00	243.00	1263.00	201.00				
1991	1834.00			102.00	243.00	1288.00	201.00				
1992	1880.00			102.00	243.00	1334.00	201.00				
1993	1865.00			102.00	257.00	1392.00	114.00				
1994	1913.00			146.00	323.00	1425.00	19.00				
1995	1942.00			146.00	421.00	1273.00	102.00				
1996	2056.00			161.00	449.00	1367.00	79.00				
1997	2155.00		151.00	47.00	471.00	1414.00	72.00				
1998	2188.00		145.00	83.00	465.00	1423.00	72.00				
1999	2240.20		144.70	83.00	442.70	1479.40	90.40				
2000	2240.20		144.70	83.00	442.70	1479.40	90.40				
2001	2470.26	34.42	240.06	257.18	303.52	1523.90	111.18				
2002	2800.71	86.06	240.06	259.28	317.22	1771.11	126.98	1166.81		201.31	74.40
2003	2815.45	86.06	241.29	271.72	349.24	1742.29	124.85	1166.81		201.31	74.40
2004	3039.46	86.06	270.36	276.15	342.83	1949.27	114.79	1166.81		249.21	74.40
2005	3044.86	86.06	273.38	273.13	342.83	1954.67	114.79	1166.81		249.21	74.40
2006	6937.60	174.29	288.10	320.30	303.10	3980.59	1871.22	1166.81		249.21	80.64
2007	7017.44	235.39	290.04	359.00	310.21	4128.83	1783.96	1171.51	43.17	241.51	92.46
2008	7386.11	235.39	333.79	391.85	307.32	4830.16	1287.61	1171.51	43.17	241.51	92.46
2009	7747.00	263.97	345.61	413.98	307.57	5620.80	795.08	1171.51	43.17	241.51	94.65
2010	7890.12	264.11	347.04	462.50	330.61	5739.26	746.61	1171.51	77.38	207.30	94.65
2011	7987.85	264.11	380.07	528.78	330.07	5754.54	730.28	1171.51	77.38	207.30	100.61
2012	8110.93	289.15	406.85	521.18	323.18	5866.07	704.52	1171.51	77.38	207.30	100.61
2013	8216.26	289.15	433.16	565.33	326.36	5906.69	695.58	1179.52	79.98	216.40	96.92
2014	7510.98	289.15	451.44	578.74	329.48	5858.80	3.38	1179.52	105.90	210.47	78.16
2015	7665.65	289.15	461.09	602.28	360.05	5950.08	3.01	1179.52	105.90	210.47	89.46
2016	7723.73	289.15	488.29	621.64	374.58	5947.06	3.01	1179.52	105.90	210.47	96.56
2017	7958.25	319.14	521.17	634.89	403.68	6079.36		1179.52	105.90	210.47	96.56
2018	8079.21	319.14	539.68	651.20	567.27	6001.93		1179.52	105.90	211.77	134.42
2019	8065.31	367.59	563.81	652.16	673.50	5808.25		1129.42	105.90	211.77	103.97
2020	8139.41	418.39	599.49	663.39	769.04	5689.10		1173.70	168.67	176.33	111.67

注：2002 年前航道无现状等级统计数，2006 年起公路通车里程含村道，2014 年经调查后等外公路中剔除园区及城镇道路。

5-4 历年分县区公路通车里程

单位：公里

年份	全 市	市 区	德清县	长兴县	安吉县
1978	1200.37	175.95	185.48	231.94	607.00
1979	1355.95	197.05	214.12	304.95	639.83
1980	1392.16	185.51	192.94	323.51	690.20
1981	1448.31	200.00	195.10	323.51	729.70
1982	1496.91	208.65	204.49	328.04	755.73
1983	1525.98	227.87	204.49	331.04	762.58
1984	1576.00	234.00	215.00	335.00	792.00
1985	1647.51	247.57	241.46	349.53	808.95
1986	1700.00	252.54	241.46	365.00	841.00
1987	1764.00	258.00	273.00	392.00	841.00
1988	1861.00	321.00	275.00	415.00	850.00
1989	1739.00	339.68	287.74	355.65	755.93
1990	1809.00	377.00	300.00	355.00	777.00
1991	1834.00	383.00	300.00	360.00	791.00
1992	1880.00	392.00	305.00	377.00	806.00
1993	1865.00	386.16	321.35	367.89	789.60
1994	1913.00	398.39	351.11	367.89	795.61
1995	1942.00	404.22	369.53	367.83	800.42
1996	2056.00	437.93	376.72	440.93	800.42
1997	2155.00	457.00	414.70	454.30	829.00
1998	2188.00	467.05	436.81	467.34	816.80
1999	2240.20	473.00	436.81	477.21	853.18
2000	2240.20	473.00	436.81	477.21	853.18
2001	2470.26	582.73	439.21	555.98	892.34
2002	2800.71	744.15	481.82	652.19	922.55
2003	2815.45	747.15	494.60	651.18	922.52
2004	3039.46	747.15	498.69	857.19	936.43
2005	3044.86	747.15	498.69	862.59	936.43
2006	6937.60	2276.93	1043.21	1823.47	1793.99
2007	7017.44	2362.51	1053.92	1859.35	1831.66
2008	7386.11	2519.78	1073.59	1915.40	1877.35
2009	7747.00	2556.52	1099.39	1977.24	2113.85
2010	7890.12	2607.14	1111.33	2029.93	2141.72
2011	7987.85	2617.68	1114.29	2090.29	2165.58
2012	8110.93	2618.61	1116.11	2152.23	2223.99
2013	8216.26	2644.85	1119.16	2191.52	2260.74
2014	7510.98	2158.85	1135.80	2132.72	2083.61
2015	7665.65	2203.51	1143.75	2187.80	2130.60
2016	7723.73	2232.38	1154.47	2165.07	2171.80
2017	7958.25	2278.38	1247.47	2246.26	2186.14
2018	8079.21	2317.47	1288.25	2261.43	2212.06
2019	8065.31	2251.94	1287.48	2277.97	2247.92
2020	8139.41	2240.11	1342.93	2297.76	2258.61

注：2006 年起公路通车里程含村道。

5-5 历年民用汽车拥有量

年份	年末民用汽车拥有量（辆）	#私人汽车	#轿车	年末拥有载客汽车（辆）	机动车上牌量（辆）	#小型汽车
2002	41183	15237	6114			
2003	57739	30391	13614			
2004	67609	41261	19904			
2005	80960	54191	27926			
2006	94401	66293	37509	71919		
2007	111383	81580	49783	89875		
2008	130772	98732	63690	109894	52608	22543
2009	167741	133215	89480	144647	70677	40457
2010	218000	180041	122732	191089	86046	54283
2011	275450	233523	179807	245082	83744	61399
2012	338897	294027	224750	304288	84510	69500
2013	405647	357849	272278	366757	84692	72379
2014	471480	424561	303154	432183	94128	82189
2015	553092	505612	362464	513621	109017	97425
2016	642262	588840	418392	597612	116623	103413
2017	733755	668947	663933	681170	116853	102596
2018	812440	738242	702778	755332	112281	103012
2019	886936	804104	762580	820519	122277	104070
2020	950291	860732	813865	874845	113358	94178

5–6 历年营业性客、货运输汽车拥有量

年份	汽车合计（辆）	载客汽车	#大型	载货汽车	#大型	载客汽车客位（客位）	#大型	载货汽车吨位（吨位）	#大型
1978	1288	125	109	1007	993				
1979	1644	139	121	1318	1300				
1980	2143	165	143	1704	1680				
1981	2460	207	180	1910	1883				
1982	2722	232	202	2075	2046				
1983	2794	290	262	2088	1924				
1984	3494	351	317	2603	2398				
1985	4787	576	415	3362	2912				
1986	5433	1564	452	3582	2720				
1987	6571	1865	484	4523	3242				
1988	8038	2018	544	5473	3792				
1989	7971	1894	496	5226	3507				
1990	8412	1998	501	5549	3617				
1991	8334	2152	526	5243	3041				
1992	9380	3034	594	6413	3633	44782		22195	
1993	12028	4237	500	7791	3063	54561	22891	25439	16200
1994	13784	5017	437	8541	3475	59712	20287	29262	18835
1995	16456	6151	387	10007	4260	65916	18220	34639	23457
1996	17686	7368	374	10002	4240	71967	17060	35236	24171
1997	17605	7750	336	9688	3171	71692	15209	29122	17505
1998	18509	8093	252	10269	3260	72057	11253	30096	18132
1999	19008	8465	211	10433	3003	74635	9240	28862	16634
2000	22429	10008	184	12421	3002	85564	7907	32187	17130
2001	24857	11906	258	12951	2610	100963	9836	30843	16594
2002	31964	18155	297	13809	3029	126552	10686	34426	18978
2003	47834	33213	671	14621	3158	223877	25017	39025	19750
2004	58430	43862	543	14568	3193	255319	22098	43583	22445
2005	70231	55107	782	15124	3182	323239	32502	45541	24169
2006	84041	68705	1019	15336	3591	391910	41548	50949	28032
2007	99516	84104	1099	15270	4264	476736	44958	55462	35938
2008	119283	103122	1231	15893	4265	603878	50163	48244	34809
2009	15717	3403	1130	12314	3949	67896	46797	55159	44088
2010	18988	3350	1136	15638	5020	68309	47809	74433	60421
2011	19883	3677	1550	16206	5555	88193	69826	86190	71989
2012	21803	3612	1511	18191	5880	90593	73760	94233	77676
2013	24429	3572	1543	20857	6268	91668	76063	104965	86784
2014	23720	3463	1531	20257	6103	89965	76250	107396	89415
2015	19994	3588	1559	16406	5218	90564	77644	94287	79814
2016	20561	4078	1958	16483	6338	111957	90316	112483	99449
2017	17546	4115	1961	13431	6522	119679	90233	118028	109959
2018	20070	570	461	15690	8720	23346	21075	162928	155203
2019	13100	585	489	12515	9785	24444	22447	176768	175907
2020	15086	594	493	14492	11355	24934	22725	210289	209552

注：①1978–1991 年数据由车辆管理部门提供，1992 年及以后的数据由公路运输管理部门提供；②载货汽车中的大型车辆不含专用载货汽车；③2009 年起客、货汽车拥有量不含非营运车辆。

5-7 历年船舶拥有量

年份	机动船					非机动船（驳船）	
	艘数（艘）	净载重吨（吨位）	载客量（客位）	标准箱位 TEU	功率（千瓦）	艘数（艘）	净载重量（吨位）
1978	354	1410	3481		15160	2269	69817
1979	391	1429	3767		17225	2573	84307
1980	448	2013	3803		20268	2845	100291
1981	457	1539	3907		21610	2887	111765
1982	642	3844	3957		22839	2730	114204
1983	889	7097	4043		23894	2644	119946
1984	1228	15797	3982		37431	2702	128813
1985	3763	15671	5202		37965	3434	166915
1986	4886	80394	8432		62164	3163	165692
1987	6027	119691	6683		66343	2797	169426
1988	6752	156602	6100		94247	2675	174872
1989	7378	167686	5338		100949	2945	190090
1990	7018	159859	4876		97578	2673	181945
1991	6764	144550	4505		98192	2689	181307
1992	5751	178952	3711		102908	2425	175465
1993	7845	247117	2171		140206	2481	181907
1994	5920	236644	1783		128129	2302	178005
1995	6519	272937	1957		141556	2247	175961
1996	5759	248710	1767		131645	2319	177719
1997	5654	241476	1667		135492	2188	174166
1998	7250	397953	1387		195934	2066	164879
1999	6907	397861	1387		192619	1370	115750
2000	5623	348530			169414	1226	103718
2001	6445	487616			239419	1156	98482
2002	7464	709282			371081	995	86895
2003	7092	770265			425046	1197	108595
2004	6931	894766	128		507877	1140	108251
2005	5293	866114	242		525975	1036	104087
2006	4893	1006938	455		600049	776	83641
2007	4975	1049410	561		620917	588	63538
2008	4892	1036792	495		612271	496	55917
2009	4639	1100453	711		646486	369	41599
2010	5256	1389340	965		803246	308	37728
2011	5297	1488685	1181	150	859090	185	35080
2012	5256	1504579	1150	480	860629	158	31726
2013	5146	1509799	1473	732	850236	153	31081
2014	4849	1460624	1940	1380	812398	85	18433
2015	4553	1484899	2171	1908	778419		
2016	4259	1858973	2256	3012	759208		
2017	3856	1887406	2299	3258	706324		
2018	3906	1964610	2623	3626	716693		
2019	3910	2045073	3007	3774	723009		
2020	3945	2206992	3322	4434	738664		

5-8 分县区公路通车、航道通航情况

	单位	全 市	市 区	德清县	长兴县	安吉县
一、公路密度及通达情况						
以国土面积计算	公里/百平方公里	140	143	143	161	120
以人口计算	公里/万人	30	20	30	36	48
乡镇总数	个	45	15	8	11	11
通车乡（镇）数	个	45	15	8	11	11
二、公路通车总里程	公里	8139.41	2240.11	1342.93	2297.76	2258.61
按使用性质分						
1.国道	公里	407.90	157.34	42.32	159.10	49.13
2.省道	公里	484.08	74.95	129.98	101.15	178.00
3.县道	公里	1643.48	434.99	300.98	454.97	452.54
4.乡道	公里	1516.23	375.14	234.31	316.52	590.27
5.专用公路	公里					
6.村道	公里	4087.71	1197.70	635.33	1266.01	988.67
按技术状况分						
1.等级公路	公里	8139.41	2240.11	1342.93	2297.76	2258.61
高速公路	公里	418.39	132.14	94.40	132.76	59.10
一级公路	公里	599.49	193.23	70.08	195.64	140.55
二级公路	公里	663.39	219.29	84.13	215.62	144.36
三级公路	公里	769.04	392.85	71.07	187.12	118.01
四级公路	公里	5689.10	1302.61	1023.25	1566.63	1796.61
2.等外公路	公里					
三、内河航道里程总计	公里	1173.70	643.11	222.24	262.82	45.53
#三级	公里	168.67	123.19	24.01	21.47	
四级	公里	176.33	81.61	43.40	22.74	28.58
五级	公里	111.67	44.60	38.41	28.66	

注：公路通车里程含村道。

5-9 分县区全社会客、货运情况

	单位	全 市	市 区	德清县	长兴县	安吉县
客运量总计	万人	3542	1720	555	522	745
公路	万人	3455	1715	505	489	745
内河	万人	87	5	50	32	
旅客周转量总计	万人公里	105977	55280	14503	14209	21984
公路	万人公里	105376	55256	14105	14032	21984
内河	万人公里	601	25	399	178	
货运量总计	万吨	19743	5220	2104	8711	3709
公路	万吨	12094	3461	1404	4919	2311
内河	万吨	7649	1759	700	3792	1398
货物周转量总计	万吨公里	1996194	425765	164439	1010012	395979
公路	万吨公里	865160	197153	78539	459409	130058
内河	万吨公里	1131034	228611	85900	550603	265920

5-10 分县区民用汽车、摩托车年末拥有量

单位：辆

	全　市	市　区	德清县	长兴县	安吉县
年末民用汽车拥有量	950291	446193	151159	187703	165236
#私人汽车	860732	400092	137789	168958	153893
#轿车	813865	381231	132316	158029	142289
年末拥有载客汽车	874845	412751	141908	170681	149505
年末拥有挂车	4019	979	305	2270	465
本年机动车上牌量	113358	55774	17024	22047	18513
#小型汽车	94178	46666	14587	16614	16311
年末摩托车拥有量	180519	104932	29597	27706	18284
#私人摩托车	179056	104195	29368	27307	18186

5-11 分县区营业性公路运输工具年末拥有量

	单位	全 市	市 区	德清县	长兴县	安吉县
总　　计	**辆**	**15086**	**4363**	**1688**	**6283**	**2752**
一、客运车辆	辆	594	324	82	73	115
1.班线客车	辆	192	95	24	28	45
	客位	8110	4118	984	1101	1907
2.出租汽车	辆	1612	924	163	317	208
3.城市公共汽车	辆	1976	1119	293	230	334
二、货运车辆	辆	14492	4039	1606	6210	2637
	吨位	210289	47811	20939	105365	36174
载货汽车	辆	14492	4039	1606	6210	2637
	吨位	210289	47811	20939	105365	36174
货车	辆	7946	3029	1208	2035	1674
	吨位	92338	31729	13723	26325	20561
挂车	辆	3696	515	226	2459	496
	吨位	117951	16082	7216	79040	15613
牵引车	辆	2850	495	172	1716	467

5-12 分县区全社会水路运输工具年末拥有量

	单位	全市	市区	德清县	长兴县	安吉县
一、机动船 艘数	艘	3945	1058	516	1765	606
总吨	吨位	1168604	301565	109173	557922	199944
净载重量	吨位	2206992	545848	200116	1076565	384463
载客量	客位	3322	550	1330	1442	
标准箱位	TEU	4434	324	398	2288	1424
功率	千瓦	738664	196697	69630	339355	132982
1. 客 船 艘数	艘	82	25	24	33	
总吨	吨位	1984	585	667	732	
载客量	客位	3322	550	1330	1442	
功率	千瓦	4916	4339	260	317	
2. 货 船 艘数	艘	3862	1033	492	1732	605
总吨	吨位	1166570	300980	108506	557190	199894
净载重量	吨位	2206992	545848	200116	1076565	384463
标准箱位	TEU	4434	324	398	2288	1424
功率	千瓦	733624	192358	69370	339038	132858
内：油船 艘数	艘	7		4		3
总吨	吨位	2655		1812		843
净载重量	吨位	3083		1992		1091
功率	千瓦	1763		1112		651
集装箱船 艘数	艘	57	2	7	24	24
总吨	吨位	48541	1608	6457	20469	20007
净载重量	吨位	79063	2750	10571	39400	26342
标准箱位	TEU	2950	96	398	1224	1232
功率	千瓦	21879	794	1870	10054	9161
3. 拖 船 艘数	艘	1				1
总吨	吨位	50				50
功率	千瓦	124				124

5-13 历年邮政电信主要指标

年份	邮电业务收入（万元）	#电信业务	函件（万件）	订销报纸累计份数（万份）	订销杂志累计份数（万份）	固定电话用户数（户）	住宅电话（户）	移动电话用户数（户）	国际互联网用户数（户）	#宽带用户
1978	229		611	2946	103	4340				
1979	268		720	3293	128	4642				
1980	365		822	3560	196	5402				
1981	440		827	3833	287	6013				
1982	502		868	4045	275	6586				
1983	577		875	4798	290	7350				
1984	701		947	5436	364	8463				
1985	953		1076	6605	402	9814				
1986	1101		1166	6944	360	10564				
1987	1257		1307	7626	406	11705				
1988	1724		1312	7712	364	13480				
1989	2107		1221	4727	221	15494				
1990	2798		1161	4981	221	18503				
1991	3789		1274	5382	231	23105				
1992	5369		1406	5737	240	31796				
1993	8866		1558	5691	219	49766				
1994	16219		1689	6239	207	79195		4292		
1995	22921		1811	5114	207	119390		11556		
1996	31921		2031	5233	183	147548		19709		
1997	37785		1876	5091	180	187416		36177		
1998	43355		1797	5021	186	231589		62650	1300	
1999	82386		1183	5153	195	320388		152099	7404	
2000	98201		1245	4596	142	451300		327916	33750	
2001	110242		1352	4840	249	602800		512786	76700	
2002	131948		1451	4737	233	733300		772145	108959	
2003	143884		1453	4919	245	823372		998285	119506	
2004	172052		1070	4780	260	1041777	697000	1334037	157864	64950
2005	188143		1004	5193	270	1177838	762300	1500400	168317	106777
2006	210956		990	5271	361	1204252	750800	1767587	192124	161431
2007	240421	226506	747	4799	212	1177542	710100	1927871	238387	230126
2008	257399	243250	2121	5432	386	1179746	706165	2021947	292076	284355
2009	267915	252537	749	5712	200	1125154	699428	2454976	394934	369926
2010	279155	260847	687	5308	150	1078322	682467	2869321	508650	485239
2011	305715	283046	663	5910	433	1077298	669573	3221078	533738	533488
2012	337637	312329	651	5992	412	1016988	630176	3242616	600822	600572
2013		315944	719	5700	181	970300	613520	3663500	812822	812740
2014		313487	801	5918	177	906203	577004	3830033	883486	878432
2015		312966	888	6192	344	891400	581541	4502700		1043300
2016		326084	611	5147	202	818684	514433	4561850		1184936
2017		360328	420	4872	220	803193	501750	4430596		1577594
2018		364639	207	4751	180	762452	496458	5027402		1930997
2019	315252	383080	133	4662	157	729987	419458	4633442		2042301
2020	378616	407898	113	4700	138	641437	379161	4448672		2222820

5-14 分县区电信业主要指标

	单位	全 市	市 区	德清县	长兴县	安吉县
电信业务收入	万元	407898	215966	58114	66813	67005
期末总用户数	户	5302414	2635263	811238	1003011	852902
#宽带用户	户	2222820	1119663	338245	416386	348526
移动电话	户	4448672	2213201	678636	842269	713711
固定电话	户	641437	342853	93510	114382	90692
#住宅电话	户	379161	206532	49275	74033	49321

主要统计指标解释

公路通车里程 是指实际达到公路工程技术标准等级的公路长度。它包括大中城市的郊区公路以及通过小城镇街道的公路里程，也包括桥梁、渡口的长度，但不包括城市的街道以及厂矿、林区和农业生产用道的里程。两条或多条公路共同径由同一条路段，只计算一次，不得重复计算里程长度，公路里程是反映公路建设发展规模重要指标，也是计算运输网密度等指标的基础资料。

内河通航里程 是指在枯水季节水深在 0.3 米以上能通航运输船舶及排筏的天然河流、湖泊、水库、运河及通航渠道的长度。包括全年季节性通航累计 3 个月以上的航道，但不包括公共零用流放竹、木排的河道。内河航道里程是反映河水运输网规模、水平和发展情况的主要指标。

货（客）运量 指运输业实际运送的货物（旅客）数量。货运按吨计算，客运按人计算。货物不论运输距离长短，货物类别，均按实际重量统计，旅客不论行程远近或票价多少，均按一人一次作为客运量统计。半价票、小孩票也按一人统计。货（客）运量反映运输业为国民经济和人民生活服务的数量指标，也是制定和检查运输生产计划，研究运输发展规模和速度的重要指标。

货物（旅客）周转量 指运输业运送的货物（旅客）数量与相应运输距离乘积之和，通常按发出站与到达站之间的最短距离，也就是计费距离计算。它反映运输业生产总成果的重要指标，也是编制和检查运输生产计划、计算运输、劳动生产率以及核算运输单位成本的主要基础资料。

六、固定资产投资、建筑业

6-1 历年分县区全社会固定资产投资

单位：万元

年份	全 市	吴兴区		南浔区	德清县	长兴县	安吉县	△市区
			吴 兴					
1978	5867				542	2309	1142	1874
1979	6874				502	3016	679	2677
1980	8713				768	3229	1043	3673
1981	9817				1103	3104	827	4783
1982	12228				1588	5218	716	4706
1983	23351				3813	5805	2598	12406
1984	35296				4935	8550	4847	16964
1985	53472				8698	13509	8155	23110
1986	74845				9004	15263	11344	37234
1987	100173				13875	22858	11580	51860
1988	120806				17341	26290	13997	63178
1989	112485				15553	27455	13553	55924
1990	117503				16488	24438	11275	65302
1991	131213				22751	32943	14251	61286
1992	246123				34103	58703	31036	122281
1993	455297				68029	76234	45499	265535
1994	581281				83842	113232	84208	299999
1995	724040				109152	138831	102771	373286
1996	799231				133519	143684	171942	370086
1997	840495				118273	119199	249360	353663
1998	941753				118365	124038	277137	422213
1999	962853				126581	150495	137688	548089
2000	1093389				162040	204341	135573	591435
2001	1451554				207508	398319	182697	663030
2002	1896433				284677	432940	228835	949982
2003	2468957	891214	559205	325489	435357	537710	279187	1216703
2004	3276591	1218434	669472	446773	592161	680828	338395	1665207
2005	3629523	1422841	702676	474514	606960	757055	368153	1897355
2006	4072522	1577929	787461	573516	645034	884046	391997	2151445
2007	4583411	1690567	909820	656011	752913	1035046	448874	2346578
2008	5287895	1686455	1111529	809732	919499	1299308	572901	2496187
2009	6361873	1994372	1182231	912353	1053852	1483808	692488	3131725
2010	7199765	2294323	1464138	1054949	1240625	1783327	826541	3349272
2011	8046706	2654670	1684263	1042703	1406772	2019732	922829	3697373
2012	9707282	3163219	2038947	1210149	1737521	2488125	1108268	4373368
2013	10700473	3309670	1887635	1338821	1980105	2836106	1235771	4648491
2014	12429184	3812947	2212970	1577704	2319746	3266141	1452646	5390651
2015	14026428	4286711	2563818	1823047	2679423	3594061	1643186	6109758
2016	15921759	4920945	2919196	2009021	3047145	4077530	1867118	6929966
2017	17309772	5448579	3279137	2182545	3247924	4402941	2027783	7631124

注：2011 年开始统计口径为计划总投资 500 万元及以上项目和全部房地产开发投资。

6-2 历年分县区全社会固定资产投资增长速度

单位：%

年份	全　市	吴兴区	吴　兴	南浔区	德清县	长兴县	安吉县	△市区
1979	17.2				-7.4	30.6	-40.5	42.8
1980	26.8				53.0	7.1	53.6	37.2
1981	12.7				43.6	-3.9	-20.7	30.2
1982	24.6				44.0	68.1	-13.4	-1.6
1983	91.0				140.1	11.2	262.8	163.6
1984	51.2				29.4	47.3	86.6	36.7
1985	51.5				76.3	58.0	68.2	36.2
1986	40.0				3.5	13.0	39.1	61.1
1987	33.8				54.1	49.8	2.1	39.3
1988	20.6				25.0	15.0	20.9	21.8
1989	-6.9				-10.3	4.4	-3.2	-11.5
1990	4.5				6.0	-11.0	-16.8	16.8
1991	11.7				38.0	34.8	26.4	-6.1
1992	87.6				49.9	78.2	117.8	99.5
1993	85.0				99.5	29.9	46.6	117.2
1994	27.7				23.2	48.5	85.1	13.0
1995	24.6				30.2	22.6	22.0	24.4
1996	10.4				22.3	3.5	67.3	-0.9
1997	5.2				-11.4	-17.0	45.0	-4.4
1998	12.0				0.1	4.1	11.1	19.4
1999	2.2				6.9	21.3	-50.3	29.8
2000	13.6				28.0	35.8	-1.5	7.9
2001	32.8				28.1	94.9	34.8	12.1
2002	30.6				37.2	8.7	25.3	43.3
2003	30.2				52.9	24.2	22.0	28.1
2004	32.7	36.7	19.7	37.3	36.0	26.6	21.2	36.9
2005	10.8	16.8	5.0	6.2	2.5	11.2	8.8	13.9
2006	12.2	10.9	12.1	20.9	6.3	16.8	6.5	13.4
2007	12.5	7.1	15.5	14.4	16.7	17.1	14.5	9.1
2008	15.4	-0.2	22.2	23.4	22.1	25.5	27.6	6.4
2009	20.3	18.3	6.4	12.7	14.6	14.2	20.9	16.4
2010	13.2	15.0	23.8	15.6	17.7	20.2	19.4	15.2
2011	19.6	21.4	23.9	15.3	22.3	18.7	17.6	19.6
2012	20.6	19.2	21.1	16.1	23.5	23.2	20.1	18.3
2013	10.2	4.6	-1.2	10.6	14.0	14.0	11.5	6.3
2014	16.2	15.2	17.2	17.8	17.2	15.2	17.5	16.0
2015	12.9	12.4	15.9	15.6	15.5	10.0	13.1	13.3
2016	13.5	14.8	13.9	10.2	13.7	13.5	13.6	13.4
2017	13.7	14.4	14.6	13.5	13.5	13.4	13.3	14.1
2018	6.2	7.9	8.3	8.3	10.2	5.5	5.5	5.4
2019	11.4	13.9	14.6	13.5	14.3	11.2	13.1	10.0
2020	6.6	7.4	7.4	7.6	6.9	6.2	6.9	6.6

注：2011 年开始统计口径为计划总投资 500 万元及以上项目和全部房地产开发投资。2017 年增长按可比口径计算。

6-3 历年分县区全社会固定资产投资发展指数

（以 1978 年为 100） 单位：%

年份	全 市	吴兴区		南浔区	德清县	长兴县	安吉县	△市区
			吴 兴					
1978	100.0				100.0	100.0	100.0	100.0
1979	117.2				92.6	130.6	59.5	142.8
1980	148.5				141.7	139.8	91.3	196.0
1981	167.3				203.5	134.4	72.4	255.2
1982	208.4				293.0	226.0	62.7	251.1
1983	398.0				703.5	251.4	227.5	662.0
1984	601.6				910.5	370.3	424.4	905.2
1985	911.4				1604.8	585.1	714.1	1233.2
1986	1275.7				1661.3	661.0	993.3	1986.9
1987	1707.4				2560.0	990.0	1014.0	2767.3
1988	2059.1				3199.4	1138.6	1225.7	3371.3
1989	1917.2				2869.6	1189.0	1186.8	2984.2
1990	2002.8				3042.1	1058.4	987.3	3484.6
1991	2236.5				4197.6	1426.7	1247.9	3270.3
1992	4195.0				6292.1	2542.4	2717.7	6525.1
1993	7760.3				12551.5	3301.6	3984.2	14169.4
1994	9907.6				15469.0	4903.9	7373.7	16008.5
1995	12340.9				20138.7	6012.6	8999.2	19919.2
1996	13622.5				24634.5	6222.8	15056.2	19748.5
1997	14325.8				21821.6	5162.4	21835.4	18872.1
1998	16051.7				21838.6	5371.9	24267.7	22530.0
1999	16411.3				23354.4	6517.8	12056.7	29247.0
2000	18636.3				29896.7	8849.8	11871.5	31560.0
2001	24741.1				38285.7	17250.8	15997.9	35380.4
2002	32323.8				52523.4	18750.2	20038.0	50692.7
2003	42082.2	100.0	100.0	100.0	80324.3	23287.7	24447.1	64925.4
2004	55847.9	136.7	119.7	137.3	109255.0	29486.0	29631.7	88858.4
2005	61863.5	159.7	125.7	145.8	111985.4	32787.3	32237.4	101246.2
2006	69414.2	177.1	140.8	176.2	119010.2	38287.2	34325.3	114804.9
2007	78122.1	189.7	162.7	201.5	138914.1	44826.8	39305.8	125217.5
2008	90129.7	189.2	198.8	248.8	169649.5	56271.8	50166.3	133200.9
2009	108435.1	223.8	211.4	280.3	194438.0	64262.3	60637.9	155107.9
2010	122716.6	257.4	261.8	324.1	228898.0	77234.2	72376.3	178723.0
2011	146769.0	312.5	324.4	373.7	279942.2	91677.0	85114.6	213752.7
2012	177057.3	372.4	392.7	433.7	345760.0	112937.6	102218.0	252833.4
2013	195172.8	389.6	388.0	479.8	394033.3	128732.7	113977.9	268738.8
2014	226790.8	448.9	454.7	565.2	461807.0	148300.1	133924.0	311737.0
2015	256046.8	504.6	527.0	653.1	533410.3	163189.4	151490.5	353322.4
2016	290613.1	579.3	600.3	719.8	606487.5	185219.9	172093.2	400667.6
2017	308631.1	625.1	650.1	779.5	668349.2	195407.0	181558.4	308514.0
2018	327766.2	674.5	704.1	829.4	723822.2	215338.6	191544.1	325124.7
2019	365131.6	768.3	806.9	941.4	827328.7	239456.5	216636.3	357637.1
2020	389230.3	825.1	866.6	1012.9	884414.4	254302.8	231584.2	381241.2

注：2011 年开始统计口径为计划总投资 500 万元及以上项目和全部房地产开发投资。

6-4 历年限额以

年份	合计	第一产业	第二产业	#工业投资
2002	1446585	1214	672686	670401
2003	2072704	14853	956024	942000
2004	2937246	5550	1392467	1375473
2005	3270533	12244	1492459	1463258
2006	3716747	900	1662999	1661199
2007	4211385	8430	2164000	2154510
2008	4826545	15780	2751730	2676117
2009	4812898	11310	3141633	3136918
2010	6728492	14521	3809418	3804728
2011	8046706	53009	4420877	4418539
2012	9707282	79443	5297790	5278374
2013	10700473	68134	5292210	5283990
2014	12429184	67955	5696097	5696097
2015	14026428	83180	6127005	6126455
2016	15921759	112815	6809580	6780340
2017	17309772	102406	7176794	7166181

上固定资产投资

单位：万元

#工业技改	第三产业	#房地产开发	民间投资	基础设施
	772685	295765	759635	456604
	1101827	415160	1170075	606545
	1539229	568602	1952485	1145762
	1765830	690486	2259967	1165370
	2052848	727959	2834716	1211701
	2038955	949385	2830857	968444
1328846	2059035	1068445	3477547	1039616
1800613	1659955	1113006	3041550	1411641
1999433	2904553	1431314	4832162	1207421
1770987	3572820	1846799	5639130	1442069
2803624	4330049	2111735	7355066	1667101
3293893	5340129	2676379	8140801	2194931
3520651	6665132	3427487	9488610	2607345
4434385	7816243	3233875	10132367	3243024
5433030	8999364	2742244	10484142	4667005
5839972	10030572	3011700	11876208	5762323

6-5 分县区

	全 市 ±%	吴兴区	吴 兴
一、计划投资（万元）			
1. 计划总投资	15.7	22.4	22.4
其中：本年新开工项目	23.2	125.5	111.7
2. 5000 万元以上项目投资及房地产开发自开始建设累计完成投资	17.4	24.0	26.2
二、本年完成投资	6.6	7.4	7.4
其中：国有投资	5.1	-11.1	-25.5
其中：非国有投资	7.1	12.6	19.3
其中：民间投资	6.8	13.5	17.4
其中：房地产开发投资	7.3	7.9	
其中：投资项目	6.1	6.6	17.7
其中：基础设施投资	0.5	33.6	40.6
1. 电力、热力、燃气及水的生产和供应业	5	498.2	446.3
2. 交通运输业	16.5	37.4	85.0
3. 邮政业			
4. 信息传输业	-79.9		
5. 水利、环境和公共设施管理业（除土地管理）	-8	21.0	23.2
其中：公共服务投资	-14.7	-23.5	-65.0
1. 教育设施	2.6	9.3	-94.3
2. 广播、电视、电影和音像业	-93		
3. 文化艺术业	-28.6	-39.0	-32.7
4. 体育设施	-90.9		
5. 卫生设施	-10.7		-100.0
其中：工业投资	16.5	15.5	20.2
其中：工业企业技术改造投资	10.7	15.2	21.0
1. 按三次产业分：			
第一产业	219.1		-49.7
第二产业	16.5	15.5	20.2
第三产业	2.3	5.8	3.7
2. 按登记注册类型分：			
内资企业	6.4	8.9	7.2
国有企业	-8.5	140.0	131.9
集体企业	28.8		28.9
股份合作企业	-96.8		-100.0
联营企业			
国有联营企业			

固定资产投资

单位：%

南太湖新区	南浔区	德清县	长兴县	安吉县	△市区
22.3	23.1	14.5	7.4	8.6	22.0
145.6	51.4	-14.3	-9.5	-5.2	81.4
21.8	12.4	26.3	6.9	22.4	17.7
7.4	7.6	6.9	6.2	6.9	6.6
18.0	-10.1	10.8	19.9	61.7	-12.0
5.3	15.8	4.8	4.6	-8.3	13.3
9.2	16.6	2.5	3.8	-10.3	14.2
17.2	18.3	5.5	3.7	0.6	9.9
-8.1	1.2	7.5	7.2	11.2	3.0
24.2	-31.2	-5.0	-6.7	23.6	-2.0
730.3	-40.4	5.7	22.9	62.4	-37.2
22.4	33.9	13.9	-28.6	15.9	60.5
-4.8	-84.6		-100.0	-100.0	
16.7	-32.8	-29.9	5.8	12.5	-8.9
24.1	-33.1	100.1	38.3	-68.1	-25.2
184.0	-58.4	90.3	76.9	-64.9	-11.4
-82.3				-96.4	
-92.8	-89.6				
-85.6		-100.0	-84.4	-93.6	
-18.4	130.7	119.1	4.2	-77.2	-19.2
2.1	28.6	19.6	15.6	23.0	13.2
-8.3	10.7	13.6	8.9	3.5	14.0
	60.5	28.1	839.5		
2.1	28.6	19.5	15.6	23.0	13.2
8.0	-0.8	1.0	-2.7		4.9
11.0	3.2	5.9	6.8	6.4	6.4
149.3	-32.2	-9.6	22.2	-15.1	-17.7
	122.6	-54.8	165.7	-100.0	
		-100.0	-52.5		

6–5 分县区

续 1

	全 市 ± %	吴兴区	吴 兴
集体联营企业			
国有与集体联营企业			
其他联营企业			
有限责任公司	19.6	38.3	25.0
国有独资公司	–15.9	–48.7	–57.1
其他有限责任公司	31.2	77.5	76.3
股份有限公司	–29.4	–32.2	24.7
私营企业	0.2	–15.9	–16.3
其他企业	31.7		–48.3
港、澳、台商投资企业	–11.1	–43.1	–22.5
外商投资企业	35.2	180.3	303.6
个体经营	–36.9		
3. 按建设性质分			
（1）新建	5	–4.2	5.7
（2）扩建	16.7	83.6	81.5
（3）改建和技术改造	4.2	11.4	19.5
（4）单纯建造生活设施	109.9		
（5）迁建	5.2	44.2	–89.9
（6）恢复	696.7		
（7）单纯购置	–15.6		
4. 按构成分			
建筑安装工程	–3.9	–7.8	–1.4
设备工器具购置	40.6	65.6	91.6
其中：购置旧设备	182.6	–80.8	–100.0
其中：用于更新的设备			
其他费用	29.7	37.6	13.8
其中：旧建筑物购置费	–4.4	–83.4	–45.4
其中：建设用地费	16.6	22.0	–10.0
5. 按国民经济行业分 2017			
（一）农、林、牧、渔业	225.1	–49.7	–49.7
农业	–43.6		–100.0
林业			
畜牧业	6347.7		
渔业	–57		–90.1

固定资产投资

单位：%

南太湖新区	南浔区	德清县	长兴县	安吉县	△市区
58.6	3.5	22.3	-3.4	-2.2	29.5
-24.0	73.5	-2.6	8329.7	157.1	-40.9
79.0	-2.6	46.9	-7.5	-14.0	53.6
-88.4	-68.1	-27.1	-22.9	95.3	-39.5
-15.4	18.5	-7.2	10.1	18.3	-7.6
	-93.9	157.0	-47.6	-58.4	1.0
-77.9	44.4	-14.4	106.5	-9.6	-34.8
23.4	152.3	105.1	-32.6	47.3	163.3
		-76.3	556.4	-75.5	
-13.0	2.0	4.7	18.8	21.5	-5.2
137.4	-12.5	39.5	-15.7	1.3	61.8
-13.6	1.5	-0.9	4.3	-4.1	12.3
		78.8			
285.4		17.5	-15.6	25.8	44.5
			512.5		
	-45.8	-79.8	7.6		
-15.4	-5.3	-3.4	-0.2	6.1	-8.0
14.2	7.2	31.3	46.0	37.2	41.1
-54.8	112.4		306.0	259.1	-67.6
66.8	133.8	35.8	-2.2	-0.6	49.5
-100.0	-51.8	186400.0	-35.7	3002.8	-62.3
60.2	247.2	-11.1	-8.0	-16.3	41.3
	60.5	28.1	863.1		-4.3
	-17.1	-5.3	-35.5		
	963.5		15413.0		
	-100.0	285.6	-100.0		

6–5 分县区

续 2

	全 市 ±%	吴兴区	吴 兴
农林牧渔专业及辅助性活动			
（二）采矿业	20.1	-37.6	-37.6
煤炭开采和洗选业			
石油和天然气开采业			
黑色金属矿采选业			
有色金属矿采选业			
非金属矿采选业	20.1		-37.6
开采专业及辅助活动			
其他开采业			
（三）制造业	17.6	9.3	14.1
农副食品加工业	9		320.9
食品制造业	10.7	-27.3	-5.5
酒、饮料和精制茶制造业	52.2	-59.7	554.7
烟草制品业	306.5		
纺织业	15	-48.7	-51.8
纺织服装和服饰业	60.4		161.0
皮革、毛皮、羽毛(绒)及其制品业	98.2		
木材加工及木、竹、藤、棕、草制品业	4.8		-92.6
家具制造业	10.3		-68.0
造纸及纸制品业	10.4	-65.3	-72.5
印刷业和记录媒介的复制业	14.1		
文教体育用品制造业	-40.4		
石油加工、炼焦及核燃料加工业	-100		-100.0
化学原料及化学制品制造业	-0.3	11.5	41.0
医药制造业	85.3	4.0	2.1
化学纤维制造业	-12.9	2.5	1.9
橡胶和塑料制品业	-5.3	243.8	1111.4
非金属矿制品业	12.2	127.5	100.3
黑色金属冶炼和压延加工业	-14.9	11.7	-15.9
有色金属冶炼和压延加工业	93.8		10.8
金属制品业	-1.2	-54.2	-29.6
通用设备制造业	2.9	23.0	32.0
专用设备制造业	38.3	97.9	125.6
汽车制造业	37.2	-30.8	-42.1

固定资产投资

单位：%

南太湖新区	南浔区	德清县	长兴县	安吉县	△市区
				-29.0	-37.6
				-29.0	
-4.6	39.3	20.2	15.2	13.0	19.8
	26.5	53.1	-64.8	-39.1	129.6
-33.3			-77.0	80.4	
-83.8	34.7	-59.4	-100.0	519.3	
			306.5		
249.7	62.9	-11.5	26.5	162.7	-2.2
	-47.6	-37.9	-11.5		
		94.5		-100.0	
	-4.6	50.9		-73.1	
	9.1	84.9	-69.5	7.4	-7.6
-10.4	-33.9	-20.0	53.7	151.4	-50.1
-57.3		71.2	-50.6		
	55.9	13.2	-100.0	-32.4	
				-100.0	
-44.0	88.5	-56.9	195.2	17.7	29.4
4.6	116.1	105.5	181.7	-4.6	29.3
279.0	2188.3	-55.4	-40.5	37.3	11.3
143.0	-19.2	-43.6	-39.8	25.8	95.9
251.1	59.8	89.5	-36.9	5.8	73.5
122.6	-20.9	-100.0	-63.1	-80.0	
			1182.4	746.7	
-86.0	222.3	-62.0	130.7	11.1	-31.5
3.2	-39.1	57.3	-21.8	-36.4	-3.2
47.8	25.1	32.9	45.1	-22.5	58.6
-19.9	56.3	14.6	60.1	5.0	-7.9

续 3

	全市 ±%	吴兴区	吴兴
铁路、船舶、航空航天等制造业	–15.7		
电气机械及器材制造业	4.1	–15.4	–18.9
计算机、通信和其他电子设备制造业	83.8	–26.7	–27.3
仪器仪表制造业	16.6		
其他制造业	259.4		
废弃资源综合利用业	42.5		–2.0
金属制品、机械和设备修理业			
（四）电力、热力、燃气及水的生产和供应业	5	498.2	446.3
电力、热力的生产和供应业	7.4	1266.9	4088.5
燃气生产和供应业	–88.5		
水的生产和供应业	–1.4		32.2
（五）建筑业	–100		
房屋建筑业			
土木工程建筑业	–100		
建筑安装业			
建筑装饰装修和其他建筑业			
（六）批发和零售业	31.7	–77.4	–83.1
批发业	–67.7		–100.0
零售业	164.1	–75.1	–80.9
（七）交通运输、仓储和邮政业	18.4	45.5	101.1
铁路运输业			
道路运输业	–13.3	–69.7	–4.3
水上运输业	–24		
航空运输业	–100		
管道运输业	1860.8		
多式联运和运输代理业			
装卸搬运和仓储业	46.7		
邮政业			
（八）住宿和餐饮业	–22	–49.3	39.6
住宿业	–22.9	–49.3	39.6
餐饮业	7.8		
（九）信息传输、软件和信息技术服务业	–80.5	–73.5	
电信、广播电视和卫星传输服务业	–4.8		
互联网和相关服务业	–94.7		

固定资产投资

单位：%

南太湖新区	南浔区	德清县	长兴县	安吉县	△市区
-31.6	272.1	-35.8	-55.3		
-4.1	-11.3	-7.2	41.5	19.3	-13.6
-25.6	746.1	66.0	64.8	140.9	88.1
-29.0	-22.9	35.7	216.9	-72.8	-26.4
			-100.0		
	-100.0	-63.2	159.7	214.9	-10.0
730.3	-40.4	5.7	22.9	62.4	-37.2
-21.2	-3.9	9.9	2.6	59.1	-36.7
	-100.0		-70.2		
	-99.1	-33.8	375.4		
		-100.0			
		-100.0			
-57.8	718.9	16.5	-8.9	-53.0	112.4
	-46.0		-84.7	-72.2	
-57.8	2645.7	-88.6	1470.6	-27.6	167.2
31.7	37.8	9.4	-12.7	17.6	61.8
-92.9	135.5	-2.6	-26.8	10.0	-51.8
46.1	-100.0	-40.9	-70.6		
		-100.0			
			1208.1		
90.1	46.2	-43.9	321.0		
-57.3	0.7	-48.8	-5.2	36.4	-39.2
-57.3	-11.8	-48.8	-5.5	109.5	-42.6
	81.2		42.9	-57.4	
-73.5	-84.6	-100.0	-78.7	-100.0	-74.7
-4.8					
	-84.6		-100.0	-100.0	

6-5 分县区

续4

	全 市 ± %	吴兴区	吴 兴
软件和信息技术服务业	-80.7		
（十）金融业			
货币金融服务			
资本市场服务			
保险业			
其他金融业			
（十一）房地产业	6.1	7.0	1.6
房地产业	6.1	7.0	1.6
（十二）租赁和商务服务业	-4.4	180.5	480.1
租赁业	-100		-100.0
商务服务业	-2.8	180.8	481.7
（十三）科学研究和技术服务业	226.3	558.4	-23.0
研究与试验发展	-60.2		-81.0
专业技术服务业	387.5		
科技推广和应用服务业	348.6		45.2
（十四）水利、环境和公共设施管理业	-8	21.0	23.2
水利管理业	11	84.7	183.1
生态保护和环境治理业	26	230.3	162.7
公共设施管理业	-13.1	7.1	11.7
土地管理业			
（十五）居民服务和其他服务业	-38.1	-54.2	-54.2
居民服务业	-69.2		-62.1
机动车、电子产品和日用产品修理业	-44.3		-44.3
其他服务业	202.1		
（十六）教育	2.6	9.3	-94.3
教育	2.6	9.3	-94.3
（十七）卫生和社会工作	-21.7	-45.6	-52.9
卫生	-10.7		-100.0
社会工作	-44.9	-58.0	-17.7
（十八）文化、体育和娱乐业	-56	-43.1	-32.7
新闻和出版业			
广播、电视、电影和影视录音制作业	-93		
文化艺术业	-28.6	-39.0	-32.7
体育	-90.9		

固定资产投资

单位：%

南太湖新区	南浔区	德清县	长兴县	安吉县	△市区
–78.6		–100.0	32.1		
13.2	13.0	5.6	2.2	0.5	8.2
13.2	13.0	5.6	2.2	0.5	8.2
–20.5	–59.4	–21.1	–22.2	–82.9	85.6
		–100.0			
–20.5	–59.4	–9.5	–22.2	–82.9	85.7
	66.1	364.3	–96.2	452.0	286.6
	144.5		–100.0		
	140.8	364.7			
	64.3	328.8	–67.2	378.5	401.8
16.7	–32.8	–29.9	5.8	12.5	–8.9
30.4	14.2	5.3	18.7	201.5	–0.4
339.8	–36.9	34.0	26.5	–36.5	57.3
–2.4	–41.7	–35.4	1.6	13.0	–14.9
	202.1	–100.0			–29.4
		–100.0			
	202.1				
184.0	–58.4	90.3	76.9	–64.9	–11.4
184.0	–58.4	90.3	76.9	–64.9	–11.4
–43.1	130.7	121.5	27.7	–76.8	–36.1
–18.4	130.7	119.1	4.2	–77.2	–19.2
–77.0			1309.1	–70.6	
–88.1	–89.6	–68.2	–69.6	–49.8	–49.0
–82.3				–96.4	
–92.8	–89.6				
–85.6		–100.0	–84.4	–93.6	

6-5 分县区

续 5

	全 市 ± %	吴兴区	吴 兴
娱乐业	-69.5		
（十九）公共管理和社会组织	-58.9	-71.0	-90.0
中国共产党机关			
国家机构	-58.9	-71.0	-90.0
人民政协和民主党派			
社会保障			
群众团体、社会团体和其他成员组织			
基层群众自治组织			
（二十）国际组织			
国际组织			
三、本年新增固定资产（万元）	15.3	111.6	168.8
四、项目个数（个）			
1. 施工项目个数	13.3	20.1	19.3
其中：本年新开工	9.9	34.8	28.0
2. 本年投产项目个数	20.7	9.8	15.1
五、房屋建筑面积（平方米）			
1. 房屋施工面积	-5.8	-0.7	3.3
其中：住宅	15.3	11.5	16.6
2. 房屋竣工面积	-2.1	52.4	35.1
其中：住宅	76	203.2	293.8
3. 房屋竣工价值	27.1	116.4	78.5
其中：住宅	82.4	263.0	263.7
六、本年资金来源合计（万元）			
1. 上年末结余资金	0.9	14.8	37.6
2. 本年实际到位资金	1.1	-0.2	8.0
（1）国家预算内资金	19	45.1	122.2
其中：中央预算资金	-46.9	-43.3	
（2）国内贷款	-37.8	-21.5	7.7
（3）债券	2621.3		
（4）利用外资	22.3	216.5	394.5
（5）自筹资金	-1.4	-14.2	-8.9
（6）其他资金来源	19.5	19.3	28.5
七、各项应付款合计（万元）	-4.6	-17.5	5.9
其中：工程款	13.6	-6.1	29.4

固定资产投资

单位：%

南太湖新区	南浔区	德清县	长兴县	安吉县	△市区
		-80.0	-80.8	-32.5	
2500.0	-30.3		-99.3	-100.0	-36.6
2500.0	-30.3		-99.3	-100.0	
57.2	-35.6	12.8	-11.8	13.7	43.3
21.4	12.5	9.6	17.3	3.3	16.7
45.2	-11.9	8.2	16.9	-12.6	10.6
	4.8	-20.9	41.2	37.1	6.3
-5.8	-1.7	-9.1	-23.9	2.6	-0.9
5.7	20.5	31.8	14.4	12.7	13.0
86.3	-70.9	35.8	-59.6	67.8	13.0
136.0	-64.5	287.2	-12.0	159.8	76.9
199.9	-72.1	191.5	-56.1	28.6	43.6
262.2	-67.8	512.3	-12.1	48.9	93.0
-9.8	45.5	-19.3	-26.4	-19.4	20.9
-9.9	22.5	6.0	-6.0	-8.2	4.6
17.5	-16.3	-26.3	0.8	138.7	86.1
-52.6	-100.0	-100.0	-100.0	-100.0	-21.2
-45.5	-12.7	-43.8	-52.4	-57.6	-22.7
		476.0			
-20.1		-100.0	-81.5	1305.6	236.9
-27.7	6.2	38.5	-14.6	-1.5	-7.3
12.5	71.4	5.5	30.5	13.8	26.6
-33.1	21.8	8.3	-1.6	4.8	-10.8
-23.6	47.9	11.6	44.3	22.1	4.1

6-6　分县区国有及

	全　市 ± %	吴兴区	吴　兴
一、计划投资（万元）			
1.计划总投资	19.2	35.3	29.9
其中：本年新开工项目	182.1	684.8	1035.7
2.5000 万元以上项目投资及房地产开发自开始建设累计完成投资	-2.7	-5.4	3.7
二、本年完成投资	5.1	-11.1	-25.5
其中：国有投资	5.1	-11.1	-25.5
其中：非国有投资			
其中：民间投资			
其中：房地产开发投资	-36.9	-58.3	-56.1
其中：投资项目	17.2	47.5	58.6
其中：基础设施投资	18.9	77.9	95.6
1. 电力、热力、燃气及水的生产和供应业	11.4	566.6	365.5
2. 交通运输业	39.5	273.8	-12.3
3. 邮政业			
4. 信息传输业	-4.8	-4.8	
5. 水利、环境和公共设施管理业（除土地管理）	6.7	47.8	99.7
其中：公共服务投资	36.5	36.0	-100.0
1. 教育设施	89.2	132.4	-100.0
2. 广播、电视、电影和音像业			
3. 文化艺术业	-97.1	-92.8	
4. 体育设施	-35.9		
5. 卫生设施	-9.2	-100.0	-100.0
其中：工业投资	-4.6	707.3	392.8
其中：工业企业技术改造投资	8.9		
1. 按三次产业分：			
第一产业	3289.4	-97.6	-97.6
第二产业	-4.6	707.3	392.8
第三产业	6.4	-16.0	-29.8
2. 按登记注册类型分：			
内资企业	3.0	-11.0	-25.5
国有企业	-8.5	140.0	131.9
集体企业			
股份合作企业			
联营企业			
国有联营企业			

国有控股固定资产投资

单位：%

南太湖新区	南浔区	德清县	长兴县	安吉县	△市区
43.6	-11.2	24.4	10.6	35.2	14.6
535.2	115.0	218.1	3.0	9.8	213.0
-19.2	-17.9	10.8	-29.2	110.3	-17.9
18.0	-10.1	10.8	19.9	61.7	-12.0
18.0	-10.1	10.8	19.9	61.7	-12.0
-76.0	72.3	-30.1			-40.6
40.2	-25.8	15.0	19.9	56.5	5.0
59.2	-25.4	2.2	36.6	53.7	13.3
	38.9	27.2	-7.8	61.5	-28.9
9374.2	21.9	19.1	29.1	32.9	126.2
-4.8					
1.6	-37.7	-24.0	53.0	74.1	-1.1
257.2	-47.9	180.5	454.6	241.8	-1.8
441.1	-65.7	180.5	350.9	1757.0	45.3
-92.8	-100.0				
				-35.9	
	66.7				
	-36.3	142.1	-55.8	70.3	-37.0
	185.6	109.8	-56.9	1022.8	411.7
	-36.3	142.1	-55.8	70.3	-37.0
11.5	-3.1	4.4	73.0	58.3	-8.6
19.1	-10.1	5.0	19.4	56.5	-11.9
149.3	-32.2	-9.6	22.2	-15.1	-17.7

6-6 分县区国有及

续 1

	全 市 ±%	吴兴区	吴 兴
集体联营企业			
国有与集体联营企业			
其他联营企业			
有限责任公司	8.7	-19.2	-32.9
国有独资公司	-15.9	-48.7	-57.1
其他有限责任公司	37.2	32.1	17.9
股份有限公司	-63.1	-52.0	
私营企业			
其他企业			
港、澳、台商投资企业	197.9	-23.3	
外商投资企业			
个体经营			
3. 按建设性质分			
（1）新建	14.0	24.2	20.3
（2）扩建	-30.7	28.5	-93.3
（3）改建和技术改造	91.3	2025.6	2641.9
（4）单纯建造生活设施	109.9		
（5）迁建	101.3	256.8	156.8
（6）恢复			
（7）单纯购置			
4. 按构成分			
建筑安装工程	1.1	-4.0	-11.1
设备工器具购置	11.4	27.9	50.3
其中：购置旧设备			
其中：用于更新的设备			
其他费用	21.6	-37.1	-65.6
其中：旧建筑物购置费	-99.4	-100.0	
其中：建设用地费	-10.9	-57.7	-91.6
5. 按国民经济行业分 2017			
（一）农、林、牧、渔业	3656.0	-97.6	-97.6
农业			
林业			
畜牧业			
渔业	-97.6	-97.6	-97.6

国有控股固定资产投资

单位：%

南太湖新区	南浔区	德清县	长兴县	安吉县	△市区
12.7	6.9	7.0	22.2	119.8	-7.8
-24.0	73.5	-2.6	8329.7	157.1	-40.9
55.3	-7.0	34.3	-0.7	108.6	28.4
-52.0	-91.6		-39.9		
-23.3		-100.0			
26.7	-33.8	8.9	127.2	56.1	-9.7
	1.0	5.5	-81.3	94.4	9.2
914.7	24.0	98.8	-14.0	4.4	248.3
		78.8			
261.7		80.7	-1.2		
8.4	-23.5	-9.7	52.6	84.3	-14.6
16.7	99.4	18.5	-52.5	250.4	7.5
81.4	138.7	120.1	-16.9	-16.8	0.0
-100.0	-100.0				-100.0
91.5	302.4	74.3	-4.6	-69.5	-3.1
					-97.6
					-97.6

6-6 分县区国有及

续 2

	全市 ±%	吴兴区	吴兴
农林牧渔专业及辅助性活动			
（二）采矿业			
煤炭开采和洗选业			
石油和天然气开采业			
黑色金属矿采选业			
有色金属矿采选业			
非金属矿采选业			
开采专业及辅助活动			
其他开采业			
（三）制造业	-24.1		
农副食品加工业			
食品制造业			
酒、饮料和精制茶制造业			
烟草制品业			
纺织业			
纺织服装和服饰业			
皮革、毛皮、羽毛(绒)及其制品业			
木材加工及木、竹、藤、棕、草制品业			
家具制造业			
造纸及纸制品业			
印刷业和记录媒介的复制业			
文教体育用品制造业			
石油加工、炼焦及核燃料加工业			
化学原料及化学制品制造业			
医药制造业	-83.2		
化学纤维制造业			
橡胶和塑料制品业			
非金属矿制品业	-26.3		
黑色金属冶炼和压延加工业			
有色金属冶炼和压延加工业			
金属制品业			
通用设备制造业	-67.5		
专用设备制造业	-72.3		
汽车制造业			

国有控股固定资产投资

单位：%

南太湖新区	南浔区	德清县	长兴县	安吉县	△市区
	-58.1	193.7	-71.6	4465.1	-47.4
	-91.5		-81.6		-91.5
	-29.5		-69.7	805.6	-22.6
	-93.9	1301.3			-93.9
	-86.0				

6-6 分县区国有及

续3

	全 市 ±%	吴兴区	吴 兴
铁路、船舶、航空航天等制造业	-15.3		
电气机械及器材制造业	-100.0		
计算机、通信和其他电子设备制造业	85.0		
仪器仪表制造业			
其他制造业			
废弃资源综合利用业			
金属制品、机械和设备修理业			
（四）电力、热力、燃气及水的生产和供应业	11.4	566.6	365.5
电力、热力的生产和供应业	14.0		
燃气生产和供应业			
水的生产和供应业	-12.3	222.5	21.4
（五）建筑业			
房屋建筑业			
土木工程建筑业			
建筑安装业			
建筑装饰装修和其他建筑业			
（六）批发和零售业	2766.2	-75.9	-75.9
批发业	-13.0	-100.0	-100.0
零售业	9549.9	-17.2	-17.2
（七）交通运输、仓储和邮政业	40.7	239.9	-12.3
铁路运输业			
道路运输业	4.5	-100.0	-100.0
水上运输业	-45.1		
航空运输业	-100.0		
管道运输业	552.7		
多式联运和运输代理业			
装卸搬运和仓储业	80.6	72.2	
邮政业			
（八）住宿和餐饮业	-54.6	-65.0	
住宿业	-54.6	-65.0	
餐饮业			
（九）信息传输、软件和信息技术服务业	-80.8	-4.8	
电信、广播电视和卫星传输服务业	-4.8	-4.8	
互联网和相关服务业			

国有控股固定资产投资

单位：%

南太湖新区	南浔区	德清县	长兴县	安吉县	△市区
		-15.3			
			-100.0		
		74.5			
	38.9	27.2	-7.8	61.5	-28.9
	170.5	20.6	-7.8	61.5	-32.9
	-100.0				-15.3
					1821.8
					-100.0
					6512.6
1290.6	30.9	20.1	35.3	32.9	124.3
	114.5	-1.2	606.6	26.2	-54.2
-100.0	-100.0	-81.0	-100.0		141.8
		-100.0			
			-100.0		
72.2	132.1	77.0	72.4		92.8
-65.0					-65.0
-65.0					-65.0
-4.8		-100.0			-4.8
-4.8					-4.8

6-6 分县区国有及

续 4

	全 市 ± %	吴兴区	吴 兴
软件和信息技术服务业	-100.0		
（十）金融业			
货币金融服务			
资本市场服务			
保险业			
其他金融业			
（十一）房地产业	-38.7	-59.8	-56.5
房地产业	-38.7	-59.8	-56.5
（十二）租赁和商务服务业	158.0		
租赁业			
商务服务业	158.0		
（十三）科学研究和技术服务业	891.0	2987.1	169.5
研究与试验发展			
专业技术服务业	29353.3		
科技推广和应用服务业	609.3	2977.6	160.0
（十四）水利、环境和公共设施管理业	6.7	47.8	99.7
水利管理业	17.9	80.7	172.3
生态保护和环境治理业	-23.1		-100.0
公共设施管理业	6.7	46.1	99.3
土地管理业			
（十五）居民服务和其他服务业			
居民服务业			
机动车、电子产品和日用产品修理业			
其他服务业			
（十六）教育	89.2	132.4	-100.0
教育	89.2	132.4	-100.0
（十七）卫生和社会工作	-11.4	-100.0	-100.0
卫生	-9.2	-100.0	-100.0
社会工作	-70.6		
（十八）文化、体育和娱乐业	-95.3	-92.8	
新闻和出版业			
广播、电视、电影和影视录音制作业			
文化艺术业	-97.1	-92.8	
体育	-35.9		

国有控股固定资产投资

单位：%

南太湖新区	南浔区	德清县	长兴县	安吉县	△市区
		-100.0			
-75.3	47.9	-27.2	-100.0	1730.5	-42.5
-75.3	47.9	-27.2	-100.0	1730.5	-42.5
		214.2	-100.0	-69.4	
		214.2	-100.0	-69.4	
	34.4	928.0		964.2	852.5
	140.8				
	31.7	319.6		734.2	
1.6	-37.7	-24.0	53.0	74.1	-1.1
30.4		-1.6	33.4	201.5	-0.8
	-36.9	17.1	-81.8	131.0	-42.6
-2.3	-42.1	-28.7	92.1	63.6	2.0
441.1	-65.7	180.5	350.9	1757.0	45.3
441.1	-65.7	180.5	350.9	1757.0	45.3
	66.7			-63.9	-39.9
	66.7				
				-70.6	
-92.8	-100.0			-50.0	-97.1
-92.8	-100.0				
				-35.9	

6-6 分县区国有及

续 5

	全　市 ± %	吴兴区	吴　兴
娱乐业	-100.0		
（十九）公共管理和社会组织	-49.6	-80.9	-100.0
中国共产党机关			
国家机构	-49.6	-80.9	-100.0
人民政协和民主党派			
社会保障			
群众团体、社会团体和其他成员组织			
基层群众自治组织			
（二十）国际组织			
国际组织			
三、本年新增固定资产（万元）	-23.6	36.4	11.5
四、项目个数（个）			
1. 施工项目个数	14.4	16.7	
其中：本年新开工	47.0	82.6	18.2
2. 本年投产项目个数	26.8	-25.0	-66.7
五、房屋建筑面积（平方米）			
1. 房屋施工面积	-18.1	-26.7	-19.9
其中：住宅	-7.4	-24.0	-15.2
2. 房屋竣工面积	-35.4	-47.7	-33.3
其中：住宅	24.5	-22.7	35.8
3. 房屋竣工价值	-54.2	-70.9	-65.9
其中：住宅	-5.8	-54.8	-34.4
六、本年资金来源合计（万元）			
1. 上年末结余资金	-18.5	-29.8	-12.4
2. 本年实际到位资金	-1.8	1.2	10.5
（1）国家预算内资金	18.1	30.1	112.8
其中：中央预算资金	-74.3	-100.0	
（2）国内贷款	-49.7	1590.4	1437.3
（3）债券			
（4）利用外资			
（5）自筹资金	55.6	-25.8	-43.9
（6）其他资金来源	-33.6	-75.1	-52.3
七、各项应付款合计（万元）	-17.6	-50.9	-36.8
其中：工程款	0.5	15.9	199.3

国有控股固定资产投资

单位：%

南太湖新区	南浔区	德清县	长兴县	安吉县	△市区
				−100.0	
2500.0	−32.3		−76.8	−100.0	−40.0
2500.0	−32.3		−76.8	−100.0	
65.5	35.0	−70.0	−60.6	321.0	10.5
30.2		−6.4	54.7	23.3	8.0
141.7	16.7	20.0	150.0	9.5	39.2
100.0	71.4	−48.1	67.6	212.5	−3.6
−64.1	89.5	−50.6	−60.4	2569.5	−15.6
−62.0	120.6	−28.5			−11.4
−100.0		−100.0	−69.4		−47.7
−100.0					−22.7
−100.0		−100.0	−44.4		−70.9
−100.0					−54.8
−100.0	−72.1	−52.2	−11.0	32.6	−19.8
−20.7	−24.9	6.6	5.0	−12.6	−5.3
0.4	−7.0	−26.3	2.4	138.7	84.3
−100.0		−100.0	−100.0	−100.0	−58.8
	−59.0	−81.6	−100.0	−55.5	80.5
71.1	−13.2	346.6	−3.7	221.1	−17.3
−100.0	−66.2	−19.2	457.5	150.7	−74.0
−72.2	11.3	8.7	35.4	203.4	−37.4
−28.8	−5.3	−0.1	31.6	401.4	−23.8

6-7 分县区非国有

	全 市 ± %	吴兴区	吴 兴
一、计划投资（万元）			
1.计划总投资	14.8	19.5	20.5
其中：本年新开工项目	-7.5	40.4	45.8
2.5000 万元以上项目投资及房地产开发自开始建设累计完成投资	24.0	33.0	34.9
二、本年完成投资	7.1	12.6	19.3
其中：国有投资			
其中：非国有投资	7.1	12.6	19.3
其中：民间投资	6.8	13.5	17.4
其中：房地产开发投资	13.9	24.9	28.2
其中：投资项目	0.8	-6.5	9.4
其中：基础设施投资	-36.5	-22.3	-14.5
1. 电力、热力、燃气及水的生产和供应业	-18.4	351.0	857.1
2. 交通运输业	-48.4		
3. 邮政业			
4. 信息传输业	-94.7		
5. 水利、环境和公共设施管理业（除土地管理）	-31.4	-22.9	-38.4
其中：公共服务投资	-32.9	-41.7	-52.0
1. 教育设施	-60.3	-82.4	-90.7
2. 广播、电视、电影和音像业	-93.0		
3. 文化艺术业	-8.2		-32.7
4. 体育设施	-94.2		
5. 卫生设施	-10.9		-100.0
其中：工业投资	19.6	9.4	15.7
其中：工业企业技术改造投资	10.9	9.7	15.3
1. 按三次产业分：			
第一产业	168.0		-46.8
第二产业	19.5	9.4	15.7
第三产业	0.7	13.6	21.2
2. 按登记注册类型分:			
内资企业	7.6	14.9	20.2
国有企业			
集体企业	28.8		28.9
股份合作企业	-96.8		-100.0
联营企业			
国有联营企业			

经济固定资产投资

单位：%

南太湖新区	南浔区	德清县	长兴县	安吉县	△市区
18.3	38.8	10.9	7.1	2.7	24.4
31.0	41.5	–55.4	–10.5	–7.2	40.9
31.3	28.6	36.7	12.6	10.0	32.5
5.3	15.8	4.8	4.6	–8.3	13.3
5.3	15.8	4.8	4.6	–8.3	13.3
9.2	16.6	2.5	3.8	–10.3	14.2
22.2	9.9	9.9	3.7	–2.2	21.8
–32.8	21.0	1.4	5.0	–14.9	2.0
–36.9	–40.6	–42.7	–31.4	–64.3	–30.2
–21.2	–94.3	–7.9	136.7	123.5	–60.1
–70.9		–43.9	–50.9	–100.0	
	–84.6		–100.0	–100.0	
300.3	–23.9	–51.0	–21.7	–58.0	–23.3
–31.0	52.9	81.5	–16.0	–72.6	–37.7
–65.7	–35.1	45.1	–49.3	–76.2	–75.2
–82.3				–96.4	
–85.6		–100.0	–84.4	–100.0	
–18.4		119.1	–15.6	–77.7	–11.8
–8.7	49.2	13.0	24.5	11.0	22.2
–13.3	–1.4	7.7	22.3	2.9	6.8
	60.5	28.1	622.0		
–8.7	49.2	12.9	24.5	11.0	22.2
7.2	0.4	–2.3	–11.2	–16.9	10.5
9.4	9.7	6.5	5.2	–8.8	13.5
	122.6	–54.8	165.7	–100.0	
		–100.0	–52.5		

6-7 分县区非国有

续 1

	全市 ±%	吴兴区	吴兴
集体联营企业			
国有与集体联营企业			
其他联营企业			
有限责任公司	28.8	93.4	101.0
国有独资公司			
其他有限责任公司	28.8	93.4	101.0
股份有限公司	-22.5	-30.1	24.7
私营企业	0.2	-15.9	-16.3
其他企业	31.7		-48.3
港、澳、台商投资企业	-15.7	-43.9	-22.5
外商投资企业	21.1	180.3	303.6
个体经营	-36.9		
3. 按建设性质分			
（1）新建	-1.7	-18.4	0.2
（2）扩建	33.1	87.3	93.8
（3）改建和技术改造	-5.4	-13.3	-7.8
（4）单纯建造生活设施			
（5）迁建	-2.8	4.0	-92.8
（6）恢复	-2.7		
（7）单纯购置	-15.6		
4. 按构成分			
建筑安装工程	-5.8	-9.0	2.4
设备工器具购置	44.5	67.0	92.3
其中：购置旧设备	144.5	-80.8	-100.0
其中：用于更新的设备			
其他费用	31.8	54.5	43.1
其中：旧建筑物购置费	46.5	-81.0	-45.4
其中：建设用地费	21.8	38.2	17.7
5. 按国民经济行业分 2017			
（一）农、林、牧、渔业	168.0	-46.8	-46.8
农业	-43.6		-100.0
林业			
畜牧业	5017.4		
渔业	-54.5		-88.3

经济固定资产投资

单位：%

南太湖新区	南浔区	德清县	长兴县	安吉县	△市区
85.4	0.6	53.5	-8.9	-54.5	65.1
85.4	0.6	53.5	-8.9	-54.5	65.1
-97.1	-46.1	-27.1	-15.0	95.3	-32.1
-15.4	18.5	-7.2	10.1	18.3	-7.6
	-93.9	157.0	-47.6	-58.4	1.0
-83.8	44.4	-13.7	103.8	-46.5	-35.2
23.4	152.3	-23.5	-32.6	47.3	163.3
		-76.3	556.4	-75.5	
-37.8	36.2	-2.4	5.2	-28.8	-1.6
-70.9	-21.6	60.7	8.2	-16.9	71.4
-30.3	-4.5	-13.1	7.5	-4.5	-10.3
302.9		16.8	-17.3	-41.7	4.4
			-2.7		
	-45.8	-79.8	7.6		
-21.3	4.0	0.6	-6.4	-13.5	-5.2
14.0	-0.5	33.7	60.7	8.1	43.9
-54.8	112.4		306.0	145.8	-67.6
65.5	132.1	2.0	-0.8	7.0	62.0
-100.0	790.8	186400.0	-35.9	2990.1	16.0
57.9	230.3	-20.7	-8.3	14.4	50.7
	60.5	28.1	622.0		-1.1
	-17.1	-5.3	-35.5		
	963.5		11610.7		
	-100.0	285.6	-100.0		

6–7 分县区非国有

续 2

	全 市 ± %	吴兴区	
			吴 兴
农林牧渔专业及辅助性活动			
（二）采矿业	20.1	–37.6	–37.6
煤炭开采和洗选业			
石油和天然气开采业			
黑色金属矿采选业			
有色金属矿采选业			
非金属矿采选业	20.1		–37.6
开采专业及辅助活动			
其他开采业			
（三）制造业	20.4	8.0	13.8
农副食品加工业	7.4		320.9
食品制造业	–44.0	–27.3	–5.5
酒、饮料和精制茶制造业	52.2	–59.7	554.7
烟草制品业	306.5		
纺织业	15.0	–48.7	–51.8
纺织服装和服饰业	60.4		161.0
皮革、毛皮、羽毛(绒)及其制品业	98.2		
木材加工及木、竹、藤、棕、草制品业	4.8		–92.6
家具制造业	10.3		–68.0
造纸及纸制品业	10.4	–65.3	–72.5
印刷业和记录媒介的复制业	14.1		
文教体育用品制造业	–40.4		
石油加工、炼焦及核燃料加工业	–100.0		–100.0
化学原料及化学制品制造业	–0.3	11.5	41.0
医药制造业	135.0	4.0	2.1
化学纤维制造业	–12.9	2.5	1.9
橡胶和塑料制品业	–5.3	243.8	1111.4
非金属矿制品业	32.8	114.5	100.3
黑色金属冶炼和压延加工业	–14.9	11.7	–15.9
有色金属冶炼和压延加工业	93.8		10.8
金属制品业	–1.2	–54.2	–29.6
通用设备制造业	8.0	23.0	32.0
专用设备制造业	44.4	92.3	116.9
汽车制造业	34.7	–40.2	–42.1

经济固定资产投资

单位：%

南太湖新区	南浔区	德清县	长兴县	安吉县	△市区
				-29.0	-37.6
				-29.0	
-8.6	66.0	13.6	23.4	10.8	25.4
	26.5	45.7	-64.8	-39.1	129.6
-33.3			-77.0	-27.2	
-83.8	34.7	-59.4	-100.0	519.3	
			306.5		
249.7	62.9	-11.5	26.5	162.7	-2.2
	-47.6	-37.9	-11.5		
		94.5		-100.0	
	-4.6	50.9		-73.1	
	9.1	84.9	-69.5	7.4	-7.6
-10.4	-33.9	-20.0	53.7	151.4	-50.1
-57.3		71.2	-50.6		
	55.9	13.2	-100.0	-32.4	
				-100.0	
-44.0	88.5	-56.9	195.2	17.7	29.4
4.6		105.5	656.3	-10.0	64.6
279.0	2188.3	-55.4	-40.5	37.3	11.3
143.0	-19.2	-43.6	-39.8	25.8	95.9
179.0	142.0	14.4	-12.7	-10.6	133.0
122.6	-20.9	-100.0	-63.1	-80.0	
			1182.4	746.7	
-86.0	222.3	-62.0	130.7	11.1	-31.5
3.2	-7.6	50.3	-21.8	-36.4	13.3
47.8	84.6	32.9	45.1	-22.5	88.9
-38.4	56.3	5.8	60.1	5.0	-14.9

6-7 分县区非国有

续3

	全 市 ±%	吴兴区	吴 兴
铁路、船舶、航空航天等制造业	-15.9		
电气机械及器材制造业	4.2	-15.4	-18.9
计算机、通信和其他电子设备制造业	83.7	-29.1	-27.3
仪器仪表制造业	16.6		
其他制造业	259.4		
废弃资源综合利用业	42.5		-2.0
金属制品、机械和设备修理业			
（四）电力、热力、燃气及水的生产和供应业	-18.4	351.0	857.1
电力、热力的生产和供应业	-23.3	384.2	1272.3
燃气生产和供应业	-88.5		
水的生产和供应业	17.1		177.4
（五）建筑业	-100.0		
房屋建筑业			
土木工程建筑业	-100.0		
建筑安装业			
建筑装饰装修和其他建筑业			
（六）批发和零售业	-71.8	-77.6	-84.6
批发业	-70.3		
零售业	-73.8	-77.6	-84.6
（七）交通运输、仓储和邮政业	-35.0	-18.4	
铁路运输业			
道路运输业	-69.2		
水上运输业	4.0		
航空运输业	-100.0		
管道运输业			
多式联运和运输代理业			
装卸搬运和仓储业	33.3		
邮政业			
（八）住宿和餐饮业	-11.2	-10.8	39.6
住宿业	-12.1	-10.8	39.6
餐饮业	7.8		
（九）信息传输、软件和信息技术服务业	-80.4	-78.6	
电信、广播电视和卫星传输服务业			
互联网和相关服务业	-94.7		

经济固定资产投资

单位：%

南太湖新区	南浔区	德清县	长兴县	安吉县	△市区
-31.6	272.1	-61.4	-55.3		
-4.1	-11.3	-7.2	42.4	19.3	-13.6
-32.8	746.1	62.4	64.8	140.9	86.0
-29.0	-22.9	35.7	216.9	-72.8	-26.4
			-100.0		
	-100.0	-63.2	159.7	214.9	-10.0
-21.2	-94.3	-7.9	136.7	123.5	-60.1
-21.2	-92.4	1.9	77.7	-98.6	-48.6
	-100.0		-70.2		
	-97.8	-59.9	375.4		
		-100.0			
		-100.0			
-57.8	-58.5	16.5	-85.4	-68.8	-72.6
	-46.0		-84.7	-100.0	
-57.8	-90.2	-88.6	-100.0	-27.6	
-48.4	57.6	-56.6	-34.4	-87.0	-10.4
-92.9		-100.0	-75.4	-100.0	
59.9		-24.3	40.3		
		-100.0			
96.1	26.4	-72.1	40606.3		
-30.8	0.7	-48.8	-10.9	36.4	-5.4
-30.8	-11.8	-48.8	-11.3	109.5	-11.2
	81.2		42.9	-57.4	
-78.6	-84.6	-100.0	-78.7	-100.0	-79.3
	-84.6		-100.0	-100.0	

6-7 分县区非国有

续4

	全 市 ± %	吴兴区	吴 兴
软件和信息技术服务业	-75.5		
（十）金融业			
货币金融服务			
资本市场服务			
保险业			
其他金融业			
（十一）房地产业	13.4	25.3	30.7
房地产业	13.4	25.3	30.7
（十二）租赁和商务服务业	-9.7	159.9	480.1
租赁业	-100.0		-100.0
商务服务业	-8.2	160.2	481.7
（十三）科学研究和技术服务业	14.4	-43.5	-70.7
研究与试验发展	-73.0		-84.3
专业技术服务业	-66.9		
科技推广和应用服务业	142.6		-53.7
（十四）水利、环境和公共设施管理业	-31.4	-22.9	-38.4
水利管理业	-3.4		2112.0
生态保护和环境治理业	104.1	304.8	274.1
公共设施管理业	-43.2	-54.9	-55.1
土地管理业			
（十五）居民服务和其他服务业	-38.1	-54.2	-54.2
居民服务业	-69.2		-62.1
机动车、电子产品和日用产品修理业	-44.3		-44.3
其他服务业	202.1		
（十六）教育	-60.3	-82.4	-90.7
教育	-60.3	-82.4	-90.7
（十七）卫生和社会工作	-23.0	-39.5	-22.5
卫生	-10.9		-100.0
社会工作	-44.5	-58.0	-17.7
（十八）文化、体育和娱乐业	-51.7	-37.8	-32.7
新闻和出版业			
广播、电视、电影和影视录音制作业	-93.0		
文化艺术业	-8.2		-32.7
体育	-94.2		

经济固定资产投资

单位：%

南太湖新区	南浔区	德清县	长兴县	安吉县	△市区
−78.6		−100.0	32.1		
20.9	6.3	10.0	2.3	−2.2	21.2
20.9	6.3	10.0	2.3	−2.2	21.2
−54.9	−60.9	−51.6	−19.2	−83.1	72.6
		−100.0			
−54.9	−60.9	−43.4	−19.2	−83.1	72.7
	89.1	104.8	−96.2	211.6	19.0
	144.5		−100.0		
		−78.5			
	87.9	339.4	−67.2	211.6	52.8
300.3	−23.9	−51.0	−21.7	−58.0	−23.3
	−1.8		−48.0		
339.8		315.5	449.9	−93.1	304.8
−3.8	−40.7	−56.1	−26.3	−50.3	−49.8
	202.1	−100.0			−29.4
		−100.0			
	202.1				
−65.7	−35.1	45.1	−49.3	−76.2	−75.2
−65.7	−35.1	45.1	−49.3	−76.2	−75.2
−43.1		121.5	8.2	−77.7	−35.5
−18.4		119.1	−15.6	−77.7	−11.8
−77.0			1309.1		
−83.2		−68.2	−69.6	−49.8	−36.1
−82.3				−96.4	
−85.6		−100.0	−84.4	−100.0	

6-7 分县区非国有

续 5

	全　市 ± %	吴兴区	吴　兴
娱乐业	-69.4		
（十九）公共管理和社会组织	-87.4		
中国共产党机关			
国家机构	-87.4		
人民政协和民主党派			
社会保障			
群众团体、社会团体和其他成员组织			
基层群众自治组织			
（二十）国际组织			
国际组织			
三、本年新增固定资产（万元）	35.0	167.7	310.1
四、项目个数（个）			
1. 施工项目个数	13.0	21.1	22.9
其中：本年新开工	3.3	26.5	29.3
2. 本年投产项目个数	19.5	21.0	47.4
五、房屋建筑面积（平方米）			
1. 房屋施工面积	-4.3	5.1	12.1
其中：住宅	18.2	19.8	29.6
2. 房屋竣工面积	2.9	121.4	99.0
其中：住宅	83.8	474.6	987.7
3. 房屋竣工价值	47.0	494.2	775.6
其中：住宅	96.9	826.4	2513.6
六、本年资金来源合计（万元）			
1. 上年末结余资金	4.5	27.7	64.4
2. 本年实际到位资金	1.7	-0.3	7.6
（1）国家预算内资金	61.8		
其中：中央预算资金	134.1		
（2）国内贷款	-30.2	-39.1	-27.3
（3）债券	26.7		
（4）利用外资	-40.5	5.4	24.6
（5）自筹资金	-10.5	-12.1	-1.2
（6）其他资金来源	24.2	28.5	38.5
七、各项应付款合计（万元）	-1.7	-9.5	23.5
其中：工程款	15.9	-8.0	21.2

经济固定资产投资

单位：%

南太湖新区	南浔区	德清县	长兴县	安吉县	△市区
		-80.0	-80.8	-32.0	
	41.9		-100.0		108.6
	41.9		-100.0		
52.0	-47.2	90.9	12.7	-13.5	61.8
17.8	16.5	14.5	12.9	-4.1	19.3
22.0	-17.3	5.1	6.2	-19.7	5.0
-20.8	-8.6	-12.5	37.7	-14.8	9.2
-1.8	-9.5	-4.0	-23.2	-0.5	1.9
11.3	10.8	38.8	14.5	8.4	18.1
152.1	-70.9	57.4	-59.6	47.5	36.4
299.6	-64.5	287.2	-12.4	122.5	117.2
338.9	-72.1	285.9	-56.1	9.1	123.4
500.2	-67.8	512.3	-12.5	24.7	159.7
-0.6	56.4	-11.6	-26.8	-24.9	31.7
-9.1	33.6	5.8	-7.0	-7.0	6.2
	-100.0		-43.2		134.1
	-100.0				134.1
-48.5	10.8	47.1	-48.0	-62.7	-35.5
		26.7			
-20.1		-100.0	-81.5	1305.6	25.8
-36.7	11.2	-7.9	-15.8	-22.9	-5.2
21.5	82.9	9.7	26.5	11.3	36.2
-27.3	27.0	8.1	-2.8	-6.2	-2.0
-23.1	81.6	13.5	44.7	5.5	11.7

6-8 分县区私营个

	全 市 ±%	吴兴区	吴 兴
一、计划投资（万元）			
1.计划总投资	15.0	5.7	-5.0
其中：本年新开工项目	-12.6	28.4	91.0
2.5000万元以上项目投资及房地产开发自开始建设累计完成投资	35.4	25.6	20.5
二、本年完成投资	0.1	-15.9	-16.3
其中：国有投资			
其中：非国有投资	0.1	-15.9	-16.3
其中：民间投资	0.1	-15.9	-16.3
其中：房地产开发投资	-8.9	-24.0	-36.6
其中：投资项目	9.5	1.9	36.8
其中：基础设施投资	-24.2	76.6	67.9
1.电力、热力、燃气及水的生产和供应业	-29.5		
2.交通运输业	-55.8		
3.邮政业			
4.信息传输业	-100.0		
5.水利、环境和公共设施管理业（除土地管理）	-10.3	77.5	26.6
其中：公共服务投资	-35.0		-100.0
1.教育设施	-63.7		
2.广播、电视、电影和音像业			
3.文化艺术业			
4.体育设施	-84.4		
5.卫生设施	-30.0		-100.0
其中：工业投资	25.2	16.8	44.8
其中：工业企业技术改造投资	15.4	42.6	79.0
1.按三次产业分：			
第一产业	199.0		-88.3
第二产业	25.2	16.8	44.8
第三产业	-12.8	-23.2	-32.1
2.按登记注册类型分:			
内资企业	0.2	-15.9	-16.3
国有企业			
集体企业			
股份合作企业			
联营企业			
国有联营企业			

体经济固定资产投资

单位：%

南太湖新区	南浔区	德清县	长兴县	安吉县	△市区
17.7	27.6	13.3	10.6	43.1	10.1
–23.7	–7.3	–37.6	–6.2	–51.9	13.7
29.6	45.2	36.1	30.8	64.2	29.2
–15.4	18.5	–7.4	10.3	17.8	–7.6
–15.4	18.5	–7.4	10.3	17.8	–7.6
–15.4	18.5	–7.4	10.3	17.8	–7.6
–9.7	–2.1	–11.7	2.2	29.1	–19.2
–25.9	50.9	–4.6	13.6	3.9	15.6
93.0	–42.4	–69.8	–32.5	–17.1	43.8
–38.7	–100.0	–80.9	72.0	123.5	–29.0
–52.0		–100.0	–30.1	–100.0	
	–100.0		–100.0		
339.8		–61.8	–31.2	115.8	96.9
–25.5	–7.2	–100.0	–37.4	–59.8	
–65.7	–80.3		–48.1	–69.2	
			–84.4		
–18.4		–100.0	–47.7	–76.7	
–19.1	57.0	8.2	37.5	11.3	30.7
–23.9	11.3	–2.5	29.2	–2.6	31.6
	–77.6	–8.0	844.8		
–19.1	57.0	8.2	37.5	11.3	30.7
–14.7	1.6	–22.4	–12.4	21.1	–18.0
–15.4	18.5	–7.2	10.1	18.3	–7.6

6-8 分县区私营个

续 1

	全 市 ± %	吴兴区	吴 兴
集体联营企业			
国有与集体联营企业			
其他联营企业			
有限责任公司			
国有独资公司			
其他有限责任公司			
股份有限公司			
私营企业	0.2	-15.9	-16.3
其他企业			
港、澳、台商投资企业			
外商投资企业			
个体经营	-36.9		
3.按建设性质分			
（1）新建	6.6	-17.6	-0.8
（2）扩建	67.1	207.5	239.0
（3）改建和技术改造	3.5	16.7	55.5
（4）单纯建造生活设施			
（5）迁建	-1.7		-100.0
（6）恢复			
（7）单纯购置	-8.1		
4.按构成分			
建筑安装工程	-8.8	-24.9	-25.2
设备工器具购置	69.4	115.8	235.0
其中：购置旧设备	193.3	-80.1	
其中：用于更新的设备			
其他费用	3.5	-10.9	-21.7
其中：旧建筑物购置费	49.1	913.3	913.3
其中：建设用地费	-5.6	-21.4	-34.3
5.按国民经济行业分 2017			
（一）农、林、牧、渔业	199.0	-88.3	-88.3
农业	-21.6		
林业			
畜牧业	3712.5		
渔业	-96.0		-88.3

体经济固定资产投资

单位：%

南太湖新区	南浔区	德清县	长兴县	安吉县	△市区
-15.4	18.5	-7.2	10.1	18.3	-7.6
		-76.3	556.4	-75.5	
-26.5	85.0	-4.1	8.6	14.2	6.7
-69.4	-13.8	48.8	43.0	87.8	137.4
-36.0	14.4	-15.0	21.4	-9.6	15.8
1187.8		2.0	-7.0		
	-45.8	-100.0	10.7		
-24.6	-1.3	-6.0	-2.6	9.7	-18.3
29.0	34.3	0.3	116.3	35.2	84.7
-80.1	112.4		41.7	182.1	-51.8
0.6	196.1	-16.4	-6.2	48.1	7.6
	172.0	186400.0	-38.2	4349.4	268.7
-8.2	329.3	-30.5	-15.4	40.4	2.0
	-77.6	-8.0	844.8		-80.8
	-17.1	-5.3	-52.2		
	-100.0		10796.9		
	-100.0	-100.0	-100.0		

6-8 分县区私营个

续 2

	全 市 ± %	吴兴区	吴 兴
农林牧渔专业及辅助性活动			
（二）采矿业			
煤炭开采和洗选业			
石油和天然气开采业			
黑色金属矿采选业			
有色金属矿采选业			
非金属矿采选业			
开采专业及辅助活动			
其他开采业			
（三）制造业	26.3	13.9	39.3
农副食品加工业	9.5		
食品制造业	–40.0	–15.2	711.5
酒、饮料和精制茶制造业	73.8		554.7
烟草制品业	306.5		
纺织业	41.8	–11.0	–17.3
纺织服装和服饰业	16.1		107.9
皮革、毛皮、羽毛(绒)及其制品业	98.2		
木材加工及木、竹、藤、棕、草制品业	59.2		
家具制造业	7.3		–68.0
造纸及纸制品业	–35.6	–65.3	–72.5
印刷业和记录媒介的复制业	26.2		
文教体育用品制造业	–41.1		
石油加工、炼焦及核燃料加工业	–100.0		
化学原料及化学制品制造业	9.0	–10.3	15.0
医药制造业	98.3	6.0	7.1
化学纤维制造业	70.3		606.2
橡胶和塑料制品业	–25.0		
非金属矿制品业	64.3	93.5	84.2
黑色金属冶炼和压延加工业	1.2		
有色金属冶炼和压延加工业	45.6		–3.3
金属制品业	–7.6	–43.6	13.1
通用设备制造业	6.2	32.7	143.9
专用设备制造业	38.4	27.1	111.0
汽车制造业	44.1	–27.1	–13.7

体经济固定资产投资

单位：%

南太湖新区	南浔区	德清县	长兴县	安吉县	△市区
-18.9	70.1	11.7	36.9	10.6	32.5
	37.1	56.2	-27.4	-31.5	182.3
-31.9			-77.0	84.6	
-100.0	34.7	-59.4	-100.0	1392.6	
			306.5		
249.7	55.3	-8.5	58.3	162.7	26.6
	-49.2	-61.1			
		94.5		-100.0	
	30.9	134.7		-20.2	
	-35.7	183.0	-69.5	-1.0	-42.6
-10.4	-33.9	-20.0	-50.5	-7.9	-50.1
-57.3		71.2	-26.0		
	210.8	21.1	-100.0	-32.4	
				-100.0	
-35.1	72.8	-32.2	179.4	60.4	11.3
5.6		50.4	439.4	61.6	72.1
	-100.0	-55.4	-100.0	-100.0	
177.1	-25.9	-51.7	-20.2	-39.6	63.2
134.4	1149.8	65.0	0.4	-17.9	305.3
122.6	-20.9	-100.0	-35.5	-80.0	
			1071.2		
-86.2	19.1	-61.7	173.6	-43.7	-39.3
-33.2	96.9	16.3	-24.4	-34.9	52.6
-45.1	26.4	34.5	41.4	122.7	26.8
-40.2	52.7	8.3	64.0	-21.0	-1.1

续 3

	全 市 ± %	吴兴区	吴 兴
铁路、船舶、航空航天等制造业	−51.0		
电气机械及器材制造业	22.2	25.5	42.9
计算机、通信和其他电子设备制造业	41.4	−60.9	−79.4
仪器仪表制造业	15.6		
其他制造业	403.7		
废弃资源综合利用业	97.6		38.9
金属制品、机械和设备修理业			
（四）电力、热力、燃气及水的生产和供应业	−29.5	587.8	
电力、热力的生产和供应业	−57.4		
燃气生产和供应业	−100.0		
水的生产和供应业	185.6		
（五）建筑业			
房屋建筑业			
土木工程建筑业			
建筑安装业			
建筑装饰装修和其他建筑业			
（六）批发和零售业	−77.8	−81.6	−100.0
批发业	−81.1		
零售业	−71.2		−100.0
（七）交通运输、仓储和邮政业	−21.4	37.3	
铁路运输业			
道路运输业	−87.4		
水上运输业	−96.2		
航空运输业	−100.0		
管道运输业			
多式联运和运输代理业			
装卸搬运和仓储业	82.3		
邮政业			
（八）住宿和餐饮业	−7.1	−6.7	66.0
住宿业	−7.8	−6.7	66.0
餐饮业	7.8		
（九）信息传输、软件和信息技术服务业	−80.6	−55.5	
电信、广播电视和卫星传输服务业			
互联网和相关服务业	−100.0		

体经济固定资产投资

单位：%

南太湖新区	南浔区	德清县	长兴县	安吉县	△市区
-31.6	-16.0	-61.4	-55.3		
-1.2	28.3	-15.6	56.9	3790.5	26.8
-32.7	359.7	61.0	158.2	172.8	-51.3
-29.0	-22.9	2633.9	-23.2	-26.3	-26.4
			-100.0		
	-100.0	-63.2	256.8	325.5	13.1
-38.7	-100.0	-80.9	72.0	123.5	-29.0
-38.7	-100.0	-80.3	-81.9	-98.6	-29.0
			-100.0		
		-83.7	375.4		
-55.4	-58.5	-100.0	-84.0	-45.3	-73.0
	-46.0		-83.0	-100.0	
-55.4	-90.2	-100.0	-100.0		
19.9		-74.2	-1.7	-87.0	51.9
-100.0			-84.4	-100.0	
		-100.0	-100.0		
		-100.0			
96.1		-64.1	18064.6		
-30.8	-3.6	-96.5	5.3	31.8	-5.6
-30.8	-25.5	-96.5	4.9	101.4	-12.8
	81.2		42.9	-57.4	
-55.5	-100.0	-100.0	-100.0		-60.5
	-100.0		-100.0		

6-8 分县区私营个

续 4

	全 市 ± %	吴兴区	吴 兴
软件和信息技术服务业	-62.9		
（十）金融业			
货币金融服务			
资本市场服务			
保险业			
其他金融业			
（十一）房地产业	-9.6	-25.3	-37.6
房地产业	-9.6	-25.3	-37.6
（十二）租赁和商务服务业	-33.4	-3.6	
租赁业			
商务服务业	-33.4		
（十三）科学研究和技术服务业	142.5		
研究与试验发展	747.4		
专业技术服务业	-66.9		
科技推广和应用服务业	369.7		
（十四）水利、环境和公共设施管理业	-10.3	77.5	26.6
水利管理业	19.0		
生态保护和环境治理业	611.2	560.7	1383.6
公共设施管理业	-32.9		-47.9
土地管理业			
（十五）居民服务和其他服务业	6.3	2.9	2.9
居民服务业	14.9		
机动车、电子产品和日用产品修理业	-44.3		-44.3
其他服务业	202.1		
（十六）教育	-63.7	-65.7	
教育	-63.7		
（十七）卫生和社会工作	-36.0	-40.1	-20.0
卫生	-30.0		-100.0
社会工作	-46.4	-61.4	-12.6
（十八）文化、体育和娱乐业	-52.3		
新闻和出版业			
广播、电视、电影和影视录音制作业			
文化艺术业			
体育	-84.4		

体经济固定资产投资

单位：%

南太湖新区	南浔区	德清县	长兴县	安吉县	△市区
-55.5		-100.0			
-11.4	-2.1	-11.6	1.6	29.1	-20.1
-11.4	-2.1	-11.6	1.6	29.1	-20.1
-79.9	8.1	-83.4	-36.1	1.2	-1.4
-79.9	8.1	-83.4	-36.1	1.2	-1.4
	5612.7	89.8	-67.2		6759.3
	144.5				
		-78.5			
	63238.5	339.4	-67.2		
339.8		-61.8	-31.2	115.8	96.9
			-6.8		
339.8			981.1		
		-64.6	-36.7	105.7	-23.4
	202.1	-100.0			41.5
		-100.0			
	202.1				
-65.7	-80.3		-48.1	-69.2	-70.9
-65.7	-80.3		-48.1	-69.2	
-43.1		-78.9	-17.2	-76.7	-35.8
-18.4		-100.0	-47.7	-76.7	
-77.0			1309.1		
		-100.0	-73.1	69.3	
			-84.4		

6-8 分县区私营个

续 5

	全 市 ± %	吴兴区	吴 兴
娱乐业	-68.8		
（十九）公共管理和社会组织			
中国共产党机关			
国家机构			
人民政协和民主党派			
社会保障			
群众团体、社会团体和其他成员组织			
基层群众自治组织			
（二十）国际组织			
国际组织			
三、本年新增固定资产（万元）	69.1	245.2	264.9
四、项目个数（个）			
1.施工项目个数	20.2	23.4	32.5
其中：本年新开工	2.9	10.9	22.9
2.本年投产项目个数	26.6	42.1	85.7
五、房屋建筑面积（平方米）			
1.房屋施工面积	-2.4	-4.6	-3.7
其中：住宅	18.1	8.3	3.3
2.房屋竣工面积	35.7	189.9	67.8
其中：住宅	126.0	1665.2	786.5
3.房屋竣工价值	80.2	1081.5	598.7
其中：住宅	111.8	3886.0	1889.8
六、本年资金来源合计（万元）			
1.上年末结余资金	9.8	32.4	35.8
2.本年实际到位资金	-7.1	-20.3	-21.9
（1）国家预算内资金	38.6		
其中：中央预算资金	134.1		
（2）国内贷款	-30.4	-38.1	-69.6
（3）债券	26.7		
（4）利用外资	-89.1	-100.0	
（5）自筹资金	-19.6	-18.4	-9.3
（6）其他资金来源	11.9	-15.9	-16.7
七、各项应付款合计（万元）	-16.3	-38.7	-33.0
其中：工程款	-2.6	-33.4	-33.2

体经济固定资产投资

单位：%

南太湖新区	南浔区	德清县	长兴县	安吉县	△市区
		-100.0	-85.8	29.7	
204.8	-35.3	95.7	54.6	20.7	100.7
13.0	39.5	19.5	14.9	14.3	29.4
-2.3	-14.5	5.0	10.8	-24.4	-1.1
-11.8	23.8	-13.6	36.3	15.4	35.6
-5.6	-12.6	-11.7	-13.2	45.9	-6.2
13.7	-13.9	34.7	26.2	59.8	3.6
3523.1	-70.9	69.9	-36.5	258.2	41.4
	-64.5	197.7	23.2	313.9	133.6
17920.0	-72.1	258.4	-13.1	51.1	114.4
	-67.8	351.2	47.1	57.1	139.3
28.4	7.9	-24.1	-19.2	16.3	27.7
-18.1	8.5	-2.9	-12.1	18.0	-14.4
	-100.0		-100.0		134.1
	-100.0				134.1
2.2	17.0	25.1	-69.8	-34.3	-34.0
		26.7			
-100.0			-62.9	-100.0	-100.0
-34.0	-21.3	-30.9	-17.9	-2.3	-19.3
-15.1	63.3	18.4	27.4	32.6	-3.9
-41.9	2.5	-17.7	7.8	1.9	-30.5
-33.5	32.8	-28.2	52.3	11.4	-18.8

6-9 分县区港澳台

	全市 ±%	吴兴区	吴兴
一、计划投资（万元）			
1. 计划总投资	13.0	-10.6	-3.0
其中：本年新开工项目	2.0		-70.9
2. 5000万元以上项目投资及房地产开发自开始建设累计完成投资	11.0	-6.7	32.8
二、本年完成投资	-11.1	-43.1	-22.5
其中：国有投资	197.9		
其中：非国有投资	-15.7	-43.9	-22.5
其中：民间投资	-10.5	-19.2	-19.5
其中：房地产开发投资	97.2	-94.2	
其中：投资项目	-22.2	-37.4	-22.5
其中：基础设施投资	-85.7		
1. 电力、热力、燃气及水的生产和供应业	-67.0		
2. 交通运输业	-92.5		
3. 邮政业			
4. 信息传输业	-80.8		
5. 水利、环境和公共设施管理业（除土地管理）	-78.1		
其中：公共服务投资	-85.6		
1. 教育设施			
2. 广播、电视、电影和音像业			
3. 文化艺术业			
4. 体育设施	-85.6		
5. 卫生设施			
其中：工业投资	16.6		-20.7
其中：工业企业技术改造投资	3.3		-25.0
1. 按三次产业分：			
第一产业	-72.4		-100.0
第二产业	16.6		-20.7
第三产业	-43.8	-85.2	-1.5
2. 按登记注册类型分:			
内资企业			
国有企业			
集体企业			
股份合作企业			
联营企业			
国有联营企业			

经济固定资产投资

单位：%

南太湖新区	南浔区	德清县	长兴县	安吉县	△市区
-16.2	11.4	-11.4	105.6	34.1	-6.8
	-56.0	146.6	46.5	82.2	-39.0
-24.5	-3.4	-4.7	66.4	43.6	-6.3
-77.9	44.4	-14.4	106.5	-9.6	-34.8
-23.3		-100.0			
-83.8	44.4	-13.7	103.8	-46.5	-35.2
5.6	252.1	-35.8	263.0	-87.3	-12.7
-94.2		42.3	2423.2	1534.2	-94.2
-71.8	44.4	-29.3	37.3	-45.2	-28.8
-91.8	-89.0	-51.6		-89.0	
	-100.0				
-91.8		-100.0			
	-80.8				
		28.1		-89.0	
-85.6					
-85.6					
	105.4	22.1	115.8	22.7	-3.4
	35.5	13.6	132.2	7.6	-17.7
			18.8		
	105.4	22.1	115.8	22.7	-3.4
-85.7	-80.8	-37.9	98.5	-29.5	-84.8

6-9 分县区港澳台

续 1

	全 市 ±%	吴兴区	吴 兴
集体联营企业			
国有与集体联营企业			
其他联营企业			
有限责任公司			
国有独资公司			
其他有限责任公司			
股份有限公司			
私营企业			
其他企业			
港、澳、台商投资企业	-11.1	-43.1	-22.5
外商投资企业			
个体经营			
3. 按建设性质分			
（1）新建	-48.9	-64.5	31.7
（2）扩建	34.6		742.7
（3）改建和技术改造	-20.4	-55.3	-56.1
（4）单纯建造生活设施			
（5）迁建	-22.1		-75.2
（6）恢复			
（7）单纯购置	-55.5		
4. 按构成分			
建筑安装工程	-25.0	-66.6	-59.8
设备工器具购置	27.1	9.1	7.7
其中：购置旧设备	755.8		
其中：用于更新的设备			
其他费用	-16.5	-73.7	15.2
其中：旧建筑物购置费			
其中：建设用地费	-19.3	-82.2	-50.9
5. 按国民经济行业分 2017			
（一）农、林、牧、渔业	-72.4	-100.0	-100.0
农业	-72.4		-100.0
林业			
畜牧业			
渔业			

经济固定资产投资

单位：%

南太湖新区	南浔区	德清县	长兴县	安吉县	△市区
-77.9	44.4	-14.4	106.5	-9.6	-34.8
-73.9	62.7	-59.6	-40.6	28.9	-51.1
	124.1	8.4	15.7	-78.2	521.2
12.6	14.4	38.1	212.8	22.3	-48.9
			51.3		
		-55.5			
-74.7	12.5	-13.5	40.5	21.4	-56.4
315.8	431.5	-39.0	198.1	40.8	21.0
			1643.8	-100.0	
-88.1	-19.8	88.6	409.6	-56.8	-68.0
-87.2	-29.8	49.0	477.6	-54.0	-76.3
			18.8		-100.0
			18.8		

6–9 分县区港澳台

续 2

	全 市 ± %	吴兴区	吴 兴
农林牧渔专业及辅助性活动			
（二）采矿业			
煤炭开采和洗选业			
石油和天然气开采业			
黑色金属矿采选业			
有色金属矿采选业			
非金属矿采选业			
开采专业及辅助活动			
其他开采业			
（三）制造业	18.8	–15.9	–20.7
农副食品加工业	88.8		
食品制造业	–12.9		
酒、饮料和精制茶制造业			
烟草制品业			
纺织业	92.3		116.1
纺织服装和服饰业	35.5		–96.5
皮革、毛皮、羽毛(绒)及其制品业			
木材加工及木、竹、藤、棕、草制品业	–100.0		
家具制造业	–19.0		
造纸及纸制品业			
印刷业和记录媒介的复制业			
文教体育用品制造业	–100.0		
石油加工、炼焦及核燃料加工业			
化学原料及化学制品制造业	–52.3		–44.2
医药制造业	512.1		
化学纤维制造业	–5.8		–15.2
橡胶和塑料制品业			
非金属矿制品业			
黑色金属冶炼和压延加工业			
有色金属冶炼和压延加工业			
金属制品业	130.0		
通用设备制造业	39.5		
专用设备制造业	73.1		–100.0
汽车制造业	23.2		–100.0

经济固定资产投资

单位：%

南太湖新区	南浔区	德清县	长兴县	安吉县	△市区
	221.6	16.3	114.1	22.7	0.4
			-100.0		
				-12.9	
	313.0	233.0	60.8		
		413.3			
	-100.0				
				-64.3	
	-100.0				
	-20.0	-84.1			
			307.2		
		-93.9	523.2	34.1	
		169.7	-41.1	51.4	
		-46.8	65.4	-100.0	
		-56.2	-10.1	9711.9	44.2

6-9 分县区港澳台

续 3

	全 市 ± %	吴兴区	吴 兴
铁路、船舶、航空航天等制造业			
电气机械及器材制造业	71.8		-100.0
计算机、通信和其他电子设备制造业	668.4		627.5
仪器仪表制造业			
其他制造业			
废弃资源综合利用业			
金属制品、机械和设备修理业			
（四）电力、热力、燃气及水的产和供应业	-67.0		
电力、热力的生产和供应业			
燃气生产和供应业			
水的生产和供应业	-100.0		
（五）建筑业			
房屋建筑业			
土木工程建筑业			
建筑安装业			
建筑装饰装修和其他建筑业			
（六）批发和零售业			
批发业			
零售业			
（七）交通运输、仓储和邮政业	-88.9	-91.8	
铁路运输业			
道路运输业	-92.5		
水上运输业			
航空运输业			
管道运输业			
多式联运和运输代理业			
装卸搬运和仓储业	-78.1		
邮政业			
（八）住宿和餐饮业	-100.0		
住宿业	-100.0		
餐饮业			
（九）信息传输、软件和信息技术服务业	-80.8		
电信、广播电视和卫星传输服务业			
互联网和相关服务业	-80.8		

经济固定资产投资

单位：%

南太湖新区	南浔区	德清县	长兴县	安吉县	△市区
	166.6	128.7	2396.4		
		−100.0			
	−100.0				
	−100.0				
−91.8		−82.4			−91.8
−91.8		−100.0			
		−78.1			
		−100.0			
		−100.0			
	−80.8				−80.8
	−80.8				

6-9 分县区港澳台

续 4

	全 市 ± %	吴兴区	吴 兴
软件和信息技术服务业			
（十）金融业			
货币金融服务			
资本市场服务			
保险业			
其他金融业			
（十一）房地产业	56.4	–75.1	–50.3
房地产业	56.4	–75.1	–50.3
（十二）租赁和商务服务业	–75.3		
租赁业			
商务服务业	–75.3		
（十三）科学研究和技术服务业			
研究与试验发展			
专业技术服务业			
科技推广和应用服务业			
（十四）水利、环境和公共设施管理业	–78.1		
水利管理业			
生态保护和环境治理业			
公共设施管理业	–78.9		
土地管理业			
（十五）居民服务和其他服务业			
居民服务业			
机动车、电子产品和日用产品修理业			
其他服务业			
（十六）教育			
教育			
（十七）卫生和社会工作			
卫生			
社会工作			
（十八）文化、体育和娱乐业	–85.6	–85.6	
新闻和出版业			
广播、电视、电影和影视录音制作业			
文化艺术业			
体育	–85.6		

经济固定资产投资

单位：%

南太湖新区	南浔区	德清县	长兴县	安吉县	△市区
−75.5		42.3	428.6	1534.2	−75.1
−75.5		42.3	428.6	1534.2	−75.1
			−75.3		
			−75.3		
		28.1		−89.0	
		28.1		−89.0	
−85.6					−85.6
−85.6					

6–9 分县区港澳台

续 5

	全 市 ±%	吴兴区	吴 兴
娱乐业			
（十九）公共管理和社会组织			
中国共产党机关			
国家机构			
人民政协和民主党派			
社会保障			
群众团体、社会团体和其他成员组织			
基层群众自治组织			
（二十）国际组织			
国际组织			
三、本年新增固定资产（万元）	49.4	–12.3	8919.7
四、项目个数（个）			
1. 施工项目个数	11.5	–11.8	–35.7
其中：本年新开工	29.2		–66.7
2. 本年投产项目个数	41.2		–50.0
五、房屋建筑面积（平方米）			
1. 房屋施工面积	–30.1	–100.0	–100.0
其中：住宅	14.0	–100.0	
2. 房屋竣工面积	–43.4	–100.0	
其中：住宅	7.3	–100.0	
3. 房屋竣工价值	28.9	–100.0	
其中：住宅	61.9	–100.0	
六、本年资金来源合计（万元）			
1. 上年末结余资金	–45.2	–51.3	86.2
2. 本年实际到位资金	12.7	–52.2	–25.9
（1）国家预算内资金			
其中：中央预算资金			
（2）国内贷款	–19.5	–86.9	–83.5
（3）债券			
（4）利用外资	199.1	84.7	24.6
（5）自筹资金	9.5	–31.1	3.7
（6）其他资金来源	31.9	–97.8	
七、各项应付款合计（万元）	–62.6	–77.0	1016.2
其中：工程款	–69.4	–75.4	333.9

经济固定资产投资

单位：%

南太湖新区	南浔区	德清县	长兴县	安吉县	△市区
-100.0	-100.0	-53.6	276.2	1486.4	-12.6
100.0		15.0	64.7	-20.0	-7.7
	33.3	80.0	42.9		
	-100.0	-28.6	166.7		-33.3
-100.0	-100.0	-12.5	263.1	-11.5	-100.0
-100.0				21.1	-100.0
-100.0		70.3	-100.0	779.4	-100.0
-100.0					-100.0
-100.0		1866.5	-100.0	3610.7	-100.0
-100.0					-100.0
-75.5	-96.9	89.4	1343.3	-76.4	-52.2
-88.4	50.3	-14.6	345.8	145.7	-44.7
-100.0					-81.0
					120.5
-85.3	19.6	-35.3	157.5	88.9	-25.1
-97.8		2.3	6844.4	189.6	-96.2
-84.7	-44.9	125.7	3.7	-94.9	-76.2
-80.5		214.0	-78.5	-89.6	-72.8

6-10 分县区外商

	全 市 ±%	吴兴区	吴 兴
一、计划投资（万元）			
1. 计划总投资	121.3	234.8	71.5
其中：本年新开工项目	370.1	12.7	-60.9
2. 5000 万元以上项目投资及房地产开发自开始建设累计完成投资	36.4	116.1	84.7
二、本年完成投资	35.2	180.3	303.6
其中：国有投资			
其中：非国有投资	21.1	180.3	303.6
其中：民间投资	-1.3	-69.4	-56.7
其中：房地产开发投资	568.1	31649.4	31649.4
其中：投资项目	-4.6	2.8	-13.5
其中：基础设施投资	108.4		160.4
1. 电力、热力、燃气及水的生产和供应业	7813.0		
2. 交通运输业			
3. 邮政业			
4. 信息传输业			
5. 水利、环境和公共设施管理业（除土地管理）	15.8		160.4
其中：公共服务投资			
1. 教育设施			
2. 广播、电视、电影和音像业			
3. 文化艺术业			
4. 体育设施			
5. 卫生设施			
其中：工业投资	3.4	-2.6	-8.0
其中：工业企业技术改造投资	-18.9	-16.0	-80.5
1. 按三次产业分:			
第一产业	524.7		
第二产业	3.4	-2.6	-8.0
第三产业	151.3		2718.4
2. 按登记注册类型分:			
内资企业			
国有企业			
集体企业			
股份合作企业			
联营企业			
国有联营企业			

经济固定资产投资

单位：%

南太湖新区	南浔区	德清县	长兴县	安吉县	△市区
783.0	645.8	166.8	-8.0	35.7	421.8
2234.7	1813.9	9.3	-46.0		
216.7	77.6	80.6	9.4	21.8	99.8
23.4	152.3	105.1	-32.6	47.3	163.3
23.4	152.3	-23.5	-32.6	47.3	163.3
-75.3	990.6	-71.1	-41.7	-66.2	550.2
	-21.0		241.8	239.1	326.7
23.4	236.4	-68.9	-40.0	27.8	122.3
	-100.0		92.0		
	-100.0				
			6.6		
3.5	1047.0	-68.9	-36.3	27.8	230.1
8.4	-100.0	-59.8	-19.2	17.7	-40.9
			524.7		
3.5	1047.0	-68.9	-36.3	27.8	230.1
	-34.1		-19.7	239.1	

6-10 分县区外商

续 1

	全 市 ± %	吴兴区	吴 兴
集体联营企业			
国有与集体联营企业			
其他联营企业			
有限责任公司			
国有独资公司			
其他有限责任公司			
股份有限公司			
私营企业			
其他企业			
港、澳、台商投资企业			
外商投资企业	35.2	180.3	303.6
个体经营			
3. 按建设性质分			
（1）新建	36.3	46.5	29.5
（2）扩建	44.7		-100.0
（3）改建和技术改造	-27.2	17.0	-80.5
（4）单纯建造生活设施			
（5）迁建	-71.4		
（6）恢复			
（7）单纯购置	-100.0		
4. 按构成分			
建筑安装工程	82.6	126.8	227.0
设备工器具购置	-32.2	53.3	2590.0
其中：购置旧设备			
其中：用于更新的设备			
其他费用	101.5	456.4	453.6
其中：旧建筑物购置费	-100.0	-100.0	-100.0
其中：建设用地费	192.9	561.1	498.4
5. 按国民经济行业分 2017			
（一）农、林、牧、渔业	524.7		
农业	-100.0		
林业			
畜牧业			
渔业			

经济固定资产投资

单位：%

	南太湖新区	南浔区	德清县	长兴县	安吉县	△市区
	23.4	152.3	105.1	–32.6	47.3	163.3
	347.2	339.3	–89.9	–73.4		
	–77.0	–100.0	–63.5	165.8		
	110.2	–100.0	–58.9	–45.0	34.0	–14.2
	–50.3			–75.0	–84.4	
				–100.0		
	–14.6	224.9	214.0	–29.5	41.8	189.1
	24.2	–97.3	–52.7	–43.3	71.8	–20.3
	477.6	–37.2	8.6	64.4	–14.7	175.4
					–100.0	–100.0
		–1.6		105.4	12.3	299.3
				524.7		
				–100.0		

6–10 分县区外商

续 2

	全 市 ±%	吴兴区	吴 兴
农林牧渔专业及辅助性活动			
（二）采矿业			
煤炭开采和洗选业			
石油和天然气开采业			
黑色金属矿采选业			
有色金属矿采选业			
非金属矿采选业			
开采专业及辅助活动			
其他开采业			
（三）制造业	1.9	–2.6	–8.0
农副食品加工业			
食品制造业	–79.2		–100.0
酒、饮料和精制茶制造业			
烟草制品业			
纺织业	–92.4		–34.4
纺织服装和服饰业	–68.8		
皮革、毛皮、羽毛(绒)及其制品业			
木材加工及木、竹、藤、棕、草制品业	–87.0		–94.5
家具制造业	6032.3		
造纸及纸制品业			
印刷业和记录媒介的复制业			
文教体育用品制造业	116.2		
石油加工、炼焦及核燃料加工业			
化学原料及化学制品制造业	9.0	5.2	47.4
医药制造业	–69.8		
化学纤维制造业	–51.0		
橡胶和塑料制品业	60.9		
非金属矿制品业	–69.2		
黑色金属冶炼和压延加工业			
有色金属冶炼和压延加工业			
金属制品业	707.8		
通用设备制造业	–25.5		
专用设备制造业	157.2		
汽车制造业	31.1		

经济固定资产投资

单位：%

南太湖新区	南浔区	德清县	长兴县	安吉县	△市区
3.5	1054.7	-70.6	-38.5	27.8	230.6
-42.0					
	-100.0		-95.6		
		96.7	-100.0		
	-100.0	-99.2			
		-100.0			
		-100.0			
-59.7		-100.0		-53.6	
-71.0		-87.3	33.2	-68.4	-71.0
			-51.0		
-100.0		22.5	-100.0	67.0	
		-89.9	-47.4		
-100.0	603.7				
	2600.0	7.9	-83.8	-100.0	
			-38.1		
-77.0			27.3		

6-10 分县区外商

续 3

	全　市 ± %	吴兴区	吴　兴
铁路、船舶、航空航天等制造业			
电气机械及器材制造业	-11.7		
计算机、通信和其他电子设备制造业			
仪器仪表制造业	-78.6		
其他制造业	-100.0		
废弃资源综合利用业			
金属制品、机械和设备修理业			
（四）电力、热力、燃气及水的生产和供应业	7813.0		
电力、热力的生产和供应业	7813.0		
燃气生产和供应业			
水的生产和供应业			
（五）建筑业			
房屋建筑业			
土木工程建筑业			
建筑安装业			
建筑装饰装修和其他建筑业			
（六）批发和零售业			
批发业			
零售业			
（七）交通运输、仓储和邮政业	24.5		
铁路运输业			
道路运输业			
水上运输业			
航空运输业			
管道运输业			
多式联运和运输代理业			
装卸搬运和仓储业	24.5		
邮政业			
（八）住宿和餐饮业	-100.0	-100.0	-100.0
住宿业	-100.0		-100.0
餐饮业			
（九）信息传输、软件和信息技术服务业			
电信、广播电视和卫星传输服务业			
互联网和相关服务业			

经济固定资产投资

单位：%

南太湖新区	南浔区	德清县	长兴县	安吉县	△市区
-56.7			46.4	-100.0	
			-14.1	-84.4	
			-100.0		
	-100.0				-100.0
	-100.0				
	24.5				24.5
	24.5				
			-100.0		-100.0
			-100.0		

6-10 分县区外商

续4

	全 市 ±%	吴兴区	吴 兴
软件和信息技术服务业			
（十）金融业			
货币金融服务			
资本市场服务			
保险业			
其他金融业			
（十一）房地产业	568.1	31649.4	31649.4
房地产业	568.1		31649.4
（十二）租赁和商务服务业	-100.0		
租赁业			
商务服务业	-100.0		
（十三）科学研究和技术服务业	-100.0		
研究与试验发展	-100.0		
专业技术服务业			
科技推广和应用服务业			
（十四）水利、环境和公共设施管理业	15.8	160.4	160.4
水利管理业			
生态保护和环境治理业	160.4		160.4
公共设施管理业	6.6		
土地管理业			
（十五）居民服务和其他服务业			
居民服务业			
机动车、电子产品和日用产品修理业			
其他服务业			
（十六）教育			
教育			
（十七）卫生和社会工作			
卫生			
社会工作			
（十八）文化、体育和娱乐业			
新闻和出版业			
广播、电视、电影和影视录音制作业			
文化艺术业			
体育			

经济固定资产投资

单位：%

南太湖新区	南浔区	德清县	长兴县	安吉县	△市区
	-21.0		241.8	239.1	326.7
	-21.0		241.8	239.1	
	-100.0				-100.0
	-100.0				
			-100.0		
			-100.0		
			6.6		160.4
			6.6		

6-10 分县区外商

续5

	全 市 ±%	吴兴区	吴 兴
娱乐业			
（十九）公共管理和社会组织			
中国共产党机关			
国家机构			
人民政协和民主党派			
社会保障			
群众团体、社会团体和其他成员组织			
基层群众自治组织			
（二十）国际组织			
国际组织			
三、本年新增固定资产（万元）	38.6	-83.5	-99.9
四、项目个数（个）			
1. 施工项目个数	20.3	25.0	
其中：本年新开工	11.1	25.0	-33.3
2. 本年投产项目个数	52.6		
五、房屋建筑面积（平方米）			
1. 房屋施工面积	-8.6	166.0	190.7
其中：住宅	1086.1		
2. 房屋竣工面积	-100.0	-100.0	
其中：住宅	-100.0		
3. 房屋竣工价值	-100.0	-100.0	
其中：住宅	-100.0		
六、本年资金来源合计（万元）			
1. 上年末结余资金	295.3	-50.0	
2. 本年实际到位资金	84.4	202.1	363.6
（1）国家预算内资金			
其中：中央预算资金			
（2）国内贷款	-83.8	-61.7	
（3）债券			
（4）利用外资	-87.4	-100.0	
（5）自筹资金	5.0	311.4	363.6
（6）其他资金来源	897.9	-38.0	
七、各项应付款合计（万元）	90.7	132.6	1254.1
其中：工程款	671.1	73.9	1076.5

经济固定资产投资

单位：%

南太湖新区	南浔区	德清县	长兴县	安吉县	△市区
−67.6	−100.0	21.4	165.7	−100.0	−92.3
44.4		16.7	22.2	28.6	17.4
200.0		133.3	−25.0		
	−100.0	−20.0	120.0		
−100.0	−73.0	195.1	−93.8	712.1	37.0
				559.8	7784.9
−100.0				−100.0	−100.0
				−100.0	
−100.0				−100.0	−100.0
				−100.0	
−56.6	−81.1	66594.1	−88.8	62800.0	−56.2
−26.8	−28.3	510.4	−25.4	71.6	32.7
−61.7	−84.5		−100.0	−6.7	−83.8
−100.0			−86.5		−100.0
34.4	−21.1	−95.8	−21.4	3.2	106.2
−38.0	125.3		132.1	618.4	66.6
20.4	512.9	256713.3	−41.6	138.0	471.9
−26.4	719.3		160.1	314.5	627.9

6-11 历年房

	房地产开发投资额	房屋施工面积	#住宅	房屋竣工面积	#住宅
1995	105496	131	108	70	57
1996	79196	115	84	73	61
1997	71818	109	84	52	39
1998	81483	125	104	79	68
1999	93836	127	113	63	57
2000	172611	208	179	79	71
2001	234029	288	246	122	102
2002	295765	381	266	190	146
2003	415160	480	340	156	107
2004	568602	649	489	138	100
2005	690486	670	520	227	168
2006	727959	888	693	305	246
2007	949385	958	729	172	127
2008	1068445	999	747	183	139
2009	1113006	1139	831	224	172
2010	1431314	1400	971	313	187
2011	1846799	1555	1096	213	163
2012	2111735	1845	1295	192	132
2013	2676379	2106	1482	243	169
2014	3427487	2472	1711	454	320
2015	3233875	2396	1693	254	177
2016	2742244	2126	1474	443	305
2017	3011700	2194	1579	342	246
2018	5232974	2742	2009	140	100
2019	5862681	3680	2742	190	132
2020	6292120	4271	3205	339	256

地产开发投资

单位：万元、万平方米

商品房销售面积	#住宅	商品房销售额	#住宅	空置面积	#住宅
41	38	53931	46352		
61	56	82047	70897		
64	60	89989	78870		
62	56	89572	73254	18	15
94	83	141327	115458	53	42
163	137	303108	228878	45	32
167	135	304085	219038	27	14
143	114	325684	230876	15	4
249	208	694103	543563	44	16
245	197	815708	607349	76	23
287	245	1106689	919878	72	36
196	157	822804	645906	100	44
432	364	2197669	1849313	100	38
412	314	2585308	1947379	107	22
331	264	2238651	1706359	148	40
274	229	1860440	1545688	177	65
308	251	2157080	1751971	205	93
305	260	1999709	1639940	318	181
399	346	2748149	2370634	430	250
557	490	3868690	3320820	381	172
744	639	6213955	5405946	338	145
809	723	8513888	7694250	184	72
824	761	9846081	9216312	201	103
896	820	11000865	10323003	179	927

6-12 分区县房

	全市	吴兴区	吴兴
一、投资额			
1. 计划总投资	43624208	20405985	10657230
2. 自开始建设累计完成投资	25882300	12783903	6369483
3. 本年完成投资	6292120	3113652	1561307
其中：配套工程投资			
其中：国有控股	481893	245621	229451
其中：非国有控股	5810227	2868031	1331856
其中：民间投资	5670722	2814057	1277882
按登记注册类型分：			
内资企业	6040945	3058261	1507333
国有企业	27756		
集体企业			
股份合作企业			
联营企业			
国有联营企业			
集体联营企业			
国有与集体联营企业			
其他联营企业			
有限责任公司	2867540	1776697	878239
国有独资公司	188286	183148	169154
其他有限责任公司	2679254	1593549	709085
股份有限公司	111703		111703
私营企业	3033946	1169861	517391
其他企业			
港澳台商投资企业	81434		
外商投资企业	169741	53974	53974
按资质等级分：			
一级	31118	30328	28688
二级	130444		130444
三级	255327	119991	6998
四级	935233	404998	280001

地产开发投资

南太湖新区	南浔区	德清县	长兴县	安吉县	△市区
9748755	4925482	5365910	6143339	6783492	25331467
6414420	2265702	2626260	4250577	3955858	15049605
1552345	808244	765206	890837	714181	3921896
16170	159564	56771		19937	405185
1536175	648680	708435	890837	694244	3516711
1536175	636584	670479	871629	677973	3450641
1550928	796148	675617	832946	677973	3854409
	27756				
898458	344819	294920	311930	139174	2121516
13994		5138			
884464	344819	289782	311930	139174	1938368
652470	423573	380697	521016	538799	1593434
1417		19709	40371	19937	1417
	12096	69880	17520	16271	66070
1640			790		
					130444
112993	25419	18247	20124	71546	145410
124997	55861	106126	112050	256198	460859

6-12 分区县房

续 1

	全 市	吴兴区	吴 兴
暂定	3236413	1247707	185581
其他	1703585	1180184	929595
按构成分：			
建筑工程	3823013	1642325	912016
安装工程	138086	33231	17632
设备工器具购置	31638	5459	2803
其他费用	2299383	1432637	628856
其中：旧建筑物购置费	4294		
其中：土地购置费	1674370	1052134	403625
按用途分：			
住宅	5232206	2594966	1254797
其中：90 平方米以下	891722	398006	213816
其中：144 平方米以上	1268945	598626	230955
其中：90-144 平方米	3071539	1598334	810026
办公楼	58896	15938	15810
商业营业用房	351387	180129	68807
其他	649631	322619	221893
二、本年新增固定资产	1771509	760096	466601
三、资金到位情况			
1. 上年末结余资金	3676477	2049400	1275427
2. 本年实际到位资金	11853171	5017263	2722819
(1)国内贷款	1351622	869393	553043
银行贷款	1123484	660255	450555
非银行金融机构贷款	228138	209138	102488
(2)利用外资	3250	3250	
(3)自筹资金	2333468	896589	688548
(4)定金及预收款	5282928	2264630	1063107
(5)个人按揭贷款	2378454	790714	327086
(6)其他到位资金	503449	192687	91035
四、本年各项应付款合计	2543683	1159238	560550
其中：工程款	1618508	672694	315461

地产开发投资

南太湖新区	南浔区	德清县	长兴县	安吉县	△市区
1062126	627406	553326	456261	351713	1875113
250589	99558	87507	301612	34724	1279742
730309	578256	570035	515039	517358	2220581
15599	37254	12609	27401	27591	70485
2656	1599	13317	1137	10126	7058
803781	191135	169245	347260	159106	1623772
	3094		1200		3094
648509	152005	67819	313845	88567	1204139
1340169	620524	645093	733669	637954	3215490
184190	167389	113344	115639	97344	565395
367671	120357	158918	195547	195497	718983
788308	332778	372831	422483	345113	1931112
128	10420	28771	124	3643	26358
111322	55659	37671	45007	32921	235788
100726	121641	53671	112037	39663	444260
293495	110292	361769	203899	335453	870388
773973	347252	408207	293467	578151	2396652
2294444	1547981	2264182	1361597	1662148	6565244
316350	74600	288800	70744	48085	943993
209700	71600	288800	60744	42085	731855
106650	3000		10000	6000	212138
3250					3250
208041	673611	275991	338769	148508	1570200
1201523	613717	992558	594284	817739	2878347
463628	122792	656846	309369	498733	913506
101652	63261	49987	48431	149083	255948
598688	226739	430171	335373	392162	1385977
357233	191611	206605	233663	313935	864305

6-12 分区县房

续 2

	全　市	吴兴区	吴　兴
五、土地情况			
待开发土地面积	1568225	539170	311472
本年土地购置面积	1214352	427110	396969
本年土地成交价款	835542	196859	191400
其中：拆迁补偿费			
六、施工销售和待售情况			
房屋施工面积	42714202	20432443	11835350
住宅	32045729	15096718	8362272
其中：90 平米以下住房	4761547	2221640	1349780
其中：144 平米以上住房	6402268	2590835	1440494
办公楼	647679	271580	173044
商业营业用房	3251530	1618829	874450
其他房屋	6769264	3445316	2425584
其中：新开工面积	9580798	3742900	2234898
住宅	7034171	2849857	1631590
90 平米以下住房	1468571	633225	413209
144 平米以上住房	1357843	280221	121605
办公楼	183282	9000	9000
商业营业用房	850443	277948	126877
其他房屋	1512902	606095	467431
本年房屋竣工面积	3392705	1426069	836336
住宅	2564982	1065959	590087
90 平米以下住房	193819	103156	48406
144 平米以上住房	558711	266778	51637
办公楼	1563	715	
商业营业用房	284004	77895	68988
其他房屋	542156	281500	177261
其中：不可销售面积	294704	120359	42483
住宅	100474	31842	17344
90 平米以下住房			
144 平米以上住房	6262	6262	6262

地产开发投资

南太湖新区	南浔区	德清县	长兴县	安吉县	△市区
227698	132967	178452	212295	505341	672137
30141	112792	330896	252388	91166	539902
5459	72693	371286	130610	64094	269552
8597093	4915612	5501984	6345368	5518795	25348055
6734446	3387253	4051883	4914844	4595031	18483971
871860	873241	438138	575912	652616	3094881
1150341	573058	860277	927666	1450432	3163893
98536	76906	160622	108969	29602	348486
744379	723269	189015	363491	356926	2342098
1019732	728184	1100464	958064	537236	4173500
1508002	1595366	1346512	1707126	1188894	5338266
1218267	1046628	956600	1335764	845322	3896485
220016	224606	243804	138890	228046	857831
158616	234360	170496	321620	351146	514581
		160622	307	13353	9000
151071	314920	38044	67293	152238	592868
138664	233818	191246	303762	177981	839913
589733	127488	619125	482032	737991	1553557
475872	111380	363498	403876	620269	1177339
54750	4843	5764	17921	62135	107999
215141	5840	50173	159138	76782	272618
715	848				1563
8907		87697	59887	58525	77895
104239	15260	167930	18269	59197	296760
77876		64557	1049	108739	120359
14498				68632	31842
					6262

6-12 分区县房

续 3

	全　市	吴兴区	吴　兴
办公楼			
商业营业用房	2561	1632	1632
其他房屋	191669	86885	23507
本年住宅竣工套数	18009	7159	4408
90 平米以下住房	2331	1172	550
144 平米以上住房	1830	690	211
本年房屋竣工价值	1546498	677304	383914
住宅	1285852	566650	283551
90 平米以下住房	103381	51067	17879
144 平米以上住房	299203	140595	29458
办公楼	170	1	
商业营业用房	113064	46779	41316
其他房屋	147412	63874	59047
房屋出租面积	18000	18000	
住宅			
90 平米以下住房			
144 平米以上住房			
办公楼			
商业营业用房	18000	18000	
其他房屋			
本年商品房销售面积	8961642	3769734	1980449
住宅	8201541	3476683	1812857
90 平米以下住房	1043020	312158	161254
144 平米以上住房	1876869	821538	304364
办公楼	87436	23483	23483
商业营业用房	331686	66960	45990
其他房屋	340979	202608	98119
其中：现房销售面积	915809	180018	65109
住宅	685590	120565	40252
90 平米以下住房	96185	10326	2453
144 平米以上住房	224739	43599	12726

地产开发投资

南太湖新区	南浔区	德清县	长兴县	安吉县	△市区
		32		897	1632
63378		64525	1049	39210	86885
2751	958	2928	2778	4186	8117
622	55	79	321	704	1227
479	40	235	546	319	730
293390	54788	346387	149615	318404	732092
283099	53093	241900	128014	296195	619743
33188	968	6194	4619	40533	52035
111137	1168	53153	61500	42787	141763
1	169				170
5463		29999	18105	18181	46779
4827	1526	74488	3496	4028	65400
18000					18000
18000					18000
1789285	1290275	1189106	1417439	1295088	5060009
1663826	1128070	1131715	1271903	1193170	4604753
150904	157857	182478	220723	169804	470015
517174	237902	211936	207797	397696	1059440
	13214	28006	17705	5028	36697
20970	49031	29025	93674	92996	115991
104489	99960	360	34157	3894	302568
114909	137329	47198	352204	199060	317347
80313	126289	46576	244783	147377	246854
7873	263	84	66326	19186	10589
30873	31695	21873	65957	61615	75294

6-12 分区县房

续 4

	全　市	吴兴区	吴　兴
办公楼	25623	6383	6383
商业营业用房	147791	19945	12671
其他房屋	56805	33125	5803
其中：期房销售面积	8045833	3589716	1915340
住宅	7515951	3356118	1772605
90 平米以下住房	946835	301832	158801
144 平米以上住房	1652130	777939	291638
办公楼	61813	17100	17100
商业营业用房	183895	47015	33319
其他房屋	284174	169483	92316
商品房销售额	11000865	4755173	2385377
住宅	10323003	4458162	2220144
90 平米以下住房	1141607	369608	180329
144 平米以上住房	2903348	1233006	428318
办公楼	76220	21474	21474
商业营业用房	382471	100221	64449
其他房屋	219171	175316	79310
其中：现房销售额	919413	218394	87484
住宅	731053	156032	56406
90 平米以下住房	56206	9755	2759
144 平米以上住房	335975	63595	21141
办公楼	17831	7181	7181
商业营业用房	136329	29106	18770
其他房屋	34200	26075	5127
其中：期房销售额	10081452	4536779	2297893
住宅	9591950	4302130	2163738
90 平米以下住房	1085401	359853	177570
144 平米以上住房	2567373	1169411	407177
办公楼	58389	14293	14293
商业营业用房	246142	71115	45679
其他房屋	184971	149241	74183

地产开发投资

南太湖新区	南浔区	德清县	长兴县	安吉县	△市区
			17705	1535	6383
7274	3298	391	74117	50040	23243
27322	7742	231	15599	108	40867
1674376	1152946	1141908	1065235	1096028	4742662
1583513	1001781	1085139	1027120	1045793	4357899
143031	157594	182394	154397	150618	459426
486301	206207	190063	141840	336081	984146
	13214	28006		3493	30314
13696	45733	28634	19557	42956	92748
77167	92218	129	18558	3786	261701
2369796	1327343	1842364	1419544	1656441	6082516
2238018	1211608	1771751	1330518	1550964	5669770
189279	165015	233365	161848	211771	534623
804688	303056	413579	342887	610820	1536062
	9006	30961	9352	5427	30480
35772	71426	39325	73104	98395	171647
96006	35303	327	6570	1655	210619
130910	111484	77523	283069	228943	329878
99626	104309	76885	214077	179750	260341
6996	242	115	22937	23157	9997
42454	30263	41340	111975	88802	93858
			9352	1298	7181
10336	3233	537	55645	47808	32339
20948	3942	101	3995	87	30017
2238886	1215859	1764841	1136475	1427498	5752638
2138392	1107299	1694866	1116441	1371214	5409429
182283	164773	233250	138911	188614	524626
762234	272793	372239	230912	522018	1442204
	9006	30961		4129	23299
25436	68193	38788	17459	50587	139308
75058	31361	226	2575	1568	180602

续 5

	全　市	吴兴区	吴　兴
商品住宅销售套数	66944	27878	14892
90 平米以下住房	12938	3832	1848
144 平米以上住房	9259	4132	1509
其中：现房销售套数	5397	813	295
90 平米以下住房	1414	135	32
144 平米以上住房	882	164	56
其中：期房销售套数	61547	27065	14597
90 平米以下住房	11524	3697	1816
144 平米以上住房	8377	3968	1453
待售面积	1786606	582090	315567
住宅	926546	333297	154999
90 平米以下住房	58311	40963	36235
144 平米以上住房	365747	98493	21293
办公楼	102327	29962	29962
商业营业用房	608566	154766	93511
其他房屋	149167	64065	37095
其中：待售 1-3 年(含 1 年)	1011268	421743	206287
住宅	692866	307397	133350
90 平米以下住房	48447	40706	36066
144 平米以上住房	248991	85694	12656
办公楼	52043	225	225
商业营业用房	193719	70290	47948
其他房屋	72640	43831	24764
其中：待售 3 年以上(含 3 年)	464654	105090	57916
住宅	64669	5882	3250
90 平米以下住房	1529	88	
144 平米以上住房	44879	5682	3138
办公楼	40441	29737	29737
商业营业用房	337722	54688	15775
其他房屋	21822	14783	9154

地产开发投资

南太湖新区	南浔区	德清县	长兴县	安吉县	△市区
12986	9751	9319	10895	9101	37629
1984	2042	2106	2831	2127	5874
2623	1407	1006	979	1735	5539
518	1113	238	2252	981	1926
103	3	1	1050	225	138
108	156	55	275	232	320
12468	8638	9081	8643	8120	35703
1881	2039	2105	1781	1902	5736
2515	1251	951	704	1503	5219
266523	48727	89152	702405	364232	630817
178298	44758	42085	268341	238065	378055
4728	702	171	5745	10730	41665
77200	4680	18400	103985	140189	103173
		16153	53299	2913	29962
61255	51	18032	325306	110411	154817
26970	3918	12882	55459	12843	67983
215456	45606	74606	239581	229732	467349
174047	44758	36731	142778	161202	352155
4640	702	171	1443	5425	41408
73038	4680	13877	60268	84472	90374
		16153	33105	2560	225
22342	51	10433	59818	53127	70341
19067	797	11289	3880	12843	44628
47174	3121	12752	286308	57383	108211
2632		4006	49948	4833	5882
88			1441		88
2544		3873	30600	4724	5682
			10351	353	29737
38913		7153	223684	52197	54688
5629	3121	1593	2325		17904

6-13 建筑业

	企业数（家）	建筑业合同情况			承包工程完成产值情况				建筑业总产值	装配式建筑工程产值
		签订的合同额	上年结转	本年新签	直接从建设单位承揽工程	自行完成	分包出去	从建设单位以外承揽工程		
总　计	**413**	**15806203**	**5458954**	**10347249**	**7869832**	**7855169**	**14664**	**550369**	**8405538**	**143427**
一、按登记注册类型分										
国有企业	4	547880	334786	213093	137742	137742			137742	
集体企业	3	12920	4438	8481	6745	6745			6745	
国有独资公司	5	79166	22942	56225	38051	38051			38051	
其他有限责任公司	30	6254674	2351784	3902889	2375743	2371364	4379	440583	2811947	49407
股份有限公司	2	124241	38167	86074	77304	77304			77304	
私营有限责任公司	366	8691069	2676787	6014282	5176188	5165903	10285	109786	5275689	94020
私营股份有限公司	3	96254	30049	66205	58059	58059			58059	
二、按国民经济行业分										
房屋建筑业	145	9098484	3024519	6073965	5226556	5221058	5498	83155	5304213	103609
土木工程建筑业	175	5938855	2295880	3642975	2129105	2125929	3176	407008	2532937	15963
建筑安装业	39	505103	63741	441362	342726	337796	4930	32037	369833	23855
建筑装饰、装修和其他建筑业	54	263761	74813	188948	171445	170385	1060	28169	198554	
三、按控股情况分										
国有控股	17	3152571	1386894	1765677	519043	519043		354127	873170	
集体控股	7	315810	27503	288307	220126	215747	4379	6761	222508	
私人控股	381	9883636	3183960	6699677	5786600	5776315	10285	109986	5886301	103019
其他	8	2454186	860598	1593588	1344063	1344063		79495	1423559	40408
四、按资质登级分										
施工总承包	225	14118573	5001132.7	9117440.3	6825445.8	6816452.9	8992.9	470232.3	7286685.2	90929.9
特级	3	3244571	837222	2407348	1784963	1784963		33610	1818572	21470
一级	32	7714466	3289343	4425123	3195699	3194745	954	378960	3573705	48277
二级	50	2108471	607683	1500788	1232694	1232451	243	38084	1270535	12808
三级及以下	140	1051065	266884	784181	612090	604294	7796	19579	623873	8375
专业承包	188	1687630.3	457821.4	1229808.9	1044386.4	1038715.7	5670.7	80136.7	1118852.4	52497.4
一级	21	483936	115910	368026	267382	267382		54825	322208	18939
二级	150	1085693	331793	753900	682534	677133	5401	14914	692046	31438
三级及以下	17	118001	10119	107882	94471	94201	270	10398	104599	2121
五、按地区分										
湖州市	413	15806203	5458954	10347249	7869832	7855169	14664	550369	8405538	143427
吴兴区	66	7817827	2364723	5453105	3530089	3528599	1490	405840	3934439	27400
南浔区	42	680208	330429	349779	393416	390786	2630	3034	393820	46772
南太湖新区	50	2295798.9	984899.9	1310899	1247398.8	1245218	2180.8	55642.3	1300860.3	13547
德清县	64	2523350	1068877	1454473	1218077	1213145	4932	28213	1241358	19061
长兴县	105	1346703	380780	965922	816903	815638	1266	21632	837270	24108
安吉县	86	1142317	329245	813072	663948	661783	2165	36007	697791	12540

企业生产情况

单位：万元

装饰装修产值	在外省完成	按构成分的建筑业总产值			房屋建筑施工面积（平方米）	本年新开工面积	年末自有机械设备			从事建筑业活动的平均人数（人）	年末从业人员（人）	
		建筑工程产值	安装工程产值	其他产值			净值	总台数（台）	总功率（KW）			技术人员
383137	1330675	7285659	703948	415931	48797306	23602764	119222	22377	450916	191411	182109	29459
	87467	133942		3800			4967	582	17256	2674	2558	882
		5645		1100	78591	35882	420	359	3381	366	394	71
		23669	14360	22			5	17	730	471	588	90
145591	786435	2066839	520617	224492	9663776	4224518	37710	6680	144274	47697	49072	6065
9732	558	76304		1000	919582	448501	1582	660	2163	2784	3282	343
217489	452974	4921201	168971	185517	38135357	18893863	74308	13964	278900	136873	126028	21931
10325	3241	58059					230	115	4212	546	187	77
231621	563382	4705265	247807	351142	38809265	18613459	61164	15647	240918	128218	127321	19320
32239	733925	2350724	149385	32828	9291527	4548117	49873	3618	167235	52907	45968	8000
2455	5138	98140	266492	5202	604200	376246	1951	2288	10425	4317	3933	1224
116823	28230	131531	40264	26759	92314	64942	6235	824	32338	5969	4887	915
260	578637	826085	43263	3822	160452	160452	26790	1191	106884	14181	14295	2346
		14151	207257	1100	144391	76682	1186	890	7788	1150	1327	488
238731	540497	5366450	323334	196517	42655964	20803339	85411	19267	303672	150134	140085	24284
144146	211541	1078973	130093	214492	5836499	2562291	5835	1029	32572	25946	26402	2341
236678.7	1225100.8	6409998.7	513961.4	362725.1	43899902	20654769	95529.9	19469	383165	164465	160277	24878
111756	233343	1560643	73901	184028	10093230	4992806	10802.7	1659	68845	35460	32966	3188
98860	895487	3299652	144663	129389	22549198	10094127	57282	6474	209164	93527	92130	13412
11544	82405	1054868	193769	21898	8654601	4219398	17151	3855	65326	21803	21785	5240
14519	13866	494835	101628	27410	2602873	1348438	10295	7481	39830	13675	13396	3038
146458.5	105574.1	875660.4	189986.3	53205.7	4897404	2947995	23691.9	2908	67751	26946	21832	4581
81056	77452	290953	24201	7053	1144552	640032	1550	648	10687	5324	3737	639
65403	23733	575003	75362	41682	3716852	2271963	20527	2067	55241	20590	17247	3782
	4390	9705	90423	4471	36000	36000	1615	193	1823	1032	848	160
383137	1330675	7285659	703948	415931	48797306	23602764	119222	22377	450916	191411	182109	29459
207887	901237	3340316	315810	278314	17640738	8212196	48109	5310	222057	79712	76250	11802
3780	31558	375321	15912	2587	3380615	1266922	10848	5745	26302	11217	11689	2173
62591.7	205090.4	1100410.8	153501.3	46948.2	7744533	4846754	16895.5	2000	47818	31579	31769	3967
50345	28640	1154806	61100	25452	10555870	4104908	10272	4400	43764	30536	25110	3577
42419	137015	733501	66362	37406	4924744	2795959	17690	3639	74524	20654	19168	4298
16114	27135	581305	91262	25224	4550806	2376025	15407	1283	36451	17713	18123	3642

主要统计指标解释

全社会固定资产投资 是以货币表现的建造和购置固定资产活动的工作量，它是反映固定资产投资规模、速度、比例关系和使用方向的综合性指标。全社会固定资产投资包括国有单位投资、城乡集体经济单位投资和城乡居民个人投资，以及联合经济、股份制经济、外商投资单位、港澳台投资单位及其他各种经济类型单位的投资。

房地产开发投资 指各种经济类型的房地产开发公司、商品房建设公司及其他房地产开发单位统一开发的商品住宅、厂房、仓库、办公楼等房屋建筑物和配套的服务设施。以及土地开发工程，如道路、给水排水、供电、供热、通讯、场地平整等基础设施工程。不包括单纯的土地交易活动。

施工项目 指报告期内曾进行建筑或安装活动的建设项目。包括报告期内新开工项目，报告期内以前开工跨人报告期继续施工的项目，报告期施过工并在报告期内全部建成投产或停缓建的项目。

全部建成投产项目 工业项目指整个建设项目的生产性车间及其相应的辅助设施，按照批准的设计文件所规定的内容全部建成，经负荷试运转证明具备生产设计规定的合格产品条件，经过验收鉴定合格或达到"竣工验收标准"，正式移交生产的建设项目；非工业建设项目是指文件中规定的主要工程全部建成，能够发挥设计规定的全部效益，经验收合格或达到"竣工验收标准"，正式移交使用的项目。

施工和竣工房屋建筑面积 房屋建筑面积是从房屋的外墙线算起，包括房屋结构（如柱、墙）占用的面积和地下室面积。多层建筑面积按各自然层面积总和计算；包括房屋内的楼隔层、突出墙面的眺望间、斗门、有柱雨罩的面积。不包括突出墙面结构的构件、艺术装饰等所占的面积。如台阶等。凹阳台、挑阳台按其水平投影面积一半计算建筑面积。

施工面积 指报告期内施工的全部房屋建筑面积。包括本期新开工的面积和上期开工跨入本期继续施工的房屋面积，以及上期已停建在本期复工的建筑面积。

竣工面积 指报告期内房屋建筑按照设计要求已全部完工，达到住人和使用的条件，经验收鉴定合格，正式移交使用单位的建筑面积。

新增固定资产 指已经建成投人生产交付使用的工程价值和达到固定资产标准的设备、工具器具的投资及有关应摊人的费用。它是以价值形式表示的固定资产投资成果的综合指标，可以综合反映不同时期、不同部门、不同地区的固定资产投资成果。

建筑业总产值 指建筑施工企业在一定时期内所完成的以货币表现的生产总值，是反映本单位全部的生产规模、水平和成果的综合指标。它包括建筑工程产值、设备安装工程产值、房屋、构筑物大修理产值、非标准设备制造产值。从 1993 年开始，建筑业总产值等于自行完成施工产值。

建筑业增加值 指建筑业企业在报告期内以货币表现的建筑业生产经营活动的最终成果。具体构成项目有固定资产折旧、劳动者报酬、生产税净额、营业盈余。

房屋建筑施工面积 指报告期内施过工的全部房屋建筑面积，它包括本期新开工的面积、上期跨入本期继续施工的房屋面积、上期停缓建在本期恢复施工的房屋面积、本期竣工的房屋面积及本期施工后又停缓建的房屋面积。施工面积以房屋单位工程为对象进行计算，即一栋房屋已进行施工，即以整栋房屋的建筑面积计算施工面积；多层房屋不论哪一层施工，都以各层的总面积计算施工面积。

房屋建筑竣工面积 是指在报告期内房屋建筑按照设计要求全部完工，达到了使用条件，经检查验收鉴定合格的房屋建筑面积。

自有机械年末总功率 是指企业（或单位）自有施工机械、生产设备、运输设备以及其他设备等列为在册固定资产的生产性机械设备年末总功率，按设计能力或查定能力计算。包括机械本身的动力和为该机械服务的单独动力设备，如电动机等。计量单位用千瓦，动力换算可按 1 马力 = 0.735 千瓦折合成瓦数，电焊机、变压机锅炉不计算动力。

资本金 是指企业在工商行政管理部门登记的注册资金。企业筹集的资金按其投资主体一般分为国家资本金，法人资本金、个人资本金以及外商资本金等。

资产 是企业拥有或控制的能以货币计量的经济资源，包括各种财产、债权和其它权利。建筑企业的资产按其流动性分为：流动资产、长期投资、固定资产、专项工程、无形及递延资产和其他资产。

负债 是企业所承担的能以货币计量、将以资产或劳务偿付的债务。负债一般按其偿还期长短分为流动负债和长期负债。

流动资产 是指可以在一年或超过一年的一个营业周期内变现或者耗用的资产，包括现金及存款、短期投资、应收及预付款项、存货等。流动资产的一个重要特点是它在参加生产经营时，其价值一次转移到产品成本或费用中去。流动资产期末合计应根据“资产负债表”（会计报表，下同）的“流动资产合计”项目的期末数填列。

固定资产 固定资产是指使用期限超过一年的房屋及建筑物、机器、机械、运输工具以及其他与生产经营有关的设备、器具、工具等。不属于生产经营主要设备的物品，单价在2000元以上，并且使用年限超两年的，也包括在内。

工程结算收入 指本企业承包工程实现的工程价额结算收入以及向发包单位收取的除工程价款以外按规定列作营业收入的各种款项，如临时设施费、劳动保险费、施工机械调迁费等以及向发包单位收取的各种索赔款。本项根据“损益表”中“工程结算收入”项的本年累计数填列。

工程结算成本 报告期内与发包单位办理工程价款结算的已完工程实际成本。本项根据“损益表”中“工程结算成本”项的本年累计数填列。

工程结算利润 指已结算工程实现的利润。其计算公式为：

工程结算利润 ＝ 工程结算收入 － 工程结算成本 － 工程结算税金及附加。

其它业务收入 指企业除工程结算收入外的其他业务收入。如产品销售收入、机械作业收入、材料销售收入、无形资产转让收入、固定资产出租收入等。本项根据会计“其他收入”科目的本年贷方发生额归纳填报。

其他业务利润 指企业除结算收入外的其他业务收入扣除其他业务支出（包括其他业务成本及应负担的费用、税金）后的净收益（如为净支出以“–”号表示）。本项目根据“损益表”中“其他业务利润”项的本年累计数填列。

利润总额 指建筑施工企业在一定时期内所实现的利润，包括工程结算利润、产品销售利润、作业销售利润、材料销售利润及其他销售利润、营业外收支差额。

利税总额 指企业的实现利润与上缴税金(利前税）之和包括利润总额、工程结算税金及附加管理费用中的税金。即：利税总额 ＝ 利润总额 ＋ 工程结算税金附加 ＋ 管理费用中税金

单位工程 是单项工程的组成部分，通常是按照不同性质的工程内容能否独立施工的要求划分的，一个单项工程可以划分成若干个单位工程。所谓单项工程一般指有独立设计文件，建成后能独立发挥效益或生产设计规定产品的车间（联合企业的分厂）生产线或独立工程等，它由若干单位工程所组成。

产值利润率 为报告期内每百元产值所实现的利润。它的计算方法是：利润总额除以建筑业总产值。

七、国内贸易、外资、外贸、旅游

7-1 历年分县区社会消费品零售总额

单位：万元

年份	全　市	市　区	德清县	长兴县	安吉县
1978	32682	15636	5109	7042	4895
1979	41848	19814	6633	9034	6367
1980	53543	26072	8837	11277	7357
1981	59651	29470	9300	12370	8511
1982	61921	29681	10132	13020	9088
1983	68351	33146	10632	14311	10262
1984	80353	38643	12644	16807	12259
1985	111412	54748	17354	22879	16431
1986	133792	66103	21908	27058	18723
1987	156616	77822	25139	32501	21154
1988	198207	99226	30689	41862	26430
1989	214834	106452	34204	44924	29254
1990	213166	107366	34110	41287	30403
1991	237219	120973	36454	45858	33934
1992	281520	142329	40437	57395	41359
1993	418770	227620	55527	81744	53879
1994	639133	343674	91674	125149	78636
1995	860135	458283	122155	175464	104233
1996	1005309	512971	142510	218130	131698
1997	1123563	581512	159636	230963	151452
1998	1237645	639230	175960	250258	172197
1999	1351990	690935	194505	276186	190364
2000	1491751	761705	215317	304498	210231
2001	1591543	796250	237926	335710	232403
2002	1708800	885606	262907	370520	256844
2003	1823403	925695	269887	372200	255621
2004	2080822	1056636	308150	431040	284995
2005	2384861	1220017	350812	490717	323315
2006	2754854	1413747	405011	566041	370054
2007	3222040	1654297	474490	661201	432053
2008	3868323	1983620	570176	795288	519239
2009	4425700	2264902	654148	911496	595154
2010	5160918	2605219	772140	1081054	702505
2011	6098868	3099065	904237	1273825	821741
2012	7038667	3558834	1048473	1483829	947531
2013	7662182	3985525	1052745	1609359	1014553
2014	8711964	4521114	1210263	1854684	1125903
2015	9639221	4933986	1361312	2077131	1266792
2016	10688648	5446315	1513098	2318167	1411068
2017	11881547	6046805	1684382	2584019	1566341
2018	12796919	6664437	1341081	2828810	1962590
2019	14099371	7482478	1463255	3059370	2094267
2020	14244312	7839008	1476007	2973135	1956161

注：2018 年以来数据根据 2018 年经普修订

7-2 历年分县区社会消费品零售总额增长速度

单位：%

年份	全 市	市 区	德清县	长兴县	安吉县
1979	28.0	26.7	29.8	28.3	30.1
1980	27.9	31.6	33.2	24.8	15.5
1981	11.4	13.0	5.2	9.7	15.7
1982	3.8	0.7	8.9	5.3	6.8
1983	10.4	11.7	4.9	9.9	12.9
1984	17.6	16.6	18.9	17.4	19.5
1985	38.7	41.7	37.3	36.1	34.0
1986	20.1	20.7	26.2	18.3	13.9
1987	17.1	17.7	14.7	20.1	13.0
1988	26.6	27.5	22.1	28.8	24.9
1989	8.4	7.3	11.5	7.3	10.7
1990	−0.8	0.9	−0.3	−8.1	3.9
1991	11.3	12.7	6.9	11.1	11.6
1992	18.7	17.7	10.9	25.2	21.9
1993	48.8	59.9	37.3	42.4	30.3
1994	52.6	51.0	65.1	53.1	45.9
1995	34.6	33.3	33.2	40.0	32.6
1996	21.4	19.6	16.7	24.3	29.9
1997	11.8	13.4	12.0	5.8	15.0
1998	10.2	9.9	10.2	8.4	13.7
1999	9.2	8.1	10.5	10.4	10.6
2000	10.3	10.2	10.7	10.3	10.4
2001	9.6	9.5	10.5	10.3	10.6
2002	11.6	12.7	10.5	10.4	10.5
2003	11.8	12.3	11.5	11.6	10.6
2004	14.3	15.9	13.1	12.9	11.5
2005	14.6	15.5	13.8	13.8	13.4
2006	15.5	15.9	15.4	15.3	14.5
2007	17.0	17.0	17.2	16.8	16.8
2008	20.1	19.9	20.2	20.3	20.2
2009	14.4	14.2	14.7	14.6	14.6
2010	18.3	18.3	18.0	18.6	18.0
2011	18.2	19.0	17.1	17.8	17.0
2012	15.4	14.8	16.0	16.5	15.3
2013	13.1	10.9	16.1	16.1	14.0
2014	13.7	13.4	15.0	15.2	11.0
2015	10.6	9.1	12.5	12.0	12.5
2016	11.8	11.3	12.0	12.5	12.3
2017	11.2	11.0	11.3	11.5	11.0
2018	10.0	9.8	10.0	10.1	10.2
2019	10.2	12.3	9.1	8.2	6.7
2020	1.0	4.8	0.9	−2.8	−6.6

注：2018 年以来数据根据 2018 年经普修订

7-3 历年分县区社会消费品零售总额发展指数

（以 1978 年为 100）　　单位：%

年份	全 市	市 区	德清县	长兴县	安吉县
1978	100.0	100.0	100.0	100.0	100.0
1979	128.0	126.7	129.8	128.3	130.1
1980	163.8	166.7	173.0	160.1	150.3
1981	182.5	188.5	182.0	175.7	173.9
1982	189.5	189.8	198.3	184.9	185.7
1983	209.1	212.0	208.1	203.2	209.6
1984	245.9	247.1	247.5	238.7	250.4
1985	340.9	350.1	339.7	324.9	335.7
1986	409.4	422.8	428.8	384.2	382.5
1987	479.2	497.7	492.1	461.5	432.2
1988	606.5	634.6	600.7	594.5	539.9
1989	657.3	680.8	669.5	637.9	597.6
1990	652.2	686.7	667.6	586.3	621.1
1991	725.8	773.7	713.5	651.2	693.2
1992	861.4	910.3	791.5	815.0	844.9
1993	1281.3	1455.7	1086.8	1160.8	1100.7
1994	1955.6	2198.0	1794.4	1777.2	1606.5
1995	2631.8	2930.9	2391.0	2488.1	2129.4
1996	3195.0	3505.4	2789.4	3093.0	2766.1
1997	3570.9	3973.8	3124.6	3272.4	3181.0
1998	3933.4	4368.2	3444.1	3545.8	3616.7
1999	4296.9	4721.5	3807.1	3913.2	3998.2
2000	4741.0	5205.2	4214.5	4314.3	4415.5
2001	5196.2	5699.6	4657.0	4756.6	4883.5
2002	5798.9	6423.5	5146.0	5249.8	5397.1
2003	6483.2	7213.6	5737.7	5858.8	5969.2
2004	7410.3	8360.6	6489.3	6614.6	6655.7
2005	8493.1	9653.3	7387.7	7530.4	7550.6
2006	9810.7	11186.2	8529.1	8686.3	8642.2
2007	11474.4	13089.6	9992.2	10146.6	10090.0
2008	13776.0	15695.3	12007.3	12204.2	12126.2
2009	15761.0	17921.0	13775.6	13987.5	13899.1
2010	18646.6	21207.8	16260.4	16589.5	16406.1
2011	22035.4	25228.0	19041.0	19542.4	19195.2
2012	25430.9	28970.7	22078.2	22764.2	22133.5
2013	28759.2	32134.7	25635.4	26432.5	25241.1
2014	32699.5	36453.0	29471.0	30461.8	28011.4
2015	36179.9	39781.9	33149.2	34115.3	31516.6
2016	40440.8	44265.2	37141.1	38379.7	35387.8
2017	44954.1	49145.7	41345.5	42781.2	39281.8
2018	48417.5	54165.6	32918.7	46834.0	49219.3
2019	53345.3	60814.2	35917.6	50651.1	52521.6
2020	53893.7	63711.9	36230.6	49223.4	49058.0

注：2018 年以来数据根据 2018 年经普修订

7-4 历年社会消费品零售总额分类情况（一）

单位：万元

年份	社会消费品零售总额	市的零售额	县的零售额	县以下的零售额	批发和零售贸易业	#批发业	住宿和餐饮贸易业	其它
1993	418770	225539	84908	108323	341711		21046	56013
1994	639133	343674	137126	158333	443450		38587	157096
1995	860135	458283	176371	225481	583398		53243	223494
1996	1005309	513987	224631	266691	718635		66380	220294
1997	1123563	581512	249493	292558	832992		67533	223038
1998	1237645	639230	264234	334181	942842		83281	211522
1999	1351990	690935	283261	377794	1014394		94843	242753
2000	1491751	761705	305616	424430	1133211		115639	242901
2001	1591543	796250	332324	462969	1208176		125924	257443
2002	1708800	852164	357469	499167	1288259		152194	268347
2003	1823403	925695	393272	504436	1617798		170981	34624
2004	2080822	1056636	454254	569931	1823906		218835	38081
2005	2384861	1220017	521480	643364	2087766		254949	42146
2006	2754854	1413747	606352	734755	2409865	272801	298797	46192
2007	3222040	1654297	713142	854602	2818400	312351	353476	50164
2008	3868323	1983620	863825	1020878	3376743	377320	437604	53977
2009	4425700	2264902	984761	1176037	3874601	451715	493646	57453

注：2003 年及以后“其它”不包含农民对城镇居民零售。

7-4 历年社会消费品零售总额分类情况（二）

单位：万元

年份	社会消费品零售总额	城镇零售额	城区	乡村零售额	批发和零售贸易业	#批发业	住宿和餐饮贸易业
2010	5160918	3781242	2198169	1379676	4623676	209288	537242
2011	6098868	4485561	2627392	1613307	5463987	292359	634881
2012	7038667	5173388	3029313	1865279	6307080	328831	731587
2013	7662182	5550102	3148391	2112081	6862884	354909	799299
2014	8711964	6286118	3562322	2425847	7832700	383564	879264
2015	9639221	6927708	3952081	2711513	8635929	530473	1003292
2016	10688648	7689413	4510610	2999235	9495504	647911	1193144
2017	11881547	8547585	5014013	3333962	10437745	890795	1443802
2018	12796919	9148517	5349112	3648402	11160912	1130431	1636007
2019	14099371	9649567	6993073	4449804	12646833	1376031	1452538
2020	14244312	10825677	6409940	3418635	12433309	1310589	1811003

注：①2010 年起“市、县、县以下”统计分组改为“城镇、乡村，城镇列其中：城区”。②2010 年起分行业零售额根据经普调整。③2018 年以来数据根据 2018 年经普修订

7–5 历年限额以上批发零售业主要指标

单位：万元

年份	法人企业（个）	产业活动单位（个）	从业人数（人）	销售总额			年末零售营业面积（万平方米）	资产合计	利润总额
					批　发	零　售			
1998	123	92	10812	823661	702719	120942	14.2	590333	–5353
1999	119	245	14511	831030	707798	123231	15.8	461518	5347
2000	107	184	11876	915269	783822	131447	17.6	432857	18320
2001	118	711	9445	1091954	941595	150359	19.7	437883	23188
2002	113	612	9472	1145661	957867	187794	21.9	476537	30646
2003	118	492	8603	1380094	1133855	246238	24.5	558227	35180
2004	150	562	8984	1854416	1415199	439217	27.3	645629	54776
2005	154	533	9730	2158894	1553958	604936	30.5	707801	62796
2006	163	438	10822	2589425	1747039	842386	33.7	741261	61780
2007	177	555	12291	3238434	2217450	1020984	80.6	892477	86609
2008	282	786	12325	4030097	3044857	985240	35.6	1227970	126051
2009	279	758	13715	4006938	2867662	1139276	48.0	1461332	108696
2010	315	805	15801	5691536	4240749	1450787	64.6	2133025	108880
2011	347	856	18536	9179168	7227592	1951575	60.5	3330793	122640
2012	436	972	23606	12977941	10696773	2281168	137.9	4495312	109197
2013	583	1414	29149	18116412	15328762	2787650	194.7	6161885	186602
2014	644	1469	32315	20045370	16361152	3684218	220.6	6728657	291549
2015	666	1515	32511	20404706	16839726	3564980	161.6	7187417	482361
2016	702	1469	32788	22877785	19348337	3529448	150.9	7901989	556685
2017	744	1486	26068	21565470	18115848	3449622	120.4	7094814	373811
2018	780	1153	26490	25790315	22282532	3507783	116.7	7510156	346799
2019	922	1099	26374	31134617	26882024	4172873	195.6	9276137	399565
2020	982	1130	26383	36463634	32065859	4363349	184.0	12508490	350121

7-6 主要年份限额以上连锁总店（公司）经营情况

	2001 年	2005 年	2008 年	2010 年	2011 年	2012 年
门店总数（个）	3	7	5	8	9	9
连锁门店数（个）	36	276	795	908	944	938
配送中心（个）		9	6	7	7	9
营业面积（平方米）	8277	35020	63036	75842	89533	114177
从业人员（人）	508	1353	1802	3379	4352	4335
经营餐饮业务餐位数（位）		840		7283	11053	14172
商品购进总额		34022	51938	62567	85027	89448
#统一配送商品购进额		29941	44415	54602	74217	78039
#自有配送中心配送商品购进额		25463	18166	19961	25080	39038
#住宿餐饮业商品购进总额		364		8277	12208	13967
商品销售额	7867	35114	53640	65028	72717	82199
#零售额	4097	35114	53640	65028	72717	82199
营业额	551	599		20373	29645	35195
#快餐	551	599		20373	29645	35195

7-6 主要年份限额以上连锁总店（公司）经营情况

续 1 单位：万元

	2013 年	2014 年	2015 年	2016 年	2017 年	2018 年
门店总数（个）	9	9	9	10	10	12
连锁门店数（个）	952	974	979	1183	1274	654
配送中心（个）	10	10	9	10	10	9
营业面积（平方米）	111116	109065	109405	140274	128598	112000
从业人员（人）	4654	4522	4547	5744	9020	6769
经营餐饮业务餐位数（位）	13077	11823	12859	19755	20625	18711
商品购进总额	88692	89005	96900	113760	134967	116982
#统一配送商品购进额	77758	77541	79358	90958	114674	114668
#自有配送中心配送商品购进额	20872	23464	28397	31301	81125	73369
#住宿餐饮业商品购进总额	17242	16353	17542	22802	40575	36789
商品销售额	80278	81222	82741	82384	89282	64566
#零售额	80278	80913	82741	82370	87129	52609
营业额	42568	50112	53988	65388	99783	99464
#快餐	42568	50112	53988	65388	99783	99464

7-7 限额以上连锁总店（公司）经营情况

单位：万元

	连锁总店数（个）	连锁门店数（个）			营业面积（平方米）	从业人数（人）	商品购进额	销售总额及营业收入	
			直营店	加盟店					零售额
总　计	**12**	**654**	**471**	**183**	**112000**	**6769**	**116982**	**164030**	**152073**
批发零售业	11	396	227	169	57645	1478	80193	64566	52609
#超　市	1	44	44		12255	204	8766	8814	8814
百货店	1	13	13		13000	136	14079	14093	14093
专业店	9	339	170	169	32390	1138	57349	41658	29701
住宿餐饮业	1	258	244	14	54355	5291	36789	99464	99464
#快餐	1	258	244	14	54355	5291	36789	99464	99464

7-8 限额以上批发零售业法人企业基本情况

	法人企业（个）	从业人数（人）
总　　计	**982**	**26383**
一、批发业	**664**	**11642**
1. 按批发行业小类分组		
农、林、牧、渔产品批发	15	144
#谷物、豆及薯类批发	3	33
畜牧渔业饲料批发	6	42
棉、麻批发	1	8
林业产品批发	1	6
渔业产品批发	1	8
其他农牧产品批发	3	47
食品、饮料及烟草制品批发	29	1538
#米、面制品及食用油批发	7	209
糕点、糖果及糖批发	3	45
肉、禽、蛋、奶及水产品批发	4	69
盐及调味品批发	2	64
酒、饮料及茶叶批发	8	374
烟草制品批发	1	668
其他食品批发	4	109
纺织、服装及家庭用品批发	137	2842
#纺织品、针织品及原料批发	74	695
服装批发	25	1171
化妆品及卫生用品批发	12	589
厨房卫具及日用杂品批发	2	11
灯具、装饰物品批发	11	275
家用视听设备批发	2	29
日用家电批发	5	51
其他家庭用品批发	6	21
文化、体育用品及器材批发	6	104
#文具用品批发	3	44
体育用品及器材批发	1	23
图书批发	1	4
其他文化用品批发	1	33
医药及医疗器材批发	14	489
#西药批发	7	285
中药批发	4	160
医疗用品及器材批发	3	44
矿产品、建材及化工产品批发	353	3859
#煤炭及制品批发	18	100
石油及制品批发	15	164
非金属矿及制品批发	5	46
金属及金属矿批发	165	1339

7–8　限额以上批发零售业法人企业基本情况

续 1

	法人企业（个）	从业人数（人）
建材批发	88	1529
化肥批发	6	57
农药批发	4	43
其他化工产品批发	52	581
机械设备、五金产品及电子产品批发	63	1143
#汽车及零配件批发	18	343
五金产品批发	12	204
电气设备批发	6	79
计算机、软件及辅助设备批发	1	13
通讯设备批发	4	75
其他机械设备及电子产品批发	22	429
贸易经纪与代理	6	112
#贸易代理	6	112
其他批发业	41	1411
#再生物资回收与批发	14	161
互联网批发	2	12
其他未列明批发业	25	1238
2. 按登记注册类型分组		
内资企业	649	11498
国有企业	3	691
有限责任公司	100	2965
#国有独资公司	7	113
其他有限责任公司	93	2852
股份有限公司	4	50
私营企业	541	7780
#私营独资企业	4	16
私营有限责任公司	530	7649
私营股份有限公司	7	115
其他企业	1	12
港、澳、台商投资企业	7	107
#与港澳台商合资经营企业	4	83
港澳台商独资企业	2	11
港澳台商投资股份有限公司	1	13
外商投资企业	8	37
#中外合资经营企业	4	24
外资企业	4	13
3. 按控股情况分组		
国有控股	33	1373
集体控股	7	80
私人控股	594	9595
港澳台商控股	5	50
外商控股	6	29
其他	19	515

7-8 限额以上批发零售业法人企业基本情况

续 2

	法人企业（个）	从业人数（人）
二、零售业	**318**	**14741**
1. 按零售行业小类分组		
综合零售	34	3873
#百货零售	12	1852
超级市场零售	21	1964
其他综合零售	1	57
食品、饮料及烟草制品专门零售	26	658
#粮油零售	2	7
糕点、面包零售	2	26
果品、蔬菜零售	11	332
肉、禽、蛋、奶及水产品零售	6	172
酒、饮料及茶叶零售	2	63
烟草制品零售	2	54
其他食品零售	1	4
纺织、服装及日用品专门零售	10	407
#服装零售	4	256
鞋帽零售	1	72
化妆品及卫生用品零售	1	18
厨具卫具及日用杂品零售	1	20
其他日用品零售	3	41
文化、体育用品及器材专门零售	14	747
#文具用品零售	1	16
图书、报刊零售	4	252
珠宝首饰零售	3	232
工艺美术品及收藏品零售	3	73
其他文化用品零售	3	174
医药及医疗器材专门零售	19	1317
#西药零售	18	1305
医疗用品及器材零售	1	12
汽车、摩托车、零配件和燃料及其他动力销售	128	5648
#汽车新车零售	83	3925
汽车新车零售	1	60
汽车零配件零售	4	159
摩托车及零配件零售	1	19
机动车燃油零售	39	1485
家用电器及电子产品专门零售	33	734
#家用视听设备零售	7	256
日用家电零售	15	275
计算机、软件及辅助设备零售	8	139
通信设备零售	3	64

7-8 限额以上批发零售业法人企业基本情况

续 3

	法人企业（个）	从业人数（人）
五金、家具及室内装饰材料专门零售	20	348
#五金零售	4	47
灯具零售	2	12
家具零售	12	259
卫生洁具零售	1	21
其他室内装饰材料零售	1	9
货摊、无店铺及其他零售业	34	1009
#互联网零售	21	639
自动售货机零售	1	2
生活用燃料零售	11	363
其他未列明零售业	1	5
2. 按登记注册类型分组		
内资企业	312	14146
国有企业	2	37
有限责任公司	71	5249
国有独资公司	5	278
其他有限责任公司	66	4971
股份有限公司	4	719
私营企业	234	8116
私营独资企业	16	293
私营合伙企业	1	16
私营有限责任公司	214	7718
私营股份有限公司	3	89
其他企业	1	25
港、澳、台商投资企业	4	391
#港澳台商独资企业	3	375
港澳台商投资股份有限公司	1	16
外商投资企业	2	204
外资企业	2	204
3. 按控股情况分组		
#国有控股	27	1550
集体控股	13	1923
私人控股	261	9963
港澳台商控股	4	391
外商控股	2	204
其他	11	710

7-9　市区限额以上批发零售业法人企业基本情况

	法人企业（个）	从业人数（人）
总　　计	**439**	**14037**
一、批发业	**295**	**4765**
1. 按批发行业小类分组		
农、林、牧、渔产品批发	9	46
#谷物、豆及薯类批发	2	2
畜牧渔业饲料批发	3	21
棉、麻批发	1	8
林业产品批发	1	6
渔业产品批发	1	8
其他农牧产品批发	1	1
食品、饮料及烟草制品批发	18	996
#米、面制品及食用油批发	4	113
糕点、糖果及糖批发	3	45
肉、禽、蛋、奶及水产品批发	3	25
盐及调味品批发	1	62
酒、饮料及茶叶批发	3	29
烟草制品批发	1	668
其他食品批发	3	54
纺织、服装及家庭用品批发	80	1695
#纺织品、针织品及原料批发	35	329
服装批发	21	908
化妆品及卫生用品批发	5	125
厨房卫具及日用杂品批发		
灯具、装饰物品批发	10	255
家用视听设备批发	1	15
日用家电批发	5	51
其他家庭用品批发	3	12
文化、体育用品及器材批发	3	45
#文具用品批发	2	41
体育用品及器材批发		
图书批发	1	4
其他文化用品批发		
医药及医疗器材批发	6	325
#西药批发	3	202
中药批发	2	105
医疗用品及器材批发	1	18
矿产品、建材及化工产品批发	134	943
#煤炭及制品批发	5	14
石油及制品批发	8	118
非金属矿及制品批发	2	26
金属及金属矿批发	52	271

7-9 市区限额以上批发零售业法人企业基本情况

续 1

	法人企业（个）	从业人数（人）
建材批发	40	238
化肥批发	3	28
农药批发	1	4
其他化工产品批发	23	244
机械设备、五金产品及电子产品批发	36	645
#汽车及零配件批发	10	251
五金产品批发	7	109
电气设备批发	5	77
计算机、软件及辅助设备批发		
通讯设备批发	2	59
其他机械设备及电子产品批发	12	149
贸易经纪与代理	2	37
#贸易代理	2	37
其他批发业	7	33
#再生物资回收与批发	3	16
互联网批发	2	12
其他未列明批发业	2	5
2. 按登记注册类型分组		
内资企业	291	4755
国有企业	3	691
有限责任公司	43	772
#国有独资公司	1	62
其他有限责任公司	42	710
股份有限公司	2	23
私营企业	242	3257
#私营独资企业	2	6
私营有限责任公司	236	3203
私营股份有限公司	4	48
其他企业	1	12
港、澳、台商投资企业		
#与港澳台商合资经营企业		
港澳台商独资企业		
港澳台商投资股份有限公司		
外商投资企业	4	10
#中外合资经营企业	2	8
外资企业	2	2
3. 按控股情况分组		
国有控股	14	1027
集体控股	4	17
私人控股	267	3594
港澳台商控股		
外商控股	2	2
其他	8	125

7-9 市区限额以上批发零售业法人企业基本情况

续 2

	法人企业 （个）	从业人数 （人）
二、零售业	144	9272
1. 按零售行业小类分组		
综合零售	17	2352
#百货零售	5	950
超级市场零售	12	1402
其他综合零售		
食品、饮料及烟草制品专门零售	13	448
#粮油零售		
糕点、面包零售	2	26
果品、蔬菜零售	6	237
肉、禽、蛋、奶及水产品零售	4	157
酒、饮料及茶叶零售		
烟草制品零售	1	28
其他食品零售		
纺织、服装及日用品专门零售	8	381
#服装零售	2	230
鞋帽零售	1	72
化妆品及卫生用品零售	1	18
厨具卫具及日用杂品零售	1	20
其他日用品零售	3	41
文化、体育用品及器材专门零售	5	378
#文具用品零售	1	16
图书、报刊零售	1	130
珠宝首饰零售	1	145
工艺美术品及收藏品零售		
其他文化用品零售	2	87
医药及医疗器材专门零售	9	805
#西药零售	9	805
医疗用品及器材零售		
汽车、摩托车、零配件和燃料及其他动力销售	70	4094
#汽车新车零售	50	2762
汽车旧车零售	1	60
汽车零配件零售	3	156
摩托车及零配件零售		
机动车燃油零售	16	1116
家用电器及电子产品专门零售	12	343
#家用视听设备零售	3	197
日用家电零售	5	65
计算机、软件及辅助设备零售	3	66
通信设备零售	1	15

7-9 市区限额以上批发零售业法人企业基本情况

续 3

	法人企业（个）	从业人数（人）
五金、家具及室内装饰材料专门零售	1	21
#五金零售		
灯具零售		
家具零售		
卫生洁具零售	1	21
其他室内装饰材料零售		
货摊、无店铺及其他零售业	9	450
#互联网零售	6	406
自动售货机零售		
生活用燃料零售	3	44
其他未列明零售业		
2. 按登记注册类型分组		
内资企业	140	8956
国有企业	1	19
有限责任公司	45	4281
国有独资公司	1	130
其他有限责任公司	44	4151
股份有限公司	2	712
私营企业	92	3944
私营独资企业	9	213
私营合伙企业		
私营有限责任公司	82	3694
私营股份有限公司	1	37
其他企业		
港、澳、台商投资企业	2	112
#港澳台商独资企业	2	112
港澳台商投资股份有限公司		
外商投资企业	2	204
外资企业	2	204
3. 按控股情况分组		
#国有控股	15	1294
集体控股	11	1613
私人控股	107	5497
港澳台商控股	2	112
外商控股	2	204
其他	7	552

7-10 限额以上批发零售业法人企业购销存情况

单位：万元

	商品购进额	#进口	商品销售额	批发额	#出口	零售额	期末商品库存额	年末零售营业面积（万平方米）
总计	**34871872**	**291377**	**36463634**	**32065859**	**723840**	**4363349**	**1080023**	**184.0**
一、批发业	**30784769**	**210458**	**31764103**	**31392846**	**720998**	**336831**	**749391**	**44.0**
1. 按批发行业小类分组								
农、林、牧、渔产品批发	141602	1995	148096	147762		334	12629	0.4
#谷物、豆及薯类批发	31198		31601	31601			9130	0.0
畜牧渔业饲料批发	75989		78498	78498			2161	0.2
棉、麻批发	2389	1593	2332	2332			862	
林业产品批发			1890	1890			24	0.1
渔业产品批发	2173		3582	3497		85	54	0.1
其他农牧产品批发	29854	402	30193	29944		249	399	0.1
食品、饮料及烟草制品批发	821509		1081990	1062195		19795	41014	2.5
#米、面制品及食用油批发	126694		131432	129247		2185	3930	0.1
糕点、糖果及糖批发	15720		13893	13594		299	7177	0.2
肉、禽、蛋、奶及水产品批发	14388		15027	13389		1639	693	1.9
盐及调味品批发	51249		52531	52531			1068	
酒、饮料及茶叶批发	113200		131383	115723		15660	11643	0.4
烟草制品批发	481765		718198	718198			14694	
其他食品批发	18494		19525	19514		11	1808	0.0
纺织、服装及家庭用品批发	2154678	801	2268411	2228888	375354	35013	86181	4.8
#纺织品、针织品及原料批发	1473600	42	1509213	1474198	188054	30506	7571	1.9
服装批发	316362	38	351332	349379	127585	1953	18146	2.0
化妆品及卫生用品批发	166592	452	192356	189892	191	2464	50104	0.1
厨房卫具及日用杂品批发	14901		15748	15747	11282	1	154	0.0
灯具、装饰物品批发	70835		76031	76006	19641	25	402	0.8
家用视听设备批发	8695		11808	11808			6635	
日用家电批发	79868		85526	85462	9622	65	2647	0.1
其他家庭用品批发	23825	270	26397	26397	18980		522	0.0
文化、体育用品及器材批发	46035		49488	49436	18405	53	1719	0.1
#文具用品批发	22566		25328	25275		53	836	0.1
体育用品及器材批发	18000		18405	18405	18405		7	0.0
图书批发	3496		2685	2685			579	
其他文化用品批发	1973		3071	3071			297	
医药及医疗器材批发	246971	3201	269479	261391	20350	8089	18715	2.2
#西药批发	172134		184033	175945	1159	8089	10959	2.2
中药批发	51668	3201	59358	59358			5045	
医疗用品及器材批发	23169		26089	26089	19190		2711	0.0
矿产品、建材及化工产品批发	14934069	177080	15221727	15090326	74769	126939	526664	26.7
#煤炭及制品批发	194490		202390	201945		445	4737	1.0
石油及制品批发	259246		271699	197135		73582	3187	1.9
非金属矿及制品批发	63173		66291	66291	6749		3175	0.1
金属及金属矿批发	11558991	87756	11690099	11651065	906	37382	88527	15.0

7-10 限额以上批发零售业法人企业购销存情况

续 1

单位：万元

	商品购进额	#进口	商品销售额	批发额	#出口	零售额	期末商品库存额	年末零售营业面积（万平方米）
建材批发	2263011	89108	2366035	2350295	28655	14685	416365	3.9
化肥批发	33648		34344	34344			3492	0.5
农药批发	19712		21048	21048	11829		313	0.7
其他化工产品批发	541798	216	569823	568204	26629	846	6868	3.6
机械设备、五金产品及电子产品批发	1289845	25834	1339041	1320825	125222	18216	30212	4.4
#汽车及零配件批发	195725		207071	204590	33831	2481	13161	2.9
五金产品批发	468697	49	482087	481179	16358	908	2011	0.9
电气设备批发	22533		24404	24397	10162	7	274	0.1
计算机、软件及辅助设备批发	1106		2475	2417		58	12	
通讯设备批发	127700		130114	125916		4198	1862	0.0
其他机械设备及电子产品批发	474084	25785	492889	482325	64871	10564	12892	0.4
贸易经纪与代理	100281	1546	106551	106551	79563		618	0.2
#贸易代理	100281	1546	106551	106551	79563		618	0.2
其他批发业	11049779		11279321	11125473	27336	128393	31638	2.6
#再生物资回收与批发	517119		557078	528733		2891	20247	1.2
互联网批发	48226		68393	54068		14325	942	
其他未列明批发业	10484435		10653851	10542673	27336	111178	10449	1.5
2. 按登记注册类型分组								
内资企业	29742921	208570	30706035	30340078	680869	331531	746373	43.4
国有企业	671889	13239	912734	912734	13237		14699	
有限责任公司	11237875	109227	11424979	11245000	138172	179978	510327	5.1
#国有独资公司	130619		134945	74556		60389	10968	0.0
其他有限责任公司	11107257	109227	11290034	11170445	138172	119589	499359	5.1
股份有限公司	480359		507514	507514			8824	
私营企业	17351713	86104	17859709	17673730	529460	151553	212288	38.3
#私营独资企业	9378		12268	12228		40	238	0.1
私营有限责任公司	16706524	83984	17207413	17026908	519717	146079	205473	38.1
私营股份有限公司	635810	2120	640027	634594	9744	5434	6577	0.1
其他企业	1085		1100	1100			235	
港、澳、台商投资企业	26705	724	37859	37776	22862	83	476	0.3
#与港澳台商合资经营企业	25019	724	25695	25670	13219	25	277	0.3
港澳台商独资企业	580		9688	9688	9643		186	
港澳台商投资股份有限公司	1106		2475	2417		58	12	
外商投资企业	1015143	1164	1020210	1014993	17266	5217	2541	0.2
#中外合资经营企业	43021	1125	44161	43142	10370	1019	2067	0.2
外资企业	972123	39	976049	971851	6896	4198	474	0.0
3. 按控股情况分组								
国有控股	3639433	76095	3954337	3879625	114354	74712	62186	1.9
集体控股	35923		40994	40909	4246	85	1322	0.4
私人控股	24475356	87717	25096677	24814671	546029	247580	667153	39.2
港澳台商控股	19096	724	29624	29541	18617	83	451	0.3
外商控股	1012404	39	1017179	1011962	15980	5217	1608	0.2
其他	1602556	45884	1625293	1616139	21772	9154	16670	2.0

7-10 限额以上批发零售业法人企业购销存情况

续2 单位：万元

	商品购进额	#进口	商品销售额	批发额	#出口	零售额	期末商品库存额	年末零售营业面积（万平方米）
二、零售业	**4087103**	**80919**	**4699531**	**673013**	**2842**	**4026518**	**330632**	**140.0**
1. 按零售行业小类分组								
综合零售	483512		534303	50360		483942	60919	34.3
#百货零售	336079		365348	30479		334869	33608	24.1
超级市场零售	146674		167553	19881		147672	26741	9.8
其他综合零售	759		1402			1402	570	0.4
食品、饮料及烟草制品专门零售	40385		50942	5427		45516	7151	3.1
#粮油零售	1851		1923			1923	234	0.0
糕点、面包零售	495		1084			1084	149	0.0
果品、蔬菜零售	17495		23088	1837		21252	1140	1.5
肉、禽、蛋、奶及水产品零售	7212		8155			8155	615	0.5
酒、饮料及茶叶零售	7048		9381	780		8601	3856	1.0
烟草制品零售	4578		5493	2810		2683	1142	0.1
其他食品零售	1706		1819			1819	15	0.0
纺织、服装及日用品专门零售	44116		59304	7484		51820	1142	2.4
#服装零售	32064		43325	113		43212	413	2.2
鞋帽零售	657		957			957	92	0.2
化妆品及卫生用品零售	908		2568	186		2382	424	
厨具卫具及日用杂品零售	2281		3267			3267	66	0.0
其他日用品零售	8207		9187	7185		2002	146	0.1
文化、体育用品及器材专门零售	50609		65980	9007		56974	13652	4.3
#文具用品零售	878		996			996	44	0.0
图书、报刊零售	21479		27550	85		27465	4528	1.7
珠宝首饰零售	10031		15248	6214		9034	8524	0.5
工艺美术品及收藏品零售	5674		6913	2708		4205	273	1.5
其他文化用品零售	12547		15275			15275	284	0.5
医药及医疗器材专门零售	63774		82682	10868		71814	9683	4.2
#西药零售	62575		81058	10868		70190	9669	4.1
医疗用品及器材零售	1199		1624			1624	14	0.0
汽车、摩托车、零配件和燃料及其他动力销售	2309041	79382	2513922	463173		2050749	198492	80.4
#汽车新车零售	1481461	60848	1530258	118234		1412024	153714	33.1
汽车旧车零售	18534	18534	18628			18628	94	0.6
汽车零配件零售	35360		37453	2637		34816	5392	0.4
摩托车及零配件零售	2569		2735	34		2701	37	0.0
机动车燃油零售	771117		924848	342268		582579	39255	46.3
家用电器及电子产品专门零售	134106	1537	153799	37716		116083	14709	4.4
#家用视听设备零售	73359	1537	86265	24843		61421	6322	2.8
日用家电零售	31455		35817	4839		30978	6495	1.3
计算机、软件及辅助设备零售	15139		16551	1086		15466	1294	0.1
通信设备零售	14153		15167	6948		8218	598	0.2

7-10 限额以上批发零售业法人企业购销存情况

续 3　　　　单位：万元

	商品购进额	#进口	商品销售额	批发额	#出口	零售额	期末商品库存额	年末零售营业面积（万平方米）
五金、家具及室内装饰材料专门零售	76149		87500	12472	2842	75028	5990	0.9
#五金零售	12121		13752			13752	956	0.0
灯具零售	3793		3845			3845	27	0.0
家具零售	54348		63805	12285	2842	51521	4359	0.7
卫生洁具零售	1668		1793	188		1606	269	0.1
其他室内装饰材料零售	4219		4305			4305	379	0.0
货摊、无店铺及其他零售业	885411		1151099	76506		1074593	18896	6.0
#互联网零售	818148		1051679	71397		980282	17000	0.6
自动售货机零售	28849		44732			44732	853	
生活用燃料零售	37489		53664	5109		48556	941	5.3
其他未列明零售业	925		1024			1024	101	0.1
2. 按登记注册类型分组								
内资企业	3816139	65964	4422019	663603	2842	3758415	307306	136.8
国有企业	5190		5648			5648	398	0.1
有限责任公司	1567305	19862	1878546	94269		1784278	86518	45.3
国有独资公司	22388		28671	85		28586	5227	1.7
其他有限责任公司	1544917	19862	1849875	94184		1755692	81291	43.5
股份有限公司	600377		731421	251710		479711	34690	34.2
私营企业	1642470	46102	1804879	317624	2842	1487255	185513	57.2
私营独资企业	25525		28356	990		27366	2534	2.5
私营合伙企业	2367		2682			2682	35	0.0
私营有限责任公司	1613040	46102	1770028	315429	2842	1454599	182889	54.4
私营股份有限公司	1539		3813	1206		2608	55	0.3
其他企业	796		1524			1524	188	0.0
港、澳、台商投资企业	112793	14955	117441	4813		112628	8029	2.5
#港澳台商独资企业	98258	14955	102909	3759		99150	8021	2.5
港澳台商投资股份有限公司	14535		14533	1055		13478	9	
外商投资企业	158172		160071	4597		155475	15297	0.7
外资企业	158172		160071	4597		155475	15297	0.7
3. 按控股情况分组								
#国有控股	697720	18534	831484	266448		565036	44987	41.2
集体控股	354199		368965	57693		311272	27583	15.3
私人控股	2605203	46102	3042987	327760	2842	2715227	205445	69.8
港澳台商控股	112793	14955	117441	4813		112628	8029	2.5
外商控股	158172		160071	4597		155475	15297	0.7
其他	159017	1328	178583	11702		166881	29291	10.5

7-11 市区限额以上批发零售业法人企业购销存情况

单位：万元

	购进总额	#进口	销售总额	批发	#出口	零售	年末库存总额	年末零售营业面积（万平方米）
总计	**10151430**	**193987**	**11069310**	**7911238**	**257189**	**3156889**	**328066**	**106.6**
一、批发业	**7017679**	**113068**	**7471480**	**7408296**	**257189**	**62000**	**118395**	**14.6**
1. 按批发行业小类分组								
农、林、牧、渔产品批发	75733	1593	79572	79487		85	1196	0.3
#谷物、豆及薯类批发	28214		28247	28247				0.0
畜牧渔业饲料批发	17754		18302	18302			256	0.1
棉、麻批发	2389	1593	2332	2332			862	
林业产品批发			1890	1890			24	0.1
渔业产品批发	2173		3582	3497		85	54	0.1
其他农牧产品批发	25204		25220	25220				
食品、饮料及烟草制品批发	594781		839610	835816		3794	26766	0.5
#米、面制品及食用油批发	65279		70832	68647		2185	1755	0.1
糕点、糖果及糖批发	15720		13893	13594		299	7177	0.2
肉、禽、蛋、奶及水产品批发	8737		9306	9302		4	444	0.1
盐及调味品批发	4447		4877	4877			672	
酒、饮料及茶叶批发	9682		12379	11085		1294	215	0.2
烟草制品批发	481765		718198	718198			14694	
其他食品批发	9152		10124	10113		11	1808	0.0
纺织、服装及家庭用品批发	1364865	493	1431932	1422322	152885	9610	23944	3.3
#纺织品、针织品及原料批发	936672	42	960506	954797	61854	5708	5532	0.9
服装批发	209657		232300	230926	64916	1374	11533	1.7
化妆品及卫生用品批发	66083	452	74149	71685	191	2464	2416	0.0
厨房卫具及日用杂品批发								
灯具、装饰物品批发	61689		66898	66898	10667		226	0.6
家用视听设备批发	2651		3314	3314			1108	
日用家电批发	79868		85526	85462	9622	65	2647	0.1
其他家庭用品批发	8246		9239	9239	5636		481	0.0
文化、体育用品及器材批发	19478		21425	21372		53	1414	0.1
#文具用品批发	15982		18740	18687		53	836	0.1
体育用品及器材批发								
图书批发	3496		2685	2685			579	
其他文化用品批发								
医药及医疗器材批发	207413		220325	212236		8089	15180	0.8
#西药批发	158329		168555	160467		8089	9366	0.8
中药批发	42618		44871	44871			3104	
医疗用品及器材批发	6466		6898	6898			2711	
矿产品、建材及化工产品批发	4012940	110933	4069373	4052675	28657	15515	30482	7.4
#煤炭及制品批发	28462		30743	30743			2084	0.0
石油及制品批发	50391		55811	45267		10416	912	1.7
非金属矿及制品批发	47795		48165	48165	3599		1705	0.0
金属及金属矿批发	3128264	87756	3151508	3151358	906	150	9262	2.0

7-11 市区限额以上批发零售业法人企业购销存情况

续1 单位：万元

	购进总额	#进口	销售总额	批发	#出口	零售	年末库存总额	年末零售营业面积（万平方米）
建材批发	440436	23177	457031	451028	16109	4949	12208	2.3
化肥批发	20840		20940	20940			1570	0.1
农药批发	2600		2764	2764	2764			0.0
其他化工产品批发	294153		302411	302411	5279		2741	1.2
机械设备、五金产品及电子产品批发	291145	49	310104	299574	48179	10530	13068	1.8
#汽车及零配件批发	143250		149962	149962	13775		9470	0.5
五金产品批发	42187	49	45384	45344	16358	40	368	0.8
电气设备批发	16563		17593	17586	10162	7	274	0.1
计算机、软件及辅助设备批发								
通讯设备批发	51830		54483	54483			1209	0.0
其他机械设备及电子产品批发	37316		42682	32198	7885	10484	1747	0.3
贸易经纪与代理	7267		8288	8288	8288		39	0.2
#贸易代理	7267		8288	8288	8288		39	0.2
其他批发业	444057		490852	476527	19180	14325	6306	0.3
#再生物资回收与批发	63069		62956	62956			5364	0.2
互联网批发	48226		68393	54068		14325	942	
其他未列明批发业	332763		359503	359503	19180			0.1
2. 按登记注册类型分组								
内资企业	6808630	111904	7261533	7198350	249007	62000	117440	14.6
国有企业	671889	13239	912734	912734	13237		14699	
有限责任公司	2069395	24981	2151073	2133279	34697	17794	21762	3.4
#国有独资公司	4447		4877	4877			672	
其他有限责任公司	2064948	24981	2146196	2128402	34697	17794	21090	3.4
股份有限公司	239370		240190	240190				
私营企业	3826892	73684	3956436	3911047	201073	44206	80744	11.2
#私营独资企业	1594		1816	1776		40	38	0.0
私营有限责任公司	3418267	71563	3546451	3502824	191330	42444	80252	11.2
私营股份有限公司	407031	2120	408169	406447	9744	1722	454	0.0
其他企业	1085		1100	1100			235	
港、澳、台商投资企业								
#与港澳台商合资经营企业								
港澳台商独资企业								
港澳台商投资股份有限公司								
外商投资企业	209049	1164	209947	209947	8182		955	0.0
#中外合资经营企业	2740	1125	3031	3031	1286		934	0.0
外资企业	206310	39	206916	206916	6896		22	
3. 按控股情况分组								
国有控股	1526426	13239	1777576	1770393	26334	7183	21881	1.5
集体控股	19462		22352	22267		85	185	0.1
私人控股	5073933	75261	5260393	5212566	212185	46643	86922	11.9
港澳台商控股								
外商控股	206310	39	206916	206916	6896		22	
其他	191548	24529	204243	196155	11774	8089	9386	1.1

7-11 市区限额以上批发零售业法人企业购销存情况

续2 单位：万元

	购进总额	#进口	销售总额	批发	#出口	零售	年末库存总额	年末零售营业面积（万平方米）
二、零售业	**3133752**	**80919**	**3597831**	**502942**		**3094889**	**209671**	**92.0**
1. 按零售行业小类分组								
综合零售	330634		343829	49292		294537	45836	16.5
#百货零售	217681		218081	30479		187603	24945	10.2
超级市场零售	112954		125747	18813		106934	20892	6.4
其他综合零售								
食品、饮料及烟草制品专门零售	21889		27265	4128		23137	2098	1.7
#粮油零售								
糕点、面包零售	495		1084			1084	149	0.0
果品、蔬菜零售	12893		16150	1317		14833	910	1.1
肉、禽、蛋、奶及水产品零售	4832		5659			5659	596	0.5
酒、饮料及茶叶零售								
烟草制品零售	3669		4372	2810		1561	443	0.1
其他食品零售								
纺织、服装及日用品专门零售	28946		36363	7371		28992	797	2.3
#服装零售	16893		20384			20384	69	2.1
鞋帽零售	657		957			957	92	0.2
化妆品及卫生用品零售	908		2568	186		2382	424	
厨具卫具及日用杂品零售	2281		3267			3267	66	0.0
其他日用品零售	8207		9187	7185		2002	146	0.1
文化、体育用品及器材专门零售	26321		33278	5846		27431	7278	1.0
#文具用品零售	878		996			996	44	0.0
图书、报刊零售	10495		14117			14117	2153	0.7
珠宝首饰零售	7793		10631	5846		4785	5050	0.2
工艺美术品及收藏品零售								
其他文化用品零售	7155		7534			7534	31	0.0
医药及医疗器材专门零售	41754		53794	5975		47820	5900	2.5
#西药零售	41754		53794	5975		47820	5900	2.5
医疗用品及器材零售								
汽车、摩托车、零配件和燃料及其他动力销售	1911288	79382	2085932	393757		1692175	137428	63.1
#汽车新车零售	1189589	60848	1225872	97745		1128127	97768	22.8
汽车旧车零售	18534	18534	18628			18628	94	0.6
汽车零配件零售	34082		36169	2637		33532	3868	0.3
摩托车及零配件零售								
机动车燃油零售	669082		805263	293375		511888	35698	39.4
家用电器及电子产品专门零售	76701	1537	90527	28317		62210	4925	2.5
#家用视听设备零售	61235	1537	73580	23213		50368	2993	2.2
日用家电零售	5999		6809	986		5823	1201	0.3
计算机、软件及辅助设备零售	5056		5448			5448	708	0.0
通信设备零售	4411		4690	4118		572	23	0.0

7-11 市区限额以上批发零售业法人企业购销存情况

续3

单位：万元

	购进总额	#进口	销售总额	批发	#出口	零售	年末库存总额	年末零售营业面积（万平方米）
五金、家具及室内装饰材料专门零售	1668		1793	188		1606	269	0.1
#五金零售								
灯具零售								
家具零售								
卫生洁具零售	1668		1793	188		1606	269	0.1
其他室内装饰材料零售								
货摊、无店铺及其他零售业	694551		925051	8069		916982	5140	2.3
#互联网零售	690162		919489	6871		912618	4967	
自动售货机零售								
生活用燃料零售	4389		5562	1198		4364	174	2.3
其他未列明零售业								
2. 按登记注册类型分组								
内资企业	2892961	65964	3355253	494587		2860666	189677	89.4
国有企业	4203		4262			4262	306	0.0
有限责任公司	1426650	19862	1710057	93625		1616433	74622	28.7
国有独资公司	10495		14117			14117	2153	0.7
其他有限责任公司	1416155	19862	1695940	93625		1602316	72468	28.0
股份有限公司	567572		682617	251710		430907	33617	34.2
私营企业	894537	46102	958317	149252		809065	81132	26.5
私营独资企业	18970		20947	655		20292	1588	2.0
私营合伙企业								
私营有限责任公司	875567	46102	936095	148114		787981	79490	24.4
私营股份有限公司			1275	483		792	54	
其他企业								
港、澳、台商投资企业	82618	14955	82507	3759		78748	4697	1.9
#港澳台商独资企业	82618	14955	82507	3759		78748	4697	1.9
港澳台商投资股份有限公司								
外商投资企业	158172		160071	4597		155475	15297	0.7
外资企业	158172		160071	4597		155475	15297	0.7
3. 按控股情况分组								
#国有控股	664299	18534	789819	266363		523456	39597	37.9
集体控股	311828		318005	57693		260312	26306	9.4
私人控股	1780760	46102	2092152	158862		1933289	97296	33.4
港澳台商控股	82618	14955	82507	3759		78748	4697	1.9
外商控股	158172		160071	4597		155475	15297	0.7
其他	136074	1328	155277	11668		143609	26479	8.7

7-12 分县区限额以上批发零售业法人企业主要财务指标

单位：万元

	全 市	吴兴区	吴兴	南太湖新 区	南浔区	德清县	长兴县	安吉县	△市区
一、企业数（家）	982	255	168	87	184	238	180	125	439
二、年末资产负债									
流动资产小计	9269924	2687532	1786022	901510	886227	2183783	3104368	408016	3573758
#应收帐款	1946737	326910	216254	110657	197567	322762	986811	112688	524477
存货	1146383	320226	231203	89023	45277	268713	445373	66794	365502
固定资产原价	943473	474422	321157	153265	57699	74442	102833	234078	532120
累计折旧	357506	194319	133777	60542	18888	26393	39679	78227	213207
#本年折旧	73909	23526	13413	10113	3584	4602	6190	36008	27109
资产合计	12508490	4078569	2887643	1190926	1253762	2788295	3714901	672963	5332331
负债合计	8945054	2823724	1857838	965886	945636	1885169	2777253	513272	3769360
所有者权益合计	3557771	1254746	1029706	225040	308433	900791	934716	159084	1563180
#实收资本	1540684	478530	357695	120835	124722	522243	310324	104865	603252
#个人资本	381098	109358	71333	38024	66412	140428	45758	19144	175769
三、损益及分配									
主营业务收入	32407273	8009125	5346669	2662456	1817033	7631226	14092882	857007	9826158
其他业务利润	52397	14492	6690	7802	3923	18266	14202	1515	18415
销售费用	613630	265578	139229	126349	20901	136929	117895	72326	286479
管理费用	322818	163058	98313	64746	20495	57883	54423	26960	183553
财务费用	83018	27285	18978	8306	10860	17547	21262	6064	38145
#投资收益	80384	35332	29390	5942	11432	22976	8930	1715	46763
营业利润	304084	170511	124618	45893	6930	64172	54809	7663	177441
利润总额	350121	183100	130743	52358	16899	70048	67864	12209	200000
所得税费用	81940	42071	29728	12343	1079	12869	21217	4705	43150
四、工资、福利、增值税									
应付职工薪酬	222102	110637	73663	36973	11124	37246	46111	16984	121760
本年应交增值税总额	195595	69421	50864	18557	16234	43581	58151	8208	85656

7-13 历年限额以上住宿和餐饮业主要指标

单位：万元

年份	法人企业（个）	活动单位（个）	从业人数（人）	营业额	商品销售收入	资产合计	利润总额
1998	25	9	2755	13982	9803	53849	-1285
1999	24	25	3697	20926	13078	69733	-2740
2000	22	19	3026	25690	13462	70771	-1089
2001	30	42	4400	36529	24555	74534	-641
2002	33	57	4631	47972	31779	78555	-402
2003	42	65	6066	55306	40253	81739	57
2004	76	148	7648	72170	4930	138634	-2328
2005	82	140	8808	87947	5867	139327	-4113
2006	86	152	9203	102417	6916	153925	-3917
2007	83	136	9263	113950	12179	163391	-2081
2008	86	121	8135	103132	5055	261386	-350
2009	83	134	8249	111186	4943	277028	-3874
2010	80	134	9442	136798	6696	307552	-1017
2011	84	159	9732	183093	8450	329071	1319
2012	92	137	11075	207317	7467	421689	-934
2013	113	227	11944	214326	4053	430155	-10398
2014	129	241	13332	245906	3480	476915	-11095
2015	143	250	13044	277708	3452	485832	2672
2016	158	360	14651	330682	3751	613838	9585
2017	168	365	18420	368655	4042	753537	645
2018	198	314	16206	399868	6644	665556	-809
2019	234	331	18420	479623	8240	1412057	-12317
2020	287	372	21329	496510	10139	1363435	-11370

7-14 限额以上住宿和餐饮业法人企业基本情况

单位：万元

	法人企业（个）	从业人数（人）	营业额				客房数（间）	床位数（个）	餐位数（位）	年末餐饮营业面积（万平方米）
				客房收入	餐费收入	商品销售收入				
总　　计	**287**	**21329**	**496510**	**154873**	**300238**	**10139**	**40939**	**67593**	**191543**	**135.4**
一、住宿业	**135**	**10418**	**236958**	**123940**	**89900**	**3547**	**33329**	**53967**	**81360**	**73.9**
1. 按住宿行业小类分组										
旅游饭店	97	9335	209445	106067	82072	3287	28576	47422	73537	63.3
#旅游饭店	97	9335	209445	106067	82072	3287	28576	47422	73537	63.3
一般旅馆	14	498	8513	6801	1559	21	3855	5104	5393	5.3
经济型连锁酒店	5	98	2161	2048	90	10	2383	2879	3923	0.8
其他一般旅馆	9	400	6352	4754	1470	11	1472	2225	1470	4.5
民宿服务	22	511	17561	10676	5251	229	813	1305	1698	4.5
民宿服务	22	511	17561	10676	5251	229	813	1305	1698	4.5
其他住宿业	2	74	1439	395	1018	10	85	136	732	0.7
其他住宿业	2	74	1439	395	1018	10	85	136	732	0.7
2. 按登记注册类型分组										
内资企业	125	9229	203581	103698	78963	3194	31306	50748	78049	63.0
国有企业	3	477	11609	3391	4405	317	548	895	2344	1.9
有限责任公司	15	2493	58079	25783	22819	1044	9335	15219	14028	17.2
#国有独资公司	1	118	1523	905	511	24	216	356	229	3.2
其他有限责任公司	14	2375	56556	24878	22308	1020	9119	14863	13799	14.0
股份有限公司	3	380	5752	2636	2787	106	652	989	1910	2.1
私营企业	104	5879	128142	71889	48953	1726	20771	33645	59767	41.9
#私营独资企业	5	179	3160	1701	1226	68	430	829	1500	2.9
私营合伙企业	2	109	1258	656	593	2	206	325	600	1.0
私营有限责任公司	95	5552	122747	68753	46947	1657	20071	32396	57527	37.9
私营股份有限公司	2	39	976	778	187		64	95	140	0.1
港、澳、台商投资企业	3	528	18703	11391	5726	195	620	996	1135	1.0
#港澳台商独资企业	3	528	18703	11391	5726	195	620	996	1135	1.0
外商投资企业	7	661	14674	8850	5211	159	1403	2223	2176	9.8
中外合资经营企业	2	262	6719	4556	2004	73	649	970	888	6.0
外资企业	5	399	7955	4294	3207	86	754	1253	1288	3.8
3. 按控股情况分组										
#国有控股	4	595	13132	4296	4916	341	764	1251	2573	5.2
集体控股	1	606	6034	1088	4404	239	309	466	1350	0.7
私人控股	112	7103	163103	86985	60794	2483	28672	46360	69071	45.4
港澳台商控股	3	528	18703	11391	5726	195	620	996	1135	1.0
外商控股	7	661	14674	8850	5211	159	1403	2223	2176	9.8
其他	8	925	21313	11329	8850	131	1561	2671	5055	11.8

7-14 限额以上住宿和餐饮业法人企业基本情况

续 1　　　　　　　　　　　　　　　　　　　　　　　　　　　　　　单位：万元

	法人企业（个）	从业人数（人）	营业额	客房收入	餐费收入	商品销售收入	客房数（间）	床位数（个）	餐位数（位）	年末餐饮营业面积（万平方米）
4. 按星级分组										
#五星	4	1044	17477	10531	6297	86	4699	8376	4938	6.8
四星	13	1999	34185	10051	20706	1126	2292	3534	7898	13.6
三星	10	846	14788	2974	8026	320	831	1383	6174	8.3
二星	5	237	6287	2664	2961	78	628	1102	2650	1.9
其他	103	6292	164222	97720	51910	1937	24879	39572	59700	43.2
二、餐饮业	**152**	**10911**	**259551**	**30934**	**210338**	**6592**	**7610**	**13626**	**110183**	**61.6**
1. 按餐饮行业小类分组										
正餐服务	145	5592	144419	30934	104538	4080	7610	13626	82757	55.2
#正餐服务	145	5592	144419	30934	104538	4080	7610	13626	82757	55.2
快餐服务	4	4991	105579		98673	148			25555	5.8
#快餐服务	4	4991	105579		98673	148			25555	5.8
其他餐饮业	3	328	9553		7126	2364			1871	0.6
#小吃服务	3	328	9553		7126	2364			1871	0.6
2. 按登记注册类型分组										
内资企业	152	10911	259551	30934	210338	6592	7610	13626	110183	61.6
国有企业	2	40	733	187	316	8	89	147	644	0.3
有限责任公司	12	865	18075	3562	11519	1805	666	1347	5575	5.5
国有独资公司	1	22	293	90	32	2	61	103	200	0.5
其他有限责任公司	11	843	17782	3472	11487	1803	605	1244	5375	5.0
私营企业	138	10006	240743	27185	198503	4779	6855	12132	103964	55.8
#私营独资企业	37	871	22597	1013	20742	825	331	652	19350	6.3
私营合伙企业	2	87	2945		2799	111			1536	0.6
私营有限责任公司	98	4218	112217	26171	78883	3695	6524	11480	63463	43.6
私营股份有限公司	1	4830	102985		96079	148			19615	5.4
3. 按控股情况分组										
#国有控股	6	481	7643	2737	3599	100	508	1077	1990	2.7
私人控股	142	10120	243686	27828	200322	5093	7019	12425	105741	57.6
其他	4	310	8223	368	6417	1399	83	124	2452	1.3

7-15 市区限额以上住宿和餐饮业法人企业基本情况

单位：万元

	法人企业（个）	从业人数（人）	营业额				客房数（间）	床位数（个）	餐位数（位）	年末餐饮营业面积（万平方米）
				客房收入	餐费收入	商品销售收入				
总　　计	**114**	**11183**	**248131**	**42274**	**187374**	**4610**	**7153**	**11864**	**101236**	**56.1**
一、住宿业	**35**	**3630**	**76083**	**36931**	**31002**	**1619**	**5759**	**9370**	**35646**	**31.8**
1. 按住宿行业小类分组										
旅游饭店	29	3517	73931	34963	30848	1614	5175	8464	35472	30.6
#旅游饭店	29	3517	73931	34963	30848	1614	5175	8464	35472	30.6
一般旅馆	5	95	1751	1715	27	0	558	870	142	1.2
经济型连锁酒店	2	37	631	595	27	0	237	327	142	0.8
其他一般旅馆	3	58	1120	1120			321	543		0.5
民宿服务	0	0	0	0	0	0	0	0	0	0.0
民宿服务	0	0	0	0	0	0	0	0	0	0.0
其他住宿业	1	18	402	253	128	6	26	36	32	0.0
其他住宿业	1	18	402	253	128	6	26	36	32	0.0
2. 按登记注册类型分组										
内资企业	32	3562	74661	35819	30694	1619	5487	8866	34846	29.0
国有企业	1	363	6790	859	2717	236	87	130	1284	1.8
有限责任公司	6	1299	23784	11386	10947	257	1506	2565	4745	11.6
#国有独资公司	0	0	0	0	0	0	0	0	0	0.0
其他有限责任公司	6	1299	23784	11386	10947	257	1506	2565	4745	11.6
股份有限公司	0	0	0	0	0	0	0	0	0	0.0
私营企业	25	1900	44088	23575	17030	1126	3894	6171	28817	15.7
#私营独资企业	1	31	476	476			100	241		0.5
私营合伙企业	1	19	368	368			96	129		
私营有限责任公司	23	1850	43244	22731	17030	1126	3698	5801	28817	15.2
私营股份有限公司	0	0	0	0	0	0	0	0	0	0.0
港、澳、台商投资企业	0	0	0	0	0	0	0	0	0	0.0
#港澳台商独资企业	0	0	0	0	0	0	0	0	0	0.0
外商投资企业	3	68	1422	1111	308	0	272	504	800	2.8
中外合资经营企业	0	0	0	0	0	0	0	0	0	0.0
外资企业	3	68	1422	1111	308	0	272	504	800	2.8
3. 按控股情况分组										
#国有控股	1	363	6790	859	2717	236	87	130	1284	1.8
集体控股	1	606	6034	1088	4404	239	309	466	1350	0.7
私人控股	25	1900	44088	23575	17030	1126	3894	6171	28817	15.7
港澳台商控股	0	0	0	0	0	0	0	0	0	0.0
外商控股	3	68	1422	1111	308	0	272	504	800	2.8
其他	5	693	17750	10297	6544	18	1197	2099	3395	10.9

7–15　市区限额以上住宿和餐饮业法人企业基本情况

续 1　　　　　　　　　　　　　　　　　　　　　　　　　　　　单位：万元

	法人企业（个）	从业人数（人）	营业额				客房数（间）	床位数（个）	餐位数（位）	年末餐饮营业面积（万平方米）
				客房收入	餐费收入	商品销售收入				
4. 按星级分组										
#五星	1	125	1635	987	542		334	612	282	0.1
四星	4	1005	13997	3940	8694	978	816	1247	3968	6.0
三星	3	454	8367	1559	3305	243	345	551	2384	3.7
二星	0	0	0	0	0	0	0	0	0	0.0
其他	27	2046	52085	30445	18462	399	4264	6960	29012	22.0
二、餐饮业	**79**	**7553**	**172047**	**5344**	**156371**	**2991**	**1394**	**2494**	**65590**	**24.3**
1. 按餐饮行业小类分组										
正餐服务	74	2394	59509	5344	53167	479	1394	2494	44104	18.3
#正餐服务	74	2394	59509	5344	53167	479	1394	2494	44104	18.3
快餐服务	2	4831	102985		96079	148			19615	5.4
#快餐服务	2	4831	102985		96079	148			19615	5.4
其他餐饮业	3	328	9553		7126	2364			1871	0.6
#小吃服务	3	328	9553		7126	2364			1871	0.6
2. 按登记注册类型分组										
内资企业	79	7553	172047	5344	156371	2991	1394	2494	65590	24.3
国有企业	1	8	139	117	22		29	35	144	0.1
有限责任公司	7	639	13102	2107	9136	1726	401	605	3715	3.3
国有独资公司	0	0	0	0	0	0	0	0	0	0.0
其他有限责任公司	7	639	13102	2107	9136	1726	401	605	3715	3.3
私营企业	71	6906	158807	3120	147214	1266	964	1854	61731	20.9
#私营独资企业	32	808	20139	576	19438	108	243	462	18615	5.5
私营合伙企业	1									
私营有限责任公司	37	1268	35683	2543	31697	1009	721	1392	23501	10.0
私营股份有限公司	1	4830	102985		96079	148			19615	5.4
3. 按控股情况分组										
#国有控股	2	284	3582	1617	1947	14	261	376	530	1.0
私人控股	74	6992	160944	3359	148710	1578	1050	1994	63108	22.1
其他	3	277	7521	368	5715	1399	83	124	1952	1.2

7–16 分县区限额以上住宿和餐饮业法人企业主要财务指标

单位：万元

	全 市	吴兴区			南浔区	德清县	长兴县	安吉县	△市区
			吴兴	南太湖新 区					
一、企业数（家）	287	72	37	35	42	47	60	66	114
二、年末资产负债									
流动资产小计	500851	230879	81199	149680	19596	96287	103308	50782	250474
#应收帐款	28782	5797	2964	2833	2732	7324	8810	4119	8529
存货	69982	61889	3459	58430	1187	1490	2073	3344	63076
固定资产原价	561426	118923	57844	61079	28561	189314	77102	147526	147485
累计折旧	197100	60972	30119	30853	9136	53120	29127	44745	70108
#本年折旧	32408	7710	4670	3041	1645	9194	8897	4962	9355
资产合计	1363435	349395	153338	196058	65011	329736	272510	346782	414407
负债合计	1083310	248882	100757	148125	58663	255265	224407	296094	307545
所有者权益合计	277797	100214	52580	47633	6349	72616	48361	50258	106562
#实收资本	331111	89830	32251	57580	14561	78943	45622	102154	104392
#个人资本	61767	23764	11303	12461	4922	12732	9140	11209	28686
三、损益及分配									
主营业务收入	466569	206038	159043	46995	28206	88261	82500	61563	234244
其他业务利润	7414	2981	2140	841	124	1026	183	3100	3105
销售费用	177963	88600	76822	11778	7115	38852	25408	17988	95715
管理费用	104668	32427	17803	14624	4671	28403	18544	20623	37097
财务费用	23152	5849	3035	2815	537	4799	5293	6674	6386
投资收益	3968	135	135	0	27	0	3736	70	163
营业利润	–23284	–3324	–608	–2715	–5276	–7045	2082	–9723	–8599
利润总额	–11370	–933	1246	–2179	–4095	–5163	7440	–8619	–5028
所得税费用	2788	1268	1181	86	67	666	679	108	1334
四、工资、福利、增值税									
应付职工薪酬	99010	39653	29827	9826	5689	18893	19955	14819	45342

7-17 历年商品交易市场数量

单位：个

年份	商品市场	消费品市场				生产资料市场				服务市场	生产要素市场	网上交易市场		
			#综合	#农副产品	#工业		#综合	#工业	#农业				消费品	生产资料
1995	236	220	37	144	39	16		15	1					
1996	235	221	44	136	41	14	2	12						
1997	233	221	38	138	45	12	3	9						
1998	230	217	38	135	44	13	3	8	1	1				
1999	212	197	36	116	45	15	1	13	1					
2000	217	200	37	121	42	17	1	15	1					
2001	218	201	37	122	42	17	1	15	1					
2002	219	197	38	120	39	20	1	17	2					
2003	191	173	29	107	37	17	1	14	2					
2004	196	176	28	110	38	19	5	12	2	1				
2005	197	174	27	110	37	22	2	18	2	1				
2006	198	174	27	111	36	23	3	18	2	1				
2007	205	181	34	107	40	23	3	19	1	1				
2008	201	176	30	111	35	24	6	17	1	1	3	2	2	
2009	215	189	30	126	33	25	8	16	1	1	2	2	2	
2010	209	183	33	117	33	25	8	17		1	2	6	6	
2011	214	185	34	118	33	27	8	19		2	2	8	7	1
2012	214	185	36	114	35	27	8	19		2		1	11	9
2013	214	186	35	113	38	25	8	17		3	1	15	13	2
2014	204	177	25	115	37	25	11	14		2		15	13	2
2015	206	185	8	127	50	19	2	17		2		19	17	2
2016	208	184	93	40	51	22		22		2		20	16	4
2017	206	184	94	44	46	20		20		2		21	17	4
2018	200	178	91	43	44	20		20		2				
2019	200	178	92	42	44	20		20		2				
2020	187	164	87	43	34	21		21		2				

7-18 商品交易市场分类成交情况

单位：万元

	市场个数（个）	成交额
商品交易市场	187	11692220
一、消费品市场	164	7318341
消费品综合市场	87	578425
农副产品市场	43	2779400
#农副产品综合市场		
工业消费品市场	34	3960515
#工业消费品综合市场		
二、生产资料市场	21	4359297
工业生产资料市场	21	4359297
三、服务市场	2	14582

7-19 亿元以上商品交易市场分类成交情况

单位：万元

	市场个数（个）	总摊位数（个）	年末出租摊位数（个）	年末营业面积（万平方米）	成交额
总　计	**29**	**12430**	**9340**	**105.9**	**2312520**
一、按市场类别分组					
1. 综合市场	22	10904	8412	67.0	1824265
#综合贸易市场	22	10904	8412	67.0	1824265
生产资料综合市场	3	1357	926	20.7	145454
工业消费品综合市场	1	790	790	2.4	283844
农产品综合市场	16	7054	5133	29.0	1344963
其他综合市场	2	1703	1563	14.9	50004
2. 专业市场	7	1526	928	38.8	488255
生产资料市场	1	1	1	0.0	19253
#其他生产资料市场	1	1	1	0.0	19253
农产品市场	1	252	150	0.6	13051
#其他农产品市场	1	252	150	0.6	13051
食品、饮料及烟酒市场	1	348	240	7.8	152000
#茶叶市场	1	348	240	7.8	152000
纺织、服装、鞋帽市场	1	285	285	9.8	131090
#布料及纺织品市场	1	285	285	9.8	131090
家具、五金及装饰材料市场	2	598	222	19.6	97201
#家具市场	1	248	89	10.0	29500
其他装修市场	1	350	133	9.6	67701
汽车、摩托车及零配件市场	1	42	30	1.0	75660
#汽车市场	1	42	30	1.0	75660
二、按营业状态分组					
1. 常年营业	29	12430	9340	105.9	2312520
三、按经营方式分组					
1. 以批发为主	10	4404	2972	70.1	1165788
2. 以零售为主	19	8026	6368	35.8	1146732
四、按经营环境分组				0.0	
1. 露天式	2	700	600	1.6	115079
2. 封闭式	26	11230	8274	103.9	2160773
3. 其他	1	500	466	0.4	36668

7-20 历年亿元以上商品交易市场情况

单位：万元

年份	市场个数（个）	总摊位数（个）	年末出租摊位数（个）	年末营业面积（万平方米）	成交额
2004	32		15354	61.2	3165665
2005	30		15926	59.4	3176905
2006	34		17697	83.8	3532421
2007	35		17772	102.5	3762312
2008	39	21240	19286	145.5	4137406
2009	41	22447	19887	157.5	4359528
2010	41	22938	19569	161.2	4922813
2011	45	25402	21534	181.8	5877570
2012	45	25750	22656	181.9	5988935
2013	39	23104	20879	176.4	5973371
2014	44	23356	21283	182.1	6016945
2015	45	23517	21338	184.0	6352275
2016	43	22714	20021	162.5	6630883
2017	43	22736	19603	162.5	6896031
2018	46	23608	18900	192.2	7406644
2019	29	12389	9273	105.7	2249367
2020	29	12430	9340	105.9	2312520

7-21 历年全市对外经济主要指标

年份	进出口总额（万美元）	出口额	利用外资项目数（个）	合同外资（万美元）	实到外资（万美元）
1978					
1979					
1980			1	10	
1981					
1982			2	231	233
1983					
1984			3	61	61
1985			1	60	61
1986			2	313	400
1987			5	482	408
1988			7	503	257
1989			13	300	355
1990			19	324	224
1991	2893	2777	27	706	307
1992	4686	4452	188	6333	1654
1993	15857	12593	237	11937	3585
1994	21899	15166	170	9302	4938
1995	30608	20468	116	12060	6431
1996	31368	22666	134	13998	5478
1997	30698	25052	136	6217	6026
1998	28400	23900	148	8112	5040
1999	36183	27300	193	10057	6023
2000	69308	46279	115	12264	8205
2001	74873	57623	256	47156	20972
2002	88741	70918	344	96292	35949
2003	121758	101142	479	144777	53734
2004	169765	144811	475	160145	61121
2005	227062	199556	475	169172	65072
2006	301032	266788	491	176049	75702
2007	426524	367562	599	198573	84363
2008	558845	490098	421	180294	80206
2009	483284	407555	374	171470	81095
2010	692770	586077	302	203689	91905
2011	866217	735580	244	214155	94038
2012	872258	738803	192	168721	102599
2013	953296	808770	211	168428	105860
2014	998906	880581	157	157269	98419
2015	1020740	885512	185	166290	94188
2016	1022230	901563	180	213216	100131
2017	1139488	1005574	115	235985	105320
2018	1341874	1168301	218	340082	127143
2019	1363448	1215954	295	483193	189881
2020	1633419	1479847	283	392530	120619

7–22 历年市区对外经济主要指标

年份	进出口总额（万美元）	出口额	合同外资（万美元）	实到外资（万美元）
1978				
1979				
1980				
1981				
1982				
1983				
1984				
1985				
1986				
1987				
1988				
1989				
1990				
1991				
1992				
1993				
1994				
1995				
1996				
1997				
1998				
1999				
2000				
2001				
2002				
2003				
2004				
2005	121326	103745	80388	32866
2006	150725	129258	85656	40233
2007	195809	159973	104423	43356
2008	234909	193607	89511	37870
2009	203356	149008	81206	38970
2010	282700	216795	107240	46890
2011	340580	263090	109535	50962
2012	314902	242699	64367	52472
2013	338604	259966	63935	50841
2014	336583	275684	62934	45717
2015	347616	274849	73302	42825
2016	316870	263053	131051	63965
2017	348615	285593	85136	51283
2018	409449	329962	152785	62865
2019	407825	334128	236831	74924
2020	473607	397479	159665	33740

7-23 历年德清县对外经济主要指标

年份	进出口总额（万美元）	出口额	合同外资（万美元）	实到外资（万美元）
1978				
1979				
1980				
1981				
1982				
1983				
1984				
1985				
1986				
1987				
1988				
1989				
1990				
1991				
1992				
1993				
1994				
1995				
1996				
1997				
1998				
1999				
2000				
2001				
2002				
2003				
2004	33780	25994		13400
2005	45124	38924	30703	13620
2006	61264	53032	32221	14945
2007	91555	76514	32827	15380
2008	134941	117463	32425	15020
2009	104489	90348	34282	15068
2010	148077	120577	34287	15506
2011	182565	155530	32049	16020
2012	199420	162086	36799	17309
2013	219626	177533	47029	19800
2014	225780	195790	33332	19158
2015	219782	192563	29528	18192
2016	211062	182219	12450	6510
2017	239235	204298	41983	17690
2018	258677	226423	50978	20170
2019	276027	244892	86717	36459
2020	310857	277425	113280	37280

7-24 历年长兴县对外经济主要指标

年份	进出口总额（万美元）	出口额	合同外资（万美元）	实到外资（万美元）
1978				
1979				
1980				
1981				
1982				
1983				
1984				
1985				
1986				
1987				
1988				
1989				
1990				
1991				
1992				
1993				
1994				
1995				
1996				
1997				
1998				
1999				
2000				
2001				
2002				
2003				
2004		13692		
2005	21959	19392	30073	13006
2006	31329	29028	32710	14512
2007	47189	44645	35616	15325
2008	71109	66810	33007	17101
2009	60653	56790	30468	15856
2010	99306	89442	37109	18506
2011	149284	133013	47511	17003
2012	144970	132703	44524	19213
2013	171283	150935	35038	19285
2014	183717	162065	36299	19300
2015	192881	161810	36108	18100
2016	212836	180492	37323	11429
2017	227413	200738	58540	19254
2018	288550	237031	66438	23963
2019	281322	248047	103196	36459
2020	346899	315579	61108	28551

7-25 历年安吉县对外经济主要指标

年份	进出口总额（万美元）	出口额	合同外资（万美元）	实到外资（万美元）
1978				
1979				
1980				
1981				
1982				
1983				
1984				
1985				
1986				
1987				
1988				
1989				
1990				
1991				
1992				
1993				
1994				
1995				
1996				
1997				
1998				
1999				
2000				
2001	5916	5509		
2002	8592	7778		
2003	13360	12333		
2004	23191	22055		
2005	38653	37495	28008	5580
2006	57713	55470	25462	6012
2007	91971	86430	25707	10302
2008	117887	112218	25351	10215
2009	114787	111409	25514	11201
2010	162687	159263	25053	11003
2011	193788	183947	25060	10053
2012	212966	201315	23031	13605
2013	223784	220336	22426	15934
2014	252826	247042	24704	14244
2015	260461	256290	27352	15071
2016	281462	275799	32392	18227
2017	324225	314946	50326	17093
2018	385198	374886	69881	20145
2019	398275	388887	56449	31039
2020	502057	489364	58477	21048

7-26 外商直接投资

	单位	2020年	±%
新批准及增减资项目	个	283	-4.1
#新批外商投资企业	个	173	-9.4
批准增资项目	个	84	25.4
减资项目	个	10	-37.5
#总投资千万美元以上项目	个	125	-6.7
外资项目总投资	万美元	601182	-13.8
外资项目注册资本	万美元	504455	-4.2
合同外资	万美元	392530	-14.6
#新批外商投资企业	万美元	265306	-31.2
批准增资项目	万美元	124645	29.4
#总投资千万美元以上项目	万美元	320090	-27.8
#第一产业	万美元	1256	24.4
第二产业	万美元	135361	-36.3
第三产业	万美元	255913	4.1
#吴兴区	万美元	60861	-15.6
南浔区	万美元	45660	-40.9
南太湖新区	万美元	53144	-21.6
德清县	万美元	113280	42.2
长兴县	万美元	61108	-49.0
安吉县	万美元	58477	37.0
△市区	万美元	159665	-32.6
实际外资	万美元	120619	12.6
#吴兴区	万美元	17656	32.2
南浔区	万美元	5184	-25.2
南太湖新区	万美元	10900	-57.7
德清县	万美元	37280	73.3
长兴县	万美元	28551	3.2
安吉县	万美元	21048	76.1
△市区	万美元	33740	-26.7
#第一产业	万美元	1099	1069.2
第二产业	万美元	53724	24.9
第三产业	万美元	65796	2.7
#香港	万美元	98268	28.5
新加坡	万美元	4754	308.1
法国	万美元	4327	-
澳大利亚	万美元	2965	193.0
台湾地区	万美元	2778	30.9

7–27 分行业外商直接投资

单位：万美元

行　　业	项目个数（个）	合同外资	实到外资
总　计	**173**	**392530**	**120619**
农、林、牧、渔业	4	1293	1112
采矿业			
制造业	45	126811	49437
电力、热力、燃气及水生产和供应业	1	566	148
建筑业		7984	4139
批发和零售业	22	59480	6847
交通运输、仓储和邮政业	2	1494	2700
住宿和餐饮业	2	1052	524
信息传输、软件和信息技术服务业	20	70288	12300
金融业	3	14417	5454
房地产业		881	5881
租赁和商务服务业	36	51391	26735
科学研究和技术服务业	33	53325	5052
水利、环境和公共设施管理业	1	15	
居民服务、修理和其他服务业		1500	200
卫生和社会工作			
文化、体育和娱乐业	4	2033	90

7-28 进出口贸易

单位：万元

	绝对额			±%		
	进出口	出口	进口	进出口	出口	进口
全　市	11321742	10257869	1063872	20.4	22.3	4.9
#吴兴区	1186366	960312	226054	3.0	3.8	-0.2
南浔区	1231080	1085978	145101	24.3	26.9	7.9
德清县	2153784	1922388	231396	13.1	13.7	8.4
长兴县	2410393	2193848	216545	24.4	28.3	-5.0
安吉县	3471304	3383704	87600	26.4	26.2	34.9
南太湖新区	868815	711639	157175	29.9	36.4	6.8
△市区	3286261	2757929	528331	16.9	19.7	4.0
一、按企业性质分						
生产企业	6662699	6151427	511272	10.0	9.5	16.3
流通企业	2620207	2467909	152298	76.0	82.7	10.8
外资企业	2038835	1638533	400302	9.9	15.6	-8.5
二、按贸易方式分						
一般贸易	10735407	9827669	907738	21.1	23.3	0.8
加工贸易	502239	400057	102182	9.8	13.3	-2.0
进料加工贸易	459049	369284	89765	16.0	18.6	6.2
来料加工装配贸易	43190	30773	12417	-29.9	-26.6	-37.1
其他贸易	84095	30144	53951	12.3	-53.4	431.5
三、按主要国别（地区）分						
亚洲	3717036	3231821	485215	19.9	22.7	3.8
#东盟	1279892	1188029	91863	44.2	44.6	38.8
日本	492856	304627	188229	32.5	19.8	66.6
印度	277564	270141	7422	-0.1	1.7	-38.6
韩国	429290	388953	40337	41.5	48.6	-3.3
非洲	627027	582726	44301	3.1	10.3	-44.4
欧洲	2868451	2643225	225225	22.1	25.2	-5.0
#欧盟	2129267	1931414	197853	19.2	22.9	-7.9
俄罗斯	201201	194178	7023	20.9	19.1	109.5
拉丁美洲	838554	708505	130049	11.9	5.9	61.8
#巴西	301081	232141	68939	16.4	10.5	41.6
墨西哥	186389	182168	4221	1.9	1.3	35.6
北美洲	2958372	2809343	149029	25.9	26.3	18.5
#美国	2671545	2540465	131080	24.8	25.3	16.1
加拿大	286791	268842	17949	37.2	37.0	39.6
大洋洲	312257	282231	30026	28.5	29.0	24.0
#澳大利亚	267644	253338	14306	25.6	30.0	-21.3

7-29 主要进出口产品情况表

单位：万元

	2020 年	± %	占比%
一、主要出口产品			
纺织原料及制品	2278281	-5.9	22.2
纺织原料及面料	1585626	-11.1	15.5
纺织服装	389805	-19.7	3.8
家纺及其他纺织品	302850	99.7	3.0
机电产品	3927895	34.8	38.3
农副产品	350600	5.8	3.4
农产品	52315	0.3	0.5
水产品	13823	3495.5	0.1
农副产品加工品	284462	2.0	2.8
化工产品	1566038	51.4	15.3
高新技术产品	707160	111.2	6.9
二、主要进口产品			
机电设备及零部件	336583	5.7	31.6
#外商投资进口设备			
油脂及原料	67399	88.8	6.3
纺织原料及制品	68582	-22.8	6.4
木及木制品	172882	15.5	16.3
皮革制品	7926	-37.6	0.7
塑料及橡胶制品	75997	9.6	7.1
贱金属及制品	108437	18.6	10.2
化工产品	150040	-18.2	14.1
矿产品	9517	-35.9	0.9

7-30 历年旅游业主要指标

年份	国内外旅游人数（万人次）	国内旅游（万人次）	国际旅游（人次）	旅游总收入（亿元）	国内旅游（亿元）	国际旅游（万美元）
1995	100.50	100.00	5000	4.60	4.45	190
1996	111.15	110.45	7000	5.42	5.20	271
1997	154.45	153.50	9500	6.45	6.10	430
1998	206.71	205.75	9600	9.84	9.48	435
1999	256.47	255.50	9681	13.50	13.13	450
2000	351.25	350.00	12500	22.58	22.07	626
2001	532.02	530.01	20052	33.33	32.55	949
2002	791.74	787.60	41380	46.05	44.89	1413
2003	709.20	704.44	47575	41.32	40.15	1415
2004	857.99	850.94	70528	50.15	48.50	1990
2005	1088.59	1078.38	102132	65.68	62.63	3688
2006	1302.18	1288.27	139138	78.90	74.82	5095
2007	1686.99	1667.50	194909	102.01	96.85	6793
2008	1972.80	1948.43	243656	131.72	125.69	8688
2009	2349.96	2321.69	282690	166.24	159.04	10286
2010	2888.85	2855.68	331650	214.16	205.61	12585
2011	3559.36	3519.53	398313	263.15	253.56	14768
2012	4238.10	4190.80	473020	323.79	312.88	17323
2013	4956.73	4903.45	532938	393.61	381.21	20022
2014	5956.75	5896.47	602847	503.24	489.41	22511
2015	7070.53	7000.24	702900	700.03	682.08	29073
2016	8845.81	8752.19	916233	882.55	859.78	35758
2017	10664.23	10552.60	1116602	1104.95	1075.97	43799
2018	11840.53	11629.41	1099529	1357.09	1347.97	42235
2019	13223.50	13197.60		1529.11	1518.76	14984
2020	11212.47	11210.64		1284.83	1284.16	972

注：因口径调整 2019 年起不统计国际旅游人次。

7-31 分县区旅游业主要指标

	单位	全 市	吴兴区	南浔区	德清县	长兴县	安吉县	南太湖新 区	△市区
国内外旅游人数	万人次	11212.47	1574.06	780.94	2214.06	2382.81	2103.91	912.11	3267.11
国内旅游人数	万人次	11210.64	1572.90	780.90	2212.90	2382.77	2103.70	912.00	3265.80
旅游总收入	亿元	1284.83	176.15	88.05	330.13	321.43	304.73	120.30	384.50
#国内旅游总收入	亿元	1284.16	175.86	88.04	329.82	321.42	304.69	120.28	384.19
旅游外汇收入	万美元	972	417	14	444	12	65	19	450
接待入境过夜旅游者人数	人次	18241	11615	379	11605	359	2119	1107	13101
星级饭店数	个	30	6	3	7	5	7	2	11
#三星级以上	个	27	6	3	4	5	7	2	11
绿色旅游饭店	家	29	7	2	3	7	7	3	12
星级饭店客房总数	间	4169	1001	525	684	620	1136	203	1729
星级饭店客房床位数	个	6892	1597	912	1146	971	1941	325	2834
A级景区个数	个	84	20	10	15	16	23		30
省级旅游度假区个数	个	7	1	1	1	1	2	1	3

7-32 主要景区门票收入及接待人数

景　区	门票收入（万元）		接待人数（万人）	
	2020年	2019年	2020年	2019年
湖州黄金湖岸景区		865	303.68	676.73
莫干山风景区	3386	5152	63.39	118.19
下渚湖国家湿地公园	1428	2501	36.55	61.10
湖州南浔古镇	3085	7626	283.31	941.87
太湖龙之梦乐园	14169	298	480.80	65.85
荻港景区	45	352	30.37	145.65
陆羽茶文化景区			5.73	23.02
金钉子远古世界	1343	2252	36.64	50.05
新四军苏浙军区纪念馆			18.58	59.83
中国扬子鳄村	872	1150	47.97	62.46
城山沟景区	235	346	37.11	59.23
长兴大唐贡茶院	304	644	14.88	20.43
安吉竹博园	1565	3446	34.51	64.66
安吉县中南百草原	6306	11845	103.27	169.69
安吉江南天池景区	1247	1430	45.69	52.02
安吉藏龙百瀑风景区	408	661	11.91	20.05
移沿山			9.68	34.49

主要统计指标解释

批发零售业 指不直接从事商品的生产，而是从农业、工业或其他的单位购买（或调拨）成品或半成品，未做任何加工，或只做简单的加工（如进行简单的分类、清洗、整理和包装等），通过转卖以获取利益的单位。

餐饮业 指在一定的场所（永久、半永久或临时性的设施）内，以烹任、调制等手段，向购买者提供各种主要供现场消费的食品、饮料，并且所提供的这种服务要大于所提供的其它服务。

住宿业 主要是指旅馆、饭店以及各种招待所、客栈等经营接待旅客并为旅客提供住宿、饮食服务。

限额以上批发零售企业 指年主营收入在 2000 万元及以上的批发企业和年主营收入在 500 万元及以上的零售企业。

限额以上住宿餐饮企业 指年主营收入在 200 万元及以上的住宿餐饮企业。

商品购进总额 指从本企业以外的单位和个人购进（包括从国外直接进口）作为转卖或加工后转卖的商品。这个指标反映批发零售企业从国内、国外市场上购进商品的总量。

商品销售总额 指对本企业以外的单位和个人出售（包括对国（境）外直接出口）的商品（包括售给本单位消费用的商品）。本指标由对生产经营单位批发额、对批发零售业批发额、出口额和对居民和社会集团商品零售额项目组成。这个指标反映批发零售企业在国内市场销售商品以及出口商品的总量。

社会消费品零售总额 指各种经济类型的批发零售业、餐饮业、制造业和其他行业对城乡居民和社会集团的消费品零售额和农民对城镇居民零售额的总和。该指标主要观察全社会居民消费规模及构成，反映消费品市场的变动情况及其发展趋势。

零售 指售给城乡居民直接用于生活消费的商品和社会集团直接用于公用消费的商品。

进口 指直接从国外进口的商品和委托外贸部门代理进口的商品，不包括从国内有关单位（包括对外贸易部门和其他单位）购进的进口商品。对外贸易企业只统计自主经营进口的商品，不包括受托代理进口的商品。

出口 指直接向国（境）外出口商品和委托外贸部门代理出口的商品。不包括售给外贸部门出口或加工后出口的商品以及在国内市场以外币销售的商品。对外贸易企业只统计自主经营出口的商品，不包括受托代理出口的商品。

期末库存 指批发零售企业已取得所有权的全部商品。这个指标反映批发零售企业的商品库存情况，对市场商品供应的保证程度。

商品销售收入（营业收入） 指批发零售企业商品销售收入、接受其他单位委托代销商品的收入和餐饮业的营业收入（包括餐费收入、冷热饮收入、服务收入和其他收入）。

商品销售成本（营业成本） 指批发零售业已销售商品应负担的进货原价和餐饮企业的原材料成本、商品进价成本。

应交增值税 指企业在报告期内应交纳的增值税额合计，其计算公式为：应交增值税 = 销项税额 + 出口退税 + 进项税额转出数 − 进项税额。

外商直接投资 是指外国企业和经济组织或个人（包括华侨、港澳台胞以及我国在境外注册的企业）按我国有关政策、法规，用现汇、实物、技术等在中国大陆开办外商独资企业、与中国大陆的企业或经济组织共同举办中外合资经营企业、合作经营企业或者合作开发资源的投资（包括外商投资收益的再投资）以及经政府有关部门批准的项目投资总额内企业从境外借人的资金。

连锁门店数 指该连锁企业所拥有的全部连锁门店数量，包括总店（如果总公司有门店的话）和全部直营分店、加盟分店数。其中，总店作为一个直营店处理。此外，有的地区分出控股店，控股店按直营店统计。直营店和加盟店之和应小于等于门店总数。

八、财政、金融、保险、证券

8-1 历年分县区财政总收入

单位：万元

年份	全　市	吴兴区	南浔区	开发区	德清县	长兴县	安吉县	南太湖新　区	△市区
1978	16078				2139	2226	1728		9935
1979	16390				2166	2273	1872		10079
1980	17527				2610	2326	1894		10697
1981	18850				2904	2352	1983		11611
1982	22059				3379	2714	2601		13365
1983	24305				3593	3054	2739		14919
1984	25943				3889	3462	2889		15703
1985	33685				5300	4775	3409		20201
1986	37099				5977	5764	3993		21365
1987	40919				6670	6322	4474		23453
1988	43960				7204	7018	4862		24875
1989	49024				8188	7006	5303		28527
1990	50332				8355	7162	4874		29941
1991	52220				9215	7250	5206		30549
1992	55628				9753	8083	5318		32474
1993	75057				13657	10033	8386		42981
1994	84215				15324	11883	8811		48197
1995	95746				16862	13566	9974		55344
1996	105945				18048	15008	11047		61842
1997	121178				20518	16899	12485		71276
1998	142466				23622	19499	14604		84791
1999	157971				25804	21663	17233		93271
2000	210618				37939	32046	25060		115573
2001	294818				61091	50068	36833		146826
2002	385385				78018	68333	52482		186552
2003	511999	63168	71105		101518	103166	70088		237227
2004	623994	78703	85206		121070	145404	65467		292053
2005	742378	93388	97366		142888	175066	78056		346368
2006	917677	114588	114258		173188	220066	87805		436618
2007	1140628	142088	141228		214518	280018	111086		535006
2008	1337766	168518	167828		257588	308066	147306		624806
2009	1466857	185688	181688		283800	338916	183075		661066
2010	1723456	221888	203508		345088	400988	235128		742252
2011	2190788	270108	240158	173206	442288	545366	291066		912068
2012	2468788	289188	260038	160836	508888	621718	363006		975176
2013	2716588	316168	284600	170805	557012	681088	423888		1054600
2014	2957050	345518	313100	201188	613330	701566	500518		1141636
2015	3278218	390288	352566	230088	666445	743618	556855		1311300
2016	3608918	436966	382958	287266	727860	790788	603302		1486968
2017	4088918	519138	500188	366831	837229	870288	672790		1708611
2018	4907110	672467	606037	398459	1007607	1026788	800800		2071916
2019	5405508	765161	637440		1130635	1143788	900900	519181	2230185
2020	5820872	828077	672195		1161800	1217598	1001082	600475	2440392

注：2019 年起取消开发区，新设南太湖新区。

8-2 历年分县区财政总收入增长速度

单位：%

年份	全　市	吴兴区	南浔区	开发区	德清县	长兴县	安吉县	南太湖新区	△市区
1979	1.9				1.3	2.1	8.3		1.5
1980	6.9				20.5	2.3	1.2		6.1
1981	7.6				11.3	1.1	4.7		8.5
1982	17.0				16.4	15.4	31.2		15.1
1983	10.2				6.3	12.5	5.3		11.6
1984	6.7				8.2	13.4	5.5		5.3
1985	29.8				36.3	37.9	18.0		28.6
1986	10.1				12.8	20.7	17.1		5.8
1987	10.3				11.6	9.7	12.1		9.8
1988	7.4				8.0	11.0	8.7		6.1
1989	11.5				13.7	−0.2	9.1		14.7
1990	2.7				2.0	2.2	−8.1		5.0
1991	3.8				10.3	1.2	6.8		2.0
1992	6.5				5.8	11.5	2.2		6.3
1993	34.9				40.0	24.1	57.7		32.4
1994	12.2				12.2	18.4	5.1		12.1
1995	13.7				10.0	14.2	13.2		14.8
1996	10.7				7.0	10.6	10.8		11.7
1997	14.4				13.7	12.6	13.0		15.3
1998	17.6				15.1	15.4	17.0		19.0
1999	10.9				9.2	11.1	18.0		10.0
2000	33.3				47.0	47.9	45.4		23.9
2001	40.0				61.0	56.2	47.0		27.0
2002	27.5				24.9	33.1	39.7		23.6
2003	32.9	29.0	23.3		30.1	51.0	33.6		27.2
2004	27.4	26.2	23.4		21.5	43.2	18.6		25.7
2005	19.0	18.7	14.3		18.0	20.4	19.2		18.6
2006	23.6	22.7	17.4		21.2	25.7	12.5		26.1
2007	24.3	24.0	23.6		23.9	27.2	26.5		22.5
2008	17.3	18.6	18.8		20.1	10.0	32.6		16.8
2009	9.7	10.2	8.3		10.2	10.0	24.3		5.8
2010	17.5	19.5	12.0		21.6	18.3	28.4		12.3
2011	27.1	21.7	18.0	23.0	28.2	36.0	23.8		22.9
2012	12.7	7.1	8.3	−7.1	15.1	14.0	24.7		6.9
2013	10.0	9.3	9.4	6.2	9.5	9.5	16.8		8.1
2014	8.9	9.3	10.0	10.0	10.1	3.0	18.1		8.3
2015	7.1	9.5	9.1	10.2	6.0	3.0	8.7		9.4
2016	9.8	12.0	8.6	14.8	8.9	6.3	8.1		13.0
2017	13.3	18.8	30.5	21.7	15.0	10.1	11.5		14.9
2018	20.0	22.1	20.8	22.7	20.4	18.0	19.0		21.3
2019	10.2	13.8	5.2		12.2	11.4	12.5	5.3	7.6
2020	7.7	8.2	5.5		2.8	6.5	11.1	15.7	9.4

注：2019 年起取消开发区，新设南太湖新区。

8-3 历年分县区财政总收入发展指数

（以 1978 年为 100）

年份	全　市	吴兴区	南浔区	开发区	德清县	长兴县	安吉县	南太湖新　区	△市区
1978	100.0				100.0	100.0	100.0		100.0
1979	101.9				101.3	102.1	108.3		101.5
1980	109.0				122.0	104.5	109.6		107.7
1981	117.2				135.8	105.7	114.8		116.9
1982	137.2				158.0	121.9	150.5		134.5
1983	151.2				168.0	137.2	158.5		150.2
1984	161.4				181.8	155.5	167.2		158.1
1985	209.5				247.8	214.5	197.3		203.3
1986	230.7				279.4	258.9	231.1		215.0
1987	254.5				311.8	284.0	258.9		236.1
1988	273.4				336.8	315.3	281.4		250.4
1989	304.9				382.8	314.7	306.9		287.1
1990	313.1				390.6	321.8	282.1		301.4
1991	324.8				430.8	325.7	301.3		307.5
1992	346.0				455.9	363.1	307.8		326.8
1993	466.9				638.4	450.7	485.3		432.6
1994	523.8				716.4	533.9	509.9		485.1
1995	595.6				788.3	609.4	577.2		557.1
1996	659.0				843.7	674.2	639.3		622.5
1997	753.7				959.2	759.2	722.6		717.5
1998	886.2				1104.4	876.0	845.2		853.5
1999	982.6				1206.4	973.3	997.3		938.9
2000	1310.1				1773.8	1439.7	1450.3		1163.3
2001	1833.9				2856.1	2249.5	2131.7		1477.9
2002	2337.6				3566.2	2993.8	2978.8		1826.5
2003	3105.5	100.0	100.0		4640.3	4520.0	3978.3		2322.6
2004	3956.4	126.2	123.4		5637.5	6471.3	4717.0		2919.1
2005	4708.1	149.8	141.0		6652.3	7791.4	5622.7		3462.1
2006	5819.2	183.8	165.5		8063.3	9793.8	6325.0		4364.3
2007	7233.3	227.9	204.6		9990.4	12457.7	8001.1		5346.3
2008	8483.2	270.3	243.1		11996.5	13706.0	10610.3		6243.4
2009	9302.4	297.8	263.2		13217.3	15078.5	13186.7		6606.7
2010	10929.7	355.9	294.8	100.0	16071.6	17840.1	16936.0		7418.0
2011	13893.4	433.3	347.8	123.0	20598.4	24263.5	20965.2		9115.1
2012	15656.4	463.9	376.6	114.2	23700.2	27660.5	26146.9		9745.8
2013	17227.9	507.1	412.2	120.7	25941.4	30301.9	30532.2		10539.6
2014	18752.8	554.2	453.5	132.8	28564.3	31212.9	36051.8		11409.4
2015	20082.4	606.9	494.8	146.3	30286.7	32149.3	39195.5		12484.2
2016	22048.9	679.4	537.4	168.0	32970.5	34175.4	42362.4		14102.6
2017	24981.5	807.2	701.0	204.4	37924.7	37611.2	47241.7		16204.7
2018	29980.3	986.0	846.6	204.4	42555.2	41896.9	56230.3	100.0	19650.4
2019	32284.0	1067.0	892.8	204.4	42555.2	41896.9	62483.2	115.7	21502.5
2020	34764.7	1154.8	941.5		43728.2	44600.6	69431.5	133.8	23529.3

注：2019 年起取消开发区，新设南太湖新区。

8-4 历年分县区地方财政收入

单位：万元

年份	全 市	吴兴区	南浔区	开发区	德清县	长兴县	安吉县	南太湖新 区	△市区
1993	28620								
1994	34353								
1995	39556								
1996	43163								
1997	46758								
1998	58094								
1999	70814								
2000	98876								
2001	163375								
2002	186280								
2003	252638								
2004	322290								
2005	397308	43669	40643		76015	93959	45730		181604
2006	497923	56371	48083		92953	120443	49188		235339
2007	616780	72250	62476		111500	153620	62358		289302
2008	716116	85630	73815		134732	163039	82750		335595
2009	800106	96230	84838		148235	184703	105432		361736
2010	972655	121237	100112		186022	223602	139268		423763
2011	1221200	150280	120216	100529	234045	307492	166628		513035
2012	1385508	158431	128776	90422	271938	355087	210821		547662
2013	1546646	176622	141556	98078	309693	394376	247043		595534
2014	1678400	197468	150226	119590	337070	402255	294846		644229
2015	1913116	230851	178969	142104	373614	431752	329601		778149
2016	2111792	263656	217256	169824	420333	454618	358511		878330
2017	2374308	311462	289718	199516	486632	494980	395208		997488
2018	2870960	409586	351629	229846	591450	593675	469217		1216618
2019	3160702	455456	379252		656609	658269	535632	314493	1310192
2020	3365565	512045	404597		670820	675539	597599	351466	1421607

注：2019 年起取消开发区，新设南太湖新区。

8-5 历年分县区地方财政收入增长速度

单位：%

年份	全 市	吴兴区	南浔区	开发区	德清县	长兴县	安吉县	南太湖新 区	△市区
1994	20.0								
1995	15.2								
1996	9.1								
1997	8.3								
1998	24.2								
1999	21.9								
2000	39.6								
2001	65.2								
2002	40.5								
2003	42.0								
2004	32.1								
2005	23.3	20.1	20.3		20.4	32.6	18.2		21.4
2006	25.3	29.1	18.3		22.3	28.2	7.6		29.6
2007	23.9	28.2	29.9		20.0	27.5	26.8		22.9
2008	16.1	18.5	18.1		20.8	6.1	32.7		16.0
2009	11.7	12.4	14.9		10.0	13.3	27.4		7.8
2010	21.6	26.0	18.0		25.5	21.1	32.1		17.1
2011	25.6	24.0	20.1	25.0	25.8	37.5	19.6		21.1
2012	13.5	5.4	7.1	-10.1	16.2	15.5	26.5		6.7
2013	11.6	11.5	9.9	8.5	13.9	11.1	17.2		8.7
2014	8.5	11.8	6.1	15.2	8.8	2.0	19.4		8.2
2015	7.3	10.8	11.7	11.7	6.1	2.2	7.5		11.0
2016	9.9	14.2	21.4	21.9	11.9	5.2	8.3		12.2
2017	15.2	21.5	32.6	22.0	15.5	8.9	13.9		19.0
2018	20.9	21.9	20.6	28.0	21.5	19.9	18.7		22.0
2019	10.1	11.2	7.9		11.0	10.9	14.2	8.0	7.7
2020	6.5	12.4	6.7		2.2	2.6	11.6	11.8	8.5

注：2019 年起取消开发区，新设南太湖新区。

8-6 历年分县区地方财政收入发展指数

（以 1978 年为 100）

年份	全　市	吴兴区	南浔区	开发区	德清县	长兴县	安吉县	南太湖新　区	△市区
1993	100.0								
1994	120.0								
1995	138.2								
1996	150.8								
1997	163.4								
1998	203.0								
1999	247.4								
2000	345.5								
2001	570.8								
2002	801.9								
2003	1139.0								
2004	1504.2	100.0	100.0		100.0	100.0	100.0		100.0
2005	1854.7	120.1	120.3		120.4	132.6	118.2		121.4
2006	2323.9	155.0	142.3		147.2	170.0	127.2		157.3
2007	2879.3	198.7	184.9		176.6	216.9	161.2		193.3
2008	3343.2	235.5	218.5		213.4	230.1	214.0		224.3
2009	3735.3	264.6	251.1		234.8	260.7	272.6		241.7
2010	4540.8	333.4	296.3	100.0	294.6	315.6	360.1		283.2
2011	5701.1	413.2	355.8	125.0	370.7	434.1	430.8		342.8
2012	6468.2	435.6	381.1	112.4	430.7	501.2	545.1		366.0
2013	7835.6	543.0	444.6	122.0	533.9	567.8	762.3		430.5
2014	8503.1	607.0	471.8	140.5	581.1	579.2	909.8		465.7
2015	9126.2	672.5	526.8	156.9	616.2	591.7	978.3		516.9
2016	10027.7	768.1	639.5	191.2	689.3	622.6	1059.8		579.8
2017	11551.9	932.8	848.0	233.1	796.3	678.2	1207.0		689.8
2018	13968.3	1136.7	1022.5	298.4	967.9	813.5	1433.0	100.0	841.3
2019	15378.0	1264.1	1102.8	298.4	1074.5	902.0	1635.9	108.0	906.0
2020	16374.7	1421.2	1176.5	298.4	1097.8	925.7	1825.2	120.7	983.0

注：2019 年起取消开发区，新设南太湖新区。

8-7 历年分县区地方财政税收收入

单位：万元

年份	全 市	吴兴区	南浔区	开发区	德清县	长兴县	安吉县	南太湖新 区	△市区
1993									
1994									
1995	39681								
1996									
1997									
1998									
1999									
2000	107185								
2001									
2002	192469				38050	35505	24269		94645
2003	248915	29649	28808		47970	48337	32343		120265
2004	279468	31533	29829		54987	63632	32607		128242
2005	367239	42737	39198		69904	84844	38339		174152
2006	440934	54579	46340		79484	102678	44675		214097
2007	562975	69842	59917		100471	135538	56688		270278
2008	673459	82866	70715		126867	150135	77911		318546
2009	749998	92960	81909		140828	169710	95561		343899
2010	932580	116983	96880		173951	205954	126320		426355
2011	1170082	145775	115468	98015	221095	286338	163981		498668
2012	1322576	152683	122750	88105	254026	334701	199717		534132
2013	1450525	171287	136465	95436	284657	365248	231321		569299
2014	1563381	187791	143185	116579	306577	365462	275242		616100
2015	1693093	208338	161604	130826	332830	376682	297651		685930
2016	1826455	235212	197684	155864	372984	381751	317060		754660
2017	2024511	268338	257159	188437	425618	420537	349543		828813
2018	2408790	354104	306787	203826	488275	501145	411691		1007679
2019	2707162	403095	346057		553505	558677	472588	278059	1122392
2020	3129267	483794	373938		591674	634442	535968	333382	1367183

8-8 主要年份财政收入（一）

单位：万元

	1995年	2000年	2005年	2009年	2010年	2012年	2013年	2014年	2015年
财政总收入	**95746**	**210618**	**742378**	**1466857**	**1723456**	**2468788**	**2716588**	**2957050**	**3278218**
1. 上划中央“四税”收入		111742	345070	666751	750801	1083280	1169942	1278650	1365102
增值税、消费税			248937	458742	498766	692239	763423	804797	873860
增值税（75%部分）			244959	442119	473381	661862	731107	771230	819635
消费税			3978	16623	25385	30377	32316	33567	54225
所得税			96133	208009	252035	391041	406519	473853	491242
企业所得税（60%部分）			65253	139119	168487	287931	298748	358568	323220
个人所得税（60%部分）			30880	68890	83548	103110	107771	115285	168022
2. 一般预算收入	39556	98876	397308	800106	972655	1385508	1546646	1678400	1913116
税收收入小计	39681	107185	367239	749998	932580	1322576	1450525	1563381	1693093
增值税	18033	36111	81653	147374	157794	221317	271980	296492	324862
营业税	11328	28627	123495	216984	294969	382532	397733	406351	473558
企业所得税	6451	19061	43502	92747	112324	191953	199165	239045	215479
个人所得税		10207	20587	45926	55698	68740	71847	76856	112015
城市维护建设税	3332	7526	20008	40338	50762	74827	81038	86579	95946
其他地方各税			43222	130355	146346	237633	274462	287004	324332
耕地占用税收入	418	1763	6693	18911	29639	45506	38440	60932	20854
契税	119	3890	28079	57363	85048	100068	115860	110122	126047
非税收收入小计	2105	2934	30069	50108	40075	62932	96121	115019	220023
#专项收入	1802	2934	9340	23139	28933	42034	43374	58941	171976
罚没收入	275		35400	41671	54112	45136	69230	69241	65848
计划亏损退库			−16047	−17100	−44305	−27542	−19668	−18961	−22451
其他收入	28		1376	2398	1335	1163	1782	4813	3211

8-8 主要年份财政收入（二）

单位：万元

	2016年	2017年	2018年	2019年	2020年
财政总收入	**3608918**	**4088918**	**4907110**	**5405508**	**5820871.5**
1. 上划中央“六税”收入	1497126	1714610	2036150	2244806	2455306.5
增值税（75%部分）	634812	627833	1056323	1088651	1197275
消费税	103339	93034	125366	113323	128347
企业所得税（60%部分）	313939	396917	531472	708584	669069
个人所得税（60%部分）	269513	288738	318762	334247	460614.5
营业税	51419	2509	4227		
改征增值税	124104	305579			
2. 一般预算收入	2111792	2374308	2870960	3160702	3365565
税收收入小计	1826455	2024511	2408790	2707162	3129267
增值税	594517	933412	1056323	1088652	1197275
营业税	317349	2509	4227	261	
企业所得税	209292	264611	354314	472390	446046
个人所得税	179675	192492	212508	222832	307077
城市维护建设税	105153	117163	138823	139783	165416
其他地方各税	302518	338963	461874	403132	588377
耕地占用税收入	12928	26856	20816	86007	554
契税	105023	148505	159905	294105	424522
非税收收入小计	285337	349797	462170	453540	236298
专项收入	173200	201773	275045	251891	131896
行政事业性收费收入	3440	16096	43892	49995	58236
罚没收入	68040	60598	71374	84327	84861
计划亏损补贴	-16769	-17074	-13842	-14022	-90752
其他收入	57426	88404	85701	81349	52057

8-9 分县区财政收入

单位：万元

	全 市	吴兴区	南浔区	德清县	长兴县	安吉县	南太湖新 区	△市区
一、财政总收入	**5820872**	**828077**	**672195**	**1161800**	**1217598**	**1001082**	**600475**	**2440392**
1. 上划中央“六税”收入	2455307	316032	267598	490980	542059	403482	249009	1018785
增值税（75%部分）	1197275	155907	154131	237253	266799	236575	122882	456648
消费税	128347	1207	8323	1680	39222	608	602	86837
企业所得税（60%部分）	669069	108726	71748	123819	140805	79202	69137	325244
个人所得税（60%部分）	460615	50192	33396	128228	95233	87098	56388	150056
营业税								
改征增值税								
2. 地方财政收入	3365565	512045	404597	670820	675539	597599	351466	1421607
税收收入小计	3129267	483794	373938	591674	634442	535968	333382	1367183
增值税	1197275	155907	154131	237253	266799	236575	122882	456648
营业税								
企业所得税	446046	72484	47832	82546	93870	52801	46091	216829
个人所得税	307077	33461	22264	85486	63489	58065	37592	100037
城市维护建设税	165416	22197	17649	28811	35049	23168	24189	78388
其他地方各税	588377	115871	73756	97395	117239	103135	43148	270608
耕地占用税收入	554	2404	11155	527	−108	−13574	150	13709
契税	424522	81470	47151	59656	58104	75798	59330	230964
非税收收入小计	236298	28251	30659	79146	41097	61631	18084	54424
专项收入	131896	19575	15800	30129	8997	26994	17787	65776
行政事业性收费收入	58236	2324	4270	18904	5586	17752	188	15994
罚没收入	84861	4898	9434	15347	16648	16994		35872
计划亏损补贴	−90752					−3000		−87752
其他收入	52057	1454	1155	14766	9866	2891	109	24534
二、政府性基金收入合计	**5292537**	**733720**	**719022**	**894825**	**1005087**	**745733**		**2646892**
城市公用事业附加收入								
国有土地收益基金收入	87925	3235	6809	19937	31968	14792		21228
农业土地开发资金收入	10644			1372	1520	904		6848
国有土地使用权出让金收入	4684589	715938	701797	662297	925192	571737		2525363
彩票公益金收入	14131			1100	1604	1476		9951
其他各项政府性基金收入	422878	14547	10416	203187	29599	138955		51137
三、社会保险基金收入合计	**2541202**	**127350**	**133981**	**492928**	**448323**	**377854**		**1222097**

8-10 历年分县区财政支出

单位：万元

年份	全　市	吴兴区	南浔区	德清县	长兴县	安吉县	△市区
1978	4758			725	882	972	2179
1979	5414			789	1092	913	2620
1980	6059			896	1100	947	3116
1981	5247			904	1099	883	2361
1982	5572			847	1124	974	2627
1983	7362			1335	1421	1277	3329
1984	10620			1750	1992	1769	5109
1985	12152			1906	2089	1978	6179
1986	16423			2669	2979	2453	8322
1987	16556			2606	3169	2554	8227
1988	20717			3174	3790	3270	10483
1989	23371			3932	4178	3467	11794
1990	25388			3971	4721	3889	12807
1991	28328			4250	5449	3846	14783
1992	30437			5094	4976	4306	16061
1993	41223			7728	6856	6605	20034
1994	48610			8056	8109	7887	24558
1995	56066			9354	9558	9314	27840
1996	64295			10739	11253	10664	31639
1997	71240			11755	12761	11512	35212
1998	84380			13770	13813	12938	43859
1999	104085			17442	17682	15697	53264
2000	132514			23443	21786	19117	68168
2001	192262			40965	31575	29804	89918
2002	243422			43734	42766	41076	115846
2003	304720	24180	19965	57808	58974	48977	138961
2004	365120	27968	24311	70373	72336	59246	163165
2005	440839	31598	29467	83218	95701	69120	192800
2006	559348	39575	34690	95636	139116	76448	248148
2007	688180	47858	45028	117966	164812	88802	316600
2008	864170	62380	61980	146277	202152	124119	391622
2009	1085102	79388	77508	189125	226974	172492	496511
2010	1271209	99806	96239	214350	287533	219315	550011
2011	1517340	118398	111169	260698	353020	252632	650990
2012	1675076	130800	123035	297910	388625	292238	696303
2013	1976149	151080	145809	335748	473330	332471	834600
2014	2245670	170312	172523	379230	514130	407772	944538
2015	2737406	226948	239011	462374	590162	476610	1208260
2016	2886169	258016	270087	460412	574611	571939	1279207
2017	3250181	308308	325946	511256	630843	620038	1488044
2018	3975433	388123	401950	671981	715779	743038	1844635
2019	4668656	474537	490140	836558	810950	875665	2145483
2020	4844230	463533	552216	782193	902017	862222	2297798

8-11 历年分项目财政支出

单位：万元

年份	财政支出	#基建支出	#技术改造	#科技三项费用	#城市维护费	#文教科卫事业费	#行政管理费
1978	4758	157	791	53	70	1620	561
1979	5414	52	871	56	105	1784	627
1980	6059	89	833	15	136	2181	927
1981	5247	75	176	23	99	2364	925
1982	5572	53	101	14	268	2590	896
1983	7362	187	566	45	290	2993	1162
1984	10620	86	319	56	673	4142	2153
1985	12152	112	422	60	1053	4747	1999
1986	16423	16	744	103	1727	5696	2436
1987	16556	5	610	77	1473	5927	2631
1988	20717		644	55	1499	7311	3714
1989	23371		343	64	2028	8308	2665
1990	25388		309	190	2047	8819	3270
1991	28328		517	402	2154	9161	3584
1992	30437		592	144	2301	10598	4879
1993	41223		2021	366	2604	13236	7241
1994	48610	60		280	3435	19008	9672
1995	56066	296	325	608	3250	21306	10624
1996	64295	1123	402	574	3474	24786	11238
1997	71240	740	906	916	3998	29013	12611
1998	84380	2814	1864	1515	4113	32912	13613
1999	104085	6918	3263	1596	5108	37638	15948
2000	132514	9440	5715	2872	6983	43778	19766
2001	192262	14993	13378	4948	8914	58113	27394
2002	243422	16150	8609	6077	12195	73489	37042
2003	304720	16663	18360	7028	14214	90532	47806
2004	365120	12734	17621	8215	19878	111438	57463
2005	440839	19551	18023	11290	18229	131022	65068
2006	559348	13923	25490	12879	22790	155755	76633

注：2007 年后财政支出口径调整。

8-12 主要年份财政支出（一）

单位：万元

	1995 年	2000 年	2002 年	2003 年	2004 年	2005 年	2006 年
一般预算支出合计	**56066**	**132514**	**243422**	**304720**	**365120**	**440839**	**559348**
基本建设支出	296	9440	16150	16663	12734	19551	13923
企业挖潜改造资金	325	5715	8609	18360	17621	18023	25490
科技三项费用	608	2872	6077	7028	8215	11290	12879
农林水和气象支出	1900	4547		17844	22562	28549	40300
工交及流通等部门的事业费		1010	4431	5930	12329	13118	21024
文体广播事业费		5206	7734	8883	11422	12447	15112
教育支出	13063	29515	53700	66599	81810	95391	110268
科学支出	268	551	764	823	1109	2669	3254
医疗卫生支出			11291	14227	17097	20515	27121
其他部门的事业费			17509	24965	26260	29683	41197
抚恤和社救及单位离退费		3673	5449	8856	11700	16282	17697
社会保障补助支出			8357	7862	7859	8379	10940
行政管理费	10624	19766	37042	47806	57463	65068	76633
公检法支出及武警部队支出			24652	29985	39638	46975	58678
城市维护费		6983	12195	14214	19878	18229	22790
专项支出	2262	3251	5641	6620	8041	16218	18947
其他支出	1829		8786	8055	9382	18452	43095
基金支出合计		**13700**	**86730**	**112619**	**156074**	**187920**	**227926**
工业交通部门基金支出			312	378	8974	11532	14076
商贸部门基金支出		963	2490	703	1280	143	930
文教部门基金支出		5958	7634	10188	12360	15119	13277
社会保险基金支出			65190	86707	114734	136844	174969
农业部门基金支出		4688	6484	11537	12973	13010	17165
土地有偿使用支出			1680		813	170	794
政府住房基金支出							
其他部门基金支出				37	1951	2710	2657
地方财政税费附加支出		2091	2940	3069	2989	8392	4058

注：2007 年后财政支出口径调整。

8-12 主要年份财政支出（二）

单位：万元

	2007年	2008年	2009年	2010年	2012年	2013年	2014年	2015年
财政支出合计	688180	864170	1085102	1271209	1675076	1976149	2245670	2737406
一般公共服务	133962	152066	161050	177671	220436	236073	229421	263296
公共安全	71355	79973	82685	106580	134229	146248	160995	185773
教育	153279	180979	215076	251107	371108	415340	464525	533475
#教育附加支出	15729	19024	20236	24632	34301	39630	39170	43217
科学技术	23294	28155	32490	36729	51861	60105	69814	83942
文化体育与传媒	14248	16328	18592	30337	28820	34427	43139	46767
社会保障和就业	40658	47309	50807	76999	135739	160627	171493	229212
医疗卫生	40674	49211	64696	82892	119535	148341	192713	233897
环境保护	14772	58365	68005	67306	71776	94019	100056	128212
#排污费支出	4099	5854	4353	5146	6433	5566	5495	6078
城乡社区事务	45393	59734	71054	78711	129452	135618	184531	221166
农林水事务	60174	74260	99930	113295	150337	219648	268026	413417
交通运输	20744	22993	112572	104194	102949	142602	178378	178262
工业商业金融等事务	53972	68236	79641					
资源勘探电力信息等事务				61016	61821	80664	77748	81405
商业、粮油物质储备及金融监管等事务				46503	53230	52399	48377	55375
其他支出	15655	26561	28504	37869	43783	50038	56454	83207
政府性基金支出合计	228322	748964	681036	1622601	927088	1448338	2225072	1206226
社会保险基金支出合计	211742	272915	316772	281314	738683	819221	1268415	1381476

8-13 分县区财政支出

单位：万元

	全 市	吴兴区	南浔区	德清县	长兴县	安吉县	△市区
一、财政支出合计	**4844230**	**463533**	**552216**	**782193**	**902017**	**862222**	**2297798**
一般公共服务	487079	53027	60736	95253	86489	64377	240960
公共安全	335905	41482	40655	51729	56768	54304	173104
教育	841881	98870	100885	137570	169827	150195	384289
科学技术	195052	17940	15380	38744	38461	44167	73680
文化旅游体育与传媒	115687	12961	15207	20621	19939	17691	57436
社会保障和就业	450206	53507	74512	68386	77555	59863	244402
卫生健康	416898	52766	67041	63072	66149	86756	200921
节能环保	213232	10037	9990	14081	32955	119818	46378
城乡社区	467318	30239	41906	55638	80319	92708	238653
农林水	414173	32011	58161	74879	92725	77478	169091
交通运输	260432	6215	16381	80694	46477	15138	118123
资源勘探信息	179895	17967	13819	21632	35779	6529	115955
商业服务业	77546	9152	7010	2725	10604	1248	62969
金融	30025	5573	3289	2972	861	547	25645
援助其他地区	8633			2436	1846		4351
自然资源海洋气象	47911	1381	921	8576	15383	12249	11703
住房保障	48081	1452	6053	9857	14364	7150	16710
粮油物资储备	18131	100	198	4556	4125	847	8603
灾害防治及应急管理	35598	4827	4783	5069	5778	5612	19139
债务付息	173728	13766	14510	23251	43851	45470	61156
债务发行费用	766	6	2	99	235	33	399
其他	26053	254	777	353	1527	42	24131
二、政府性基金支出合计	**5618381**	**735324**	**575155**	**974246**	**992972**	**694188**	**2956975**
新增建设用地土地有偿使用费支出							
城市公用事业附加支出							
国有土地收益基金支出	47680			23024	24656		
农业土地开发资金支出	3368				368		3000
国有土地使用权出让金支出	4146941	506653	429099	651302	831595	510446	2153598
彩票公益金安排的支出	19723	3631	2830	1920	3665	2320	11818
其他各项政府性基金支出	959320	173997	93640	252418	89546	137973	479383
三、社会保险基金支出合计	**2819386**	**90769**	**113013**	**513885**	**597950**	**452734**	**1254817**

8-14　分县区税务系统税收征收情况

单位：万元

	全　市	△市区	德清县	长兴县	安吉县
合　　计	**5801596**	**2549687**	**1093006**	**1200003**	**958900**
税务直接组织税收	5692766	2440857	1093006	1200003	958900
增值税	2328063	865179	462180	524946	475758
消费税	128346	86836	1680	39222	608
企业所得税	1087147	526226	205510	227609	127802
储蓄利息个人所得税					
车辆购置税	194154	115392	21321	37350	20091
海关代征税收	108830	108830			
一、分行业收入情况					
第一产业	3930	819	406	510	2195
第二产业	2652912	1006767	577919	582164	486062
工　业	2180474	762357	482788	517728	417601
采矿业	115043	66714	29430	16550	2349
制造业	1914790	650898	417335	460589	385968
电力、燃气及水的生产和供应业	150641	44745	36023	40589	29284
建筑业	472438	244410	95131	64436	68461
第三产业	3144754	1542101	514681	617329	470643
批发和零售业	573111	271132	114356	144897	42726
交通运输、仓储及邮政业	67441	21099	10268	27389	8685
住宿和餐饮业	10921	7187	1335	28	2371
信息传输、软件和信息技术服务业	51859	11367	9395	26214	4883
金融业	542686	236442	132794	112143	61307
房地产业	993397	554266	127413	119780	191938

8-14　分县区税务系统税收征收情况

续 1　　单位：万元

	全　市	△市区	德清县	长兴县	安吉县
租赁和商务服务业	456569	239406	57870	64608	94685
科学研究和技术服务业	101281	40331	21983	32604	6363
水利、环境和公共设施管理业	20629	6699	-3575	9855	7650
居民服务、修理和其他服务业	54761	14440	3423	4445	32453
教育	3393	2041	526	386	440
卫生和社会工作	6155	2823	663	1199	1470
文化、体育和娱乐业	65652	7515	5227	39685	13225
公共管理、社会保障和社会组织	39945	33613	15971	4171	-13810
其他行业	156954	93740	17032	29925	16257
二、分所有制收入情况					
内资企业	4654015	2034192	846458	994882	778483
国有企业	177672	134142	8989	21640	12901
集体企业	4788	1462	2056	790	480
股份合作企业	2524	713	1163	527	121
联营企业	852	852			
有限责任公司	1020575	525680	152243	254025	88627
股份公司	769034	327488	194349	129090	118107
#国有控股	120717	85018	9293	5153	21253
私营企业	2619312	1002696	483011	584251	549354
其它企业	59258	41159	4647	4559	8893
港澳台投资企业	184402	41060	65771	41724	35847
#国有控股	187	0	187		
外商投资企业	255795	95754	66058	64156	29827
#国有控股	2033	1138	895		
个体经营	707384	378681	114719	99241	114743

8-15 历年金融业主要指标

单位：万元

年份	金融机构本外币存款余额	#人民币	金融机构本外币贷款余额	#人民币	金融机构现金收入	金融机构现金支出	城乡居民本外币储蓄余额	#人民币
1978		19744		22970	30253	30927		4860
1979		29423		27712	39946	42147		8508
1980		34023		33616	50279	53179		10704
1981		40022		39937	57959	59656		13360
1982		51069		45701	66104	68495		17755
1983		60892		52709	81838	82497		24718
1984		69872		85239	99695	107841		30892
1985		89788		102366	142562	148758		43629
1986		121369		131193	176258	172474		63182
1987		131220		146794	227694	231309		81801
1988		150067		178104	338864	368688		95248
1989		185146		205648	384752	396255		134095
1990		242283		246511	418507	394509		184243
1991		302659		191610	531908	468103		232511
1992		370457		360266	797912	699418		290973
1993		438725		440211	1344362	1301552		359605
1994		522687		553544	2283232	2262111		507721
1995		704511		721145	3399889	3206054		692755
1996		960491		877352	3954865	3700073		896940
1997		1206660		1215439	4500872	4338539		1098466
1998		1645068		1441586	4988323	4747149		1350301
1999		2479676		1727196	8439627	8473186		1503980
2000		2688723		1925240	10490655	10664400		1602788
2001		2993775		2095231	11834257	12082397		1820053
2002		3696358		2619299	14900856	15211227		2146489
2003	4988122	4864162	3751911	3654519	21730911	21921379	2679539	2605537
2004	5392064	5273867	4062057	4006753	27052270	27114520	2953275	2886501
2005	6084261	5985909	4613950	4537172	28920632	29173387	3362210	3309349
2006	7170997	7062091	5590642	5487563	33354999	33639429	3920018	3869368
2007	8114541	8012836	6741052	6559080	37183840	37523199	4173133	4139781
2008	10137287	10018004	7860423	7758433	36443695	36828646	5421758	5390516
2009	13976868	13838212	11507123	11220724			6883264	6849715
2010	18056148	17897049	14613222	14199705			8216820	8183673
2011	21020466	20830145	17121700	16725465			9544396	9505937
2012	22856596	22333437	19124043	18522820			10827892	10784617
2013	25779300	25003877	21454291	20944156			12437968	12387798
2014	28137074	27560543	23630367	23249508			13748571	13699495
2015	30897217	30346398	25350062	25098339			15555654	15481478
2016	35524246	34768018	27575745	27403590			17560162	17447634
2017	40453488	39630456	32810456	32668208			19148118	19046429
2018	45894064	45140784	38862186	38715321			21316155	21213667
2019	52294458	51637465	48401777	48184632			24548728	24449737
2020	59565842	58566987	59400132	59234682			27947438	27847018

注：1978-1998 年为银行数，1999 年及以后为金融机构数；根据人民银行总行调整，2015 年起城乡居民储蓄变更为住户存款。

8-16 主要年份金融机构人民币信贷收支（一）

单位：万元

	1990 年	1995 年	2000 年	2005 年	2006 年	2007 年	2008 年	2009 年
一、各项存款余额	242283	1161789	2688723	5985909	7062091	8012836	10018004	13838212
#企业存款	70533	349120	891855	1582276	1806598	2279175	2657158	4337948
财政存款	6133	9857	28117	113222	113477	49737	67009	97615
机关团体存款		12045	11499	326715	357352	384242	388751	580504
储蓄存款	184243	692755	1602788	3309349	3869368	4139781	5390516	6849715
#定　期		577919	1226874	2105214	2403570	2485565	3293054	4010538
农业存款	37076	4702	112609	320206	410935	515420	523834	832789
其他存款	11007	8225	43788	332612	501469	642214	988500	1133597
二、各项贷款余额	246511	1080858	1925240	4537172	5487563	6559080	7758433	11220724
#短期贷款		821377	1516808	2466018	3181885	3952422	4480231	6172172
#工业贷款	102808	224887	273456	682017	1101569	1431835	1521343	1823222
商业贷款	87256	242960	305627	211077	225373	260431	278753	339779
农副产品	38031	127734	96487	68888				
建筑业贷款		5685	20796	62308	79784	103193	130349	141900
农业贷款	3835	21198	75700	429516	555090	746969	947622	1284462
乡镇企业贷款		233912	363451	369575	458388	571358	730432	1039230
私营企业及个体贷款		5104	63561	169769	178266	244158	12838	435344
三资企业贷款			48413	19904	9849	13541	296965	23084
个人短期消费贷款			10533	62533	149074	212934	203734	384086
中长期贷款		127525	315600	1977582	2196746	2564077	3164176	4774144
#基本建设	21811	19750	182899	1108623	1232173	1259993	1384075	1831241
技术改造		71022	76379	39780	35610	39860	32329	44182
个人中长期消费贷款			97916	561597	512283	773825	976403	1560430

8-16 主要年份金融机构人民币信贷收支（二）

单位：万元

	2010 年	2011 年	2012 年	2013 年	2014 年
一、各项存款余额	17897049	21020466	22856596	25779300	27560543
单位存款	6906814	10678157	11289482	12121876	12408002
个人存款		9783157	10952602	12952211	14212875
#储蓄存款	8183673	9544396	10827892	12437968	13699495
财政存款	141134	256113	354783	350880	404763
临时性存款		39502	41874	31996	39654
委托存款		15036	20963	43514	98012
其他存款	1492184	248500	196892	278822	397237
二、各项贷款余额	14199705	17121700	19124043	21454291	23249508
短期贷款	8031555	10576283	12027473	12619852	12297386
#个人贷款及透支	2449882	2804929	2832142	2885468	2939165
#个人消费贷款	547824	547607	463648	404014	363512
单位普通贷款及透支	5280669	6797709	8087461	8650472	8997185
#经营贷款	5232493	6739766	8038128	8604818	8953995
固定资产贷款	48176	57943	49333	45654	42186
银团贷款	300				3500
贸易融资	300704	973645	1107870	1083912	357536
中长期贷款	6008396	6294582	6661115	8354193	10345650
#个人贷款	2558611	3010372	3272194	3931810	4322848
#个人消费贷款	2171760	2486905	2695176	3091350	3200032
单位贷款	3396170	3218546	3304246	4264454	5834431
#经营贷款	811252	570818	609815	517940	766428
固定资产贷款	2584918	2647728	2694431	3746514	5068004
银团贷款	53615	65664	74763	82630	98480

注:2015 年后金融机构存贷款口径调整。

8-17 分县区金融机构本外币信贷收支

单位：万元

	全　市	德清县	长兴县	安吉县	△市区
一、各项存款余额	59565842	9856028	10553797	8092789	31063227
（一）境内存款	59520838	9841448	10549279	8086119	31043991
1.住户存款	27947438	4717240	4991396	3849116	14389686
（1）活期存款	10488416	1679885	1852995	1847874	5107662
（2）定期及其他存款	17459022	3037356	3138401	2001241	9282024
2.非金融企业存款	22450719	3529876	3788259	3163914	11968670
（1）活期存款	11680848	1771682	1847657	2261996	5799513
（2）定期及其他存款	10769871	1758194	1940602	901918	6169157
3.广义政府存款	8294067	1446585	1598274	931261	4317946
（1）财政性存款	512058	85876	86252	83416	256513
（2）机关团体存款	7782008	1360709	1512022	847845	4061432
4.非银行业金融机构存款	828615	147747	171350	141828	367690
（二）境外存款	45004	14580	4518	6670	19235
二、各项贷款余额	59400132	10192220	10321001	9281742	29605169
（一）境内贷款	59392829	10192205	10320924	9281624	29598077
1.住户贷款	24644459	4467903	4090107	4164049	11922400
（1）短期贷款	6324640	869222	1148048	1725230	2582141
消费贷款	1182458	157919	181775	207104	635660
经营贷款	5142182	711302	966273	1518126	1946481
（2）中长期贷款	18319819	3598682	2942059	2438819	9340259
消费贷款	13956707	2530492	1897459	2080965	7447791
经营贷款	4363112	1068190	1044600	357854	1892468
2.非金融企业及机关团体贷款	34678370	5654301	6230817	5117575	17675677
（1）短期贷款	12749795	2021345	2580754	1487099	6660597
（2）中长期贷款	20705876	3470532	3367498	3533903	10333942
（3）票据融资	1214046	162367	282564	96572	672542
（4）融资租赁					
（5）各项垫款	8653	57			8596
3.非银行业金融机构贷款	70000	70000			
（二）境外贷款	7303	15	77	118	7093

8-18 主要年份金融机构现金收支

单位：万元

	1990年	1995年	2000年	2005年	2006年	2007年	2008年
一、现金收入合计	418507	3399889	10490655	28920632	33354999	37183840	36443695
商品销售收入	196447	809655	1597867	3698707	3869364	4476986	4905928
服务业收入	23550	95757	439183	1081007	1099198	1197115	1238194
行政税费收入	3557	8232	55273	252350	209873	264923	236675
城乡个体经营收入	6142	277310	1025388	1305560	1502259	1214066	961529
储蓄存款收入	102268	1138817	6179011	19858426	23719385	27004166	26418772
其他金融性公司收入	4656	224656	45096	64594	94193	93050	53221
汇兑收入	8817	23698	249738	283241	272146	240095	121672
二、现金支出合计	394509	3206054	10664400	29173387	33639429	37523199	36828646
工资性支出	88832	286311	430225	1359243	1309742	1766541	2209214
行政企事业管理费支出	29558	195241	506167	739416	683208	750562	676359
农副产品采购支出	74034	127218	420725	1178112	992579	850678	812039
城乡个体经营支出	8837	339672	1390672	2280413	2315881	1999661	1334021
储蓄存款支出	80600	1126631	6373576	20436002	24731502	28492701	28689001
其他金融性公司支出	1284	87259	21155	64730	49642	57277	27232
汇兑支出	2691	12979	176074	153313	120076	79628	44679
三、现金投入(+)、回笼(-)	-23997	-193818	173745	252755	284430	339359	384951

注：2009年起无现金收支统计。

8-19 主要年份证券交易情况

单位：户、亿元

	2005 年	2010 年	2013 年	2014 年	2015 年	2016 年	2017 年	2018 年	2019 年	2020 年
期末开户资金帐户	68798	165445	221628	274281	378451	456844	531252	581049	609584	647541
个人	68690	164887	221024	273485	377571	455921	530167	579937	608373	646247
机构	108	558	604	796	880	923	1085	1112	1211	1294
股票成交金额		2658.19		3181.68	11277.03	6161.93	5524.20	4517.51	5938.78	9603.70
#A 股	79.06	2586.10	1584.09	3178.68	11176.56	6154.79	5520.65	4472.34	5902.05	9547.41
B 股	0.36	7.48	3.16	3.00	15.65	7.13	3.54	2.87	3.12	3.37
手续费收入		2.13								
企业往来收入		0.11								
基金	0.62	3.60	2.70							
权证		51.74								
国债现货	1.26									
国债回购	55.29									
保证金余额	2.47	17.97	8.45							

8-20 历年保险业主要指标

单位：万元、%

年份	保费收入	赔款支出	赔款率
财产险			
1990	2865	1345	46.9
1991	5023	1649	32.8
1992	7546	3044	40.3
1993	10645	6372	59.9
1994	9499	5603	59.0
1995	12830	7698	60.0
1996	13487	9251	68.6
1997	15564	8903	57.2
1998	17544	9481	54.0
1999	19710	13978	70.9
2000	21171	10804	51.0
2001	24939	12702	50.9
2002	28837	16505	57.2
2003	32135	18194	56.6
2004	40994	24116	58.8
2005	49157	35844	72.9
2006	58458	34759	59.5
2007	74051	38526	52.0
2008	87192	85342	97.9
2009	110102	56398	51.2
2010	146171	58626	40.1
2011	176526	74701	42.3
2012	198536	102291	51.5
2013	297570	190814	64.1
2014	313825	171970	54.8
2015	304652	156441	51.4
2016	326491	197687	60.5
2017	349819	197719	56.5
2018	378275	219706	58.1
2019	444934	273192	61.4
2020	466705	267203	57.3

注：2004 年及以后年份数据由市保险协会提供，下同。

8-20 历年保险业主要指标

续 1 单位：万元、%

年份	保费收入	赔款及给付支出			赔款率
			给付支出	赔款支出	
人身险					
1990	1311			208	15.9
1991	2723			329	12.1
1992	6464			651	10.1
1993	8481			1847	21.8
1994	4398			1827	41.5
1995	5588			1112	19.9
1996	8322			891	10.7
1997	14795			1136	7.7
1998	27143			2009	7.4
1999	29311			1379	4.7
2000	33155			1764	5.3
2001	46210			1859	4.0
2002	80334			2621	3.3
2003	100958			3205	3.2
2004	105961	13131	8772	4359	4.1
2005	108093	12972	10065	2908	2.7
2006	117980	20870	17918	2952	2.5
2007	126687	58710	55698	3012	2.4
2008	206262	40761	36685	4076	2.0
2009	204376	31846	27298	4548	2.2
2010	268130	16112	11612	4500	1.7
2011	283815	37321	31809	5513	1.9
2012	276982	47757	41382	6375	2.3
2013	293123	40812	34937	5875	2.0
2014	318435	43545	29118	14427	4.5
2015	353555	82523	66360	16163	4.6
2016	459470	80108	60683	19425	4.2
2017	555151	76064	50792	25271	4.6
2018	628184	86887	50756	36131	5.8
2019	699072	118129	96018	22112	3.2
2020	810433	135225	101528	33697	4.2

8-21 历年市区保险业主要指标

单位：万元、%

年份	保费收入	赔款支出	赔 款 率
财产险			
1991	2341	614	26.2
1992	3633	1255	34.5
1993	5005	2862	57.2
1994	4303	2727	63.4
1995	5889	3386	57.5
1996	6467	4380	67.7
1997	7332	4032	55.0
1998	9159	4955	54.1
1999	9993	7757	77.6
2000	11166	5473	49.0
2001	14007	7031	50.2
2002	17959	10304	57.4
2003	14978	9236	61.7
2004	19035	11754	61.7
2005	23385	18982	81.2
2006	27767	17190	61.9
2007	36196	17237	47.6
2008	42261	41936	99.2
2009	52129	26329	50.5
2010	70387	27140	38.6
2011	84147	34372	40.8
2012	93537	45885	49.1
2013	174677	122670	70.2
2014	172408	103382	60.0
2015	146049	78247	53.6
2016	155914	92972	59.6
2017	166510	114283	68.6
2018	183998	105112	57.1

8-21 历年市区保险业主要指标

续 1 单位：万元、%

年份	保费收入	赔款及给付支出			赔款率
			给付支出	赔款支出	
人身险					
1991	1241			130	10.5
1992	3178			239	7.5
1993	3755			193	5.1
1994	2277			263	11.6
1995	3354			454	13.5
1996	4268			535	12.5
1997	8513			483	5.7
1998	14550			1283	8.8
1999	14567			855	5.9
2000	17036			744	4.4
2001	25188			902	3.6
2002	44101			1398	3.2
2003	50359			1444	2.9
2004	48335	5233	3735	1498	3.1
2005	53430	6165	4774	1390	2.6
2006	59943	9731	8566	1165	1.9
2007	67182	23542	22274	1268	1.9
2008	126608	15440	13386	2054	1.6
2009	112162	19266	16857	2409	2.1
2010	158671	10651	7814	2837	1.8
2011	175603	19687	16349	3337	1.9
2012	157298	29426	25217	4209	2.7
2013	166417	21560	17977	3583	2.2
2014	172478	24532	15054	9478	5.5
2015	191003	62089	51234	10854	5.7
2016	243070	60162	46749	13413	5.5
2017	276684	45420	26512	18908	6.8
2018	307620	56927	29150	27777	9.0

主要统计指标解释

财政总收入 指国家财政参与社会产品分配所取得的收入。是实现国家职能的财力保证。由中央财政和地方财政收入组成，其具体包括的内容几经变化，目前主要包括：（1）各项税收，包括增值税、营业税、消费税、个人所得税、证券交易税、遗产税、土地增值税、城市维护建设税、房产税、车船使用税、屠宰税、资源税、印花税、城镇土地使用税、筵席税、固定资产投资方向调节税、关税、企业所得税、企业所得税退税。（2）国有企业上缴利润，国有企业缴纳所得税后上缴国家预算的利润。（3）国有企业计划亏损补贴。（4）债务收入，包括国外借款、国内公债收入、国库券收入以及专业银行购买财政专项债券等。（5）其他收入，包括专款收入、基建贷款归还收入、国家能源交通重点建设基金收入、其他收入、罚没收入、行政性收费收入。

中央财政收入和地方财政收入 指按财政体制划分的中央本级收入和地方本级收入。1994年税制财政体制以后，属于中央财政的收入包括关税、海关代征消费税和增值税，中央企业所得税，地方银行和外资银行及非银行金融企业所得税，铁道、银行总行、保险总公司等集中缴纳的营业税、所得税、利润和城市维护建设税，增值税的75%部分，海洋石油资源税和证券（印花）税88%部分。属于地方财政的收入包括营业税，地方企业所得税个人所得税，城镇土地使用税，固定资产投资方向调节税，城镇维护建设税，房产税，车船使用税，印花税，屠宰税，农牧业税，农业特产税，耕地占用税，契税，增值税25%部分，证券交易税（印花税）的12%部分和除海洋石油资源以外的其他资源税。

财政支出 指国家财政将筹集起来的资金进行分配使用的数额。以满足经济建设和各项事业的需要，主要包括：（1）基本建设支出，指按国家有关规定，属于基本建设范围内的基 本建设有偿使用、拨款、资本金支出以及经国家批准对专项和政策性基建投资贷款，在部门的基建投资额中统筹支付的贴息支出。（2）企业挖潜改造资金，指国家预算内拨给的用于企业挖潜、革新和改造方面的资金。包括个部门企业挖潜改造资金和企业挖潜改造贷款资金，为农业服务的县办“五小”企业技术改造补助，挖潜改造贷款利息支出。（3）地质勘探费用，指国家预算用于地质勘探单位的勘探工作费用，包括地质勘探管理机构及其事业单位经费、地质勘探经费。（4）科技三项费用，指国家预算用于科技支出的费用，包括新产品试制费、中间试验费、重要科学研究补助费。（5）支援农村生产支出，指国家财政支援农村集体（户）各项生产的支出。包括对农村举办的小型农田水利和打井喷灌等的补助费；对农村水土保持措施的补助费；对农村举办的小水电站的补助费特大抗旱的补助费；农村开荒的补助费；扶持乡镇企业资金；农村农技推广和植保补助费；农村草场和畜禽保护补助费；农村 造林和林木保护补助费；农村水产补助费；发展粮食生产专项资金。（6）农林水利气象等部门的事业费用。（7）工业交通商业等部门的事业费。（8）文教科学卫生事业费。（9）抚恤和社会福利救济费，指国家预算用于抚恤和社会救济事业的经费，包括由民政部门开支的烈士家属的一次性、定期抚恤金、革命伤残人员的抚恤金，各种伤残补助费、烈军属、复员退伍军人生活补助费、退伍军人安置费，优抚事业单位经费，烈士纪念建筑物管理、维修费，自然灾害救济事业费和特大自然灾害灾后重建补助费等。（10）国防支出，指国家预算用于国防建设和保卫国家安全的支出，包括国防费、国防科研事业费、民兵建设以及专项工程支出等。（11）行政管理费，指行政管理支出，党派团体补助支出，外交支出，公安安全支出，司法支出，法院支出，检察院支出和公检法办案费用补助。（12）价格补贴支出，指经国家批准由国家财政拨给的政策性补贴支出，主要包括粮食加价款，粮、棉、油差价补贴，棉花收购价外奖励款，副食品风险基金，市镇居民的肉食价格补贴，平抑市价肉食、蔬菜价差补贴等以及经国家批准的教材课本、报刊新闻纸等价格补贴。

城乡居民储蓄年末余额 包括城镇居民储蓄和农民个人储蓄两部分的年末余额。不包括工矿企业、部队、机关团体等集体存款。城镇居民储蓄年末余额，是指工商银行的城市居民储蓄、农业银行的城镇居民储蓄、人民银行的邮政储蓄、建设银行的居民住宅储蓄、中国银行的居民储蓄、交通银行和城镇信用社的居民储蓄。

保费 被保险人按其得到保险利益的保障程度（保险金额）的一定比率向保险人缴付的费用。

赔款 保险人对财产保险的保险事故给予的经济补偿或对人身保险的保险事故给付的保险金。分为已决赔款和未决赔款。

九、职工工资、居民生活、物价

9–1　分县区规上私营单位在岗职工工资总额

单位：万元

	全　市	吴兴区	南浔区	德清县	长兴县	安吉县	△市区
全部单位合计	**4282147**	**1225365**	**579467**	**803880**	**852778**	**820657**	**1804832**
按国民经济行业分组							
农、林、牧、渔业							
采矿业	13933	7135	0	3588	3140	69	7135
制造业	2755321	461290	475813	594288	615146	608784	937103
电力、热力、燃气及水生产和供应业	96110	14216	7714	14014	45176	14990	21930
建筑业	658431	418288	51477	30959	62837	94870	469765
批发和零售业	193186	92967	11260	33872	37960	17127	104227
交通运输、仓储和邮政业	61677	24669	2700	9877	17924	6507	27369
住宿和餐饮业	88904	35310	6377	12949	18613	15655	41687
信息传输、软件和信息技术服务业	64961	45886	83	15482	1266	2245	45968
金融业							
房地产业	131069	54023	10620	26394	16379	23652	64644
租赁和商务服务业	103708	29847	10529	47954	8590	6788	40376
科学研究、技术服务业	43053	20892	1699	5409	12572	2480	22592
水利、环境和公共设施管理业	15404	1400	1051	2137	3758	7058	2451
居民服务、修理和其他服务业	6789	1048	40	785	1724	3193	1088
教育	1654	578	0	964	0	111	578
卫生和社会工作	28167	16272	0	0	6622	5274	16272
文化、体育和娱乐业	19782	1544	104	5210	1069	11855	1648
公共管理、社会保障和社会组织							

9-2 分县区规上单位在岗职工平均工资

单位：元

	全 市	吴兴区	南浔区	德清县	长兴县	安吉县	△市区
全部单位合计	**70712**	**70184**	**65517**	**70984**	**72099**	**74008**	**68647**
按国民经济行业分组							
农、林、牧、渔业							
采矿业	72837	95270			93726		95270
制造业	72199	79614	67063	70315	70709	74849	72799
电力、热力、燃气及水生产和供应业	146823	114742	121458	124892	176721	157108	117232
建筑业	57128	55835	51706	57800	59108	65865	55373
批发和零售业	76173	80280	54632	74487	86419	62111	76480
交通运输、仓储和邮政业	76015	79166	65672	80182	73080	71763	77644
住宿和餐饮业	52211	50923	49566	55466	52672	52654	50702
信息传输、软件和信息技术服务业	143855	151462	84111	130046	133529	130054	150688
金融业							
房地产业	109694	124169	120722	144632	56157	124127	123595
租赁和商务服务业	58782	57667	53335	55668	70811	85501	56472
科学研究、技术服务业	108563	112486	116151			82826	112750
水利、环境和公共设施管理业	52484	47689	110094			49963	50016
居民服务、修理和其他服务业	46422	40661	46333	43160		51020	40852
教育							
卫生和社会工作	105345	103311			100301	120769	103311
文化、体育和娱乐业	77891				68237	63668	
公共管理、社会保障和社会组织							

注：在岗职工平均工资含劳务派遣。

9-3 规上单位从业人员劳动报酬（一）

单位：万元

	单位从业人员劳动报酬	在岗职工工资总额	劳务派遣人员劳动报酬	其他从业人员劳动报酬
全部单位合计	**4618818**	**4282147**	**209149**	**127522**
按国民经济行业分组				
农、林、牧、渔业				
采矿业	14332	13933	249	151
制造业	2883831	2755321	108631	19879
电力、热力、燃气及水生产和供应业	97759	96110	1351	298
建筑业	786270	658431	41208	86631
批发和零售业	203519	193186	7653	2680
交通运输、仓储和邮政业	67779	61677	4738	1365
住宿和餐饮业	101260	88904	7237	5119
信息传输、软件和信息技术服务业	68511	64961	2809	741
金融业				
房地产业	138451	131069	5336	2046
租赁和商务服务业	117513	103708	13086	718
科学研究、技术服务业	46513	43053	1621	1839
水利、环境和公共设施管理业	29878	15404	11137	3337
居民服务、修理和其他服务业	9147	6789	2277	81
教育	1661	1654		8
卫生和社会工作	29728	28167	1393	169
文化、体育和娱乐业	22666	19782	423	2461
公共管理、社会保障和社会组织				

9-3　规上单位从业人员劳动报酬（二）

单位：万元

	单位从业人员平均劳动报酬（元）	在岗职工平均工资（元）	在岗职工平均工资(含劳务派遣）（元）	其他从业人员平均劳动报酬（元）
全部单位合计	**69568**	**71268**	**70712**	**44325**
按国民经济行业分组				
农、林、牧、渔业				
采矿业	72422	73060	62200	47188
制造业	72105	72564	64040	60680
电力、热力、燃气及水生产和供应业	145669	148961	72651	40753
建筑业	55589	56962	59922	45658
批发和零售业	75579	77426	54086	47690
交通运输、仓储和邮政业	73577	78131	56200	28733
住宿和餐饮业	47287	51966	55415	17064
信息传输、软件和信息技术服务业	142256	147237	93940	70533
金融业				
房地产业	107576	112515	67888	47030
租赁和商务服务业	58777	58625	60057	57935
科学研究、技术服务业	105687	109744	84427	64308
水利、环境和公共设施管理业	48693	57243	47071	30926
居民服务、修理和其他服务业	46362	48528	41105	40500
教育	44422	44460		37500
卫生和社会工作	105047	107508	74871	70292
文化、体育和娱乐业	78240	79637	38455	81234
公共管理、社会保障和社会组织				

9–4　分县区规上单位从业人员劳动报酬

单位：万元

	单位从业人员劳动报酬	在岗职工工资总额	劳务派遣人员劳动报酬	其他从业人员劳动报酬	单位从业人员平均劳动报酬（元）	在岗职工平均工资（元）	在岗职工平均工资(含劳务派遣)（元）	其他从业人员平均劳动报酬（元）
全　市	**46188184**	**42821472**	**2091490**	**1275222**	**69568**	**71268**	**70712**	**44325**
吴兴区	13922527	12253649	900544	768334	67339	70807	62677	39752
南浔区	6125456	5794668	232165	98623	65266	65849	58201	52881
德清县	8646909	8038803	475962	132144	70450	71448	63965	47466
长兴县	8936069	8527778	273100	135191	71801	72873	54133	56589
安吉县	8557223	8206574	209719	140930	73690	74428	60630	58623
△市区	20047983	18048317	1132709	866957	66692	69136	61704	40908

9-5 历年湖州市城乡居民收入

年份	全体居民家庭		城镇居民家庭		农村居民家庭	
	人均可支配收入（元）	±%	人均可支配收入（元）	±%	人均可支配收入（元）	±%
1978					221	
1979					414	87.3
1980					343	-17.1
1981					358	4.4
1982					432	20.7
1983					422	-2.3
1984					549	30.1
1985					629	14.6
1986					701	11.4
1987					824	17.5
1988					1104	34.0
1989					1210	9.6
1990					1270	5.0
1991					1250	-1.6
1992					1406	12.5
1993					1741	23.8
1994					2393	37.4
1995					3052	27.5
1996					3440	12.7
1997					3648	6.0
1998					3865	5.9
1999					4011	3.8
2000					4335	8.1
2001					4695	8.3
2002					5052	7.6
2003					5536	9.6
2004					6380	15.2
2005			15375		7288	14.2
2006			17503	13.8	8333	14.3
2007			19663	12.3	9536	14.4
2008			21604	9.9	10751	12.7
2009			23280	7.8	11745	9.2
2010			25668	10.3	13288	13.1
2011			29367	14.4	15381	15.8
2012			32987	12.3	17188	11.7
2013	28717	10.1	35750	9.8	20257	10.8
2014	31510	9.7	38959	9.0	22404	10.6
2015	34251	8.7	42238	8.4	24410	9.0
2016	37193	8.6	45794	8.4	26508	8.6
2017	40702	9.4	49934	9.0	28999	9.4
2018	44487	9.3	54393	8.9	31767	9.5
2019	48673	9.4	59028	8.5	34803	9.6
2020	51800	6.4	61743	4.6	37244	7.0

注：①从 2013 年起，国家统计局开展了城乡一体化住户收支与生活状况调查，与 2013 年前的分城镇和农村住户调查的调查范围、调查方法、指标口径有所不同（以后各表同）。②2013 年及以前农村居民人均可支配收入为人均纯收入。

9–6 全市主要年份城乡居民主要收支指标

项目	2008年	2009年	2010年	2011年	2012年	2013年	2014年	2015年	2016年	2017年	2018年	2019年	2020年
城镇居民													
调查户数（户）	370	370	370	450	550	623	619	618	616	616	667	669	670
可支配收入	21604	23280	25668	29367	32987	35750	38959	42238	45794	49934	54393	59028	61743
工资性收入	14414	15283	17249	19485	21292	19608	21302	23273	25224	27443	30063	32590	33900
经营净收入	2933	3248	3401	4908	5882	7874	8505	8949	9310	10030	10702	11738	12061
财产性收入	806	953	694	864	745	3698	3839	4085	4511	4943	5476	5796	5996
转移性收入	4855	5514	6266	6699	7654	4569	5313	5931	6750	7518	8152	8904	9785
消费支出	13404	14602	16034	18166	19898	23196	24875	26815	27731	28962	31829	34916	35488
食品烟酒	4855	4965	5619	6970	7346	6705	7617	8158	8533	8815	9376	9756	9865
衣着	1536	1508	1822	2128	2300	2014	2073	2256	2094	2180	2381	2569	2579
居住	1043	1598	1067	1182	1328	5789	5902	6168	6416	6726	7482	7960	8741
生活用品及服务	744	994	1032	1166	1188	1308	1395	1554	1500	1568	1728	1820	1930
交通通信	1098	1049	993	936	1085	1051	1121	1175	1210	4490	1477	5543	5560
教育文化娱乐	1880	1945	2578	2797	3566	3314	3789	4107	4276	3240	5054	4266	3687
医疗保健	1827	2067	2334	2424	2443	2382	2446	2793	3086	1290	3489	1985	2097
其他用品和服务	422	477	589	563	641	634	532	605	616	653	842	1018	1029
农村居民													
调查户数（户）	500	500	500	800	800	578	576	577	576	576	578	579	580
人均可支配收入	10751	11745	13288	15381	17188	20257	22404	24410	26508	28999	31767	34803	37244
工资性收入	5291	5832	6714	8169	9183	12768	14546	15950	17376	18976	20865	22786	24318
经营净收入	4762	5134	5666	6327	7004	6015	6039	6455	6848	7364	7882	8639	9205
财产净收入	440	518	614	460	505	660	740	821	913	982	1129	1254	1355
转移净收入	258	261	294	425	496	815	1079	1184	1370	1677	1891	2125	2366
消费支出	7046	8058	9139	10093	11077	12440	14836	16112	17609	18665	20718	22613	22984
食品烟酒	2469	2671	3004	3284	3583	3767	4548	4932	5402	5732	6302	6942	7033
衣着	501	562	644	706	769	796	953	1041	1146	1211	1316	1326	1378
居住	1024	1300	1638	1744	1687	2872	3480	3687	3799	4006	4509	4913	5254
生活用品及服务	379	431	495	515	580	645	961	1048	1130	1199	1355	1392	1491
交通通信	614	751	818	902	980	673	916	1006	1096	3383	1340	4252	4237
教育文化娱乐	1029	1118	1188	1395	1699	2361	2579	2809	3183	1672	3738	1966	1617
医疗保健	899	1077	1196	1357	1570	1161	1177	1336	1568	1160	1786	1401	1509
其他用品和服务	131	148	156	189	209	165	221	253	286	303	374	420	465

9-7 全市主要年份城乡居民每百户耐用消费品拥有量

项目	2008年	2009年	2010年	2011年	2012年	2013年	2014年	2015年	2016年	2017年	2018年	2019年	2020年
城镇居民每百户拥有量													
摩托车(辆)	31.0	36.0	37.0	21.0	23.0	29.0	28.0	25.0	24.0	23.0	16.0	12.0	11.0
助力车	54.0	61.0	65.0	79.0	80.0	74.0	75.0	77.0	99.0	104.0	100.0	99.0	101.0
家用汽车(辆)	14.0	18.0	20.0	29.0	32.0	46.0	47.0	52.0	55.0	57.0	58.0	62.0	69.0
洗衣机(台)	96.0	98.0	98.0	98.0	98.0	95.0	98.0	99.0	100.0	104.0	105.0	104.0	103.0
电冰箱(台)	98.0	103.0	104.0	103.0	103.0	100.0	100.0	100.0	102.0	104.0	109.0	108.0	107.0
微波炉	78.0	83.0	83.0	82.0	82.0	80.0	81.0	84.0	88.0	82.0	82.0	81.0	75.0
彩色电视机(台)	183.0	203.0	205.0	202.0	196.0	197.0	202.0	216.0	218.0	224.0	224.0	220.0	219.0
计算机(台)	67.0	82.0	84.0	91.0	94.0	96.0	95.0	94.0	96.0	96.0	98.0	96.0	85.0
其中：接入互联网											92.0	94.0	81.0
照相机(架)	37.0	46.0	48.0	51.0	49.0	42.0	41.0	42.0	37.0	31.0	26.0	24.0	23.0
空调器(台)	179.0	200.0	204.0	217.0	213.0	230.0	227.0	230.0	232.0	240.0	241.0	243.0	258.0
淋浴热水器(台)	89.0	94.0	95.0	98.0	99.0	100.0	100.0	100.0	101.0	105.0	118.0	114.0	112.0
固定电话(部)	100.0	104.0	105.0	100.0	99.0	85.0	84.0	84.0	77.0	67.0	41.0	40.0	32.0
移动电话(部)	167.0	190.0	190.0	197.0	199.0	216.0	218.0	230.0	246.0	268.0	270.0	270.0	272.0
其中：接入互联网											226.0	227.0	265.0
洗碗机											3.0	4.0	4.0
吸尘器											25.0	25.0	25.0
农村居民每百户拥有量													
摩托车(辆)	119.0	122.0	123.0	80.0	80.0	70.0	70.0	66.0	63.0	60.0	44.0	41.0	41.0
助力车	56.0	66.0	75.0	80.0	89.0	89.0	91.0	97.0	101.0	105.0	114.0	117.0	105.0
家用汽车(辆)	5.0	7.0	9.0	21.0	22.0	28.0	30.0	38.0	42.0	46.0	47.0	51.0	60.0
洗衣机(台)	100.0	101.0	106.0	93.0	94.0	94.0	98.0	99.0	100.0	104.0	104.0	105.0	106.0
电冰箱(台)	83.0	90.0	95.0	101.0	103.0	103.0	100.0	100.0	101.0	104.0	105.0	107.0	112.0
微波炉	23.0	32.0	35.0	35.0	39.0	40.0	43.0	46.0	52.0	54.0	54.0	54.0	55.0
彩色电视机(台)	166.0	175.0	181.0	184.0	188.0	188.0	190.0	201.0	218.0	225.0	225.0	217.0	218.0
计算机(台)	28.0	35.0	46.0	44.0	54.0	57.0	60.0	70.0	80.0	84.0	84.0	81.0	74.0
其中：接入互联网											79.0	68.0	72.0
照相机(架)	19.0	20.0	21.0	17.0	22.0	16.0	15.0	20.0	18.0	16.0	13.0	12.0	13.0
空调器(台)	100.0	113.0	122.0	147.0	159.0	159.0	162.0	173.0	190.0	200.0	202.0	211.0	220.0
淋浴热水器(台)	65.0	70.0	79.0	82.0	85.0	90.0	92.0	95.0	98.0	105.0	108.0	109.0	111.0
固定电话(部)	114.0	109.0	105.0	96.0	97.0	97.0	94.0	83.0	75.0	55.0	50.0	42.0	35.0
移动电话(部)	195.0	210.0	227.0	236.0	248.0	236.0	242.0	246.0	255.0	265.0	275.0	281.0	296.0
其中：接入互联网											235.0	236.0	281.0
洗碗机											1.0	2.0	2.0
吸尘器											10.0	12.0	12.0

9-8 历年分县区城镇居民人均可支配收入

单位：元

年份	全 市	吴兴区	南浔区	德清县	长兴县	安吉县	△市区
1986						1039	1204
1987						1129	1313
1988						1576	1635
1989						1748	1814
1990						1855	1988
1991						1986	2315
1992						2532	2805
1993						3511	3706
1994						4962	5567
1995						5778	6379
1996						6583	7131
1997						7445	7183
1998						7430	7652
1999						7528	7862
2000						8259	8684
2001						9529	9872
2002						10462	11388
2003						11430	12607
2004						12910	13664
2005	15375	15561	15561	15335	15350	14688	15561
2006	17503	17758	17758	16945	17318	16443	17758
2007	19663	20046	20046	19182	19552	18548	20046
2008	21604	21822	21822	21580	21605	20426	21822
2009	23280	23242	23242	23587	23614	22484	23242
2010	25668	25572	25572	26016	26046	25205	25572
2011	29367	29856	27513	29710	29725	28679	29591
2012	32987	33560	30843	33377	33439	32211	33297
2013	35750	36842	34546	36167	35980	34878	
2014	38959	40138	37710	39516	39234	37963	
2015	42238	43535	41008	42662	42512	41132	
2016	45794	47170	44475	46444	46026	44358	
2017	49934	51395	48587	50450	50286	48237	
2018	54393	55996	52743	54863	54985	52617	
2019	59028	60768	57414	59431	59848	56954	
2020	61743	63816	59847	62225	62428	59518	

9-9 历年分县区城镇居民人均可支配收入增长速度

单位：%

年份	全 市	吴兴区	南浔区	德清县	长兴县	安吉县	△市区
1987						8.7	9.1
1988						41.0	24.5
1989						10.9	10.9
1990						6.1	9.6
1991						7.1	16.4
1992						27.5	21.2
1993						38.7	32.1
1994						41.3	50.2
1995						16.4	14.6
1996						13.9	11.8
1997						13.1	0.7
1998						-0.2	6.5
1999						1.3	2.7
2000						9.7	10.5
2001						15.4	13.7
2002						9.8	19.5
2003						9.3	10.7
2004						12.9	8.4
2005						13.8	13.9
2006	13.8	14.1	14.1	10.5	12.8	11.9	14.1
2007	12.3	12.9	12.9	13.2	12.9	12.8	12.9
2008	9.9	8.9	8.9	12.5	10.5	10.1	8.9
2009	7.8	6.5	6.5	9.3	9.3	10.1	6.5
2010	10.3	10.0	10.0	10.3	10.3	12.1	10.0
2011	14.4	16.8	7.6	14.2	14.1	13.8	15.7
2012	12.3	12.4	12.1	12.3	12.5	12.3	12.5
2013	9.8	10.0	9.7	10.2	9.8	9.5	
2014	9.0	8.9	9.2	9.3	9.0	8.8	
2015	8.4	8.5	8.7	8.0	8.4	8.3	
2016	8.4	8.3	8.5	8.9	8.3	7.8	
2017	9.0	9.0	9.2	8.6	9.3	8.7	
2018	8.9	9.0	8.6	8.7	9.3	9.1	
2019	8.5	8.5	8.9	8.3	8.8	8.2	
2020	4.6	5.0	4.2	4.7	4.3	4.5	

9-10 年分县区城镇居民人均可支配收入发展指数

单位：%

年份	全　市	吴兴区	南浔区	德清县	长兴县	安吉县	△市区
1986							100.0
1987							109.1
1988							135.8
1989							150.6
1990							165.1
1991							192.2
1992							232.9
1993							307.7
1994							462.1
1995							529.6
1996							592.1
1997							596.2
1998							635.0
1999							652.1
2000							720.6
2001							819.3
2002							979.1
2003							1083.9
2004							1174.9
2005	100.0	100.0	100.0	100.0	100.0	100.0	1338.2
2006	113.8	114.1	114.1	110.5	112.8	111.9	1526.9
2007	127.9	128.8	128.8	125.1	127.4	126.2	1723.9
2008	140.5	140.3	140.3	140.7	140.7	139.0	1877.3
2009	151.4	149.4	149.4	153.8	153.8	153.0	1999.3
2010	166.9	164.3	164.3	169.7	169.7	171.5	2199.2
2011	191.0	192.0	176.8	193.7	193.6	195.2	2544.5
2012	214.5	215.8	198.2	217.7	217.8	219.2	2862.6
2013	235.6	237.4	217.4	239.9	239.1	240.0	
2014	256.8	258.5	237.4	262.2	260.6	261.1	
2015	278.4	280.5	258.1	283.2	282.5	282.8	
2016	301.8	303.8	280.0	308.4	305.9	304.9	
2017	328.9	331.1	305.8	334.9	334.4	331.4	
2018	358.2	360.9	332.1	364.1	365.5	361.5	
2019	388.7	391.7	361.5	394.4	397.8	391.3	
2020	406.6	411.3	376.8	412.9	414.9	408.9	

9-11 全市城镇居民人均收入结构

单位：元

年份	人均可支配收入	人均家庭总收入	1. 工资性收入	2. 经营净收入	3. 财产净收入	4. 转移净收入
2005	15375	17124	10559	1930	409	4226
2006	17503	18903	11090	2353	707	4753
2007	19663	21149	12952	2933	826	4437
2008	21604	23008	14414	2933	806	4855
2009	23280	24999	15283	3248	953	5514
2010	25668	27610	17249	3401	694	6266
2011	29367	31957	19485	4908	864	6699
2012	32987	35573	21292	5882	745	7654
2013	35750		19608	7874	3698	4569
2014	38959		21302	8505	3839	5313
2015	42238		23273	8949	4085	5931
2016	45794		25224	9310	4511	6750
2017	49934		27443	10030	4943	7518
2018	54393		30063	10702	5476	8152
2019	59028		32590	11738	5796	8904
2020	61743		33900	12061	5996	9785

9-12 历年全市城镇居民人均消费支出

单位：元

年份	生活消费支出	食品	衣着	居住	生活用品及服务	医疗保健	交通和通讯	教育文化娱乐服务	其他商品和服务
2005	11051	3830	1251	1274	654	815	1406	1457	364
2006	11685	4013	1387	1413	787	922	1203	1534	426
2007	12304	4497	1454	1129	757	946	1368	1771	382
2008	13404	4855	1536	1043	744	1098	1880	1827	422
2009	14602	4965	1508	1598	994	1049	1945	2067	477
2010	16034	5619	1822	1067	1032	993	2578	2334	589
2011	18166	6970	2128	1182	1166	936	2797	2424	563
2012	19898	7346	2300	1328	1188	1085	3566	2443	641
2013	23196	6705	2014	5789	1308	1051	3314	2382	634
2014	24875	7617	2073	5902	1395	1121	3789	2446	532
2015	26815	8158	2256	6168	1554	1175	4107	2793	605
2016	27731	8533	2094	6416	1500	1210	4276	3086	616
2017	28962	8815	2180	6726	1568	4490	3240	1290	653
2018	31829	9376	2381	7482	1728	1477	5054	3489	842
2019	34916	9756	2569	7960	1820	1985	5543	4266	1018
2020	35488	9865	2579	8741	1930	5560	3687	2097	1029

9-13 历年全市城镇每百户居民家庭主要耐用消费品拥有量

年份	摩托车	助力车	家用汽车	洗衣机	电冰箱	微波炉	彩色电视机	计算机(电脑)	其中：接入互联网	照相机	空调	沐浴热水器	固定电话	移动电话	其中：接入互联网	洗碗机	吸尘器
2008	31	54	14	96	98	78	183	67		37	179	89	100	167			
2009	36	61	18	98	103	83	203	82		46	200	94	104	190			
2010	37	65	20	98	104	83	205	84		48	204	95	105	190			
2011	21	79	29	98	103	82	202	91		51	217	98	100	197			
2012	23	80	32	98	103	82	196	94		49	213	99	99	199			
2013	29	74	46	95	100	80	197	96		42	230	100	85	216			
2014	28	75	47	98	100	81	202	95		41	227	100	84	218			
2015	25	77	52	99	100	84	216	94		42	230	100	84	230			
2016	24	99	55	100	102	88	218	96		37	232	101	77	246			
2017	23	104	57	104	104	82	224	96		31	240	105	67	268			
2018	16	100	58	105	109	82	224	98	92	26	241	118	41	270	226	3	25
2019	12	99	62	104	108	81	220	96	94	24	243	114	40	270	227	4	25
2020	11	101	69	103	107	75	219	85	81	23	258	112	32	272	265	4	25

9–14 历年全市城镇居民生活水平

年份	人均可支配收入（元）	±%	人均消费性支出（元）		恩格尔系数	现住房人均建筑面积（平方米）
				食品		
2005	15375		11051	3830	0.35	29.9
2006	17503	13.8	11685	4013	0.34	31.1
2007	19663	12.3	12304	4497	0.37	33.8
2008	21604	9.9	13404	4855	0.36	33.1
2009	23280	7.8	14602	4965	0.34	36.0
2010	25668	10.3	16034	5619	0.35	36.6
2011	29367	14.4	18166	6970	0.38	36.6
2012	32987	12.3	19898	7346	0.37	36.9
2013	35750	9.8	23196	6705	0.29	36.5
2014	38959	9.0	24875	7617	0.31	37.3
2015	42238	8.4	26815	8158	0.30	38.1
2016	45794	8.4	27731	8533	0.31	38.5
2017	49934	9.0	28962	8815	0.30	38.7
2018	54393	8.9	31829	9376	0.29	41.0
2019	59028	8.5	34916	9756	0.28	41.2
2020	61743	4.6	35488	9865	0.28	42.1

9-15　分县区城镇居民人均收支及每百户主要耐用消费品

项目	全　市	吴兴区	南浔区	德清县	长兴县	安吉县
人均可收入(元)	**61743**	**63816**	**59847**	**62225**	**62428**	**59518**
#工资性收入	33900	34218	27597	35960	34010	35906
经营净收入	12061	11920	21621	11078	9477	11254
财产性收入	5996	4890	5671	5151	6614	7379
转移性收入	9785	12788	4958	10037	12326	4979
消费支出	**35488**	**37632**	**29037**	**37543**	**35220**	**37526**
食品烟酒	9865	10497	9574	10303	9260	11088
衣着	2579	2865	2185	2308	3361	2629
居住	8741	8538	5718	8169	8985	9181
生活用品及服务	1930	2213	1263	1990	2480	1956
交通通信	5560	6322	4967	6892	4552	7298
教育文化娱乐	3687	4102	2921	4720	4452	3329
医疗保健	2097	2129	1907	2595	1181	1123
其他用品和服务	1029	966	501	566	949	922
每百户拥有量						
摩托车(辆)	11	8	30	21	13	1
助力车	101	110	99	105	127	98
家用汽车(辆)	69	68	66	89	71	77
洗衣机(台)	103	102	106	107	112	107
电冰箱(台)	107	119	119	103	118	110
微波炉	75	105	91	73	86	51
彩色电视机(台)	219	238	231	220	242	218
计算机(台)	85	108	91	106	96	84
其中：接入互联网	81	108	91	105	96	80
照相机(架)	23	37	14	32	21	28
空调器(台)	258	253	281	261	265	266
淋浴热水器(台)	112	107	111	107	119	114
固定电话(部)	32	67	47	38	22	34
移动电话(部)	272	279	271	314	285	276
其中：接入互联网	265	279	264	311	248	270
洗碗机	4	6	12	9	4	2
吸尘器	25	51	39	29	20	18

9-16 历年分县区农村居民人均可支配收入

单位：元

年份	全 市	吴兴区	南浔区	德清县	长兴县	安吉县	△市区
1978	221			241	206	184	239
1979	414			476	375	336	448
1980	343			426	331	342	316
1981	358			430	331	323	361
1982	432			416	386	376	492
1983	422			449	370	391	457
1984	549			580	516	535	563
1985	629			621	511	597	721
1986	701			679	602	580	829
1987	824			808	677	761	957
1988	1104			1173	902	866	1313
1989	1210			1296	1028	963	1401
1990	1270			1377	1114	984	1454
1991	1250			1351	1163	1007	1376
1992	1406			1534	1270	1061	1572
1993	1741			1866	1581	1443	1926
1994	2393			2471	2252	2005	2620
1995	3052			3039	2982	2739	3250
1996	3440			3327	3427	3212	3572
1997	3648			3562	3622	3501	3774
1998	3865			3863	3839	3666	3981
1999	4011			4098	3986	3756	4121
2000	4335			4510	4430	4097	4422
2001	4695			4830	4753	4556	4780
2002	5052			5178	5120	4930	5113
2003	5536	5702	5652	5716	5622	5402	5521
2004	6380	6478	6416	6545	6438	6161	6443
2005	7288	7405	7346	7461	7307	7034	7372
2006	8333	8465	8396	8543	8352	8031	8426
2007	9536	9685	9612	9773	9538	9163	9646
2008	10751	10913	10838	11002	10745	10343	10873
2009	11745	11900	11836	12002	11751	11326	11865
2010	13288	13486	13360	13575	13305	12840	13418
2011	15381	15895	15471	15776	15640	14152	15672
2012	17188	17739	17246	17669	17462	15836	17480
2013	20257	20815	20249	20643	20521	19485	
2014	22404	23075	22364	22820	22685	21562	
2015	24410	25142	24342	24934	24672	23556	
2016	26508	27391	26398	27140	26909	25477	
2017	28999	29980	28865	29842	29341	27904	
2018	31767	32693	31564	32723	32114	30541	
2019	34803	35742	34489	36013	35274	33488	
2020	37244	38219	37051	38357	37813	35699	

9-17 历年分县区农村居民人均可支配收入增长速度

单位：%

年份	全　市	吴兴区	南浔区	德清县	长兴县	安吉县	△市区
1979	87.3			97.5	82.0	82.6	87.4
1980	−17.1			−10.5	−11.7	1.8	−29.5
1981	4.4			0.9	0.0	−5.6	14.2
1982	20.7			−3.3	16.6	16.4	36.3
1983	−2.3			7.9	−4.1	4.0	−7.1
1984	30.1			29.2	39.5	36.8	23.2
1985	14.6			7.1	−1.0	11.6	28.1
1986	11.4			9.3	17.8	−2.8	15.0
1987	17.5			19.0	12.5	31.2	15.4
1988	34.0			45.2	33.2	13.8	37.2
1989	9.6			10.5	14.0	11.2	6.7
1990	5.0			6.3	8.4	2.2	3.8
1991	−1.6			−1.9	4.4	2.3	−5.4
1992	12.5			13.5	9.2	5.4	14.2
1993	23.8			21.6	24.5	36.0	22.5
1994	37.4			32.4	42.4	38.9	36.0
1995	27.5			23.0	32.4	36.6	24.0
1996	12.7			9.5	14.9	17.3	9.9
1997	6.0			7.1	5.7	9.0	5.7
1998	5.9			8.5	6.0	4.7	5.5
1999	3.8			6.1	3.8	2.5	3.5
2000	8.1			10.1	11.1	9.1	7.3
2001	8.3			7.1	7.3	11.2	8.1
2002	7.6			7.2	7.7	8.2	7.0
2003	9.6			10.4	9.8	9.6	8.0
2004	15.2	13.6	13.5	14.5	14.5	14.1	16.7
2005	14.2	14.3	14.5	14.0	13.5	14.2	14.4
2006	14.3	14.3	14.3	14.5	14.3	14.2	14.3
2007	14.4	14.4	14.5	14.4	14.2	14.1	14.5
2008	12.7	12.7	12.8	12.6	12.7	12.9	12.7
2009	9.2	9.0	9.2	9.1	9.4	9.5	9.1
2010	13.1	13.3	12.9	13.1	13.2	13.4	13.1
2011	15.8	17.9	15.8	16.2	17.5	10.2	16.8
2012	11.7	11.6	11.5	12.0	11.6	11.9	11.5
2013	10.8	10.7	10.5	10.8	10.8	11.2	
2014	10.6	10.9	10.4	10.5	10.5	10.7	
2015	9.0	9.0	8.8	9.3	8.8	9.2	
2016	8.6	8.9	8.4	8.8	9.1	8.2	
2017	9.4	9.5	9.3	10.0	9.0	9.5	
2018	9.5	9.1	9.4	9.7	9.4	9.5	
2019	9.6	9.3	9.3	10.1	9.8	9.6	
2020	7.0	6.9	7.4	6.5	7.2	6.6	

9-18 历年分县区农村居民人均可支配收入发展指数

单位：%

年份	全　市	吴兴区	南浔区	德清县	长兴县	安吉县	△市区
1978	100.0			100.0	100.0	100.0	100.0
1979	187.3			197.5	182.0	182.6	187.4
1980	155.2			176.8	160.7	185.9	132.2
1981	162.0			178.4	160.7	175.5	151.0
1982	195.5			172.6	187.4	204.3	205.9
1983	191.0			186.3	179.6	212.5	191.2
1984	248.4			240.7	250.5	290.8	235.6
1985	284.6			257.7	248.1	324.5	301.7
1986	317.2			281.7	292.2	315.2	346.9
1987	372.9			335.3	328.6	413.6	400.4
1988	499.5			486.7	437.9	470.7	549.4
1989	547.5			537.8	499.0	523.4	586.2
1990	574.7			571.4	540.8	534.8	608.4
1991	565.6			560.6	564.6	547.3	575.7
1992	636.2			636.5	616.5	576.6	657.7
1993	787.8			774.3	767.5	784.2	805.9
1994	1082.8			1025.3	1093.2	1089.7	1096.2
1995	1381.0			1261.0	1447.6	1488.6	1359.8
1996	1556.6			1380.5	1663.6	1745.7	1494.6
1997	1650.7			1478.0	1758.3	1902.7	1579.1
1998	1748.9			1602.9	1863.6	1992.4	1665.7
1999	1814.9			1700.4	1935.0	2041.3	1724.3
2000	1961.5			1871.4	2150.5	2226.6	1850.2
2001	2124.4			2004.1	2307.3	2476.1	2000.0
2002	2286.0			2148.5	2485.4	2679.3	2139.3
2003	2505.0	100.0	100.0	2371.8	2729.1	2935.9	2310.0
2004	2886.9	113.6	113.5	2715.8	3125.2	3348.4	2695.8
2005	3297.7	129.8	129.9	3095.9	3547.1	3822.8	3084.5
2006	3770.6	148.4	148.5	3544.8	4054.4	4364.7	3525.5
2007	4314.9	169.8	170.0	4055.2	4630.1	4979.9	4036.0
2008	4864.7	191.3	191.8	4565.1	5216.0	5621.2	4549.4
2009	5314.5	208.6	209.4	4980.1	5704.4	6155.4	4964.4
2010	6012.7	236.3	236.4	5632.8	6458.7	6978.3	5614.2
2011	6959.7	278.6	273.8	6546.1	7592.2	7691.3	6557.3
2012	7777.4	310.9	305.3	7331.5	7658.3	8606.5	7318.8
2013	8617.4	344.3	337.5	8120.4	8482.3	9574.3	
2014	9530.8	381.9	372.5	8973.0	9372.9	10598.8	
2015	10388.6	416.3	405.3	9807.5	10197.7	11573.9	
2016	11282.0	450.9	439.3	10670.6	11125.7	12523.0	
2017	12342.5	493.7	480.2	11737.6	12127.0	13712.6	
2018	13515.1	538.6	525.3	12876.2	13266.9	15015.3	
2019	14806.9	588.8	574.0	14170.8	14572.7	16464.2	
2020	15845.3	629.6	616.7	15092.8	15621.4	17550.9	

9-19 历年全市农村居民人均可支配收入结构

单位：元

年份	人均可支配收入	1. 工资性收入	2. 经营净收入	3. 财产净收入	4. 转移净收入
1978	221				
1979	414				
1980	343				
1981	358				
1982	432				
1983	422				
1984	549				
1985	629				
1986	701				
1987	824				
1988	1104				
1989	1210				
1990	1270				
1991	1250				
1992	1406				
1993	1741				
1994	2393				
1995	3052				
1996	3440				
1997	3648				
1998	3865				
1999	4011				
2000	4335				
2001	4695				
2002	5052				
2003	5536				
2004	6380	2869	3326	110	75
2005	7288	3397	3521	240	130
2006	8333	3969	3947	271	146
2007	9536	4555	4409	370	202
2008	10751	5291	4762	440	258
2009	11745	5832	5134	518	261
2010	13288	6714	5666	614	294
2011	15381	8169	6327	460	425
2012	17188	9183	7004	505	496
2013	20257	12768	6015	660	815
2014	22404	14546	6039	740	1079
2015	24410	15950	6455	821	1184
2016	26508	17376	6848	913	1370
2017	28999	18976	7364	982	1677
2018	31767	20865	7882	1129	1891
2019	34803	22786	8639	1254	2125
2020	37244	24318	9205	1355	2366

9-20 历年全市农村居民人均消费支出

单位：元

年份	生活消费支出	食品烟酒	衣着	居住	生活用品及服务	医疗保障	交通通信	教育文化娱乐	其他用品和服务
1978	204	120	13	44	12	4	5	6	
1979	282	164	19	62	17	5	7	8	
1980	316	180	22	72	18	6	9	9	
1981	330	185	23	77	20	6	9	10	
1982	389	215	28	92	23	8	11	12	
1983	398	217	29	96	25	8	11	12	
1984	506	272	37	123	32	10	15	16	1
1985	563	301	52	121	39	11	20	16	3
1986	651	358	58	136	38	12	21	26	2
1987	767	408	52	191	33	20	22	23	18
1988	1064	533	63	316	47	24	27	31	23
1989	1178	578	70	364	51	29	29	31	26
1990	1131	603	86	273	52	30	31	30	26
1991	1029	559	73	201	62	33	37	29	35
1992	1149	615	83	221	71	34	42	46	37
1993	1283	753	102	119	83	68	48	61	49
1994	1732	971	153	133	97	95	86	130	67
1995	2358	1310	198	289	107	115	97	163	79
1996	2418	1378	205	250	113	106	102	179	85
1997	2551	1409	183	308	124	116	130	184	97
1998	2516	1384	170	343	104	102	109	191	113
1999	2398	1288	149	273	127	106	142	236	77
2000	2677	1305	154	328	156	117	225	278	114
2001	2898	1366	165	306	138	186	288	321	128
2002	3226	1424	187	334	141	246	380	359	155
2003	3696	1573	230	326	210	258	490	490	119
2004	4212	1742	276	432	286	294	531	559	92
2005	4821	1848	322	556	301	668	432	601	93
2006	5327	1993	386	569	321	497	672	767	122
2007	6172	2153	437	881	342	494	907	834	124
2008	7046	2469	501	1024	379	614	1029	899	131
2009	8058	2671	562	1300	431	751	1118	1077	148
2010	9139	3004	644	1638	495	818	1188	1196	156
2011	10093	3284	706	1744	515	902	1395	1357	189
2012	11077	3583	769	1687	580	980	1699	1570	209
2013	12440	3767	796	2872	645	673	2361	1161	165
2014	14836	4548	953	3480	961	916	2579	1177	221
2015	16112	4932	1041	3687	1048	1006	2809	1336	253
2016	17609	5402	1146	3799	1130	1096	3183	1568	286
2017	18665	5732	1211	4006	1199	3383	1672	1160	303
2018	20718	6302	1316	4509	1355	1340	3738	1786	374
2019	22613	6942	1326	4913	1392	1401	4252	1966	420
2020	22984	7033	1378	5254	1491	4237	1617	1509	465

9-21 历年全市农村每百户居民家庭主要耐用消费品拥有量

年份	摩托车	助力车	家用汽车	洗衣机	电冰箱	微波炉	彩色电视机	家用电脑	其中：接入互联网	照相机	空调	沐浴热水器	固定电话	移动电话	其中：接入互联网	洗碗机	吸尘器
1985	1			0			2			0							
1986	1			3	1		4			0							
1987	1			4	1		6			0							
1988	1			9	2		10			0							
1989	3			10	4		8			1							
1990	4			18	5		14			2							
1991	6			26	12		20			4							
1992	6			30	14		37			4							
1993	7			34	19		45			5							
1994	15			36	21		46			6	1						
1995	21			37	23		46			6	1						
1996	27			48	26		59			9	2						
1997	28			54	27		61			8	2						
1998	30			52	28		64			10	2						
1999	36			56	33	1	79			12	3	15	43	11			
2000	46			72	37	1	91	1		13	8	16	62	26			
2001	60			75	44	2	101	4		13	15	22	81	44			
2002	70			79	50	3	115	5		15	26	27	91	72			
2003	81		1	83	52	9	122	8		16	38	29	96	103			
2004	90		1	84	53	10	131	8		17	51	33	99	127			
2005	106		2	91	64	13	147	11		18	70	46	115	147			
2006	111		3	95	71	17	155	15		18	84	51	116	168			
2007	115		4	99	78	20	162	22		18	94	61	113	180			
2008	119	56	5	100	83	23	166	28		19	100	65	114	195			
2009	122	66	7	101	90	32	175	35		20	113	70	109	210			
2010	123	75	9	106	95	35	181	46		21	122	79	105	227			
2011	80	80	21	93	101	35	184	44		17	147	82	96	236			
2012	80	89	22	94	103	39	188	54		22	159	85	97	248			
2013	70	89	28	94	103	40	188	57		16	159	90	97	236			
2014	70	91	30	98	100	43	190	60		15	162	92	94	242			
2015	66	97	38	99	100	46	201	70		20	173	95	83	246			
2016	63	101	42	100	101	52	218	80		18	190	98	75	255			
2017	60	105	46	104	104	54	225	84		16	200	105	55	265			
2018	44	114	47	104	105	54	225	84	79	13	202	108	50	275	235	1	10
2019	41	117	51	105	107	54	217	81	68	12	211	109	42	281	236	2	12
2020	41	105	60	106	112	55	218	74	72	13	220	111	35	296	281	2	12

9-22 历年全市农村居民生活水平

年份	人均可支配收入（元）	±%	人均消费性支出（元）		恩格尔系数	人均年末住宅面积（平方米）
				食品		
1978	221		204	120	0.59	15.8
1979	414	87.3	282	164	0.58	16.9
1980	343	-17.1	316	180	0.57	18.1
1981	358	4.4	330	185	0.56	19.1
1982	432	20.7	389	215	0.55	20.3
1983	422	-2.3	398	217	0.55	21.3
1984	549	30.1	506	272	0.54	22.4
1985	629	14.6	563	301	0.53	23.5
1986	701	11.4	651	358	0.55	23.5
1987	824	17.5	767	408	0.53	24.6
1988	1104	34.0	1064	533	0.50	26.4
1989	1210	9.6	1178	578	0.49	28.8
1990	1270	5.0	1131	603	0.53	29.2
1991	1250	-1.6	1029	559	0.54	30.5
1992	1406	12.5	1149	615	0.54	30.6
1993	1741	23.8	1283	753	0.59	30.7
1994	2393	37.4	1732	971	0.56	28.4
1995	3052	27.5	2358	1310	0.56	28.2
1996	3440	12.7	2418	1378	0.57	33.2
1997	3648	6.0	2551	1409	0.55	38.1
1998	3865	5.9	2516	1384	0.55	38.9
1999	4011	3.8	2398	1288	0.54	39.6
2000	4335	8.1	2677	1305	0.49	39.8
2001	4695	8.3	2898	1366	0.47	40.3
2002	5052	7.6	3226	1424	0.44	45.0
2003	5536	9.6	3696	1573	0.43	45.7
2004	6380	15.2	4212	1742	0.41	48.2
2005	7288	14.2	4821	1848	0.38	49.8
2006	8333	14.3	5327	1993	0.37	50.6
2007	9536	14.4	6172	2153	0.35	51.8
2008	10751	12.7	7046	2469	0.35	52.1
2009	11745	9.2	8058	2671	0.33	53.9
2010	13288	13.1	9139	3004	0.33	58.0
2011	15381	15.8	10093	3284	0.33	64.0
2012	17188	11.7	11077	3583	0.32	67.9
2013	20257	10.8	12440	3767	0.30	67.9
2014	22404	10.6	14836	4548	0.31	68.1
2015	24410	9.0	16112	4932	0.31	68.7
2016	26508	8.6	17609	5402	0.31	69.0
2017	28999	9.4	18665	5732	0.31	69.0
2018	31767	9.5	20718	6302	0.30	69.0
2019	34803	9.6	22613	6942	0.31	69.0
2020	37244	7.0	22984	7033	0.31	68.5

9-23 分县区农村居民人均收支及每百户主要耐用消费品

项目	全 市	吴兴区	南浔区	德清县	长兴县	安吉县
人均可收入(元)	**37244**	**38219**	**37051**	**38357**	**37813**	**35699**
#工资性收入	24318	28277	23435	27383	24331	19550
经营净收入	9205	7165	11958	8147	10212	11648
财产性收入	1355	1620	783	1852	217	1314
转移性收入	2366	1157	876	974	3054	3186
消费支出	**22984**	**22421**	**21946**	**24242**	**21837**	**23163**
食品烟酒	7033	6875	6249	6589	6307	6977
衣着	1378	1951	1374	1411	1258	1735
居住	5254	4179	3606	5089	5907	4355
生活用品及服务	1491	1968	1077	1663	1326	1523
交通通信	4237	3489	4205	5866	3011	4608
教育文化娱乐	1617	1429	2935	1648	2539	2110
医疗保健	1509	1806	2137	1502	1251	1396
其他用品和服务	465	724	362	474	238	459
每百户拥有量						
摩托车(辆)	41	51	56	60	13	22
助力车	105	108	103	132	126	112
家用汽车(辆)	60	59	65	78	63	54
洗衣机(台)	106	106	105	115	111	106
电冰箱(台)	112	120	109	133	121	122
微波炉	55	89	76	72	60	34
彩色电视机(台)	218	237	201	256	226	204
计算机(台)	74	90	71	90	74	71
其中：接入互联网	72	90	71	86	74	57
照相机(架)	13	13	16	24	13	12
空调器(台)	220	235	218	265	233	209
淋浴热水器(台)	111	123	107	117	117	116
固定电话(部)	35	39	33	35	35	37
移动电话(部)	296	282	312	355	297	283
其中：接入互联网	281	282	308	330	281	272
洗碗机	2	4	3	3	1	0
吸尘器	12	5	15	25	10	7

9-24 历年市区价格指数

（以上年为 100）

年份	居民消费价格总指数	商品零售价格总指数
1985	114.9	115.2
1986	106.1	106.1
1987	109.0	109.4
1988	125.1	125.8
1989	115.7	115.7
1990	102.9	102.4
1991	106.8	106.4
1992	109.1	109.2
1993	119.2	118.6
1994	126.7	121.8
1995	116.4	112.6
1996	107.7	104.9
1997	100.3	99.2
1998	100.2	99.4
1999	99.1	98.3
2000	101.4	99.7
2001	100.8	100.3
2002	99.4	99.7
2003	100.0	100.0
2004	104.8	104.4
2005	101.2	101.4
2006	100.0	100.2
2007	104.0	103.8
2008	105.1	106.5
2009	99.2	100.2
2010	104.0	104.1
2011	104.8	105.1
2012	102.0	101.8
2013	102.1	101.7
2014	102.3	100.8
2015	101.0	99.6
2016	101.6	100.5
2017	101.8	101.4
2018	102.2	102.3
2019	103.0	102.9
2020	102.3	101.4

9-25　主要年份市区居民消费价格指数（一）

（以上年为 100）

	1985 年	1990 年	1995 年	2000 年	2005 年	2010 年	2011 年	2012 年	2013 年	2014 年	2015 年
居民消费价格总指数	**114.9**	**102.9**	**116.4**	**101.4**	**101.2**	**104.0**	**104.8**	**102.0**	**102.1**	**102.3**	**101.0**
一、食品	123.1	101.8	117.9	98.7	104.0	105.6	109.1	105.2	103.7	101.5	101.7
1. 粮食		101.1	114.6	77.1	91.2	114.9	113.1	104.5	103.6	100.9	103.6
# 大米（粳米）		100.0	114.0	75.9	89.7	116.4	113.5	106.7	102.9	100.5	103.8
面粉		124.4	118.9	100.0	100.8	113.7	108.5	101.7	109.9	101.3	104.9
2. 油脂		107.8	108.4	76.4	93.1	102.6	111.9	104.7	98.1	93.6	94.8
# 食用植物油		105.5	107.6	75.3	94.9	100.2	114.3	105.3	100.2	92.0	94.1
3. 肉禽及其制品		98.4	122.6	98.9	105.0	101.9	117.6	102.9	105.1	101.1	104.7
# 猪肉		94.2	128.8	98.1	102.3	101.8	128.1	97.4	99.7	97.5	107.7
鸡		104.8	111.9	100.3	104.9	103.3	108.9	102.4	111.8	105.1	109.2
4. 蛋			114.1	84.2	109.2	107.7	112.5	99.5	102.8	111.1	99.4
5. 水产品	155.6	106.6	110.8	110.7	111.9	107.0	108.3	110.8	103.2	100.0	98.6
# 淡水鱼					104.8	106.5	115.4	110.8	103.0	96.9	98.3
6. 鲜菜	180.1	97.4	125.9	109.3	105.0	112.1	106.8	115.7	108.7	96.4	110.8
7. 干菜及菜制品					102.5	106.1	103.3	99.9	107.8	104.4	101.4
8. 调味品		128.0	114.8	100.1	104.2	102.4	102.6	101.6	103.2	100.5	100.7
9. 糖			128.8	100.9	102.3	112.3	107.7	102.4	101.6	101.9	101.2
# 食糖		106.5	127.5	101.6	108.4	142.2	115.2	103.8	100.5	104.3	100.0
糖果		114.0	129.5	100.5	100.0	104.8	105.0	101.4	100.0	100.0	102.3
10. 茶及饮料					100.5	102.5	99.9	104.7	100.7	101.2	99.8
# 饮料					100.6	102.7	99.6	106.1	100.9	103.2	100.1
11. 鲜瓜果		98.5	131.6	85.5	115.0	112.2	121.0	105.1	104.9	115.8	97.0
12. 干果		103.6	133.9	101.1	91.0	102.2	112.3	104.8	107.0	103.5	103.3
13. 糕点饼干面包		117.0	106.4	103.3	97.0	103.9	106.0	100.5	100.8	103.7	100.4
14. 液体乳及乳制品		103.0	135.1	100.7	98.1	101.7	104.4	100.8	101.8	102.8	98.2
15. 在外用膳食品			132.9	105.5	104.5	101.5	103.0	101.2	102.0	100.4	101.1
二、烟酒及用品					98.3	101.0	102.4	101.8	99.8	100.2	102.5
# 烟草		100.4	89.7	94.9	96.9	100.1	100.0	100.0	100.0	100.0	103.4
酒					101.5	103.4	109.6	106.7	99.4	100.7	100.3
三、衣着	102.4	106.7	119.8	100.8	96.9	101.3	103.3	100.0	108.1	106.2	101.0
1. 服装			127.9	100.3	94.9	103.1	104.0	100.5	110.1	105.3	100.8

9-25 主要年份市区居民消费价格指数（一）

续 1　　　　（以上年为 100）

	1985 年	1990 年	1995 年	2000 年	2005 年	2010 年	2011 年	2012 年	2013 年	2014 年	2015 年
2. 衣着材料			104.7	106.9	103.7	112.8	114.1	100.8	104.4	105.7	99.1
3. 鞋袜帽			109.2	99.2	100.0	95.0	99.9	98.0	101.3	109.5	101.9
#鞋		112.5	106.3	98.9	100.0	94.1	99.1	97.8	101.3	109.7	101.9
4. 衣着加工服务					100.0	100.0	103.7	101.8	102.5	115.8	105.6
四、家庭设备用品及维修服务		104.2	103.4	100.2	98.0	101.1	103.0	102.1	103.1	102.9	101.4
#1. 耐用消费品			101.2	99.8	95.7	99.3	100.3	101.3	103.4	101.9	100.4
2. 床上用品			117.8	101.0	100.0	102.6	107.2	104.7	105.2	100.2	99.8
3. 家庭日用杂品	105.0	124.4	115.7	100.1	100.2	103.1	101.3	100.2	102.2	100.2	102.9
4. 家庭服务及加工维修服务					100.0	105.0	115.1	107.0	102.3	114.2	103.3
五、医疗保健及个人用品					99.4	105.4	105.0	102.1	101.4	102.0	102.1
1. 医疗保健		98.5	119.9	101.8	98.9	106.9	105.3	102.6	101.9	102.7	103.3
#医疗保健服务		109.4	100.0	100.0	110.3	101.8	100.0	100.3	100.7	113.1	100.0
2. 个人用品及服务					100.6	101.6	103.9	100.1	99.9	99.8	97.9
六、交通及通讯					98.1	102.4	101.2	99.0	98.7	101.1	98.6
1. 交通					100.9	103.6	101.8	98.7	98.3	101.6	98.4
#交通工具			99.9	98.9	97.8	100.7	97.9	96.1	97.7	102.1	104.9
2. 通信					95.6	100.9	99.5	99.6	99.7	99.7	99.3
#通信工具			96.3	98.6	83.5	102.4	92.4	96.1	97.5	97.2	93.4
通信服务					100.1	100.6	100.5	100.0	100.0	100.0	100.0
七、娱乐教育和文化用品及服务		94.9	118.1	97.3	98.9	102.3	100.1	99.4	100.4	100.7	102.4
1. 文娱用耐用消费品及服务		92.4	101.5	93.4	97.5	101.3	97.0	93.6	95.2	93.3	103.0
2. 教育					100.0	100.0	100.0	100.1	100.8	102.4	104.1
#教材及参考书			106.0	107.3	100.2	100.3	100.9	101.3	100.5	99.9	97.9
学杂托幼费		119.3	131.1	139.8	100.0	100.0	100.0	100.1	100.9	102.5	104.4
3. 文化娱乐类	100.7	94.9	139.5	99.9	100.0	103.1	101.9	100.9	100.4	99.9	101.2
#文娱费		116.6	133.8	105.5	100.0	104.9	100.0	100.1	100.6	100.0	100.0
4. 旅游及外出					96.3	108.5	101.7	100.2	102.3	100.2	96.8
八、居住			123.4	109.6	107.5	106.8	105.9	102.1	101.0	104.0	99.7
#建筑及装修材料		95.5	96.3	99.5	99.9	103.0	102.3	100.3	100.9	100.4	98.7
房租		100.0	192.2	100.0	100.0	106.7	110.3	103.9	101.4	106.1	103.1
水、电、燃料		101.6	110.8	114.0	113.7	109.2	104.3	100.6	100.1	102.7	96.1

9-25 主要年份市区居民消费价格指数（二）

（以上年为 100）

项目名称	2016 年	2017 年	2018 年	2019 年	2020 年
居民消费价格总指数	**101.6**	**101.8**	**102.2**	**103.0**	**102.3**
一、食品烟酒	103.5	100.3	101.8	105.7	107.8
1. 食品	103.8	99.7	101.9	107.3	109.4
(1)粮食	101.8	99.9	102.3	99.6	99.4
大　　米	101.3	100.0	100.0	100.0	100.0
面　　粉	101.5	104.2	112.8	100.2	100.0
其他粮食	113.5	99.7	97.9	97.2	104.4
粮食制品	101.1	99.2	109.8	98.7	96.5
(2)薯类	104.0	101.6	102.8	102.2	105.5
薯　　类	104.0	101.6	102.8	102.2	105.5
(3)豆类	99.5	102.9	104.5	107.3	110.3
干　　豆	101.5	100.0	100.0	100.0	102.4
豆 制 品	99.1	103.5	105.4	108.7	111.7
(4)食用油	100.4	102.5	100.8	101.4	103.8
食用植物油	99.6	102.7	101.2	100.2	100.6
食用动物油	122.2	98.4	92.6	129.0	159.8
(5)菜	116.6	93.5	106.7	101.4	107.9
鲜　　菜	118.6	92.2	107.4	101.7	109.4
干菜及菜制品	102.0	104.1	101.2	99.0	96.0
(6)畜肉类	109.4	97.4	97.1	123.9	139.9
猪　　肉	113.4	96.0	95.4	130.9	150.7
牛　　肉	101.3	99.8	100.2	109.2	111.7
羊　　肉	95.6	100.3	103.8	125.3	97.4
畜肉副产品	109.8	100.4	95.4	126.4	158.1
其他畜肉及制品	104.1	98.7	101.4	103.9	106.9
(7)禽肉类	97.1	97.9	104.2	108.4	104.6
鸡	97.7	97.5	101.3	109.6	106.5
鸭	96.7	95.0	110.3	107.6	94.3
其他禽肉及制品	96.4	102.0	103.2	107.2	112.3
(8)水产品	103.9	107.3	101.8	97.2	102.4
淡 水 鱼	103.9	108.7	101.3	97.4	108.6
海 水 鱼	108.5	100.7	98.8	103.4	103.4
虾 蟹 类	104.9	109.7	101.3	92.0	94.7
其他水产品及制品	98.7	103.7	106.7	103.3	102.9
(9)蛋类	97.8	97.4	107.6	103.9	93.4
鸡　　蛋	98.2	97.8	106.3	104.2	91.8
其他蛋及制品	96.8	96.7	110.7	103.2	97.2
(10)奶类	98.2	100.2	102.9	102.4	104.0
鲜　　奶	95.9	99.5	104.5	101.7	99.4
酸　　奶	100.7	93.6	97.3	105.7	102.0
奶　　粉	100.0	103.2	102.6	99.6	111.9
其他奶制品	99.0	103.1	104.1	108.2	102.4
(11)干鲜瓜果类	95.3	101.0	101.4	117.2	91.6
鲜 瓜 果	94.8	101.1	100.3	121.5	90.7
坚　　果	96.7	100.8	107.5	103.1	95.6
瓜果制品	97.9	100.4	100.2	104.3	94.2

9-25　主要年份市区居民消费价格指数（二）

续 1　　　　　　　　　　　　　　　　（以上年为 100）

项目名称	2016 年	2017 年	2018 年	2019 年	2020 年
(12)糖果糕点类	99.2	101.0	99.5	100.7	100.7
食　　糖	92.6	114.0	109.3	99.9	99.3
糖　　果	102.4	101.2	100.8	103.6	99.9
糕　　点	97.3	99.2	97.5	100.9	99.7
其他糖果糕点	103.0	100.7	99.0	98.4	103.9
(13)调味品	101.4	102.7	102.9	100.8	98.5
食 用 盐	100.1	100.3	100.0	100.0	96.5
酱　　油	100.9	113.9	107.8	99.9	99.6
食　　醋	102.9	87.6	102.0	100.0	95.0
调 味 酱	95.2	98.4	96.8	101.0	95.6
味　　精	105.5	99.6	100.0	99.7	99.2
其他调味品	104.0	104.7	104.2	104.8	101.7
(14)其他食品类	102.6	99.4	103.9	100.9	99.9
方便食品	102.7	100.3	105.7	100.3	100.1
淀粉及制品	102.2	101.7	100.4	100.3	101.8
膨化食品	102.5	96.0	100.9	103.0	98.3
2. 茶及饮料	100.6	100.1	102.6	99.3	100.8
茶　　叶	100.2	100.2	101.5	100.4	105.4
固体咖啡	95.4	93.7	99.9	100.5	99.9
其他固体饮料	102.3	108.4	108.7	94.8	91.6
饮 用 水	104.4	96.1	101.0	97.8	99.6
果汁饮料	102.1	97.5	105.4	103.6	105.4
其他液体饮料	99.4	101.8	102.0	98.3	97.8
3. 烟酒	100.6	99.8	100.2	100.2	101.4
(1)烟草	101.6	100.0	100.0	100.0	100.2
烟　　草	101.6	100.0	100.0	100.0	100.2
(2)酒类	98.5	99.2	100.7	100.7	104.0
白　　酒	97.3	100.1	99.8	103.2	103.3
葡 萄 酒	100.8	95.3	104.2	96.2	114.6
啤　　酒	97.1	100.4	100.2	100.0	95.9
其他酒类	100.0	100.0	100.0	100.0	103.1
4. 在外餐饮	103.9	102.2	101.9	104.1	106.2
正　　餐	102.8	102.5	104.1	105.1	108.0
快　　餐	104.1	101.9	99.0	101.2	103.9
地方小吃	112.0	106.4	102.9	109.2	111.0
其他在外餐饮	101.9	98.5	101.6	105.4	101.1
二、衣着	102.5	101.1	101.6	102.2	99.5
1. 服装	102.9	101.1	102.3	102.5	98.9
(1)男式服装	105.0	105.7	102.7	103.1	101.1
男式西服	107.8	108.5	101.8	101.0	99.7
男式冬衣	102.6	118.8	112.7	103.3	99.5
男式夹克衫	99.1	110.6	99.4	102.1	105.4
男式毛线衣	121.7	98.1	107.0	101.9	98.8
男式运动装	99.5	90.9	89.2	100.7	102.3
男式衬衫 T 恤	106.4	103.4	100.0	105.8	100.0
男式裤子	105.4	110.8	108.0	102.5	101.2
男式内衣	105.4	101.4	108.4	105.6	103.1

9-25 主要年份市区居民消费价格指数（二）

续2 （以上年为100）

项目名称	2016年	2017年	2018年	2019年	2020年
(2)女式服装	102.1	98.8	100.6	102.6	97.1
女式外套	101.5	99.1	98.3	104.5	94.8
女式冬衣	104.1	105.7	102.7	103.4	96.0
女式毛线衣	105.7	107.0	103.6	100.9	103.1
女式运动装	99.6	92.7	90.0	98.9	99.8
女式衬衫T恤	100.6	93.6	102.6	101.4	98.4
女式裤子	102.7	101.9	101.3	103.5	91.5
女式裙子	101.6	86.5	95.2	99.1	101.9
女式内衣	101.5	103.4	108.9	104.5	97.3
(3)儿童服装	99.6	95.4	109.0	99.5	98.1
婴幼服装	116.9	103.6	110.4	98.6	105.8
儿童上衣	94.3	94.7	108.4	97.9	95.7
儿童裤子	96.5	88.3	108.5	104.4	96.0
儿童裙子	91.7	93.8	108.2	97.6	91.3
2. 服装材料	100.9	99.4	102.1	118.6	100.0
服装材料	100.9	99.4	102.1	118.6	100.0
3. 其他衣着及配件	101.2	99.7	98.7	100.6	100.0
袜　　子	100.8	100.1	100.0	100.0	100.3
帽　　子	97.3	107.9	103.4	99.9	99.8
其他衣着配件	102.3	97.7	96.6	101.2	99.8
4. 衣着加工服务费	103.6	104.5	101.9	103.5	100.1
衣着洗涤保养	100.5	105.9	100.5	100.0	100.0
衣着加工	112.3	101.0	105.8	112.3	100.2
5. 鞋类	101.0	100.9	99.1	100.5	101.7
(1)鞋	101.0	100.9	99.1	100.4	101.4
男　　鞋	96.7	106.0	102.0	102.0	103.1
女　　鞋	103.2	97.4	97.1	98.8	100.0
童　　鞋	102.8	107.9	101.7	105.1	104.0
(2)鞋类加工服务	100.0	100.0	100.0	106.6	118.6
鞋类加工服务	100.0	100.0	100.0	106.6	118.6
三、居住	101.1	105.1	104.0	100.9	100.0
1. 租赁房房租	102.6	106.3	104.9	100.0	99.3
公房房租	100.0	100.0	100.0	100.0	100.0
私房房租	102.7	106.6	105.1	100.0	99.2
2. 住房保养维修及管理	99.9	102.7	103.5	105.9	103.5
(1)住房装潢材料	99.8	103.6	105.9	103.8	100.1
木 地 板	95.5	103.7	111.2	103.9	101.5
瓷　　砖	98.9	98.1	100.5	106.5	100.0
水　　泥	97.7	114.0	119.0	99.8	95.1
涂　　料	100.0	100.1	100.0	100.0	100.0
板　　材	100.0	102.4	112.5	108.3	100.0
管　　材	100.0	102.6	109.3	100.0	100.0
厨卫设备	99.5	104.0	101.2	102.9	100.0
门　　窗	104.6	108.4	98.8	100.0	99.9
其他住房装潢材料	100.7	102.5	111.5	108.7	100.4
(2)物业管理费	100.0	100.0	100.0	100.0	113.0
物业管理费	100.0	100.0	100.0	100.0	113.0

9-25 主要年份市区居民消费价格指数（二）

续 3　　（以上年为 100）

项目名称	2016 年	2017 年	2018 年	2019 年	2020 年
(3)住房装潢维修	100.0	102.7	101.7	113.0	103.9
装潢维修费	100.0	103.3	102.0	115.8	104.7
其他住房费用	100.0	100.0	100.0	100.0	100.0
3. 水电燃料	98.6	103.8	101.9	100.5	99.0
(1)水	102.5	113.1	105.0	100.0	100.0
水	102.5	113.1	105.0	100.0	100.0
(2)电	100.0	100.0	100.0	100.0	100.0
电	100.0	100.0	100.0	100.0	100.0
(3)燃气	92.9	107.5	104.3	102.0	96.2
管道燃气	100.0	100.0	100.0	100.0	100.0
液化石油气	86.7	115.0	108.1	103.5	93.3
(4)取暖费	100.0	100.0	100.0	100.0	100.0
取 暖 费	100.0	100.0	100.0	100.0	100.0
(5)其他燃料	100.0	101.2	101.6	100.0	100.0
其他燃料	100.0	101.2	101.6	100.0	100.0
4. 自有住房	101.9	105.9	104.5	100.0	99.6
自有住房	101.9	105.9	104.5	100.0	99.6
四、生活用品及服务	100.0	100.5	101.3	102.1	101.9
1. 家具及室内装饰品	100.3	99.8	100.4	101.0	99.9
(1)家具	100.3	100.2	100.5	100.8	99.9
柜	103.0	101.2	101.6	100.4	99.5
床	100.0	100.0	99.9	100.0	100.2
桌	100.2	100.5	102.9	100.6	100.0
椅	98.3	100.1	99.8	100.0	99.8
沙　发	99.2	99.7	99.1	101.6	99.7
其他家具	101.3	99.6	100.0	102.8	100.5
(2)室内装饰品	99.8	97.0	100.1	102.6	100.2
灯　具	101.1	98.9	98.6	99.1	102.8
其他室内装饰品	99.1	95.9	100.9	104.6	98.8
2. 家用器具	100.0	100.6	100.7	100.8	99.9
(1)大型家用器具	100.0	100.5	101.1	100.6	99.7
洗 衣 机	99.6	101.3	100.1	105.2	103.5
电冰箱(柜)	98.7	100.6	100.8	101.4	101.1
抽油烟机	97.8	101.0	102.7	101.7	100.3
空 调 器	102.5	100.8	102.1	100.9	97.4
热 水 器	105.9	103.5	98.1	98.2	101.0
炉具灶具	95.7	103.9	104.6	100.7	100.2
微 波 炉	101.4	100.8	100.5	99.9	103.4
其他大型家用器具	94.5	96.0	99.8	95.7	99.2
(2)小家电	99.9	101.0	99.0	101.7	101.0
厨房小家电	100.3	103.2	99.5	101.0	101.7
生活小家电	99.4	98.3	98.3	102.7	100.1
3. 家用纺织品	96.4	95.3	101.7	107.2	108.3
(1)床上用品	96.9	94.3	101.6	108.4	110.6
被　子	95.1	93.4	102.4	116.6	114.8
床单被套	97.4	94.0	101.1	100.5	104.7
其他床上用品	101.9	97.6	100.0	100.6	109.0

9-25 主要年份市区居民消费价格指数（二）

续 4　　（以上年为 100）

项目名称	2016 年	2017 年	2018 年	2019 年	2020 年
(2)窗帘门帘	94.5	98.1	100.1	101.1	100.7
窗帘门帘	94.5	98.1	100.1	101.1	100.7
(3)其他家用纺织品	93.4	103.8	105.4	103.4	92.8
其他家用纺织品	93.4	103.8	105.4	103.4	92.8
4. 家庭日用杂品	101.4	102.1	102.0	101.6	101.4
(1)洗涤卫生用品	102.3	104.9	102.6	101.3	101.7
清洗用品	99.2	104.3	101.3	103.9	108.3
清洁用具	99.1	99.2	96.3	98.7	98.8
清洁用纸	109.3	109.0	107.5	98.8	93.3
(2)厨具餐具茶具	101.0	102.2	103.2	101.4	101.1
厨　　具	101.2	104.5	105.7	100.5	102.8
餐　　具	101.4	99.3	100.0	101.4	99.8
茶　　具	98.4	101.8	102.5	105.1	97.7
(3)家用手工工具	100.8	102.4	110.2	102.4	100.4
家用手工工具	100.8	102.4	110.2	102.4	100.4
(4)其他家庭日用杂品	100.5	98.6	100.2	102.1	101.3
配电附件	98.2	103.8	106.4	100.4	101.2
雨　　具	100.0	96.3	98.4	100.0	97.6
其他日用杂品	102.1	95.9	96.5	103.9	102.3
5. 个人护理用品	98.7	97.2	97.7	101.6	101.7
(1)化妆品	99.2	98.5	96.7	100.0	102.0
清洁化妆品	97.4	99.2	100.3	101.2	100.7
护肤化妆品	99.5	98.0	94.4	99.4	102.7
彩妆化妆品	100.0	99.8	99.9	100.5	101.2
化妆器具	100.0	95.5	97.8	99.1	101.3
(2)其他护理用品类	98.0	95.5	99.0	103.9	101.4
清洁类护理用品	95.7	99.3	100.5	108.6	106.1
护发美发用品	100.2	100.7	100.5	100.4	98.6
护理器具	100.8	101.3	99.8	100.0	100.9
其他护理用品	98.8	82.2	94.4	99.6	93.6
6. 家庭服务	103.2	109.5	107.9	104.4	104.8
家政服务	104.4	112.8	110.4	105.6	106.1
家庭维修服务	100.0	100.0	100.0	100.0	100.1
五、交通和通信	98.1	100.1	101.9	99.9	96.7
1. 交通	98.1	101.9	104.3	99.5	96.2
(1)交通工具	96.3	99.4	100.4	100.7	98.8
小型汽车	96.1	99.3	100.4	100.4	98.7
电动自行车	99.2	101.7	102.0	110.0	101.7
自 行 车	100.0	98.3	99.7	103.1	104.8
其他交通工具	100.0	100.0	100.0	100.0	97.1
(2)交通工具用燃料	95.8	109.0	112.3	94.2	86.2
汽　　油	95.5	109.3	112.8	94.0	85.8
柴　　油	98.8	108.5	114.1	93.7	84.5
其他车用能源	100.0	100.0	100.0	100.0	100.0
(3)交通工具使用和维修	102.4	99.8	108.5	105.8	102.3
停 车 费	100.0	100.0	113.1	112.1	102.4
车辆使用费	100.0	100.0	100.0	100.0	109.8
交通工具零配件	100.0	97.3	99.5	103.5	99.8
车辆修理与保养	106.4	101.3	117.0	107.4	100.7

9–25 主要年份市区居民消费价格指数（二）

续 5

（以上年为 100）

项目名称	2016 年	2017 年	2018 年	2019 年	2020 年
(4)交通费	102.7	101.1	100.4	99.5	98.1
市内公共交通	100.0	100.0	100.0	100.0	100.0
出租汽车	100.0	100.0	100.0	100.0	100.0
飞 机 票	111.9	104.1	99.0	95.4	91.9
火 车 票	100.5	100.0	103.3	103.2	100.3
长途汽车	100.0	100.4	100.0	100.0	100.1
其他交通费	98.2	100.0	100.0	100.0	100.0
2. 通信	98.1	96.8	97.2	100.8	97.8
(1)通信工具	93.2	93.6	98.3	104.3	100.3
固定电话机	98.8	99.1	97.0	101.5	100.4
移动电话机	92.9	93.2	98.3	104.5	100.5
通信工具零配件	100.1	100.2	100.0	100.0	94.9
(2)通信服务	99.7	97.8	96.2	99.7	97.0
固定电话费	97.7	99.2	100.0	100.0	100.0
移动通信费	100.0	100.0	94.7	100.0	100.0
上 网 费	100.0	90.6	98.7	98.6	85.7
其他通信服务	100.0	100.0	100.0	100.0	100.0
(3)邮递服务	99.9	100.0	115.1	100.0	98.2
邮政邮寄	100.0	100.0	100.0	100.0	100.0
快递服务	99.8	100.0	118.8	100.0	97.8
六、教育文化和娱乐	102.2	101.8	101.9	104.1	102.0
1. 教育	103.1	102.0	102.4	104.9	103.3
(1)教育用品	99.7	99.2	100.7	100.8	99.6
工 具 书	100.0	100.0	101.4	102.0	100.0
教　　材	100.0	100.0	100.9	102.2	100.7
参考资料	100.0	100.0	101.4	103.7	100.1
其他教育用品	98.1	95.1	97.8	90.1	95.4
(2)教育服务	103.2	102.1	102.5	105.1	103.4
学前教育	108.2	108.1	106.4	104.8	110.3
小学初中教育	100.0	101.7	104.5	104.3	105.7
高中中职教育	100.0	101.9	103.7	102.6	105.6
高等教育	102.6	100.0	100.0	100.0	100.0
课外教育	104.0	101.3	102.0	114.1	100.9
专业技能培训	105.1	101.4	100.0	105.9	101.1
2. 文化娱乐	101.1	101.5	101.3	102.9	100.2
(1)文娱耐用消费品	98.6	98.3	101.7	99.4	100.4
电 视 机	109.1	93.0	104.8	101.1	101.5
照 相 机	92.4	100.2	91.1	103.1	101.3
台式计算机	98.5	98.3	95.9	98.5	99.3
笔记本平板	94.8	103.1	105.7	96.3	99.9
乐　　器	100.0	100.0	100.6	106.5	94.7
音　　响	100.4	99.6	97.2	93.6	106.1
其他文娱耐用消费品	85.5	98.1	101.2	101.0	100.3
(2)其他文娱用品	98.7	99.6	102.8	102.5	99.3
书报杂志	100.0	102.6	109.9	110.1	101.0
纸张文具	99.8	97.1	102.3	100.2	98.7
体育户外用品	99.7	100.0	100.1	100.0	99.7

9–25 主要年份市区居民消费价格指数（二）

续 6　　　　（以上年为 100）

项目名称	2016 年	2017 年	2018 年	2019 年	2020 年
游戏用品和玩具	100.0	99.6	99.6	100.0	100.0
园艺花卉及用品	93.5	90.8	100.0	100.0	97.5
宠物及用品	90.4	105.8	102.6	95.4	99.3
其他文化娱乐用品	100.1	99.9	101.2	101.7	94.1
(3)文化娱乐服务	100.6	103.7	100.7	100.0	100.2
电 影 票	100.0	100.0	100.0	100.0	102.4
景点门票	102.6	112.6	100.0	100.0	100.0
有线电视	100.0	100.0	100.0	100.0	100.0
健身活动	100.4	100.1	100.0	100.0	99.8
其他文娱服务	99.5	104.1	105.4	99.9	99.7
(4)旅游	103.4	102.6	100.9	105.8	100.3
旅行社收费	103.7	102.9	101.0	106.3	100.3
其他旅游	100.0	100.0	100.0	100.0	100.0
七、医疗保健	101.2	102.8	101.5	104.9	99.1
1. 药品及医疗器具	103.0	106.9	103.0	106.8	97.9
(1)中药	103.9	106.6	102.5	101.2	100.4
中 药 材	99.5	100.0	100.0	100.0	105.6
中 成 药	105.7	109.3	103.4	101.6	98.6
(2)西药	99.6	104.1	102.3	100.4	94.7
抗微生物药	90.4	100.0	93.4	94.2	94.1
消化系统用药	113.8	107.8	93.1	97.7	97.8
呼吸系统用药	100.0	110.0	120.7	101.1	93.1
解热镇痛药	99.3	100.8	100.3	102.4	100.3
抗肿瘤药	95.4	118.6	109.7	106.8	100.4
激素及影响内分泌药	109.9	103.9	105.3	99.6	100.3
心血管系统用药	107.2	102.0	94.2	96.9	65.0
血液系统用药	75.8	100.0	157.1	112.2	101.7
治疗精神障碍药	97.9	108.5	117.6	114.2	104.8
神经系统用药	129.1	99.9	99.9	100.2	102.9
消毒防腐及创伤外科用药	100.8	100.0	98.3	99.6	101.9
泌尿系统用药	98.6	100.4	94.3	97.7	97.2
维生素、矿物质类药	100.6	103.6	112.7	110.7	107.9
调节水、电解质及酸碱平衡药	88.6	100.3	100.0	99.8	99.8
(3)滋补保健品	111.9	115.5	105.5	122.1	99.7
滋补保健品	111.9	115.5	105.5	122.1	99.7
(4)医疗卫生器具	99.8	99.9	101.1	103.4	103.3
医疗卫生器具	99.8	99.9	101.1	103.4	103.3
(5)保健器具	94.7	100.3	100.0	100.0	96.0
保健器具	94.7	100.3	100.0	100.0	96.0
2. 医疗服务	100.0	100.2	100.5	103.5	100.0
(1)综合医疗类	100.0	100.8	101.4	106.2	100.0
一般医疗服务	100.0	101.1	102.4	114.1	100.0
一般治疗操作	100.0	100.4	100.4	100.0	100.0
护　　理	100.0	100.7	100.7	100.0	100.0
其他综合医疗服务	100.0	100.0	100.0	100.0	100.0

9-25 主要年份市区居民消费价格指数（二）

续 7

（以上年为 100）

项目名称	2016 年	2017 年	2018 年	2019 年	2020 年
(2)诊断类	100.0	100.0	100.2	102.7	100.1
病理学诊断	100.0	100.0	100.0	100.0	100.0
实验室诊断	100.0	100.0	99.7	96.6	100.2
影像学诊断	100.0	100.0	99.6	95.7	100.0
临床诊断	100.0	100.0	103.6	138.5	100.0
(3)治疗类	100.0	100.0	100.4	104.0	100.0
临床手术治疗	100.0	100.0	100.9	110.0	100.0
临床非手术治疗	100.0	100.0	100.0	100.0	100.0
(4)康复类	100.0	100.0	100.0	100.0	100.0
康复医疗	100.0	100.0	100.0	100.0	100.0
(5)中医医疗服务类	100.0	100.3	100.3	100.0	100.0
中医治疗	100.0	100.3	100.3	100.0	100.0
(6)其他医疗服务	100.0	100.0	100.0	100.0	100.0
其他医疗服务	100.0	100.0	100.0	100.0	100.0
八、其他用品和服务	101.4	100.6	99.3	102.3	103.9
1. 其他用品类	102.6	100.5	99.3	104.7	108.8
(1)首饰手表	104.8	100.2	98.4	107.5	114.3
金 饰 品	109.9	100.8	95.9	112.9	122.3
银 饰 品	106.5	100.6	106.9	100.4	100.2
铂金饰品	93.3	100.9	102.2	97.5	99.7
手　　表	100.0	95.3	101.3	100.8	100.4
(2)其他杂项用品	99.4	101.1	100.7	100.6	100.2
箱　　包	100.0	100.8	101.1	100.7	99.1
母婴用品	98.7	102.3	100.5	101.0	102.0
眼　　镜	99.1	100.0	100.1	99.8	100.0
2. 其他服务类	100.6	100.6	99.2	100.7	100.3
(1)旅馆住宿	100.2	100.7	100.4	100.1	104.2
宾馆住宿	99.8	97.1	100.0	102.0	103.5
其他住宿	100.9	105.9	101.0	97.4	105.1
(2)美容美发洗浴	101.6	102.7	99.0	102.3	105.2
美　　容	100.0	102.3	97.8	100.0	100.0
美　　发	100.4	101.5	100.7	104.7	108.9
洗　　浴	112.5	109.1	95.7	99.3	105.3
(3)养老服务	100.0	100.0	100.0	100.0	100.0
养老服务	100.0	100.0	100.0	100.0	100.0
(4)金融保险	100.0	98.6	98.0	100.0	96.2
金融服务	100.0	100.0	100.0	100.0	100.0
车辆保险	100.0	97.7	96.8	100.0	93.8
旅行保险	100.0	100.0	100.0	100.0	100.0
其他保险	100.0	100.0	100.0	100.0	100.0
(5)其他服务类	101.9	105.3	104.1	100.0	99.7
中介服务	102.3	106.4	104.9	100.0	99.6
其他服务	100.0	100.0	100.0	100.0	100.0

9-26 主要年份市区商品零售价格指数（一）

（以上年为 100）

	1985 年	1990 年	1995 年	2000 年	2005 年	2010 年	2011 年	2012 年	2013 年	2014 年	2015 年
商品零售价格总指数	**115.2**	**102.4**	**112.6**	**99.7**	**101.4**	**104.1**	**105.1**	**101.8**	**101.7**	**100.8**	**99.6**
一、食品	123.1	101.8	119.9	97.4	104.2	105.5	108.9	105.1	103.8	101.4	101.6
#1. 粮食		101.1	114.6	77.8	91.1	114.9	113.1	104.5	103.7	100.9	103.6
2. 油脂		107.8	108.4	76.4	93.1	102.6	111.9	104.7	98.1	93.6	94.8
3. 肉禽及其制品					104.9	101.9	117.6	102.8	105.1	101.1	104.7
4. 蛋					109.2	107.7	112.5	99.5	102.8	111.1	99.4
5. 水产品	155.6	106.6	110.8	110.7	109.5	106.4	106.3	110.7	103.3	99.7	98.3
6. 鲜菜	180.1	97.4	126.5	108.7	105.0	112.1	106.8	115.7	108.7	96.4	110.8
7. 干菜及菜制品		99.5	104.5	101.8	102.5	106.1	103.3	99.9	107.8	104.4	101.4
8. 鲜瓜果		98.5	132.4	88.1	115.0	112.2	121.0	105.1	104.9	115.8	97.0
9. 干果		103.6	133.9	101.1	91.0	102.2	112.3	104.8	107.0	103.5	103.3
10. 其他食品			120.4	101.1	99.3	101.2	109.8	104.6	101.5	101.0	94.8
11. 在外用膳食品			132.9	105.5	104.5	101.3	103.1	101.2	102.0	100.4	101.1
(1)主食			131.4	100.0	100.2	100.5	105.8	101.8	101.4	100.2	101.0
(2)炒菜			131.4	109.1	103.6	100.2	100.1	98.8	101.5	98.6	100.4
(3)地方小吃			137.5	100.0	109.0	107.2	113.0	105.3	101.7	105.2	103.9
二、饮料、烟酒			97.1	96.5	98.1	101.4	102.6	102.7	100.1	100.4	101.7
1. 茶及饮料					100.2	102.5	99.8	104.7	100.7	101.3	99.8
#饮料			115.5	98.1	100.7	102.6	99.6	106.1	100.9	103.2	100.1
2. 烟草					96.5	100.1	100.0	100.0	100.0	100.0	103.1
3. 酒					101.6	103.3	109.2	106.6	99.9	100.7	100.3
三、服装、鞋帽			123.8	99.9	96.6	101.0	103.1	99.9	108.0	106.1	101.0
1. 服装			128.7	100.3	94.9	103.0	104.0	100.5	110.1	105.3	100.8
2. 鞋袜帽					100.0	95.9	100.0	98.1	101.3	109.4	101.9
#鞋		112.5	106.2	98.9	100.0	94.9	99.1	97.8	101.3	109.7	101.9
3. 其他衣着		98.0	144.1	100.3	98.7	100.0	102.7	99.2	97.5	100.4	100.0
四、纺织品			109.6	105.5	101.5	107.3	109.4	103.6	105.1	101.9	99.8
#1. 棉布		113.5	135.6	106.2	102.2	113.3	129.4	103.8	100.0	122.1	100.0
2. 棉花化纤混纺布		118.5	122.1	141.0	103.4	106.1					
3. 化纤布		107.7	99.8	110.0	104.0	121.1	112.2	97.3	104.2	100.5	98.0
4. 毛织品		104.2	107.7	91.0	99.7						
5. 丝织品		99.8	105.7	101.8	109.8						

9-26 主要年份市区商品零售价格指数（一）

续 1

（以上年为 100）

	1985 年	1990 年	1995 年	2000 年	2005 年	2010 年	2011 年	2012 年	2013 年	2014 年	2015 年
五、家用电器及音像器材					95.4	98.9	99.2	99.2	101.3	99.4	100.7
#1. 家庭设备					92.9	99.3	100.5	101.2	103.1	101.5	100.6
#洗衣机		96.3	101.2	100.0	93.4	101.5	101.7	101.5	98.5	98.0	99.6
电冰箱(柜)		78.1	96.5	100.0	93.5	100.0	99.8	101.9	105.0	101.8	101.1
抽排油烟机			133.1	97.9	100.5	107.3	99.7	102.5	103.6	104.2	103.3
空调器			94.3	100.4	92.1	95.4	99.5	98.0	102.6	102.2	98.9
热水器					88.0	95.6	100.5	101.8	107.3	102.9	101.4
2. 文娱用耐用消费品					98.6	97.5	96.2	95.1	97.9	93.7	103.8
#彩电		86.8	97.7	86.0	99.8	98.1	95.2	92.2	97.0	84.8	102.9
六、文化办公用品					98.4	100.9	99.0	97.6	98.1	99.4	102.1
七、日用品	105.0	104.2	113.6	100.2	99.2	103.0	103.7	101.4	101.1	100.4	101.2
#1. 日用百货		107.1	115.2	99.9	98.6	100.3	106.3	101.3	101.0	100.6	100.8
2. 日用杂品		124.4	114.1	101.3	100.0	110.8	100.9	100.4	102.7	100.6	104.3
八、体育娱乐用品					98.7	97.9	101.6	100.5	100.8	99.8	98.9
九、交通、通信用品					97.0	101.0	98.1	97.6	98.7	100.9	101.5
1. 交通运输机械					98.3	100.9	98.7	97.6	98.7	101.3	102.5
2. 通讯器材					84.9	101.7	94.5	97.4	98.4	98.3	95.5
十、家　具		99.6	103.8	99.8	99.7	99.4	98.9	100.6	104.0	102.8	99.1
十一、化妆品			101.9	100.3	100.0	100.7	104.8	101.2	102.6	101.1	100.0
十二、金银珠宝			97.0	104.3	101.9	108.7	114.9	96.8	88.9	91.2	92.4
十三、中西药品及医疗保健用品	97.6	98.5	120.2	102.2	97.1	108.3	106.7	103.1	101.6	98.8	103.1
#1. 医疗器具及用品			134.4	100.0	103.3	102.1	102.9	102.9	100.0	100.0	100.0
2. 中药材及中成药		95.6	127.9	105.5	97.7	125.7	114.8	106.4	100.0	97.0	100.0
3. 西药		110.1	111.7	98.6	92.4	100.3	99.3	98.4	101.4	96.4	102.3
十四、书报杂志及电子出版物					100.1	100.1	103.8	100.4	100.1	100.2	102.6
#1. 教材及参考书					100.2	100.3	100.9	101.3	100.5	100.0	98.1
2. 书报杂志	110.3	100.0	109.7	101.6	100.0	100.0	107.9	100.0	100.0	100.4	107.0
十五、燃料	106.0	124.4	113.0	122.8	120.7	114.1	111.8	103.8	99.6	99.5	84.4
十六、建筑材料及五金电料		95.5	101.0	100.3	101.8	104.3	103.7	98.5	99.9	100.9	97.3

9-26 主要年份市区商品零售价格指数（二）

（以上年为 100）

项目名称	2016 年	2017 年	2018 年	2019 年	2020 年
商品零售价格指数	100.5	101.4	102.3	102.9	101.4
一、食品	103.8	100.3	101.9	106.4	108.4
二、饮料、烟酒	100.6	99.9	100.8	100.0	101.2
三、服装、鞋帽	102.5	101.0	101.5	102.0	99.4
四、纺织品	97.8	95.4	101.7	110.8	108.0
五、家用电器及音像器材	100.2	98.7	100.8	100.2	100.4
六、文化办公用品	97.2	100.0	101.7	98.8	99.0
七、日用品	100.5	101.8	101.6	103.1	102.2
八、体育娱乐用品	98.4	99.4	100.4	100.8	98.1
九、交通、通信用品	96.5	98.3	99.8	101.4	99.5
十、家具	100.3	100.2	100.5	100.8	99.9
十一、化妆品	98.6	99.0	97.9	101.8	102.5
十二、金银饰品	105.8	100.8	97.9	108.7	116.5
十三、中西药品及医疗保健用品	103.4	107.4	103.2	107.1	97.8
十四、书报杂志及电子出版物	105.4	100.9	103.9	103.9	100.1
十五、燃料	96.0	108.8	109.3	96.7	90.1
十六、建筑材料及五金电料	99.7	103.5	106.4	102.9	100.2

9-27 主要年份市区居民消费价格分月指数

（以上年为100）

	1990年	1995年	2000年	2005年	2010年	2011年	2012年	2013年	2014年	2015年	2016年	2017年	2018年	2019年	2020年
一 月	103.4	120.8	102.2	100.6	103.3	104.3	104.9	101.5	102.2	100.5	101.2	102.9	101.2	102.3	103.9
二 月	108.6	121.0	103.9	103.1	103.6	104.7	103.4	102.1	102.1	101.0	101.8	101.5	103.0	101.7	104.0
三 月	104.2	119.2	103.0	101.6	103.6	104.5	103.9	101.5	102.3	101.0	101.4	101.4	102.1	102.6	103.3
四 月	101.3	118.0	103.8	101.0	103.9	104.6	102.6	102.3	101.6	101.2	101.1	101.7	102.4	102.5	102.3
五 月	101.7	118.1	102.0	101.0	104.8	106.5	102.9	102.8	101.9	101.2	100.9	102.1	102.1	103.4	101.2
六 月	98.8	118.9	102.0	99.9	104.3	105.0	101.4	103.2	102.0	101.2	101.0	101.5	102.5	103.0	101.8
七 月	98.1	117.7	101.6	100.3	104.5	105.0	100.8	102.8	102.7	100.8	101.3	101.6	102.2	103.2	102.1
八 月	102.8	113.7	100.1	100.7	104.2	104.8	101.0	101.7	102.9	101.1	101.4	101.6	102.2	103.5	101.9
九 月	103.1	110.5	97.7	101.8	103.8	105.6	100.3	101.9	102.5	100.9	101.8	101.8	102.3	103.3	102.2
十 月	102.2	112.6	99.0	102.7	104.4	104.9	100.2	102.2	102.5	100.6	102.3	101.8	102.0	103.6	101.5
十一月	103.7	111.2	99.9	102.2	105.4	103.6	101.2	101.7	102.6	100.9	102.5	101.7	101.9	104.0	100.9
十二月	105.5	115.2	101.8	101.9	102.7	104.5	102.0	101.3	102.4	101.3	102.2	101.8	102.1	103.4	102.2
全 年	102.9	116.4	101.4	101.4	104.0	104.8	102.0	102.1	102.3	101.0	101.6	101.8	102.2	103.0	102.3

9-28 主要年份市区商品零售价格分月指数

（以上年为100）

	1990年	1995年	2000年	2005年	2010年	2011年	2012年	2013年	2014年	2015年	2016年	2017年	2018年	2019年	2020年
一 月	102.9	116.5	100.0	100.8	105.1	103.4	104.3	102.1	100.7	99.2	99.5	102.3	101.5	101.8	103.9
二 月	108.4	116.3	102.2	103.3	105.0	103.9	103.9	101.9	100.9	99.1	100.5	101.4	101.8	101.9	103.9
三 月	103.7	115.6	101.3	101.2	104.4	104.0	104.7	101.3	101.0	99.2	99.8	101.6	101.4	103.0	102.2
四 月	100.6	114.1	101.1	100.7	104.4	104.5	103.2	101.9	100.2	99.6	99.6	101.9	101.7	102.9	100.9
五 月	101.0	114.1	99.4	100.4	104.9	104.6	102.1	102.4	100.5	99.9	99.2	102.3	101.7	103.6	99.7
六 月	97.9	115.7	99.2	99.9	103.9	106.2	100.5	103.0	100.4	100.2	99.6	101.3	102.6	102.8	100.8
七 月	97.1	114.6	98.7	100.2	103.5	106.4	100.0	102.8	101.5	99.6	100.1	100.7	103.2	102.7	101.2
八 月	102.3	110.3	98.2	100.6	103.2	106.7	100.3	101.5	101.3	99.9	100.5	100.9	103.1	103.1	101.2
九 月	102.6	109.3	97.5	101.7	103.4	106.8	100.1	101.0	101.1	99.4	101.2	100.9	103.2	103.0	101.1
十 月	101.7	110.0	98.5	102.4	104.1	105.8	100.2	101.4	101.0	99.4	101.7	101.3	103.3	102.8	100.5
十一月	103.4	108.7	99.3	102.0	105.1	104.3	101.0	100.9	100.9	99.9	101.8	101.1	102.8	103.3	99.9
十二月	105.3	111.5	100.5	101.7	102.8	104.2	102.0	100.4	100.4	100.3	101.9	101.5	101.7	104.0	101.2
全 年	102.4	112.6	99.7	101.2	104.1	105.1	101.8	101.7	100.8	99.6	100.5	101.4	102.3	102.9	101.4

9-29 工业品出厂价格指数（一）

（以上年为 100）

	2005 年	2007 年	2008 年	2010 年	2011 年	2012 年	2013 年	2014 年	2015 年
全部工业品	**102.5**	**101.8**	**104.9**	**105.1**	**104.1**	**98.1**	**98.5**	**99.0**	**96.6**
1. 按轻重工业分									
#轻工业	102.0	100.7	104.5	103.7	103.7	99.1	98.9	99.6	97.9
以农产品为原料	102.7	98.6	102.2	105.0	104.0	99.5	99.5	100.9	98.6
以非农产品为原料	101.0	105.1	109.1	102.6	103.0	98.4	97.9	97.2	96.5
#重工业	103.2	103.7	105.5	107.3	104.4	97.3	98.1	98.5	95.6
采　掘	118.9	101.2	112.1	101.9	106.8	107.2	104.0	109.0	97.9
原　料	98.8	105.1	105.2	103.9	102.8	100.4	99.5	99.7	98.8
加　工	104.8	103.0	102.7	109.4	104.8	96.1	97.6	97.8	94.5
2. 按生产生活资料分									
#生产资料	103.2	101.4	104.6	106.3	104.5	96.9	98.0	98.2	95.9
采　掘	118.9	101.2	112.1	101.9	106.8	107.2	104.0	109.0	97.9
原　料	109.3	102.8	101.1	104.6	103.4	98.2	98.3	98.2	97.7
加　工	100.8	101.1	104.7	107.0	104.8	96.3	97.8	98.0	95.2
#生活资料	100.5	104.2	106.8	101.8	102.9	101.4	99.9	101.1	98.6
食　品	99.2	113.8	113.2	103.3	104.7	102.1	100.8	102.0	98.5
衣　着	102.3	100.6	108.3	101.8	102.7	99.8	99.4	102.1	96.9
一般日用品	98.9	100.9	103.2	101.4	102.1	101.6	100.6	101.1	100.1
耐用消费品	103.1	102.5	100.5	101.1	103.1	103.4	98.8	99.0	99.1
3. 按工业部门分									
冶金工业	104.8	108.2	86.1	105.6	104.0	93.3	95.6	96.8	90.6
电力工业	113.6	100.9	105.1	101.2	100.5	100.6	100.6	98.5	98.8
煤炭及炼焦工业	138.2	102.7	103.2	109.6	106.5	101.7	90.4	85.5	84.0
石油工业	112.2		110.4	112.2	106.2	99.5	95.8	102.0	99.6
化学工业	102.5	102.5	105.3	102.5	101.6	98.2	98.5	97.4	96.0
机械工业	103.4	118.9	81.4	106.6	105.0	96.5	97.3	97.1	94.9
建筑材料工业	88.5	106.6	119.6	107.9	108.5	97.3	99.6	100.9	93.9
森林工业	101.1	107.0	99.4	103.0	104.4	102.6	101.0	101.8	101.0
食品工业	97.2	116.4	94.5	104.1	103.5	102.7	101.4	101.9	98.0
纺织工业	103.8	103.7	100.8	109.8	106.3	95.8	99.1	98.9	97.8
缝纫工业	102.3	99.7	104.6	101.9	102.3	99.7	99.4	102.0	96.8
皮革工业	103.3	103.5	110.4	100.2	104.1	101.3	97.9	102.0	103.6
造纸工业	98.7	102.4	94.3	102.8	103.3	100.0	97.0	99.3	99.6
文教艺术用品工业	99.0	100.8	100.3	100.9	100.7	100.9	100.3	100.7	100.1
其它工业	109.2	104.0	104.9	102.1	106.8	100.7	99.7	102.2	100.8
4. 按工业行业大类分									
煤炭开采和洗选业	138.2	104.6	106.4	109.6	106.5	101.7	90.4	85.5	84.0
石油和天然气开采业									

9-29 工业品出厂价格指数（一）

续 1

（以上年为 100）

	2005 年	2007 年	2008 年	2010 年	2011 年	2012 年	2013 年	2014 年	2015 年
黑色金属矿采选业									
有色金属矿采选业									
非金属矿采选业	96.9	101.0	112.4	100.6	106.8	108.2	106.3	112.7	100.2
其他采矿业									
农副食品加工业	90.7	123.1	123.9	108.2	105.3	103.9	101.8	102.5	96.1
食品制造业	105.0	98.4	98.4	101.5	102.0	100.8	101.2	99.9	100.7
饮料制造业	104.3	104.0	104.1	100.1	100.6	101.8	100.5	103.4	99.4
烟草制品业									
纺织业	103.3	94.6	99.3	108.8	106.2	96.8	99.8	99.7	97.9
纺织服装、鞋、帽制造业	104.4	99.2	112.5	100.7	99.8	99.9	98.0	102.1	95.8
皮革、毛皮、羽毛(绒)及其制品业	103.5	103.6	105.2	100.0	104.1	101.3	97.9	102.0	103.6
木材加工及木、竹、藤、棕、草制品业	101.1	103.5	104.1	103.1	104.4	102.6	101.0	101.8	101.1
家具制造业	103.7	103.2	100.3	101.3	100.4	100.4	101.2	99.8	100.0
造纸及纸制品业	98.7	102.3	102.8	102.8	103.3	100.0	97.0	99.3	99.6
印刷业和记录媒介的复制	99.4	100.0	99.7	100.0		98.5	100.0	100.0	100.0
文教体育用品制造业	98.0	102.7	98.8	101.5	100.7	100.9	100.3	100.7	100.1
石油加工、炼焦及核燃料加工业	112.2	111.3	101.4	115.5	108.6	99.1	90.8	99.1	99.9
化学原料及化学制品制造业	107.2	102.1	120.7	100.3	98.6	100.1	100.4	100.6	97.1
医药制造业	99.9	96.4	99.0	99.0	100.4	98.9	99.8	100.1	100.1
化学纤维制造业	94.9	101.6	96.7	109.2	103.4	90.3	95.6	91.2	88.7
橡胶制品业	100.4	102.1	103.7	99.0	104.2	102.3	98.8	96.8	97.1
塑料制品业	109.4	104.5	102.8	101.0	102.1	102.5	98.9	99.3	99.9
非金属矿物制品业	87.4	105.2	115.7	108.4	109.3	95.0	98.3	98.8	93.4
黑色金属冶炼及压延加工业	101.5	115.6	116.4	106.2	102.4	88.3	87.7	95.8	87.5
有色金属冶炼及压延加工业	112.6	99.1	93.5	109.7	106.0	99.1	99.5	98.4	95.2
金属制品业	105.3	105.3	116.8	100.9	102.2	91.6	96.3	95.3	87.9
通用设备制造业	100.0	101.2	115.4	102.8	103.9	98.8	98.4	99.3	97.5
专用设备制造业	102.0	100.4	103.9	100.5	100.6	100.1	98.5	102.5	96.3
交通运输设备制造业	99.8	99.7	111.0	104.3	105.5	101.5	97.5	97.6	98.0
电气机械及器材制造业	105.1	104.0	99.2	114.0	108.0	89.7	95.2	94.1	89.0
通信设备、计算机及其他电子设备制造业	97.4	101.0	107.3	106.9	100.3	98.8	99.1	95.7	100.6
仪器仪表及文化、办公用机械制造业	97.1	98.6	98.8	100.1	102.0	100.8	99.5	104.4	102.9
工艺品及其他制造业	102.2	104.4	102.2	101.0	108.9	104.2	100.0	101.4	100.5
废弃资源和废旧材料回收加工业				103.4	114.1	82.7	95.8	99.0	91.0
电力、热力的生产和供应业	113.6	102.1	99.6	101.2	100.5	100.6	100.6	98.5	98.8
燃气生产和供应业				102.9	101.1	100.0	106.7	107.4	99.0
水的生产和供应业	118.0	102.8	100.3	113.2	111.8	94.7	98.6	106.0	104.5

9-29 工业品出厂价格指数（二）

（以上年为 100）

	2016 年	2017 年	2018 年	2019	2020 年
全部工业品	**98.7**	**105.2**	**103.9**	**99.2**	**97.7**
1. 按轻重工业分					
#轻工业	99.4	105.3	102.2	97.3	95.3
以农产品为原料	99.8	104.8	102.7	99.4	97.6
以非农产品为原料	99.1	105.9	101.8	95.1	92.9
#重工业	98.1	105.1	105.2	100.8	99.5
采　掘	97.6	102.5	110.7	111.4	106.5
原　料	98.4	100.5	103.0	101.1	98.5
加　工	98.0	106.9	105.6	99.9	99.4
2. 按生产生活资料分					
#生产资料	97.8	106.2	104.9	98.7	96.8
采　掘	97.6	102.5	110.7	111.4	106.5
原　料	97.9	104.6	103.3	97.1	93.9
加　工	97.8	106.9	105.1	98.5	97.2
#生活资料	101.1	102.2	100.9	100.7	100.1
食　品	102.3	102.3	100.8	101.2	100.1
衣　着	100.3	104.2	100.6	100.1	97.7
一般日用品	99.8	100.3	103.2	99.0	100.3
耐用消费品	101.2	102.2	100.1	101.5	101.0
3. 按工业部门分					
冶金工业	96.1	116.3	105.3	98.4	99.4
电力工业	99.0	100.4	99.5	99.5	98.8
煤炭及炼焦工业					
石油工业	84.8	98.6	102.0	108.0	91.7
化学工业	97.0	105.3	106.8	94.6	91.5
机械工业	98.9	104.3	101.9	98.0	97.8
建筑材料工业	98.8	109.8	118.0	106.8	101.8
森林工业	100.1	99.3	99.5	101.0	99.3
食品工业	101.7	102.4	100.9	102.1	100.8
纺织工业	97.6	106.5	105.7	98.6	95.0
缝纫工业	100.0	104.3	101.5	100.5	97.6
皮革工业	103.6	103.0	92.5	95.6	100.1
造纸工业	102.8	111.7	103.2	91.3	98.2
文教艺术用品工业	100.8	102.4	102.2	102.9	100.0
其它工业	101.5	102.4	100.6	99.8	99.3
4. 按工业行业大类分					
煤炭开采和洗选业					
石油和天然气开采业					

9-29 工业品出厂价格指数（二）

续 1 （以上年为 100）

	2016 年	2017 年	2018 年	2019	2020 年
黑色金属矿采选业					
有色金属矿采选业					
非金属矿采选业	97.6	102.5	110.7	111.4	106.5
其他采矿业					
农副食品加工业	99.2	102.8	100.9	103.3	104.4
食品制造业	103.3	102.7	101.4	101.7	98.8
酒、饮料和精制茶制造业	101.8	101.3	99.7	100.8	99.6
烟草制品业					
纺织业	97.6	106.9	105.4	98.0	94.7
纺织服装、服饰业	101.2	101.7	100.6	103.6	100.0
皮革、毛皮、羽毛及其制品和制鞋业	102.8	102.6	93.5	96.8	100.0
木材加工和木、竹、藤、棕、草制品业	100.4	98.9	99.3	101.1	99.2
家具制造业	100.4	101.7	98.5	101.1	101.8
造纸和纸制品业	102.8	111.7	103.2	91.3	98.2
印刷和记录媒介复制业	98.7	100.3	100.6	101.6	96.8
文教、工美、体育和娱乐用品制造业	101.2	102.7	102.5	103.1	100.5
石油加工、炼焦及核燃料加工业			102.0	108.0	91.7
化学原料和化学制品制造业	97.0	104.0	106.9	93.6	94.0
医药制造业	101.1	97.7	106.4	101.4	102.6
化学纤维制造业	95.7	115.7	107.9	89.5	79.1
橡胶和塑料制品业	93.6	94.8	104.6	98.3	96.8
塑料制品业					
非金属矿物制品业	99.5	113.2	121.0	103.7	99.2
黑色金属冶炼和压延加工业	96.2	120.1	108.5	99.4	98.4
有色金属冶炼和压延加工业	95.7	108.3	101.3	97.5	100.3
金属制品业	96.4	109.8	109.5	100.3	99.9
通用设备制造业	98.4	100.2	100.6	100.8	99.7
专用设备制造业	102.2	99.8	101.1	101.7	99.4
汽车制造业	100.4	100.0	100.3	100.6	98.0
铁路、船舶、航空航天和其他运输设备制造业	101.6	101.6	104.6	104.4	101.2
电气机械和器材制造业	97.4	109.8	101.9	91.2	93.6
计算机、通信和其他电子设备制造业	98.8	102.9	101.5	100.8	99.7
仪器仪表制造业	104.4	99.9	102.2	102.0	
其他制造业	99.8	102.7	101.3	99.0	102.1
电力、热力生产和供应业	99.5	100.2	99.6	100.6	98.6
燃气生产和供应业	84.8	98.6	102.0	108.0	91.7
水的生产和供应业	100.4	108.6	105.0	100.2	96.3

9-30 工业品出厂价格分月指数（一）

（以上年为100）

	2005年		2008年		2010年		2011年		2012年		2013年		2014年		2015年	
	当月	累计	当月	累计	当月	累计	当月	累计	当月	累计	当月	累计	当月	累计	当月	累计
一 月	103.3	103.3	102.7	102.7	104.8	104.8	104.2	104.2	100.0	100.0	98.7	98.7	98.9	98.9	97.4	97.4
二 月	102.2	102.7	104.9	103.8	105.2	105.0	105.4	104.8	99.6	99.8	98.5	98.6	98.3	98.6	97.3	97.3
三 月	101.4	102.3	107.0	104.9	106.6	105.6	105.6	105.1	98.8	99.4	98.2	98.4	98.2	98.5	97.6	97.4
四 月	101.9	102.2	105.5	105.0	106.6	105.8	105.3	105.1	98.1	99.1	98.0	98.3	98.8	98.6	97.6	97.5
五 月	102.7	102.3	105.8	105.2	106.8	106.0	105.6	105.2	97.6	98.8	98.0	98.3	99.3	98.7	97.3	97.4
六 月	103.6	102.5	106.2	105.4	105.8	106.0	105.8	105.3	97.0	98.5	98.4	98.3	99.6	98.9	96.8	97.3
七 月	103.2	102.6	107.5	105.7	105.4	105.9	105.7	105.4	96.6	98.2	98.5	98.3	100.1	99.0	96.1	97.2
八 月	102.8	102.6	106.8	105.8	104.1	105.7	104.7	105.3	96.8	98.1	98.9	98.4	99.5	99.1	95.9	97.0
九 月	101.6	102.5	106.9	105.9	103.9	105.5	103.8	105.1	97.3	98.0	98.8	98.4	99.1	99.1	95.9	96.9
十 月	102.3	102.5	104.5	105.8	103.7	105.3	102.0	104.8	98.5	98.0	98.6	98.5	98.7	99.1	95.9	96.8
十一月	102.6	102.5	101.6	105.4	105.0	105.3	100.8	104.4	98.2	98.0	98.6	98.5	98.8	99.0	95.8	96.7
十二月	103.3	107.6	99.0	104.9	103.7	105.1	100.0	104.1	98.7	98.1	98.7	98.5	98.4	99.0	95.5	96.6

9-30 工业品出厂价格分月指数（二）

（以上年为100）

	2016年		2017年		2018年		2019年		2020年	
	当月	累计	当月	累计	当月	累计	当月	累计	当月	累计
一 月	96.3	96.3	103.9	103.9	105.6	105.6	100.5	100.5	98.2	98.2
二 月	96.8	96.5	104.6	104.3	104.6	105.1	100.2	100.4	98.7	98.4
三 月	97.4	96.8	104.7	104.4	103.6	104.6	100.3	100.3	98.1	98.3
四 月	97.5	97.0	104.1	104.3	104.0	104.4	100.8	100.5	96.5	97.9
五 月	97.4	97.1	104.1	104.3	104.9	104.5	100.5	100.5	95.8	97.5
六 月	97.7	97.2	104.4	104.3	105.3	104.7	99.4	100.3	96.4	97.3
七 月	98.1	97.3	104.9	104.4	104.8	104.7	99.1	100.1	96.9	97.2
八 月	99.0	97.5	105.7	104.6	104.2	104.6	98.3	99.9	98.1	97.3
九 月	99.2	97.7	106.9	104.8	103.5	104.5	97.9	99.7	97.8	97.4
十 月	100.3	98.0	106.8	105.0	103.2	104.4	97.5	99.5	97.9	97.4
十一月	101.4	98.3	106.5	105.2	102.1	104.1	97.8	99.3	98.3	97.5
十二月	103.4	98.7	105.4	105.2	101.2	103.9	98.3	99.2	99.3	97.7

9-31 原材料、燃料、动力购进价格指数（一）

（以上年为100）

	2005年	2007年	2008年	2010年	2011年	2012年	2013年	2014年	2015年
全部原材料	**106.0**	**104.4**	**111.0**	**108.6**	**108.5**	**97.8**	**98.1**	**97.9**	**91.7**
1. 按类别分									
燃料、动力类	107.9	104.2	113.0	109.1	103.3	101.2	99.6	100.3	97.2
黑色金属材料类	109.5	106.8	125.6	105.2	105.8	98.0	98.0	95.0	87.7
#钢材	102.7	106.1	122.8	105.2	105.8	97.8	98.0	95.0	87.7
其它	123.8	115.0	133.6	105.4	108.5	105.1	95.9	96.7	88.8
有色金属材料和电线类	114.2	107.4	85.8	124.7	109.6	92.6	94.2	94.6	91.1
化工原料类	108.0	108.8	110.2	107.4	106.8	94.1	100.8	97.6	91.2
木材及纸浆类	101.1	101.2	104.4	106.9	108.6	105.8	102.1	101.7	102.9
建筑材料及非金属矿类	90.8	104.7	105.7	101.4	107.3	93.8	97.0	103.4	83.3
其它工业原材料及半成品类	104.7	102.8	104.0	107.5	114.6	96.9	96.1	97.1	90.3
农副产品类	103.5	103.1	110.3	110.5	109.4	101.0	99.5	98.3	98.7
纺织原料类	102.1	100.4	102.3	110.2	112.7	98.3	100.8	99.3	96.5
2. 按行业分									
农业					106.1	101.6	100.0	100.8	100.3
林业					108.3	107.0	103.5	102.4	99.7
畜牧业					114.3	102.5	102.6	95.5	97.2
煤炭开采和洗选业	101.8	100.0	115.9	103.0	106.6	100.3	90.6	94.8	90.0
石油和天然气开采业									
黑色金属矿采选业									
有色金属矿采选业	100.3				101.5	92.6	96.3	91.2	87.6
非金属矿采选业	109.5	103.1	114.3	108.4	113.8	102.1	95.6	101.1	101.7
其他采矿业	100.0								
农副食品加工业	101.2	106.7	119.7	108.8	104.7	100.9	101.0	98.5	98.0
食品制造业	104.4	105.2	108.4	108.8					
饮料制造业	105.3	98.5	106.2	107.0					
纺织业	102.6	102.2	104.1	111.4	112.7	98.3	100.8	99.3	96.5
纺织服装、鞋、帽制造业	107.7								

9-31 原材料、燃料、动力购进价格指数（一）

续 1

（以上年为 100）

	2005 年	2007 年	2008 年	2010 年	2011 年	2012 年	2013 年	2014 年	2015 年
皮革、毛皮、羽毛(绒)及其制品业	109.0	102.7	105.6	103.4	112.5	101.8	101.3	102.4	94.3
木材加工及木、竹、藤、棕、草制品业	111.5	102.9	107.9	103.9	110.1	105.4	101.0	101.3	105.4
家具制造业	102.1								
造纸及纸制品业	104.1	106.5	111.8	110.8	104.4	99.7	98.1	98.7	99.7
印刷业和记录媒介的复制	105.5	101.2	99.9	104.9					
文教体育用品制造业	106.5	99.5	96.7	109.2					
石油加工、炼焦及核燃料加工业	112.5	107.6	106.7	121.7	112.5	103.3	100.6	96.0	77.6
化学原料及化学制品制造业	110.9	114.4	113.4	107.7	106.1	95.6	102.3	98.3	91.3
医药制造业	105.8	103.0	109.0	115.9					
化学纤维制造业	100.6	99.1	98.3	115.8	110.3	87.0	93.4	93.7	90.6
橡胶制品业	104.0	99.4	103.9	111.7					
塑料制品业	102.6	106.1	101.8	105.7	106.9	100.6	100.0	100.0	100.0
非金属矿物制品业	106.1	102.2	111.3	106.3	104.7	90.4	97.6	104.2	75.9
黑色金属冶炼及压延加工业	114.3	113.1	97.6	111.2	105.8	98.0	98.0	95.0	87.7
有色金属冶炼及压延加工业	110.2	99.6	89.8	117.3	110.7	92.6	93.9	95.0	91.5
金属制品业	109.0	103.6	115.2	113.9	108.9	87.6	92.1	91.7	85.1
通用设备制造业	102.6	104.7	106.8	105.5	108.8	98.4	98.3	98.2	94.2
专用设备制造业	103.0								
交通运输设备制造业	106.8	106.3	126.1	107.8					
电气机械及器材制造业	111.7	103.3	102.0	107.7	112.8	89.2	95.9	93.5	87.9
通信设备、计算机及其他电子设备制造业	102.3	110.6	114.6	103.6	103.2	100.7	101.5	99.0	98.8
仪器仪表及文化、办公用机械制造业	111.9	105.5	101.9	102.8					
工艺品及其他制造业	102.3								
废弃资源和废旧材料回收加工业				112.2	110.5	85.6	89.2	93.4	77.2
电力、热力的生产和供应业	107.7	105.5	125.7	116.6	101.3	101.4	100.9	100.6	100.6
燃气生产和供应业				107.9	105.3	100.9	107.2	108.4	97.6
水的生产和供应业	108.0	101.8	100.8	109.6	120.8	106.7	100.0	100.1	100.1

9-31 原材料、燃料、动力购进价格指数（二）

（以上年为 100）

	2016 年	2017 年	2018 年	2019 年	2020 年
全部原材料	**99.2**	**115.0**	**106.6**	**94.5**	**95.2**
1. 按类别分					
燃料、动力类	98.1	98.5	100.3	101.5	98.4
黑色金属材料类	109.6	136.8	110.5	94.5	95.6
#钢材	110.0	137.2	110.6	94.5	95.5
其它	85.5	113.9	104.7	99.8	99.8
有色金属材料和电线类	96.8	121.0	102.8	92.6	96.8
化工原料类	96.4	119.5	109.7	82.8	85.9
木材及纸浆类	97.9	104.0	101.7	96.6	99.7
建筑材料及非金属矿类	100.6	117.8	127.3	109.5	101.8
其它工业原材料及半成品类	98.0	105.3	106.8	99.6	97.5
农副产品类	99.6	99.0	105.0	136.4	101.2
纺织原料类	99.0	104.2	102.1	98.8	97.2
2. 按行业分					
农业	99.6	99.0	105.0	136.4	101.2
林业					
畜牧业					
煤炭开采和洗选业					
石油和天然气开采业					
黑色金属矿采选业					
有色金属矿采选业					
非金属矿采选业	100.0	105.7	109.9	110.6	104.1
其他采矿业					
农副食品加工业	101.0	100.6	97.8	91.8	104.0
食品制造业					
饮料制造业					
纺织业	99.0	104.2	102.1	98.8	97.2
纺织服装、鞋、帽制造业					

9-31 原材料、燃料、动力购进价格指数（二）

续 1

（以上年为 100）

	2016 年	2017 年	2018 年	2019 年	2020 年
皮革、毛皮、羽毛及其制品和制鞋业	94.8	101.7	90.3	86.8	97.7
木材加工和木、竹、藤、棕、草制品业	97.9	101.6	100.9	99.5	99.2
家具制造业					
造纸和纸制品业	97.9	111.4	103.9	87.9	101.0
印刷业和记录媒介的复制					
文教体育用品制造业					
石油加工、炼焦及核燃料加工业	93.9	102.6	117.1	91.7	83.6
化学原料和化学制品制造业	96.6	122.8	110.9	81.2	87.9
医药制造业					
化学纤维制造业	96.3	113.2	106.1	84.9	79.1
橡胶和塑料制品业	95.1	103.8	107.6	97.7	94.6
塑料制品业					
非金属矿物制品业	101.1	126.4	138.6	107.5	98.7
黑色金属冶炼及压延加工业	109.5	136.4	110.4	94.6	95.7
有色金属冶炼及压延加工业	96.8	121.0	102.8	92.6	96.8
金属制品业	100.4	117.8	105.4	94.1	100.6
通用设备制造业	96.1	101.1	104.3	94.7	99.3
专用设备制造业					
交通运输设备制造业					
电气机械及器材制造业	98.3	102.7	101.0	98.3	98.5
计算机、通信和其他电子设备制造业	99.1	99.3	120.4	108.8	90.1
仪器仪表及文化、办公用机械制造业					
工艺品及其他制造业					
废弃资源综合利用业	84.5	115.0	122.2	103.8	101.6
电力、热力的生产和供应业	99.1	98.5	99.9	100.8	99.1
燃气生产和供应业	85.2	97.9	101.7	112.2	92.5
水的生产和供应业	101.7	101.5	102.5	102.3	96.0

主要统计指标解释

从业人员劳动报酬 指各单位在一定时期内直接支付给本单位全部从业人员的劳动报酬总额。包括在岗职工工资总额、劳务派遣人员劳动报酬总额和其他从业人员劳动报酬总额。

在岗职工工资总额 指各单位在一定时期内直接支付给本单位全部在岗职工的劳动报酬总额。工资总额的计算应以直接支付给职工的全部劳动报酬为根据。各单位支付给职工的劳动报酬以及其他根据有关规定支付的工资，不论是计入成本的还是不计入成本的，不论是以货币形式支付的还是以实物形式支付的，均应列入工资总额的计算范围。工资总额包括计时工资、计件工资、奖金、津贴和补贴、加班加点工资、特殊情况下支付的工资。在岗职工工资总额从构成角度分解 为四部分：基本工资、绩效工资、工资性津贴和补贴、其他工资。工资总额不包括人员的病假、事假等情况扣款，单位在填报在岗职工工资总额四项构成时，应根据实际情况调整对应项目；如不能确定调整项，可扣减基本工资项。

保险福利费总额 指各单位在工资以外实际支付给在职职工和非在职职工个人以及用于集体的劳动保护和职工福利的费用总额。不包括用于职工的劳动保护费用。从企业来讲，不仅包括由职工福利基金支出的部分，而且还包括由企业营业外支出，企业基金或利润留成，工会文教费，企业管理费支出的部分。预算单位包括由职工福利费、公务费、差额补助费等支出的部分。

非私营单位 指中央和地方各级国家机关、政党机关和社会团体，以及中央和地方所属的各级企业、事业单位。包括国有经济、城镇集体经济、联营经济、股份制经济、外商和港、澳、台投资经济、其他经济单位。不包括个体和私营经济单位。具体鉴定口径为在法人单位基本情况库中同时满足下列条件：①登记注册类型除了私营独资（代码 171）、私营合伙（代码 172）、私营有限责任公司（代码 173）和私营股份有限公司（代码 174）；②行业中不包括寺庙等宗教场所；③从业人员大于 3 人。

可支配收入 指调查户在调查期内获得的、用于支付最 终消费支出和储蓄的总和，即调查户可以用来自由支配的收入。

可支配收入 = 工资性收入 + 经营净收入 + 财产净收入 + 转移净收入。其中：

经营净收入 = 经营收入 - 经营费用 - 生产性固定资产折旧 - 生产税

财产净收入 = 财产性收入 - 财产性支出

转移净收入 = 转移性收入 - 转移性支出

工资性收入 指就业人员通过各种途径得到的全部劳动报酬和各种福利，包括受雇于单位或个人、从事各种自由职业、兼职和零星劳动得到的全部劳动报酬和福利。

经营净收入 指住户或住户成员从事生产经营活动所获得的净收入，是全部经营收入中扣除经营费用、生产性固定资产折旧和生产税之后得到的净收入（包括一、二、三产净收入）。

财产净收入 指住户或住户成员将其所拥有的金融资产、住房等非金融资产和自然资源交由其他机构单位、住户或个人支配而获得的回报并扣除相关的费用之后得到的净收入。财产净收入包括利息净收入、红利收入、储蓄性保险净收益、转让承包土地经营权租金净收入、出租房屋净收入、出租其他资产净收入和自由住房折算净租金等。

转移净收入 指国家、单位、社会团体对住户的各种经常性转移支付和住户之间的经常性收入转移等费用后扣除相关费用得到的净收入。转移性收入包括养老金或退休金、社会救济和补助、政策性生产补贴、政策性生活补贴、救灾款、经常性捐赠和赔偿、报销医疗费、住户之间的赡养收入，以及本住户非常住成员寄回带回收入等。

消费支出 指住户用于满足家庭日常生活消费需要的全部支出，包括用于消费品的支出和用于服务性消费支出和用于服务型消费的支出。根据用途不同，消费支出可划分为食品烟酒、衣着、居住、生活用品及服务、交通通信、教育文化娱乐、医疗保健、其他用品及服务八大类。

居民消费价格指数 是反映一定时期内城乡居民所购买的生活消费品价格和服务项目价格变动趋势和程度的相对数。是综合了城市居民消费价格指数和农民消费价格指数计算取得。利用居民消费价格指数，可以观察和分析消费品的零售价格和服务价格变动对城乡居民实际生活支出的影响程度。

商品零售价格指数 是反映城乡商品零售价格变动趋势的一种经济指数。零售物价的调整变动直接影响到城乡居民的生活支出和国家的财政收入，影响居民购买力和市场供需平衡，影响消费与积累的比例。因此，计算零售价格指数，可以从一个侧面对上述经济活动进行观察和分析。

工业品出厂价格指数 是反映全部工业产品出厂价格总水平的变动趋势和程度的相对数。其中除包括工业企业售给商业、外贸、物资部门的产品外，还包括售给工业和其他部门的生产资料以及直接售给居民的生活消费品。通过工业生产价格指数能观察出厂价格变动对工业总产值的影响。

十、科技、教育、文艺、体育、卫生、广电

10-1　主要年份科技事业基本情况

	单位	2005年	2009年	2010年	2014年	2015年	2016年	2017年	2018年	2019年	2020年
1. 本年获市级以上政府奖的科技成果	项	37	61	72	100	67	76	79	27		24
#省级奖	项	6	17	30	18	22	23	27	27		24
市级奖	项	31	43	41	82	45	51	50			
2. 年末拥有省级以上高新技术企业	家	110	132	160	377	450	683	969	758	938	1144
#国家级	家	24	132	160	377	450	683	969	758	938	1144
年末拥有省级高新技术研发中心	家	26	73	88	188	223	258	297	352	419	485
3. 本年列入国家级火炬项目	项	24		42	38	45					
#重点火炬项目	项										
4. 本年经认定登记的技术成交项目	项	778	338	9761	389	240	197	877	847	810	1319
经认定登记的技术成交金额	万元	4914	4059	3231	19804	28394	180000	417734	659693	739762	772822
5. 本年新增专利申请受理量	项	1774	6030	7221	19886	21822	23271	28808	37284	23359	29288
#发明	项	161	867	1254	5705	6193	6662	10662	15725	6821	10057
实用新型	项	467	1682	2185	7767	10232	12424	14280	18039	13431	16294
外观设计	项	1146	3481	3782	6414	5397	4185	3866	3520	3107	2939
本年新增专利申请授权量	项	482	5165	6630	12679	16653	13695	12025	18672	16419	17711
#发明	项	8	92	214	700	1647	2544	2190	1831	1256	1352
实用新型	项	130	1042	2093	6645	9064	8350	7155	13688	12322	12990
外观设计	项	344	4031	4323	5334	5942	2801	2680	3153	2841	3370
6. 县级以上政府部门所属研究与开发机构											
年末机构数	个		6	10	15	15	15	13	14		15
年末职工总数	人		157	209	327	339	437	420	352		669
#科学家和工程师	人		103	126	231	260	255	244	232		557
本年经费收入	万元		2885	4563	7845	9098	8911	7953	9850		19264
#政府拨款	万元		1621	3226	3459	6310	4155	5522	9315		15436

10-2 分县区科技事业基本情况

	单位	全 市	吴兴区	南浔区	德清县	长兴县	安吉县	南太湖新 区	△市区
1. 本年获市级以上政府奖的科技成果	项	24	3	3	2	7	3	2	12
#省级奖	项	24	3	3	2	7	3	2	12
市级奖	项								
2. 年末拥有省级以上高新技术企业	家	1144	164	169	273	254	203	81	414
#国家级	家	1144	164	169	273	254	203	81	414
年末拥有省级高新技术研发中心	家	485	77	74	103	94	97	40	191
3. 本年列入国家级火炬项目	项								
#重点火炬项目	项								
4. 本年经认定登记的技术成交项目	项	1319	183	58	311	129	241	397	638
经认定登记的技术成交金额	万元	772822	46691	171543	133732	157029	90316	173513	391746
5. 本年新增专利申请受理量	项	29288	5090	3959	6780	5826	5147	2486	11535
#发明	项	10057	1680	1511	2554	2100	1288	924	4115
实用新型	项	16294	3046	2081	3699	3379	2626	1460	6587
外观设计	项	2939	352	367	527	347	1233	113	832
本年新增专利申请授权量	项	17711	3232	2249	4227	3302	3708	993	6474
#发明	项	1352	368	113	312	331	120	108	589
实用新型	项	12990	2526	1692	3355	2635	2016	766	4984
外观设计	项	3370	338	444	561	336	1572	119	901
6. 县级以上政府部门所属研究与开发机构									
年末机构数	个	15	1		6			5	9
年末职工总数	人	669	115		265			104	404
#科学家和工程师	人	557	115		187			103	370
本年经费收入	万元	19264	4246		5563			1884	13702
#政府拨款	万元	15436	4200		3872			799	11564

10-3 主要年份科技活动情况

	单位	2010年	2012年	2013年	2014年	2015年	2016年	2017年	2018年	2019年	2020年
一、研究机构和R&D活动人员情况											
研究机构	个	338	447	474	518	649	749	751	821	904	1318
研究与试验发展人员	人	8666	14681	16327	17529	21872	23721	24168	29004	32952	39316
研究与试验发展人员折合全时当量	人年	6812	10553	12941	14057	16982	18963	18807	23470	27053	31085
二、研究与试验发展经费情况											
研究与试验发展经费内部支出	亿元	21.35	36.53	43.64	48.22	53.20	59.18	65.57	76.14	87.01	91.82
#规上工业企业	亿元	20.66	35.89	42.96	47.29	52.37	57.45	63.23	74.51	80.98	91.95
#企业资金	亿元	19.88	34.44	41.57	45.41	51.07	56.27	62.15	73.66	80.46	93.03
三、委托外单位研究开发经费情况											
委托外单位研究开发经费支出	万元	7106	6216	6782	11050	9349	9706	12236	10276	12154	24746
#对境内高等院校支出	万元	3240	2668	2355	3304	2752	2275	2436	2394	4244	4101
对境内研究机构支出	万元	2230	2628	2665	3455	1830	5314	5954	1153	1075	6012
对境外支出	万元	200	312	773	2123	2166	430	541	704	975	1756
四、本年度工业企业R&D项目情况											
#研究与试验发展项目数	项	1026	2113	2465	2691	3275	4131	4672	5567		
五、科技活动成果情况											
专利申请量	件	2873	4203	5492	5814	6603	5553	5678	7081	7286	8957
发明专利授权量	件	214	506	521	700	1647	2544	2190	1831		
六、技术改造与技术获取情况											
技术改造经费支出	万元	112038	84033	69728	62831	61134	81245	63114	45102	45709	97601
引进境外技术经费支出	万元	9467	285	724	3122	1106	1111	1485	561	17	2300
消化吸收经费支出	万元	7264	1446	845	1992	2173	3275	3479	1459	23	82
购买境内技术经费支出	万元	5906	1813	3490	3193	1717	2024	2915	4129	2814	3268

10-4 工业企业办研发机构人员情况

单位：人

	机构人员合计（人）	#博士毕业	硕士毕业
总　计	**29897**	**309**	**920**
一、按登记注册类型分组			
内资企业	24780	257	760
有限责任公司	3181	22	62
股份有限公司	3915	89	231
私营企业	17628	146	462
港、澳、台商投资企业	2486	31	55
外商投资企业	2631	21	105
二、按国民经济行业大类分组			
采矿业	134		2
非金属矿采选业	134		2
制造业	29492	309	917
农副食品加工业	166	7	16
食品制造业	333	15	12
酒、饮料和精制茶制造业	147	2	14
纺织业	2537	7	27
纺织服装、服饰业	265		1
皮革、毛皮、羽毛及其制品和制鞋业	15		
木材加工和木、竹、藤、棕、草制品业	845	23	31
家具制造业	1858	5	12
造纸和纸制品业	234		7

10-4 工业企业办研发机构人员情况

续 1　　　　　　　　　　　　　　　　　　　　　　　　单位：人

	机构人员合计（人）	#博士毕业	硕士毕业
印刷和记录媒介复制业	145	1	1
文教、工美、体育和娱乐用品制造业	883	2	7
化学原料和化学制品制造业	1919	33	93
医药制造业	1035	30	130
化学纤维制造业	1672	12	8
橡胶和塑料制品业	740	2	14
非金属矿物制品业	2420	20	61
黑色金属冶炼和压延加工业	682	5	11
有色金属冶炼和压延加工业	646	7	3
金属制品业	1252	9	29
通用设备制造业	3491	26	85
专用设备制造业	1409	20	131
汽车制造业	1064	6	11
铁路、船舶、航空航天和其他运输设备制造业	118		
电气机械和器材制造业	3686	54	143
计算机、通信和其他电子设备制造业	1355	21	61
仪器仪表制造业	382	2	6
其他制造业	49		1
废弃资源综合利用业	116		2
电力、热力、燃气及水生产和供应业	271		1
电力、热力生产和供应业	241		1
水的生产和供应业	25		

10-5 规上工业企业研究与试验发展人员和经费支出情况

	R&D 人员合计 （人）	R&D 人员折合全时当量合计 （人年）	R&D 经费内部支出合计 （万元）
总　计	**38260**	**30280**	**919462**
一、按登记注册类型分组			
内资企业	32060	25424	737160
国有企业	74	53	1361
有限责任公司	3822	2991	91440
股份有限公司	4367	3540	140971
私营企业	23797	18841	503389
港、澳、台商投资企业	2977	2423	87902
外商投资企业	3223	2433	94400
二、按国民经济行业大类分组			
采矿业	145	123	5527
非金属矿采选业	145	123	5527
制造业	37758	29874	892383
农副食品加工业	291	221	6879
食品制造业	491	306	5246
酒、饮料和精制茶制造业	154	119	3052
纺织业	3231	2553	42161
纺织服装、服饰业	289	187	4466
皮革、毛皮、羽毛及其制品和制鞋业	28	23	244
木材加工和木、竹、藤、棕、草制品业	1368	1000	30103
家具制造业	4221	3289	70473
造纸和纸制品业	498	347	8021

10-5 规上工业企业研究与试验发展人员和经费支出情况

续 1

	R&D 人员合计 （人）	R&D 人员折合 全时当量合计 （人年）	R&D 经费 内部支出合计 （万元）
印刷和记录媒介复制业	159	120	2419
文教、工美、体育和娱乐用品制造业	1057	878	11944
化学原料和化学制品制造业	2359	1914	49753
医药制造业	975	715	21393
化学纤维制造业	1602	1105	72968
橡胶和塑料制品业	753	609	16688
非金属矿物制品业	2812	2329	51025
黑色金属冶炼和压延加工业	815	685	19624
有色金属冶炼和压延加工业	660	527	14373
金属制品业	1372	1120	41068
通用设备制造业	4747	3723	115759
专用设备制造业	1677	1334	55689
汽车制造业	1516	1190	38794
铁路、船舶、航空航天和其他运输设备制造业	134	107	1966
电气机械和器材制造业	4340	3599	152231
计算机、通信和其他电子设备制造业	1628	1403	44770
仪器仪表制造业	399	331	8115
其他制造业	42	33	613
废弃资源综合利用业	110	83	1989
金属制品、机械和设备修理业	17	15	276
电力、热力、燃气及水生产和供应业	357	283	21553
电力、热力生产和供应业	325	256	21197

10-6　历年各类学校数

单位：个

年份	普通高校	普通中专	中等技工学校	职业中学	普通中学	小学	幼儿园	特殊教育
1978	1				364	2147		
1979	1				275	2071		
1980	1				246	2027	497	
1981	1				226	2024	312	
1982	1	4			205	1964		
1983	1	5	10		208	1902		
1984	1				191	1831		
1985	1	8	8	9	188	1798	1094	
1986	1	8	8	11	183	1767	769	
1987	1	8	8	9	181	1753	807	
1988	1	7	8	10	180	1755	791	1
1989	1	7	8	10	180	1759	684	1
1990	1	7	8	9	179	1740	279	3
1991	1	7	8	11	175	1717	431	3
1992	1	7	8	11	175	1687	451	3
1993	1	8	7	14	176	1665	407	3
1994	1	8	7	14	178	1639	479	3
1995	1	8	7	19	176	1618	467	3
1996	1	8	7	21	175	1582	130	4
1997	1	8	7	22	177	1526	146	4
1998	1	8	7	23	173	1106	155	4
1999	1	8	7	27	166	827	230	3
2000	2	7	4	26	163	678	171	2
2001	2	6	2	19	155	515	189	2
2002	2	7	2	17	153	392	193	2
2003	4	3	4	17	151	343	180	2
2004	3	3	4	19	141	290	171	2
2005	3	3	2	21	141	262	163	2
2006	3	3	2	22	142	223	174	2
2007	3	3	2	18	134	185	176	2
2008	3	3	2	18	133	167	173	2
2009	3	4	2	14	130	150	175	2
2010	3	4	2	14	130	141	175	5
2011	3	4	2	10	126	133	176	5
2012	3	4	2	8	125	136	180	5
2013	3	4	2	8	125	130	175	5
2014	3	4	2	8	123	128	184	5
2015	3	4	1	8	118	129	185	5
2016	3	4	1	8	120	126	193	5
2017	3	4	1	8	124	127	207	5
2018	3	4	1	8	120	128	216	5
2019	3	4	1	9	119	128	229	5
2020	4	4	1	9	117	131	237	5

10-7 历年各级学校在校学生数

单位：人

年份	普通高校	普通中专	中等技工学校	职业中学	普通中学	小学	幼儿园	特殊教育
1978		453	367		129242	298176		
1979	922	668	1211	97	102944	282866		
1980	1067	750	1551	233	95445	271836		
1981	999	850	1149	189	85594	246629		
1982	972	872	725	65	80855	219748		
1983	971	769	552	658	83516	197654		
1984	1027	901	1177	1311	90328	181583		
1985	1100	1477	1347	3332	97455	168785		
1986	1126	2160	1622	4399	98505	163560	47439	
1987	1105	2485	1565	5428	95127	161059	55625	15
1988	878	2816	1534	4751	83967	173503	49461	30
1989	974	2837	1589	4176	70725	193393	41486	48
1990	956	3040	1545	4315	71502	194444	43085	80
1991	921	3091	1781	3348	79648	187778	55826	122
1992	977	3284	2061	3571	90880	184058	65808	490
1993	1240	3894	2216	4626	92593	192781	67031	697
1994	1587	4700	2487	5743	99514	199783	61945	1164
1995	1559	7854	2670	7065	109705	202101	63912	1389
1996	1379	7922	2998	6252	113130	212146	60346	1711
1997	1396	9400	3853	11534	104259	228050	57534	1833
1998	1633	9942	3401	13323	97927	231334	59457	1853
1999	2373	9671	2824	12734	109511	225224	62408	1898
2000	3991	7759	2010	12101	129171	216005	61934	1569
2001	6723	7112	1908	15409	142434	207078	64804	1412
2002	9975	6588	2530	21137	149729	201540	60122	1226
2003	12051	7556	2258	27201	155774	192462	56612	850
2004	14269	9077	2466	29122	155353	190770	57572	703
2005	16406	10770	3005	29346	152551	182604	58503	591
2006	18795	10644	2815	29814	149561	183458	60217	475
2007	21096	10857	2647	28364	149587	178962	61775	470
2008	23468	10372	2726	24489	152523	172028	64946	497
2009	24409	10543	2897	21712	149313	163058	66946	484
2010	24768	11886	2694	19691	146311	160116	72369	519
2011	25329	13332	4055	19390	137321	161634	73316	346
2012	26153	14121	3627	17633	131374	156915	74654	381
2013	26673	13345	2143	18994	125947	156668	75051	686
2014	26988	12249	1794	19538	122014	156102	76658	382
2015	26947	11726	1658	19758	116360	155762	80198	397
2016	26668	11894	1211	16096	110937	157896	82285	415
2017	26383	11880	1515	28732	112452	160299	88878	415
2018	26941	11496	1265	28306	114295	166550	90134	415
2019	28834	10639	1384	17444	116167	172757	89975	428
2020	33770	10973	1564	18860	116898	180744	93131	424

10-8 历年各级学校专任教师数

单位：人

年份	普通高校	普通中专	中等技工学校	职业中学	普通中学	小学	幼儿园	特殊教育
1978					6326	10215	557	
1979					5348	9844	519	
1980					4905	9489	994	
1981					4623	8942	940	
1982					4512	8740	1014	
1983					4666	8332	1099	
1984					4709	7875	1399	
1985	178	163	144	146	4685	7611	1781	
1986	175	207	152	183	4780	7398	1900	
1987	182	243	171	245	4960	7508	2099	
1988	169	296	174	260	5059	7772	2156	8
1989	167	280	180	240	4955	8271	2144	11
1990	165	258	185	222	4661	7290	2195	15
1991	146	278	194	204	4742	7378	2288	26
1992	140	270	208	211	4880	7301	2453	32
1993	135	304	216	231	4952	7306	2520	37
1994	136	341	221	250	5067	7338	2452	41
1995	138	321	203	309	5431	7459	2540	42
1996	145	334	205	344	5980	7815	2579	53
1997	152	361	221	438	6197	8168	2623	57
1998	177	383	194	516	6266	8343	2887	62
1999	274	344	149	491	6646	8699	2859	46
2000	333	271	145	496	7122	8759	3014	38
2001	524	176	84	631	7544	8530	2537	33
2002	569	179	92	899	8012	8498	2240	35
2003	724	264	76	825	8435	8284	2134	32
2004	819	305	76	1070	8895	8744	2217	36
2005	943	322	96	1189	9173	8654	2241	36
2006	1052	338	113	1291	9371	8935	2381	37
2007	1102	337	97	1231	9401	8914	2442	39
2008	1526	347	96	1115	9591	8860	3328	40
2009	1583	387	111	1019	9755	8874	3508	42
2010	1224	409	116	967	9894	8752	3747	64
2011	1258	540	132	1024	9937	8543	3943	78
2012	1354	735	188	1014	10040	8533	4368	97
2013	1422	772	109	1116	10101	8558	4506	97
2014	1466	779	118	1314	10078	8556	4717	112
2015	1483	772	105	1412	10083	8607	3466	119
2016	1511	780	105	1307	10097	8800	5236	124
2017	1628	784	101	2109	10141	9079	5758	136
2018	1653	778	104	2077	10133	9248	5991	136
2019	1778	772	105	1345	10175	9562	6378	148
2020	1920	774	103	1450	10306	10047	6657	154

10–9 历年各级学校招生数

单位：人

年份	普通高校	普通中专	中等技工学校	职业中学	普通中学	小学	幼儿园	特殊教育
1978					50423	55395		
1979					40043	41695		
1980					37297	38366	14941	
1981					33367	29599	13846	
1982					31211	27420		
1983	364	252		113	33399	29712	14733	
1984					32236	29822		
1985	450	912	561	2170	33427	27925		
1986	343	901	474	2235	33575	30835		
1987	384	858	601	2901	30867	27279	23515	
1988	494	1028	501	2126	23812	35100	13611	16
1989	471	996	546	1894	19762	35713	19438	19
1990	480	1048	560	2047	29496	27712	21863	34
1991	440	1129	749	1443	32379	23042	29379	43
1992	503	1191	814	1428	33189	27611	32793	32
1993	599	1742	808	2628	31535	37629	33299	50
1994	640	2125	1043	2798	39055	41948		134
1995	616	3536	1248	2966	42615	38842	31689	92
1996	578	3267	1351	1760	34439	39165	30405	141
1997	588	3568	1465	5425	30159	38926	28734	102
1998	527	3090	1051	5466	35935	31267	29207	129
1999	1321	3017	773	4209	46490	32133	28535	85
2000	2227	1562	706	4619	49928	32395	27563	107
2001	3312	1751	811	7728	48802	31192	28971	222
2002	4100	2070	1118	11060	53108	33241	26212	134
2003	4147	3764	1667	11057	55447	29604	24348	109
2004	5175	3729	1259	10230	47933	27325	23600	74
2005	5462	3981	1191	11275	50303	23816	22047	57
2006	6222	3967	1225	10974	51505	25792	20333	38
2007	6968	3724	1036	9102	49124	27099	22131	34
2008	7688	3517	932	7824	53436	26776	23024	65
2009	7070	4192	1220	7565	49097	24944	22141	52
2010	7088	4687	416	6773	46605	25359	24344	81
2011	7591	5250	1087	7311	44167	28287	25466	60
2012	7869	4713	1154	6241	42822	25936	25412	64
2013	7617	4366	645	7070	40983	26332	24350	103
2014	7740	3924	448	6785	38906	26548	25752	54
2015	7816	4069	532	6633	37376	26393	26872	104
2016	7301	4420	504	5849	36493	27859	29371	66
2017	7757	3930	434	9737	38974	28623	32322	167
2018	8493	3531	459	9024	38206	32053	31028	60
2019	9737	3594	571	6424	39193	32154	26716	56
2020	12338	4511	659	7398	40193	33672	32823	51

10-10 历年各级学校毕业生数

单位：人

年份	普通高校	普通中专	中等技工学校	职业中学	普通中学	小学	幼儿园	特殊教育
1978					47921	48122		
1979					45295	43351		
1980					26767	43116		
1981					27635	48255		
1982					22852	47373		
1983					20484	49169		
1984					20083	44892		
1985					20811	40811		
1986					26516	36230		
1987					27499	29629		
1988					28039	22418		
1989					27412	15947		
1990	494	831	567	1746	25351	27558	20817	
1991	475	1066	517	1520	21533	29978	17543	
1992	430	982	520	942	18197	30991	23510	
1993	330	1123	621	1120	25350	28648	31778	31
1994	485	1201	822	1342	28064	35067		45
1995	719	1247	935	1225	29887	37205		128
1996	589	1576	765	2309	28335	29417		49
1997	555	2077	856	3030	36175	23214		89
1998	274	2521	1207	3204	39780	27787		214
1999	576	3176	1350	3950	31500	38070		221
2000	593	3360	1261	4442	27617	41990		228
2001	483	2433	841	3864	33462	39352		258
2002	986	2556	619	3861	44134	39467	31097	254
2003	2037	2603	776	3950	47762	39348	27951	245
2004	2802	1936	998	6008	46953	31804	26535	130
2005	3309	1806	623	9732	51785	32887	22971	115
2006	3568	3374	887	9190	53820	33415	22978	53
2007	4574	3147	841	8883	47143	34018	23352	40
2008	5291	3353	849	10034	48314	36164	22810	52
2009	5983	3661	939	8928	49465	32739	22478	54
2010	6544	2858	879	7330	47033	29867	21958	55
2011	6912	3279	1180	6188	50291	26849	25086	44
2012	6825	3545	1229	5592	46764	27149	24240	42
2013	6909	4825	992	6251	44205	27477	25132	90
2014	7193	4654	725	6572	42132	26435	24592	62
2015	7703	4186	651	6604	40836	24718	26096	89
2016	7374	3892	475	6020	39314	24054	26261	58
2017	7782	3678	343	8816	36602	26449	26544	106
2018	7728	3631	377	9119	35589	25049	29617	45
2019	7675	3951	409	5529	35957	25150	30233	48
2020	7470	3582	388	5558	38642	25461	32003	69

10-11 全市教育事业基本情况

	学校数（所）	招生数（人）	毕业生数（人）	在校学生数（人）	教职工人数（人）	#专任教师
合　计	**509**	**137325**	**117854**	**471518**	**38985**	**31976**
1. 高等教育	5	17984	12115	48924	3317	2485
普通高校	4	12338	7470	33770	2618	1920
成人高校	1	1730	1050	4805		
网络教育		3916	3595	10349	699	565
2. 普通中学	117	40193	38642	116898	12635	10306
初中	86	25459	24855	74184		6245
高中	31	14734	13787	42714		4061
3. 中等职业学校	13	11943	9176	29833	2380	2224
普通中专	4	4511	3582	10973	853	774
成人中专						
职业高中	9	7432	5594	18860	1527	1450
其他机构						
4. 小　学	131	33672	25461	180744	8800	10047
5. 幼儿园	237	32823	32003	93131	11533	6657
6. 特殊教育	5	51	69	424	171	154
7. 技工学校	1	659	388	1564	149	103

10-12 市区教育事业基本情况

	学校数（所）	招生数（人）	毕业生数（人）	在校学生数（人）	教职工人数（人）	#专任教师
合　计	**226**	**63928**	**54098**	**218456**	**18335**	**14888**
1. 高等教育	4	11963	9374	37137	2976	2234
普通高校	3	9307	7470	29875	2408	1778
成人高校	1	1730	1050	4805		
网络教育		926	854	2457	568	456
2. 普通中学	49	16030	15448	45839	5358	4184
初中	36	10886	10410	31421		2645
高中	13	5144	5038	14418		1539
3. 中等职业学校	4	4105	3281	9900	777	724
普通中专	3	3674	2929	8753		
成人中专						
职业高中	1	411	330	1085		
4. 小　学	48	15888	10864	82059	3918	4615
5. 幼儿园	119	15932	15106	43315	5220	3052
6. 特殊教育	2	10	25	206	86	79
7. 技工学校						

10-13 分县区基础教育普及情况

	单位	全　市	市直属	吴兴区	南浔区	德清县	长兴县	安吉县	△市区
1. 小学情况									
入学率	%	100	100	100	100	100	100	100	100
#女	%	100	100	100	100	100	100	100	100
巩固率	%	100	100	100	100	100	100	100	100
#女	%	100	100	100	100	100	100	100	100
小学升初中比例	%	100	100	100	100	100	100	100	100
2. 初中情况									
入学率	%	100	100	100	100	100	100	100	100
#女	%	100	100	100	100	100	100	100	100
巩固率	%	100	100	100	100	100	100	100	100
#女	%	100	100	100	100	100	100	100	100
3. 高中情况									
初中毕业生人数	人	24855	1995	4839	3576	3863	6145	4437	10410
#升学人数	人	24683	1984	4807	3554	3843	6087	4408	10345
普通中学	人	13012	1139	2341	1860	2119	3165	2388	5340
中等职业技术学校	人	11671	845	2466	1694	1724	2922	2020	5005
职业高中	人	7571	516	356	1089	1266	2389	1955	1961
普通中专	人	3283	320	2081	254	49	533	46	2655
成人中专	人	7			4	3			4
技工学校	人	664	2	29	218	398		17	249
其它	人	146	7		129	8		2	136
升学比例	%	99.31	99.45	99.34	99.38	99.48	99.06	99.35	99.38
#普通高中	%	52.35	57.09	48.38	52.01	54.85	51.51	53.82	51.30
职业类学校	%	46.96	42.36	50.96	47.37	44.63	47.55	45.53	48.08
4. 十五年教育毛入学率	%	99.79		99.85	99.86	99.80	99.81	99.73	99.80

10-14 分县区普通中学基本情况

	单位	全　市	市直属	吴兴区	南浔区	德清县	长兴县	安吉县	△市区
学校数	所								
完全中学	所	2	2						
高级中学	所	24	9			5	5	5	
初级中学	所	57		11	9	7	15	15	20
九年制	所	29		9	7	10		3	16
班级数	个								
初中	个	1836	146	357	291	301	406	335	794
高中	个	1040	345			209	246	240	345
毕业生数	人								
初中	人	24855	1995	4839	3576	3863	6145	4437	10410
高中	人	13787	5038			2734	2978	3037	
招生数	人								
初中	人	25459	2389	4963	3534	3905	5797	4871	10886
高中	人	14734	5144			2737	3494	3359	
在校学生数	人								
初中	人	74184	6547	14332	10542	11692	17130	13941	31421
一年级	人	25459	2389	4963	3534	3905	5797	4871	10886
二年级	人	24895	2179	4819	3580	3983	5609	4725	10578
三年级	人	23830	1979	4550	3428	3804	5724	4345	9957
高中	人	42714	14418			8582	9875	9839	
一年级	人	14745	5152			2737	3494	3362	
二年级	人	14358	4644			2951	3269	3494	
三年级	人	13611	4622			2894	3112	2983	
毕业班学生数	人	37441	6601	4550	3428	6698	8836	7328	9957
初中	人	23830	1979	4550	3428	3804	5724	4345	9957
高中	人	13611	4622			2894	3112	2983	
教职工人数	人	12635	2324	1784	1250	2317	2579	2381	5358
#专任教师	人	11807	2135	1641	1217	2206	2450	2158	4993

10-15 分县区小学基本情况

	单位	全 市	市直属	吴兴区	南浔区	德清县	长兴县	安吉县	△市区
学校数	所	131		24	24	20	36	27	48
班级数	个	4541	53	1263	712	729	981	803	2028
招生数	人	33672	254	10719	4915	5231	6637	5916	15888
#受过学前教育	人	33672	254	10719	4915	5231	6637	5916	15888
在校学生数	人	180744	1570	52957	27532	27976	37800	32909	82059
毕业生数	人	25461	239	6905	3720	3965	5829	4803	10864
专任教师	人	8546		2467	1339	1124	2115	1501	3806

10-16 分县区中等职业教育基本情况

	单位	全 市	市直属	吴兴区	南浔区	德清县	长兴县	安吉县	△市区
学校数	所	13	4			1	4	4	
毕业生数	人	9176	3281			1133	2971	1791	
#获职业资格证	人	9146	3265			1129	2971	1781	
招生数	人	11943	4105			1514	3334	2990	
在校学生数	人	29833	9900			3521	9032	7380	
预计毕业生数	人	8436	2886			951	2681	1918	
教职工数	人	2380	777			242	803	558	
#专任教师	人	2224	724			237	720	543	

10-17　分县区幼儿教育基本情况

	单位	全　市	吴兴区	南浔区	德清县	长兴县	安吉县	△市区
园　数	所	237	82	37	43	48	27	119
班级数	个	3142	1006	437	553	624	520	1445
入园幼儿数	个	32823	11112	4808	4832	7233	4826	15932
在园幼儿数	人	93131	29383	13909	15380	19292	15144	43315
离园幼儿数	人	32003	9870	5236	5286	6475	5136	15106
教职工数	人	11533	3897	1323	2064	2301	1948	5220
#园长	人	238	82	38	43	48	27	120
教师	人	6657	2154	898	1178	1387	1040	3052
保健员	人	2850	949	330	522	543	506	1279
其他	人	1422	586	9	250	271	306	595
占地面积	万平方米	160.9	47.1	22.8	28.5	32.4	30.2	69.9
校舍面积	万平方米	100.3	34.2	13.4	17.7	19.8	15.2	47.6

10-18 分县区文化、艺术事业基本情况

	单位	全　市	市　区	德清县	长兴县	安吉县
一、艺术事业						
㈠艺术表演团体	个	105	4	29	30	17
㈡剧　院	个	3	1		1	
1. 演出场次	场	150	69		31	
2. 观众人数	万人次	5	3		5	
3. 总收入	千元	14949	14949		1339	
二、图书馆情况						
1. 公共图书馆	个	6	1	1	1	1
2. 总藏量	千册. 件	3617	1158	529	650	513
#图书	千册. 件	3203	1042	520	476	428
三、文化馆（艺术馆）情况						
1. 文化馆. 艺术馆数	个	6	1	1	1	1
2. 举办展览个数	个	217	20	17	60	35
3. 组织文艺活动次数	次	1969	300	308	429	610
4. 举办训练班结业人数	人次	82151	10600	4386	30145	9500
四、其　他						
1. 乡镇文化站	个	72		13	15	15
2. 博物馆（纪念馆）	个	36	16	7	7	6
3. 文物保护单位	个	405	172	85	77	71
4. 文物保护管理机构	个	5	1	1	1	1

10-19 历年卫生事业基本情况

年份	卫生机构数（个）	床位数（张）	#医院床位	卫生工作人员（人）	#卫技人员	#医师	#医士	#护师护士
1978	398	6574	5883	6860	5572	1347	753	700
1979	429	6670	5944	7085	5674	1347	687	649
1980	432	6789	6080	7609	6074	1495	754	820
1981	443	6492	5260	7829	6250	1597	746	879
1982	455	6668	5431	7975	6431	1660	745	924
1983	459	6791	6040	8155	6589	1723	771	972
1984	467	6831	6312	8219	6668	1304	1132	1033
1985	472	6753	6380	8139	6438	1243	1117	1011
1986	471	6855	6493	8268	6499	1213	1208	1055
1987	489	7022	6671	8443	6651	1217	1266	1153
1988	493	7244	6858	8545	6728	1941	1143	1534
1989	491	7431	7041	8695	6876	2018	1067	1601
1990	492	7395	7005	9051	7201	2054	1038	1709
1991	491	7518	7128	9283	7412	2083	1087	1762
1992	489	7600	7207	9457	7516	2113	1065	1750
1993	489	7841	7361	9589	7678	2139	1157	1792
1994	486	7906	7462	9824	7915	2137	1252	1863
1995	491	7920	7512	9870	8014	2407	1258	1970
1996	490	7820	7710	10486	8654	2598	1391	2281
1997	482	8223	8103	10602	8759	2634	1474	2310
1998	405	8082	7962	10486	8536	2559	1371	2269
1999	410	7624	7514	10467	8493	2738	1301	2397
2000	392	7487	7377	10605	8634	2822	1284	2468
2001	385	7670	7560	10558	8747	2932	1244	2540
2002	364	7809	7809	10263	8620	2754	1048	2625
2003	704	8135	8055	11442	9617	3291	1090	2868
2004	718	8407	8327	11749	9737	3281	1121	3083
2005	819	8721	8641	12717	10859	3564	1140	3269
2006	1069	9005	9005	13763	12019	3659	1132	3386
2007	1288	8985	8985	14615	12703	3886	1171	3439
2008	1262	9294	8800	16040	13949	4000	1204	4052
2009	1284	9794	9304	17651	15199	4440	1250	4722
2010	1321	10129	9639	18510	15973	4683	1188	4966
2011	1359	10599	10337	19474	16240	4882	1060	5626
2012	1349	11265	10982	20613	17738	5079	1183	6148
2013	1335	12079	11694	21113	18216	5411	1158	6698
2014	1359	11632	10674	22079	19027	5665	1154	7319
2015	1377	13254	11896	23820	20556	6260	1110	8124
2016	1391	12836	12418	24932	21407	6510	1109	8657
2017	1393	15669	13962	26420	22762	6979	1101	9405
2018	1460	16873	15532	28677	24660	7573	1274	10452
2019	1506	18276	16925	30151	25830	8147	1275	10989
2020	1496	18420	17080	31484	27120	8504	1347	11685

注：2002 年起按新口径统计：医师为执业医师，医士为执业助理医师，护师、护士为注册护士。

10-20 历年分县区卫生技术人员数

单位：人

年份	全　市	吴兴区	南浔区	德清县	长兴县	安吉县	△市区
1978	5572			775	1262	927	2608
1979	5674			793	1262	928	2691
1980	6074			858	1359	100	2857
1981	6250			898	1364	1047	2941
1982	6431			914	1389	1104	3024
1983	6589			937	1423	1134	3095
1984	6668			935	1433	1122	3178
1985	6438			900	1326	1061	3151
1986	6499			903	1363	1080	3153
1987	6651			944	1383	1098	3226
1988	6728			956	1381	1133	3258
1989	6876			969	1460	1141	3306
1990	7201			1025	1495	1226	3455
1991	7412			1046	1550	1257	3559
1992	7516			1060	1573	1264	3619
1993	7678			1105	1616	1268	3689
1994	7915			1187	1663	1289	3776
1995	8014			1237	1572	1315	3890
1996	8654			1273	1974	1356	4051
1997	8759			1329	1945	1342	4143
1998	8536			1361	1859	1353	3963
1999	8493			1369	1789	1365	3970
2000	8634			1380	1767	1352	4135
2001	8747			1424	1782	1351	4190
2002	8620			1454	1632	1444	4090
2003	9617	964	1208	1546	2129	1513	4429
2004	9737	1129	1212	1587	2141	1464	4545
2005	10859	1656	1239	1677	2360	1536	5286
2006	12019	1644	1715	2021	2421	1708	5869
2007	12703	1884	1576	2043	2793	1826	6041
2008	13949	1663	1925	2101	2905	2125	6818
2009	15199	5436	2090	2231	3187	2255	7526
2010	15973	5646	2131	2374	3445	2377	7777
2011	16240	6054	2133	2525	3035	2493	8187
2012	17738	6570	2144	2606	3771	2647	8714
2013	18216	6689	2256	2816	3691	2764	8945
2014	19027	7046	2318	2975	3834	2854	9364
2015	20556	7735	2507	3028	4276	3010	10242
2016	21407	8184	2510	3176	4401	3136	10694
2017	22762	8853	2578	3335	4654	3342	11431
2018	24660	9640	2683	3513	5234	3590	12323
2019	25830	10058	2764	3579	5584	3845	12822
2020	27120	10975	2795	3695	5751	3904	13770

10-21 历年分县区医院床位数

单位：张

年份	全　市	吴兴区	南浔区	德清县	长兴县	安吉县	△市区
1978	5883			1197	1104	858	2724
1979	5944			1213	1089	801	2841
1980	6080			1229	1147	878	2826
1981	5260			693	1182	827	2558
1982	5431			700	1222	787	2722
1983	6040			1265	1211	807	2757
1984	6312			1264	1156	841	3051
1985	6380			1281	1152	845	3102
1986	6493			1339	1199	834	3121
1987	6671			1276	1256	868	3271
1988	6858			1364	1258	917	3319
1989	7041			1364	1353	917	3407
1990	7005			1356	1352	964	3333
1991	7128			1402	1379	994	3353
1992	7207			1422	1395	1018	3372
1993	7361			1369	1453	1018	3521
1994	7462			1379	1520	1133	3430
1995	7512			1379	1525	1130	3478
1996	7710			1424	1543	1190	3553
1997	8103			1727	1575	1232	3569
1998	8082			1664	1506	1369	3543
1999	7514			1290	1567	1211	3446
2000	7377			1179	1604	1200	3394
2001	7670			1248	1577	1309	3536
2002	7809			1110	1613	1357	3729
2003	8055	580	927	1123	1819	1322	3791
2004	8327	714	977	1211	1862	1282	3972
2005	8641	758	917	1420	1881	1264	4076
2006	9005	753	814	1501	1963	1366	4175
2007	8985	797	853	1477	1913	1326	4269
2008	8800	779	836	1027	1990	1281	4502
2009	9304	3851	847	1096	2212	1298	4698
2010	9639	3832	874	1171	2372	1390	4706
2011	10337	3847	920	1737	2372	1461	4767
2012	10982	4425	866	1793	2399	1499	5291
2013	11694	4748	859	1796	2506	1785	5607
2014	11632	5081	859	1367	2504	1821	5940
2015	13254	5388	1027	1895	3167	1777	6415
2016	12836	5462	1155	1467	2926	1826	6617
2017	14370	5938	1273	1559	3547	2053	7211
2018	16873	6716	1503	2331	3821	2502	8219
2019	18276	7330	1549	2371	4102	2924	8879
2020	18420	7495	1531	2192	4268	2934	9026

10-22 分县区卫生机构与卫生技术人员

	单位	全 市	吴兴区	南浔区	德清县	长兴县	安吉县	△市区
一、全社会卫生单位数	个	1496	393	258	272	362	211	651
卫生院	个	85	13	14	18	24	16	27
医院	个	72	25	8	9	19	11	33
#等级医院	个	24	8	5	3	4	4	13
三级医院	个	8		5		3		5
门诊部	个	108	70	12	10	11	5	82
妇幼保健院（所、站）	个	4	1		1	1	1	1
县（区）卫生所、医务室	个	497	159	77	96	121	44	236
县（区）社区卫生服务站	个	704	114	144	133	181	132	258
二、卫生工作人员	人	31484	12829	3154	4322	6694	4485	15983
#卫生技术人员	人	27120	10975	2795	3695	5751	3904	13770
#执业医师	人	8504	3600	819	1193	1665	1227	4419
执业助理医师	人	1347	316	212	225	373	221	528
注册护士	人	11685	5148	1009	1387	2605	1536	6157
药剂人员	人	1615	575	200	236	345	259	775
检验人员	人	1190	491	114	186	189	210	605
三、卫生机构床位数	张	18420	7495	1531	2192	4268	2934	9026
#医院、卫生院床位数	张	17080	6992	1531	1698	4060	2799	8523
#等级医院	张	12020	5295	1072	1358	2386	1909	6367
#卫生院	张	1100	220	167	140	284	289	387
医院（含妇保院）	张	16826	7275	1364	1558	3984	2645	8639
疗养院	张	470			470			
四、全年住院总人次	人次	534871	202793	60806	54840	125965	90467	263599
病床使用率	%	81.26	82.60	81.63	70.33	89.72	72.20	82.43

10-23　历年体育运动情况

年份	举办各级运动会（次）	参加比赛运动员（人）	省以上运动会获奖数（枚）			发展等级运动员（人）	发展等级裁判员（人）
			金牌	银牌	铜牌		
1983	50	7461	13	9	4	202	68
1984	74	12163				123	74
1985	674	103667				166	124
1986	148	17603	27	19	19	519	94
1987	123	16522	41	32	37	425	141
1988	272	25920	30	26	38	333	66
1989	247	16901	35	33	35	458	181
1990	692	65588	24	35	40	549	145
1991	637	53197	30	21	29	266	110
1992	53	10087	18	26	20	150	153
1993	132	11705	30	24	26	111	93
1994	99	11694	17	28	25	195	77
1995	153	17664	22	21	24	201	77
1996	154	14169	25	21	28	106	124
1997	155	30746	57	44	41	214	112
1998	138	22164	30	40	43	56	48
1999	177	70751	73	75	78	223	75
2000	167	44036	61	43	48	17	47
2001	171	21787	45	44	44	43	44
2002	29	28750	24	21	30	21	17
2003	67	40400	33	43	34	28	6
2004	78	170000	79	73	38	20	31
2005	65	47168	29	25	45	88	13
2006	812	165562	61	19	42	29	69
2007	691	497210	39	49	68	63	41
2008	210	56472	37	35	43	121	247
2009	139	148952	22	32	43	90	311
2010	221	110687	65	15	46	32	143
2011	177	57297	36	48	47	28	277
2012	166	72000	40	49	68	35	54
2013	176	77151	50	60	67	46	62
2014	46	12670	94	38	48	52	72
2015	141	37270	129	69	98	45	158
2016	172	73456	183	212	158	50	264
2017	191	266302	178	167	153	24	135
2018	93	46335	703	506	525	56	12
2019	402	218267	230	198	197	61	145
2020	124	42188	162	169	177	69	39

注：1985、1990、1991 年运动会次数、参赛运动员范围为乡镇以上,其余年份为县以上。

10-24 分县区体育运动基本情况

	单位	全 市	吴兴区	南浔区	德清县	长兴县	安吉县	市 区
一、县以上体委系统举办运动会	次	124	8	22	28	18	15	33
参加比赛的运动员人数	人	42188	2458	3562	10750	15000	2500	7918
二、省级以上运动会获奖牌数	枚	508	134	7	50	224	93	
金牌	枚	162	37	1	17	77	30	
银牌	枚	169	40	3	17	83	26	
铜牌	枚	177	57	3	16	64	37	
三、等级运动员发展人数	人	69	14	2	3	25	2	23
#二级	人	69	14	2	3	25	2	23
四、等级裁判员发展人数	人	39	20	10	4	2	3	
#二级	人	39	20	10	4	2	3	

10–25 分县区广播、电视基本情况

	单位	全 市	市 区	德清县	长兴县	安吉县
一、无线广播情况						
节目套数	套	6	3	1	1	1
平均每日播音时间	小时	101	47.8	19	10.5	24
#自办节目	小时	76.1	32.2	13.4	8.6	21.8
制作广播节目	时:分	32984:32	16647:17	5963:19	1923:58	8760:00
二、无线电视基本情况						
平均每周播出时间	小时	799.3	351	115	220	113
#自办节目	小时	331.3	170	53	54	54
制作电视节目	时:分	15324:36	8342:40	515:56	573:00	5893:00
三、电视用户情况						
年末有线电视用户	户	666252	289384	101460	151234	124174
#年末数字电视用户	户	921434	431776	134922	229736	125000
年末有线电视入户率	%	83	81	75	91	80
#年末数字电视入户率	%	83	81	75	91	80
四、广播电视覆盖范围						
广播覆盖人口数	万人	267.57	112.31	44.31	63.73	47.22
电视覆盖人口数	万人	267.57	112.31	44.31	63.73	47.22

主要统计指标解释

艺术表演团体 指从事戏曲、音乐、舞蹈、杂技等专业艺术表演，有独立帐户，实行单独核算的团体。不包括半工半艺、半农半艺的业余剧团。

公共图书馆 指文化系统所属的独立举办的对社会开放的图书馆。不包括文化馆的图室，也不包括文化系统以外的图书馆。

博物馆 指搜集、保管、研究、陈列、展览有关革命、历史、文化、艺术、自然科学、技术等方面的文物或标本的机构。

艺术表演场所 指具有观众厅、舞厅、灯光设备、经常供专业艺术表演团体演出，公开售票营业的场所，但不包括茶馆、茶社等兼营艺术表演的场所。

艺术表演观众人数 指售票包场演出或民族地区免费演出的艺术表演观众人次数。不包括彩排审查和内部观摩演出的观众人次数。

等级运动员人数 指经考核正式批准授予等级运动员称号的人数。运动员等级分为国际级运动健将、运动健将、一级、二级、三级、少年级。

等级裁判员人数 指经考核正式批准授予等级裁判员称号的人数。裁判员等级分为国际裁判、国家级、一级、二级、三级。

医院 指名称为医院，设有固定床位能收容病人住院并能为病人提供医疗和护理服务的医疗机构。包括县及县以上医院、农村乡卫生院、其他医院三部分。

卫生技术人员 指卫生事业机构中现任职务为卫生技术工作的人员。包括中医师、西医师、中西医结合高级医师、护师、中药师、西药师、检验师、其他技题、中医士、西医士、护士、助产士、中药剂士、西药剂士、检验员、其他初级卫生技术人员。

医生 指经卫生部门审查合格，从事医疗工作的专业人员，分为中医医生和西医医生，包括中医师、西医师、中西医结合高级工程师医师、中医士、西医士和其他中医。

普通高等学校 指按照国家规定的审批程序批准举办，通过全国统一招生考试，招收高级中学学校毕业生和具有同等学历者，实施高等教育，培养高等专门人才的学校。包括大学、专门学院、专科学校和短期职业大学。

技工学校 指招收初中（或部分高中）毕业生或具有同等学历者，实施专业技术教育、培养中级技术工人的学校。包括中央在地方单位办、各级劳动部门办、各级其他部门办和厂矿企业办。其在校学生数不包括培训的在职职工人数。

招生数 指新学年开始时，按照国家招生计划实际招收入学的新生数。不包括留级学生和复读学生数。

在校学生数 指学年初开学以后，具有学籍的全部在校学习的学生总数。

毕业生数 指上学年度内，具有学籍的学生学完教学计划规定的全部课程，考试及格，获得毕业证书的学生数。不包括结业生和肄业生数。

教职员工数 指在学校中工作的固定教职工人数。包括校本部、科研机构、校办工厂、农（林）场和附属机构的人员。不包括下列人员：离休、退休、退职人员；学校办的集体所有制单位和学校附属机构中，属于集体所有制的职工；代课教师和各种临时工。

专任教师 指主要从事教育工作的人员。包括临时（一年以内）调去帮助做其他工作的教学人员。不包括调离教学岗位，担任行政领导工作或其他工作的原教学人员；不包括兼任教师和代课教师。

小学学龄儿童入学率 指调查范围内已入小学学习的学龄儿童占校内外学龄儿童总数(包括弱智儿童在内，但不包括盲聋哑儿童）的比重。计算公式是：

$$\text{小学学龄儿童入学率} = \frac{\text{已入学的小学学龄儿童数}}{\text{校内外小学学龄儿童总数}} \times 100\%$$

科技活动 指在自然科学、农业科学、医药科学、工程与技术科学、人文与社会科学领域（简称科学技术领域）中与科技知识的产生、发展、传播和应用密切相关的有组织的活动。为核算科技投入的需要，科技活动可分为科学研究与试验发展（R&D）、科学研究与试验发展成果应用及相关的科技服务三类活动。

科技经费投入 指科技内部支出、科研基建、外部支出、购买国内技术、引进专利、图纸、配方等经费支出；统计范围为：农业企事业单位、规模以上工业企业、民营科技企业、软件开发单位、普通高等院校、科研机构。

研究与试验发展（R&D） 指在科学技术领域，为增加知识总量，以及运用这些知识去创造新的应用而进行的系统的、创造性的活动，包括基础研究、应用研究、试验发展三类活动。

十一、城建、环保、水利、气象、林业、民政福利、社保、公积金、治安、档案、技术监督

11-1 分县区市政、公用事业情况

	单位	全市	市区	德清县	长兴县	安吉县
一、建成区面积	平方公里	253	126	39	48	39
二、城市建设						
城市环境基础设施建设投资额	万元					
#燃气	万元	29788	24812	648	1478	2850
排水	万元	101105	68189	507	16110	16299
园林绿化	万元	53674	29802	2717	0	21155
市容环境卫生	万元	30349	28161	1121	1067	0
三、园林绿化						
绿化覆盖面积	公顷	12946	6223	2467	2365	1890
#建成区	公顷	11730	5855	1812	2279	1785
建城区绿化覆盖率	%	46	46	46	47	46
公园个数	个	118	50	20	13	35
公园面积	公顷	1782	995	239	177	371
公园绿地面积	公顷	2970	1781	264	457	468
人均公园绿地面积	平方米	17	18	17	15	18
四、供水和供气						
排水管道长度	公里	3886	2069	518	775	523
供水综合生产能力（包括自备水源）	万吨/日	127	78	15	19	15
供水总量	万吨	25277	13166	3021	5051	4039
售水量	万吨	20393	11249	2492	3413	3240
#居民家庭用水	万吨	9796	5555	743	1868	1631
生产用水	万吨	5012	2610	646	802	954
用水人口	万人	172	100	16	30	25
人均日生活用水量	升	219	224	194	233	194
用水普及率	%	100	100	100	100	100
供气总量（人工、天然气）	万立方米	65510	28402	3918	25008	8183
#家庭用量	万立方米	7633	4516	973	1302	843
液化石油气供气总量	吨	22941	12400	4116	665	5760
#家庭用量	吨	12797	7049	650	490	4608
用液化气人口	万人	19	11	1	0	7
城市燃气普及率	%	100	100	100	100	100
五、公共交通						
公共交通营运车辆	辆					
公共交通客运总量	万人次					
年末公交车路数（含城乡公交）	路					
出租车	辆					
六、环境卫生						
垃圾处理站数	个	9	2	2	3	2
污水处理厂数	个	15	7	3	3	2
生活垃圾清运量	万吨	83	45	10	16	13
垃圾无害化处理量	万吨	83	45	10	16	13
城镇生活垃圾无害化处理率	%	100	100	100	100	100
城市污水排放量	万立方米	19437	9496	2861	3604	3477
城市污水处理量	万立方米	19110	9334	2817	3550	3409

11-2 主要年份

	单位	2003 年	2005 年	2007 年	2008 年	2010 年
一、城市化水平						
市　域	%	44.1	48.4	52.4	54.3	58.0
市本级	%	51.0	53.5	55.4	56.8	60.0
德　清	%	42.9	48.0	52.0	53.7	57.4
长　兴	%	40.0	44.0	50.0	52.1	55.8
安　吉	%	39.5	42.0	48.6	50.4	52.9
二、建成区面积						
中心城市	平方公里	52.9	65.0	74.4	78.8	88.0
中心城区（含织里）	平方公里	43.9	53.2	61.6	65.5	72.5
织　里	平方公里	7.7	10.7	11.7	11.7	13.7
南浔区	平方公里	9.0	11.8	12.8	13.3	15.5
三、城市人口						
中心城市	万人	51.5	57.6	63.9	71.9（43.3）	83.6（50）
中心城区（含织里）	万人	42.5	46.7	52.0	59.9（36.4）	70.1（42.2）
织　里	万人	6.0	9.2	13.0	18.7（3.7）	21.3（5.5）
南浔区	万人	9.0	10.9	11.9	12（6.9）	13.5（7.8）
四、道路						
1. 总面积						
中心城市	万平方米	587.60	876.40	1444.89	1573.60	1711.80
中心城区（含织里）	万平方米	472.20	761.00	1258.19	1314.80	1385.80
织　里	万平方米	94.20	153.20	225.00	239.10	248.20
南浔区	万平方米	115.40	115.40	186.70	258.80	326.00
2. 人均面积						
中心城市	平方米	11.4	15.2	22.6（34.1）	21.9（36.3）	20.5（34.2）
中心城区（含织里）	平方米	11.1	16.3	24.2（35.3）	22.0（37.5）	19.77（32.8）
织　里	平方米	15.7	16.7	17.3（64.3）	12.8（64.6）	11.65（45.1）
南浔区	平方米	12.8	10.6	15.7（27.5）	21.6（37.5）	23.7（41.8）
五、城市绿化						
1. 绿化总面积						

中心城市建设情况

2014 年	2015 年	2016 年	2017 年	2018 年	2019 年	2020 年
61.4	62.2	62.9	63.7			
64.0	64.9	65.8	66.8			
61.4	62.2	64.7				
58.5	59.3	60.9				
58.0	59.2	60.0				
99.2	102.9	106.0			125.15	126.38
80.5	83.4	85.8				
14.9	15.5	15.9				
18.7	19.5	20.3				
88.5（52.3）	90.2（52.8）	91.5（53.5）	93.3（54.2）	95.1（55.52）	94.35（55.44）	99.74（55.42）
73.8（44.0）	75.1（44.3）	76.2（44.9）	77.7（45.5）	70.04（37.0）		
24.1（5.7）	24.6（5.8）	25.0（6.0）	25.7（6.1）			
14.7（8.3）	15.1（8.4）	15.3（8.6）	15.6（8.7）	25.06（18.6）	14.5（8.37）	18.57（8.45）
2172.65	2348.23	2462.19	2605.61	2675.56	2773.31	2852.18
1749.57	1923.92	2014.29	2140.85	2194.99		
263.82	267.72	267.72	270.50	278.80		
423.08	424.31	447.90	464.76	480.49		
24.32	26.03	26.91（46.02）	27.93	28.13	29.39	28.6
23.71（39.76）	25.62（43.43）	26.43（44.86）	27.55	21.57		
17.71（46.28）	10.88（46.16）	10.71（44.62）	10.53			
28.78（50.97）	28.1（50.5）	29.27（52.08）	29.79	21.53		

11-2 主要年份

续 1

	单位	2003 年	2005 年	2007 年	2008 年	2010 年
中心城市	万平方米	1495.60	1843.80	2410.60	2684.80	3293.50
中心城区（含织里）	万平方米	1407.00	1710.00	2193.00	2441.20	3014.22
织　里	万平方米	200.90	243.70	253.40	255.40	271.68
南浔区	万平方米	88.60	133.80	217.60	243.60	280.28
2. 公共绿地						
中心城市	万平方米	359.20	438.20	541.15	610.90	980.47
中心城区（含织里）	万平方米	324.60	390.60	465.15	524.20	885.47
织　里	万平方米	43.70	67.70	69.90	70.20	73.30
南浔区	万平方米	34.60	47.60	76.00	86.70	96.00
3. 城市绿地率						
中心城市	%	28.3	28.2	32.4	34.1	37.4
中心城区	%	32.0	32.2	35.6	37.3	41.5
南浔区	%	9.9	11.3	17.0	18.3	18.1
4. 绿化覆盖率						
中心城市	%	32.4	32.3	36.6	38.7	42.1
中心城区	%	37.0	37.2	40.2	42.8	47.1
南浔区	%	14.0	15.4	19.6	21.3	21.5
5. 人均公共绿地						
中心城市	平方米	7.0	7.6	8.4（12.8）	8.5（14.1）	11.45（19.6）
中心城区	平方米	7.6	8.4	8.9（13.1）	8.8（14.4）	12.33（20.98）
南浔区	平方米	3.9	4.4	6.4（11.2）	7.2（12.6）	7.0（12.3）
六、城市供水						
1. 供水能力						
中心城市	万吨/日	27	27	27	47	47
中心城区（含织里）	万吨/日	21	21	21	41	41
织　里	万吨/日	5	5	5	5	5
南浔区	万吨/日	6	6	6	6	6
2. 日均供水量						

中心城市建设情况

	2014 年	2015 年	2016 年	2017 年	2018 年	2019 年	2020 年
	4188.44	4418.31	4684.17	4983.67	5317.89	5442.67	6223.17
	3836.63	4054.18	4227.28	4506.30	4676.37		
	282.62	296.04	305.52	323.11	341.88		
	351.81	364.13	456.89	477.37	642.48		
	1290.49	1345.32	1500.28	1611.32	1686.41		
	1165.08	1217.03	1298.53	1408.59	1458.35		
	76.01	76.51	76.51	89.09	105.47		
	125.41	128.29	201.75	202.73	208.43		
	42.23	42.94	44.19	42.52	42.86	42.89	43.1
	47.66	48.61	49.27	46.88	45.96		
	18.81	18.67	22.62	22.66	28.78		
	47.26	48.06	49.31	50.98	46.36	46.38	46.33
	53.57	54.57	55.23	52.84	54.51		
	22.3	22.54	26.49	26.53	33.92		
	14.58（24.67）	14.91（25.48）	16.40（28.04）	50.98	17.73		
	15.79（26.5）	16.21（27.47）	17.04（28.92）	52.84	20.82		
	8.53（15.11）	8.5（15.27）	13.19（23.46）	26.53	8.32		
	47	47	56	56	56	56	78.3
	41	41	56	56			
	5	5	56	56			
	6	6	56	56			

续 2

	单位	2003 年	2005 年	2007 年	2008 年	2010 年
中心城市	万吨/日	18.60	17.15	21.45	21.60	23.15
中心城区（含织里）	万吨/日	13.50	14.45	18.15	18.50	19.65
织　里	万吨/日	2.50	3.00	3.00	3.00	5.00
南浔区	万吨/日	5.10	2.70	3.40	3.10	3.50
七、污水处理						
1. 处理能力						
中心城市	万吨/日	10.0	14.0	23.5	24.5	24.5
中心城区	万吨/日	10.0	11.0	20.5	21.5	21.5
南浔区	万吨/日		3.0	3.0	3.0	3.0
2. 实际处理率						
中心城市	%		51.56	79.70	82.50	85.10
中心城区	%		62.18	81.60	83.80	86.18
南浔区	%			67.20	73.80	77.90
3. 日综合污水处理量						
中心城市	万吨		5.66	12.08	13.90	15.16
中心城区	万吨		5.66	10.48	12.10	13.04
南浔区	万吨			1.60	1.80	2.10
八、住宅面积						
1. 总面积						
中心城市	万平方米	1272.00	1493.40	1687.50	1745.22	2070.16
中心城区（含织里）	万平方米	1006.00	1204.10	1356.40	1394.12	1673.53
织　里	万平方米	70.30	96.50	136.50	152.50	235.74
南浔区	万平方米	203.00	284.80	331.10	351.10	396.63
2. 人均面积						
中心城市	平方米	32.0	35.9	39.8	40.3	41.4
中心城区（含织里）	平方米	29.5	34.5	38.1	38.3	39.7
织　里	平方米	29.3	37.1	39.0	41.2	42.9
南浔区	平方米	29.3	42.5	49.0	50.9	50.9

注：以上数据除人均住宅面积只以常住人口计算外，其余数据以总人口和常住人口两个口径统计，括号内为常住人口。2016 年起，由于口径调整，实际处理率调整为集中式处理率。

中心城市建设情况

2014年	2015年	2016年	2017年	2018年	2019年	2020年
24.05	24.71	26.29	26.66	28.87		
20.90	21.61	23.08	23.46	25.55		
4.38	4.80	5.98	5.50	4.56		
3.15	3.10	3.21	3.20	3.33		
27.5	27.5	27.5	27.5	27.0	29	37
24.5	24.5	24.5	24.5	24.0		
3.0	3.0	3.0	3.0	3.0		
93.66	93.80	94.25	94.66	96.66	97.91	98.3
94.70	95.14	95.66	95.35	96.66		
86.50	89.56	89.86	93.57	96.66		
18.02	20.56	22.30	21.94	23.53	24.55	
15.84	18.20	19.76	19.35	20.52		
2.18	2.36	2.54	2.59	3.01		
2705.97	2891.80	3025.30				
2209.75	2368.69					
316.38	343.53					
496.22	535.11					
51.74	54.77	56.60				
50.22	53.47					
54.55	59.23					
59.79	63.70					

11-3 主要年份

	单位	1990 年	1995 年	2000 年	2005 年	2008 年
一、工业废水						
工业废水排放总量	万吨	8326	5519	8830	9518	10706
二、工业废气						
工业废气排放总量	亿标立米	264.00	316.00	458.00	1214.06	1398.56
工业二氧化硫排放量	吨	53602	58813	58508	60688	48823
工业烟（粉）尘排放量	万吨	94300	59600	151300	39500	33179
三、工业固体废物						
工业固体废物产生量	万吨	79.90	109.02	87.19	203.01	232.61
工业固体废物综合利用量	万吨	33.45	51.74	81.95	199.70	227.90
工业固体废物利用率	%			93.99	98.37	99.00
四、工业锅炉、炉窑数						
工业锅炉数	台	1307	318	343	357	466
工业炉窑数	座	279	99	202	159	216
五、环境质量（市区）						
建成区区域环境噪声平均值	分贝			56.8	56.7	58.6
城市环境空气质量标准级别	级				2	2
城市水域功能区水质达标率	%				53.30	68.90
城市集中式饮用水源地水质达标率	%				96.20	97.50

环境保护情况

2009年	2010年	2014年	2015年	2016年	2017年	2018年	2019年	2020年
10518	10888	10020	8611	8532	8470	8280	7786	6069
1591.42	1647.91	1978.86	2100.89	1983.23	2497.12	2341.77	2163.86	2465.68
58695	50976	36521	38149	28298	22117	18757	15298	5575
29290	24082	31655	28855	19565	15039	14289	11223	8618
225.62	210.94	185.93	191.50	174.01	212.43	246.04	249.59	268.20
225.30	211.28	179.60	187.44	172.70	211.35	245.32	248.91	268.18
96.86	96.49	96.59	97.87	99.25	99.25	99.64	99.69	99.97
470	459	552	511	518	471	439	438	368
258	288	389	408	361	338	339	553	411
54.7	54.3	53.2	53.0	52.9	53.7	51.5	55.3	54.8
2	2	未达到二级	未达到二级	未达到二级	劣二级	劣二级	二级	二级
77.30	94.44	100.00	100.00	100.00	100.00	100.00	100.00	100.00
98.30	84.85	100.00	100.00	100.00	100.00	100.00	100.00	100.00

11-4 分县区

	单位	全　市	吴兴区
一、水环境			
1. 废水排放总量	万吨	20930.98	867.99
工业废水排放量	万吨	6071.01	867.99
城镇生活污水排放量	万吨	14859.98	
2. 化学需氧量（COD）排放量	吨	21528.14	333.97
工业废水中 COD 排放量	吨	1948.83	333.97
农业 COD 排放量	吨		
城镇生活污水中 COD 排放量	吨	19579.31	
3. 氨氮排放量	吨	2270.37	14.97
工业废水中氨氮排放量	吨	39.95	14.97
农业废水中氨氮排放量	吨		
生活污水中氨氮排放量	吨	2230.42	
二、大气环境			
1. 工业废气排放总量	亿标立米	2465.68	450.96
2. 二氧化硫（SO_2）排放量	吨	5592.10	440.14
工业 SO_2 排放量	吨	5574.57	440.14
城镇生活 SO_2 排放量	吨	17.53	
集中式治理设施 SO_2 排放量	吨		
3. 氮氧化物排放量	吨	24083.35	667.18
工业氮氧化物排放量	吨	11828.26	667.18
城镇生活氮氧化物排放量	吨	68.61	
集中式治理设施氮氧化物排放量	吨		
机动车氮氧化物排放量	吨	12186.48	

南浔区	德清县	长兴县	安吉县	南太湖新区
1005.45	913.84	2096.09	994.75	192.90
1005.45	913.84	2096.09	994.75	192.90
303.73	227.51	433.85	210.45	62.35
303.73	227.51	433.85	210.45	62.35
2.41	4.14	9.83	1.50	1.29
2.41	4.14	9.83	1.50	1.29
407.41	297.72	1172.27	69.16	68.17
557.61	1170.84	2950.39	410.68	44.91
557.61	1170.84	2950.39	410.68	44.91
1324.01	1464.31	7835.47	423.50	113.80
1324.01	1464.31	7835.47	423.50	113.80

续 1

	单位	全　市	吴兴区
4. 颗粒物排放量	吨	8828.03	1488.35
工业颗粒物排放量	吨	8618.41	1488.35
城镇生活颗粒物排放量		55.79	
集中式治理设施颗粒物排放量	吨		
机动车颗粒物排放量	吨	153.83	
5. 城市空气质量达到优良天数的比率	%	87.7	86.0
三、固体废物			
1. 一般工业固体废物产生量	万吨	268.20	50.18
一般工业固体废物综合利用量	万吨	268.18	50.15
一般工业固体废物综合利用率	%	99.97	99.94
2. 危险废物产生量	吨	254512.11	29295.51
危险废物利用处置量量	吨	255452.70	29352.13
危险废物利用处置率	%	99.81	99.62
危险废物本年末贮存量	吨	1159.13	690.02
四、工业锅炉			
工业锅炉数	台	368	42
工业炉窑数	座	411	54
五、工业污染治理投资			
工业污染源治理投资	万元	70983.80	16.80
#治理废水	万元	410.00	
治理废气	万元	70511.80	16.80
治理其他	万元	62.00	
完成环保验收项目环保投资	万元	544896.02	21159.09

南浔区	德清县	长兴县	安吉县	南太湖新区
1299.12	2998.03	2422.80	257.20	152.90
1299.12	2998.03	2422.80	257.20	152.90
89.4	91.8	89.6	94.5	88.0
42.47	48.87	94.44	18.80	13.45
42.46	48.86	94.46	18.80	13.45
99.93	99.99	99.98	99.99	100.00
35384.39	35322.71	115469.30	22173.15	16867.05
35805.54	35213.42	115747.09	22142.75	17191.78
99.89	99.69	99.90	99.86	99.57
105.87	109.29	128.02	30.40	95.53
87	77	54	95	13
39	94	141	53	30
64015.00		3496.00	3456.00	
210.00			200.00	
63743.00		3496.00	3256.00	
62.00				
12147.08	42773	138191.95	318724	11900.9

11-5 分县

	单位	全　市	吴兴区
全年水资源总量	万立方米	598459	81173
＃地表水资源量	万立方米	583622	77819
地下水资源量	万立方米	116571	16776
地表水和地下水资源重复量	万立方米	101734	13422
人均水资源	立方米	1775	798
供水总量	万立方米	124391	25024
用水总量	万立方米	124391	25024
＃农田灌溉	万立方米	59332	9113
林牧渔畜	万立方米	15997	3629
工业	万立方米	20794	3976
居民生活	万立方米	16374	4610
城镇公共用水	万立方米	9399	2891
生态环境补水	万立方米	2495	805
水库数量	座	156	22
＃大中型水库	座	11	1
水库总库容	万立方米	88224	11099
水库蓄水量	万立方米		
＃大中型水库	万立方米	17899	3168

区水利情况

南浔区	德清县	长兴县	安吉县	△市区
64021	99534	144544	209187	145194
56974	95098	144544	209187	134793
14554	19859	27137	38245	31330
7507	15423	27137	38245	20929
1178	1812	2142	3563	930
25429	24499	30029	19410	50453
25429	24499	30029	19410	50453
12752	12094	16005	9368	21865
3805	3696	2843	2024	7434
3651	4632	5502	3033	7627
3038	2416	3547	2763	7648
1276	1433	1874	1925	4167
907	228	258	297	1712
	18	35	81	22
	1	4	5	1
	15369	19955	41801	11099
	3751	3569	7411	3168

11-6 历年气象资料

年份	平均气温（摄氏度）	最低气温（摄氏度）	最高气温（摄氏度）	年降雨天数（天）	年降水总量（毫米）	年日照总时数（小时）
1978	16.2	−3.5	38.9	119	761.7	2137.6
1979	16.0	−9.3	36.6	125	985.5	2191.9
1980	15.1	−7.3	37.8	152	1529.4	1917.4
1981	15.4	−6.7	36.1	153	1555.3	1726.6
1982	15.7	−6.4	36.4	149	1150.0	1720.9
1983	15.7	−5.6	38.5	141	1708.4	1782.4
1984	15.3	−8.0	36.4	140	1313.3	1860.9
1985	15.7	−5.8	37.0	152	1411.5	1715.4
1986	15.7	−6.0	37.4	125	1205.1	1980.8
1987	15.9	−5.4	36.8	147	1491.2	1948.9
1988	16.0	−5.3	38.9	126	1075.7	1987.6
1989	15.9	−3.6	36.3	152	1471.5	1841.5
1990	16.7	−6.0	38.1	158	1365.1	1969.0
1991	15.8	−8.5	37.7	152	1345.2	1822.0
1992	15.9	−4.2	38.3	133	1113.0	2013.3
1993	15.7	−5.7	36.5	149	1637.5	1802.4
1994	17.1	−2.4	37.5	147	1055.1	1984.9
1995	16.1	−4.5	37.8	118	1168.7	1978.5
1996	15.9	−5.3	35.8	145	1422.1	1753.8
1997	16.6	−4.8	36.0	152	1064.3	1698.1
1998	17.3	−5.8	38.2	149	1557.3	1805.0
1999	16.3	−6.8	35.8	183	1780.6	1465.0
2000	16.9	−5.4	35.7	141	1023.3	1613.3
2001	16.9	−4.9	38.0	143	1267.4	1682.3
2002	17.0	−3.8	37.1	152	1514.3	1466.1
2003	16.8	−5.4	39.1	134	938.6	1741.8
2004	16.9	−5.7	37.7	116	1126.1	1859.0
2005	16.5	−6.6	37.7	124	1075.4	1788.3
2006	17.2	−5.7	37.5	127	1042.9	1735.8
2007	17.4	−3.9	37.9	131	1195.4	1827.6
2008	16.6	−6.5	37.8	142	1465.0	1865.6
2009	17.1	−7.1	39.2	136	1235.0	1918.1
2010	16.6	−5.5	38.9	143	1312.4	1975.3
2011	16.3	−6.9	37.8	134	930.4	1880.2
2012	16.3	−5.7	38.2	159	1608.6	1810.2
2013	17.3	−5.8	40.9	119	1075.8	2048.5
2014	16.8	−5.5	36.2	143	1443.6	1756.5
2015	16.8	−5.5	38.8	161	1548.8	1586.8
2016	17.5	−8.8	39.6	164	2115.6	1651.1
2017	17.6	−4.7	40.7	152	1267.3	1862.2
2018	17.6	−7.8	37.7	158	1496.8	1819.1
2019	17.5	−2.1	39.0	139	1448.2	1636.9
2020	17.7	−6.6	38.0	163	1798.5	1550.4

11-7 分县区林业建设情况

	单位	全 市	吴兴区	南浔区	德清县	长兴县	安吉县	△市区
年末有林地面积	公顷	288911	34696	7048	41169	70750	135248	41744
#人工造林	公顷	932	196	139	139	168	290	
森林覆盖率	%	48.15	38.19	9.95	42.65	47.42	70.22	
活立木总蓄积量	万立方米	861.14	144.78	19.91	97.30	233.63	365.52	164.68
森林蓄积量	万立方米	798.40	134.47	8.53	81.21	224.12	350.08	143.00
自然保护区个数	个	3				2	1	
#国家级自然保护区	个	2				1	1	
自然保护区面积	公顷	1650				408	1242	
生态保护小区个数	个							
生态保护小区面积	公顷							
湿地示范区个数	个							
湿地示范区面积	公顷							
本年完成营林投资额	万元	28372	1223	10119	4651	5245	7134	11342

11-8 主要年份民政与社会福利事业

	单位	2005年	2010年	2014年	2015年	2016年	2017年	2018年	2019年	2020年
一、婚姻登记情况										
结婚登记	对	16463	20927	22437	21112	20326	20082	18479	16849	15622
内地居民准予登记结婚	对	16421	20904	22384	21068	20287	20044	18426	16797	15593
#初婚人数	人	28438	24398	34891	34967	30944	29241	28624	23590	22168
再婚人数	人	4488	6354	8257	9391	7430	7809	8227	7210	9076
#恢复结婚	人	298	1276	2020	1136	2843	3038	1544	2794	1274
涉外及华侨港澳台居民登记结婚	对	42	23	53	44	39	38	53	52	29
离婚登记	对	3326	5209	6317	6353	7197	8096	7531	7751	7408
#内地居民准予离婚	对	3323	5201	6317	6353	7186	8093	7521	7739	7401
二、社会救济情况										
城镇居民最低生活保障家庭数	户	4210	5663	3735	3673	4138	4190	3307	2707	2595
城镇居民最低生活保障人数	人	7637	10159	5931	5687	6265	6449	5735	3621	3428
城镇临时救济人数	人	8281	5288	2256	4339	5757	4327	1503	7144	4634
农村居民最低生活保障家庭数	户	15278	19454	16815	15137	18577	20475	15723	15543	13593
农村居民最低生活保障人数	人	29386	35585	28076	25051	30370	32884	24531	24601	22266
农村临时救济人数	人	44034	16152	8651	18422	14539	12364	1699		
三、社会福利事业										
社会福利机构数	个	79	82	98	53	100	129	138	167	181
福利机构床位数	张	4978	10052	12110	9030	17348	20993	21957	28656	30570
1. 国家办光荣院数	个	2	3	2	2	3	3	3	1	
职工人数	人	3	14	5	4	4	2	2	2	
床位数	张	20	81	48	36	39	39	37	36	
年末收养人数	人	8	27	7	6	6	11	11	1	
2. 社会福利院数	个	4	5	12	11	12	11	4	3	2
职工人数	人	55	118	233	154	193	222	112	89	78
床位数	张	485	1782	2109	2511	2921	2975	1538	558	544
年末收养人数	个	299	590	871	742	958	1050	533	238	214
3. 城镇收养性老年福利机构	个	10	12	14	19	25	24	30	40	62
职工人数	人	163	179	124	456	537	704	797	993	1711
床位数	张	1170	2386	1976	3935	5178	5955	6965	8423	12802
年末收养人数	人	575	1020	727	1227	1986	2107	2588	2967	3589
4. 农村收养性老年福利机构	个	63	62	85	94	72	69	71	88	116
职工人数	人	277	320	379	359	448	509	643	514	3426
床位数	张	3303	5803	9643	11389	10644	113423	11687	14068	17012
年末收养人数	人	2400	2715	2500	2070	3014	2370	2609	2574	4890
5. 社区服务设施数	个	153	966	4130	2042	2237	2294	2661		

11-9 分县区民政与社会福利事业

	单位	全　市	吴兴区	南浔区	德清县	长兴县	安吉县	△市区
一、婚姻登记情况								
结婚登记	对	15622	3958	2269	2378	4203	2785	6256
内地居民准予登记结婚	对	15593	3958	2269	2378	4203	2785	6227
#初婚人数	人	22168	5531	3176	3411	6250	3767	8740
再婚人数	人	9076	2385	1362	1345	2156	1803	3772
#恢复结婚	人	1274	376	175	191	289	243	551
涉外及华侨.港澳台居民登记结婚	对	29						29
离婚登记	对	7408	1997	1043	1122	1714	1525	3047
#内地居民准予离婚	对	7401	1997	1043	1122	1714	1525	3040
二、社会救济情况								
城镇居民最低生活保障家庭数	户	2595	774	405	290	479	346	1480
城镇居民最低生活保障人数	人	3428	979	539	375	617	498	1938
城镇临时救济人数	人	4634	928	1305	527	919	606	2582
农村居民最低生活保障家庭数	户	13593	1291	2759	1624	4179	3458	4332
农村居民最低生活保障人数	人	22266	2187	4586	3066	6625	5346	7229
农村临时救济人数	人							
三、社会福利事业								
社会福利机构数	个	181	18	22	34	49	50	48
福利机构床位数	张	30570	5733	4533	5533	7091	5402	12544
1. 国家办光荣院数	个							
职工人数	人							
床位数	张							
年末收养人数	人							
2. 社会福利院数	个	2			1			1
职工人数	人	78			50			28
床位数	张	544			380			164
年末收养人数	个	214			172			42
3. 城镇收养性老年福利机构	个	62	11	1	14	9	22	17
职工人数	人	1711	359	36	212	649	252	598
床位数	张	12802	1935	400	3206	2310	3122	4164
年末收养人数	人	3589	968	121	616	399	500	2074
4. 农村收养性老年福利机构	个	116	7	21	19	40	28	29
职工人数	人	3426	101	170	51	2865	230	280
床位数	张	17012	3798	4133	1947	4781	2280	8004
年末收养人数	人	4890	345	733	206	2990	610	1084
5. 社区服务设施数	个							

11-10 主要年份社会保险

	单位	2005年	2010年	2014年	2015年	2016年	2017年	2018年	2019年	2020年
一、基本养老保险										
基本养老保险参保人数	万人	47.37	74.10	127.39	133.33	135.55	143.84	151.82	161.71	169.67
#企业	万人	25.15	43.53	62.23	65.41	68.29	73.25	79.08	84.55	89.16
机关事业	万人	6.77	7.28	8.24	8.14	10.34	9.84	10.16	10.38	10.59
其他	万人	15.45	23.29	56.91	59.78	56.93	60.75	62.58	66.78	69.92
基本养老保险缴费人数	万人	33.67	56.40	99.19	90.78	94.45	98.80	103.48	110.53	116.78
#企业	万人	18.15	36.04	53.66	56.16	58.77	63.67	69.18	74.25	78.28
机关事业	万人	4.93	5.05	5.43	5.51	6.86	6.60	6.71	6.82	6.96
其他	万人	10.59	15.31	40.09	29.12	28.82	28.53	27.58	29.47	31.55
基本养老保险金发放额	亿元	10.20	22.00	68.62	88.97	110.01	130.40	147.79	164.92	180.94
二、农村养老保险										
年末在保人数	万人	9.14	7.92	3.09						
本年保险金收入	万元	69	148	43						
本年保险金支出	万元	33	435	166						
年末积累基金总额	万元	4654	3971	1881						
三、医疗保险										
城镇职工基本医疗保险参保人数	万人	30.37	60.08	104.14	111.01	116.95	124.78	135.18	144.77	154.79
城乡居民基本医疗保险参保人数	万人			160.32	151.95	147.52	143.57	139.55	133.02	130.98
四、工伤保险										
工伤保险参保人数	万人	17.57	59.33	75.53	75.88	78.33	83.57	95.19	112.73	129.81
五、生育保险										
生育保险参保人数	万人	13.83	40.75	60.28	62.85	66.33	71.64	75.68	80.06	115.42
六、失业保险										
失业保险参保人数	万人	22.21	40.84	61.62	64.49	65.61	72.32	77.17	82.70	87.97
发放失业保险金人次	万人次	6.71	4.88	9.63	9.50	5.55	4.87	8.40	9.03	8.64
发放失业保险金额	万元	2778	3154	12367	15812	6668	5903	11590	12451	11910

注：2015年起，农村养老保险停止开展,已和城乡居民养老合并。

11-11　分县区社会保险

	单位	全　市	市　区	德清县	长兴县	安吉县
一、基本养老保险						
年末参保人数（含离退休人员）	人	1696729	667342	334550	375921	318916
#企业	人	891581	376418	166895	188757	159511
机关事业	人	105939	53314	16086	19037	17502
其他	人	699209	237610	151569	168127	141903
年末参保人数（不含离退休人员）	人	1173213	456861	226489	260793	229070
#企业	人	782766	312802	145447	171596	152921
机关事业	人	71738	35915	10904	12902	12017
其他	人	318709	108144	70138	76295	64132
年末缴费人数	人	1167836	455583	222994	260550	228709
#企业	人	782766	312802	145447	171596	152921
机关事业	人	69568	34637	10616	12659	11656
其他	人	315502	108144	66931	76295	64132
本年保险金发放额	万元	1809434	810302	347150	367006	284976
#企业	万元	468867	286959	85727	74495	21686
机关事业	万元	279165	141158	44213	51244	42550
其他	万元	1061402	382185	217210	241267	220740
二、被征地农民生活保障						
年末参保人数	人	73917	53393		19621	903
领取基本生活保障补助金人数	人	55389	38114		16386	889
三、城乡居民养老保险						
参保人数	万人	51.72	25.77	5.79	11.52	8.64
领取养老金人数	万人	33.08	16.80	4.49	6.82	4.97
本年养老金发放额	亿元	12.48	6.01	1.95	2.50	2.02
四、其他养老保险						
年末农民工参加城镇职工养老保险人数	万人	77.56	26.46	16.10	18.76	16.24
五、城镇职工基本医疗保险						
年末参保人数	万人	154.79	61.48	31.18	36.55	25.58
六、工伤保险						
年末参保人数	人	1298148	515857	243629	289556	249106
年末享受人数	人	9466	3710	1975	1919	1862
全年工伤认定人数	人	9224	3758	2161	1970	1335
七、生育保险						
年末参保人数	人	1154222	455941	220441	261713	216127
年末享受人数（人次）	人	32593	14742	4101	6341	7409
八、其他医疗保险						
参加企业医疗保险人数	万人	154.79	61.48	31.18	36.55	25.58
九、城乡居民基本医疗保险						
年末参保人数	万人	130.98	60.16	17.40	28.20	25.22
十、失业保险						
失业保险参保人数	人	879729	368649	158804	184893	167383
发放失业保险金人次	人次	86385	39691	17639	14621	14434
发放失业保险金额	万元	11910	5725	2340	1921	1924

11-12 历年住房公积金情况

单位：亿元

年份	年末正常缴存人数（万人）	全年归集额	年末归集余额	全年贷款发放额	年末贷款余额
1998	15.94	0.95	2.16	0.13	0.12
1999	17.20	1.29	3.41	0.93	1.01
2000	14.90	1.75	4.59	1.69	2.48
2001	15.02	2.33	6.37	2.36	4.42
2002	11.59	2.98	8.45	3.06	6.66
2003	10.91	4.48	11.36	3.74	9.06
2004	11.59	6.07	14.70	5.50	12.60
2005	12.59	7.96	18.97	7.53	17.08
2006	13.63	10.12	23.95	8.29	21.28
2007	15.02	11.44	24.99	9.89	23.71
2008	16.32	13.88	33.30	9.47	28.61
2009	17.16	16.30	37.15	14.15	34.61
2010	18.65	19.65	45.77	15.00	42.10
2011	20.85	22.95	58.20	16.30	51.54
2012	22.86	27.23	70.80	16.33	60.02
2013	24.58	29.70	83.06	22.53	74.24
2014	26.38	33.36	97.64	25.79	92.98
2015	28.32	38.59	108.86	41.23	121.79
2016	30.47	43.22	121.55	57.84	142.01
2017	33.76	48.22	133.13	35.43	157.17
2018	37.79	55.37	148.40	24.32	163.66
2019	43.88	65.69	170.62	34.71	179.58
2020	47.82	83.10	198.67	51.04	197.04

11-13　分县区住房公积金情况

	单位	全　市	吴兴区	南浔区	德清县	长兴县	安吉县	△市区
年末正常缴存人数	万人	47.82	15.82	5.52	8.98	9.66	7.84	21.34
本年归集额	亿元	83.10	34.10	8.09	13.30	14.81	12.80	42.19
年末归集余额	亿元	198.67	79.95	19.56	33.23	36.34	29.59	99.51
本年贷款发放额	亿元	51.04	20.43	2.16	9.91	10.48	8.06	22.59
年末贷款余额	亿元	197.04	89.65	10.12	30.85	37.72	28.70	99.77
本年末公积金运用率	%	99.18	112.13	51.74	92.85	103.81	97.00	100.26

11-14 主要年份社会治安

	单位	2005年	2010年	2014年	2015年	2016年	2017年	2018年	2019年	2020年
一、一般以上道路交通事故										
事故次数	次	2847	1256	941	942	865	856	839	786	744
死亡人数	人	484	361	301	301	300	284	272	258	242
受伤人数	人	3296	1329	867	862	787	781	719	655	616
经济损失	万元	527	254	187	137	139	138	134	116	107
二、公安刑事案件										
立案件数	件	21391	19816	19063	24271	17894	12277	11654	11576	11699
补立年前案件数	件	702	681	951	684	508	397	543	901	726
破　案	件	12170	11540	12144	11184	8142	5329	5307	4420	4191
破案年前案件	件	2361	4120	6464	5348	3467	1895	2117	1808	897
破案外省区市案件	件	1594	782	862	480	202	315	632	55	60
直接受害人	人	19336	15259	11775	16245	12710	9161	9459	9239	8580
#死亡	人	283	213	195	195	237	217	205	201	201
受伤	人	479	494	364	429	411	280	258	172	242
财物损失价值	万元	8839	7788	9281	10597	11230	8598	9017	10133	22703
三、法　院										
刑事案件立案数	件			4570	4669	4783	3757	4021	3879	3368
犯罪人数	人			5631	5613	6449	5018	4674	5416	4294
#青少年人数	人			1408	1212	1314	1018	808	846	750
民事案件发案数	件			31430	36296	34832	38696	34999	31398	30039
四、消　防										
大小火灾	起	293	116	2234	1155	719	709	607	367	285
火灾损失折款	万元	486	408	4615	2372	2107	1797	1389	1104	898
火灾死亡人数	人	5	9	2			4	1		

注：2013年起大小火灾为全口径统计数据。

11-15 分县区社会治安

	单位	全　市	吴兴区	南浔区	德清县	长兴县	安吉县	△市区
一、一般以上道路交通事故								
事故次数	次	744	217	115	115	100	125	404
死亡人数	人	242	47	40	38	55	45	104
受伤人数	人	616	203	92	95	52	107	362
经济损失	万元	107	21	25	24	18	12	53
二、公安刑事案件								
立案件数	件	11699	2515	2081	1514	2283	1593	6309
补立年前案件数	件	726	34	163	201	181	60	284
破　案	件	4191	771	714	568	671	718	2234
破案年前案件	件	897	284	87	340	99	56	402
破案外省区市案件	件	60		56	4			56
直接受害人	人	8580	2174	1612	1218	1452	1069	4841
#死亡	人	201	9	45	28	32	47	94
受伤	人	242	28	125	41	10	16	175
财物损失价值	万元	22703	1845	5496	2211	5237	1646	13610
三、法　院								
刑事案件立案数	件	3368	805	494	390	516	632	196
犯罪人数	人	4294	992	702	443	719	796	642
#青少年人数	人	750	152	175	83	118	107	115
民事案件发案数	件	30039	5818	4004	4440	6035	5096	1992
四、消　防								
大小火灾	起	285	62	40	50	48	49	138
火灾损失折款	万元	898	216	175	154	151	169	425
火灾死亡人数	人							

注：大小火灾为全口径统计数据。

11-16 主要年份档案馆情况

	单位	2005年	2008年	2010年	2014年	2015年	2016年	2017年	2018年	2019年	2020年
一、馆藏全部档案											
全 宗	个	1093	890	912	1070	1089	1102	1117	1129	1136	1166
案 卷	卷	256132	544112	647051	846958	592557	619322	697153	1048805	1171473	1525790
案卷排架长度	米	4623	6206	6718	8483	7599	8116	8608	10776	11511	13167
以件为单位档案	件	13490	97662	131608	656397	762973	940894	1138317	1241687	1321849	1584992
以件为单位档案排架长度	米	49	194	270	1531	1727	1877	2114	2294	2577	2952
录音.录像.影片档案	盘	1199	1432	1425	1164	1168	1183	1241	3446	3454	4256
照片档案	张	16763	32206	43583	40738	42665	52804	66599	75901	99594	120158
底 图	张	322	322	322	322	322	322	322	322	322	8182
微缩卷片	米	13	22	13	13	13	13	13	13	13	13
磁 带	盘	46	47	57	98	101	101	134	134	134	134
光 盘	盘	81	390	463	1219	1229	1439	1520	1612	1987	1987
二、本年进馆档案											
案 卷	卷	9510	14334	88416	110080	84923	26714	75922	350965	121644	337446
以件为保管单位档案	件				165614	106093	177486	180353	181283	76467	248543
照片档案	卷	3778	15221	5020	555	2127	10100	11278	9302	23535	23327
征集档案	卷	160	871	1065	597	16	51			2339	3698
光 盘	盘				7	3	59	95	18	338	
接受寄存档案	卷	1292		16133	4441	12169	15915	21250	453	115509	
三、本年移出档案	卷				6	12	5	7	6	7	20
四、馆藏资料册数	册	70843	81773	92321	108981	110597	112188	116035	117369	120581	130776
五、本年利用档案资料											
利用档案人次	人次	15231	10966	13522	22033	20849	19482	19057	34908	14019	12165
利用档案卷次	卷次	30428	74744	37739	114576	51134	82759	71658	132373	158785	308517
六、档案馆面积											
总建筑面积	平方米	9114	15306	25132	25932	27195	42348	42348	42348	42348	42148
#库 房	平方米	7155	6606	7307	7337	7537	12140	12140	12140	12240	12709
综合面积	平方米	1959	8700	17825	18595	19658	30208	30208	30208	30108	29808

11-17　分县区档案馆基本情况

	单位	全 市	吴兴区	南浔区	德清县	长兴县	安吉县	△市区
档案馆个数	个	6	1	1	1	1	1	3
一、馆藏全部档案								
全　宗	个	1166	69	67	199	181	198	588
案　卷	卷	1525790	139927	114635	305527	196329	141632	882302
案卷排架长度	米	13167	600	821	3089	2176	1537	6365
以件为单位档案	件	1584992	84847	170713	622529	271854	217897	472712
以件为单位档案排架长度	米	2952	100	148	1344	470	655	483
录音.录像.影片档案	盘	4256	19	2276	682	880	11	2683
照片档案	张	120158	12858	62616	13964	13052	3418	89724
底　图	张	8182				8182		
微缩卷片	米	13						13
磁　带	盘	134				13		121
光　盘	盘	1987	96	232		918	94	975
二、本年进馆档案								
案　卷	卷	337446	118514	1346	59363	94789	452	182842
以件为保管单位档案	件	248543	8088	39880	92737	48448	13166	94192
照片档案	卷	23327		17040	473			22854
征集档案	卷	3698		81				3698
光　盘	盘							
接受寄存档案	卷							
三、本年移出档案	卷	20			20			
四、馆藏资料册数	册	130776	1904	2378	20381	35352	21821	53222
五、本年利用档案资料								
利用档案人次	人次	12165	186	1777	3316	4632	1425	2792
利用档案卷次	卷次	308517	202	1080	51005	62612	181152	13748
六、档案馆面积								
总建筑面积	平方米	42148	2048	4800	6600	7000	5200	23348
#库　房	平方米	12709	890	800	1619	1000	2400	7690
综合面积	平方米	29808	1158	4000	5350	6000	2800	15658

11-18 主要年份标准计量、质量监督情况

	单位	2005年	2008年	2010年	2014年	2015年	2016年	2017年	2018年	2019年	2020年
一、机构与人员											
机构数	个	17	14	14	14	18	14	19	22	68	37
年末在职人员数	人	257	221	250	243	1093	1091	1121	1123	1918	2087
二、经费收入	万元	3522	5143	7734	9749	14653	16378	42587	30050	52472	77491
#财政拨款	万元	874	1787	2291	4617	25799	27500	38753	37892	51056	71941
行政事业性收费	万元	449	1698	4731	4562	654	854	367		96	47
经营收入	万元	1069	1657	712	621	105	230	627	683	1320	1038
三、固定资产总额	万元	7242	8032	9721	7180	26067	25409	39009	41467	58456	59247
#仪器设备	万元	1315	1700	2939	2471	1223	1268	7238	6870	4122	5016
四、业务情况											
计量器具检定总数	台件	43433	88702	129459	148884	175197	647725	202119	215743	216787	236528
#长度鉴定	台件	6692	8033	9436	13127	13065	11941	11653	10511	10627	6958
温度鉴定	台件	2840	11120	2910	9709	10454	11722	11145	12826	10789	9173
力学鉴定	台件	28883	53807	67368	75162	122194	169500	164459	174745	188301	207128
#衡器	台件	3971	9600	9200	10633	10647	12087	11407	22907	12961	11793
电　磁	台件	41	2174	38165	44739	1543	2411	2350	2179	2211	4901
化　学	台件	1001	3919	4196	1892	4671	2747	4360	3802	2547	2562

11-19　分县区标准计量、质量监督基本情况

	单位	全　市	吴兴区	南浔区	德清县	长兴县	安吉县	△市区
一、机构与人员								
机构数	个	37	4	3	6	8	7	8
年末在职人员数	人	2087	240	226	340	403	314	526
二、经费收入	万元	77491	10393	8210	12319	10294	17466	37412
#财政拨款	万元	71941	10393	8210	11809	9925	16970	33238
行政事业性收费	万元	47			47			
经营收入	万元	1038				369	496	172
三、固定资产总额	万元	59247	3251	5103	5362	11018	7628	
#仪器设备	万元	5016	289	445	533	1642	587	
四、业务情况								
计量器具检定总数	台件	236528			28943	29360	23257	154968
#长度鉴定	台件	6958			593	964	1176	4225
温度鉴定	台件	9173			2086	2072	1664	3351
力学鉴定	台件	207128			24334	23737	20125	138932
#衡器	台件	11793			2920	2836	2580	3457
电　磁	台件	4901				257	8	4636
化　学	台件	2562			1728	183	284	367

十二、长三角城市主要经济指标

12-1 长三角各城市主要经济指标（一）

	单位	杭州市	宁波市	温州市	嘉兴市	湖州市
土地面积	平方公里	16850	9816	12110	4223	5820
年末总人口	万人	1196.5	942.0	958.7	541.1	337.2
生产总值（GDP）	亿元	16105.8	12408.7	6870.9	5509.5	3201.4
第一产业增加值	亿元	326.2	338.4	159.8	124.2	140.5
第二产业增加值	亿元	4820.5	5693.9	2834.5	2861.1	1587.6
第三产业增加值	亿元	10959.07	6376.38	3876.56	2524.25	1473.29
人均生产总值（按常住人口计算）	元	136617	132614	71766	102541	95579
居民人均可支配收入	元	61879	59952	54025	54667	51800
城镇居民人均可支配收入	元	68666	68008	63481	64124	61743
农村居民人均可支配收入	元	38700	39132	32428	39801	37244
居民消费价格指数	%	102.1	101.9	102.0	102.4	102.3
固定资产投资额增幅	%	6.8	5.5	4.9	3.0	6.6
#工业投资	%	6.9	10.0	22.0	0.3	16.5
房地产开发增幅	%	5.3	6.8	1.5	12.3	7.3
地方财政收入	亿元	2093.39	1510.79	601.98	598.80	336.56
财政支出	亿元	2069.66	1742.03	1027.17	712.18	484.42
金融机构本外币存款余额	亿元	54246.47	23988.18	15270.38	10742.60	5956.58
金融机构本外币贷款余额	亿元	49799.28	25451.63	13639.11	10166.70	5940.01
全社会用电量	亿千瓦时	807.97	832.15	449.48	549.10	302.23
#工业用电量	亿千瓦时	409.19	603.17	253.35	431.41	217.68
实到外资	亿美元	72.02	24.68	3.27	26.47	12.06
进出口总额	亿元	5934.16	9786.88	2189.74	3052.32	1132.17
#出口额	亿元	3693.23	6406.97	1878.09	2273.18	1025.79
社会消费品零售总额	亿元	5972.83	4238.26	3497.79	2141.11	1424.43

12-1 长三角各城市主要经济指标（二）

	单位	绍兴市	金华市	舟山市	台州市	上海市
土地面积	平方公里	8279	10942	1459	10050	6341
年末总人口	万人	529.1	706.2	115.9	662.7	2487.1
生产总值（GDP）	亿元	6000.7	4704.0	1512.1	5262.7	38700.6
第一产业增加值	亿元	219.3	157.2	152.9	294.8	103.6
第二产业增加值	亿元	2711.8	1814.0	590.2	2298.2	10289.5
第三产业增加值	亿元	3069.64	2732.79	769.02	2669.73	28307.54
人均生产总值（按常住人口计算）	元	113746	67329	130130	79889	155768
居民人均可支配收入	元	56600	50580	55830	50643	72232
城镇居民人均可支配收入	元	66694	61545	63702	62598	76437
农村居民人均可支配收入	元	38696	30365	39096	32188	34911
居民消费价格指数	%	102.4	102.4	101.9	102.1	101.7
固定资产投资额增幅	%	6.7	4.2	1.5	4.2	10.3
#工业投资	%	3.2	5.4	16.3	-7.8	15.9
房地产开发增幅	%	9.1	2.4	6.0	13.7	11.0
地方财政收入	亿元	543.52	423.25	159.20	401.24	7046.30
财政支出	亿元	667.16	703.41	312.69	700.12	8102.11
金融机构本外币存款余额	亿元	10933.47	11240.30	2539.99	10630.31	155865.06
金融机构本外币贷款余额	亿元	10134.87	10013.63	2773.76	9872.25	84643.04
全社会用电量	亿千瓦时	453.40	403.77	103.38	348.85	1575.96
#工业用电量	亿千瓦时	343.99	261.48	64.42	224.55	769.46
实到外资	亿美元	7.21	3.25	4.02	3.63	202.33
进出口总额	亿元	2578.28	4866.59	1667.31	1898.48	34828.47
#出口额	亿元	2386.36	4613.25	588.10	1760.86	13725.36
社会消费品零售总额	亿元	2322.50	2611.93	532.78	2396.07	15932.50

12-1 长三角各城市主要经济指标（三）

	单位	南京市	无锡市	常州市	苏州市	南通市
土地面积	平方公里	6587	4627	4372	8657	8001
年末总人口	万人	932.0	746.4	528.0	1275.0	772.8
生产总值（GDP）	亿元	14818.0	12370.5	7805.3	20170.5	10036.3
第一产业增加值	亿元	296.8	128.1	164.3	196.4	458.7
第二产业增加值	亿元	5214.4	5751.2	3616.2	9385.6	4765.9
第三产业增加值	亿元	9306.80	6491.19	4024.87	10588.47	4811.76
人均生产总值（按常住人口计算）	元	159322	165851	147939	158466	129900
居民人均可支配收入	元	60606	57589	52080	62582	42608
城镇居民人均可支配收入	元	67553	64714	60529	70966	52484
农村居民人均可支配收入	元	29621	35750	32364	37563	26141
居民消费价格指数	%	102.4	102.3	102.5	102.2	102.4
固定资产投资额增幅	%	6.6	6.1	0.2	6.6	5.8
#工业投资	%	11.0	13.3	-19.8	27.4	6.9
房地产开发增幅	%	5.2	-0.6	16.7	-0.5	37.5
地方财政收入	亿元	1637.70	1075.70	616.60	2303.00	639.30
财政支出	亿元	1754.62	1214.92	726.34	2263.58	1080.50
金融机构本外币存款余额	亿元	40056.45	19400.95	12544.59	37683.85	15535.34
金融机构本外币贷款余额	亿元	38189.99	15303.43	10259.02	35197.87	12154.89
全社会用电量	亿千瓦时	632.94	759.53	522.62	1523.34	477.29
#工业用电量	亿千瓦时	338.88	569.39	400.18	1170.57	323.52
实到外资	亿美元	45.15	36.21	27.17	55.40	27.12
进出口总额	亿元	5340.21	6075.60	2417.25	22321.43	2627.08
#出口额	亿元	3398.92	3547.05	1796.93	12941.49	1792.61
社会消费品零售总额	亿元	7203.03	2994.36	2421.36	7701.98	3370.40

12-1 长三角各城市主要经济指标（四）

	单位	盐城市	扬州市	镇江市	泰州市	合肥市	芜湖市
土地面积	平方公里	16931	6591	3840	5787	11445	6009
年末总人口	万人	671.1	456.1	321.1	451.7	937.0	365.0
生产总值（GDP）	亿元	5953.4	6048.3	4220.1	5312.8	10045.7	3753.0
第一产业增加值	亿元	661.2	307.1	149.5	307.1	332.3	161.6
第二产业增加值	亿元	2379.4	2786.4	1988.6	2541.1	3579.5	1787.3
第三产业增加值	亿元	2912.79	2954.88	2081.96	2464.57	6133.89	1804.18
人均生产总值（按常住人口计算）	元	88731	132784	131580	117542	108427	102964
居民人均可支配收入	元	33707	38843	46180	39701	41619	36829
城镇居民人均可支配收入	元	40403	47202	54572	49103	48283	44588
农村居民人均可支配收入	元	23670	24813	28402	24615	24282	24473
居民消费价格指数	%	102.3	102.5	102.4	102.9	102.3	102.7
固定资产投资额增幅	%	-7.4	-1.5	3.0	0.2	4.7	6.2
#工业投资	%	-22.5	-31.4	11.0	-5.5	-5.1	1.4
房地产开发增幅	%	21.3	19.8	-0.6	42.1	-0.6	0.9
地方财政收入	亿元	400.10	337.27	311.74	375.20	762.90	331.37
财政支出	亿元	974.16	668.33	498.91	627.68	1164.80	485.38
金融机构本外币存款余额	亿元	8426.78	7691.30	6384.66	8022.45	18675.31	4712.96
金融机构本外币贷款余额	亿元	6969.34	6293.32	6133.63	6440.66	18166.57	4101.48
全社会用电量	亿千瓦时	358.22	264.66	267.05	306.88	382.55	206.78
#工业用电量	亿千瓦时	242.02	174.54	192.23	221.14	189.98	146.71
实到外资	亿美元	10.12	14.70	7.88	14.94	35.95	30.37
进出口总额	亿元	824.62	770.20	722.44	1014.01	2597.25	584.70
#出口额	亿元	554.47	580.03	512.21	665.37	1580.76	337.40
社会消费品零售总额	亿元	2216.12	1379.29	1141.93	1333.26	4513.76	1584.35

12-1 长三角各城市主要经济指标（五）

	单位	马鞍山市	铜陵市	安庆市	滁州市	池州市	宣城市
土地面积	平方公里	4044	2992	13525	13516	8365	12313
年末总人口	万人	216.0	131.0	417.0	399.0	134.0	250.0
生产总值（GDP）	亿元	2186.9	1003.7	2467.7	3032.1	868.9	1607.5
第一产业增加值	亿元	99.2	56.4	240.3	271.7	88.3	161.7
第二产业增加值	亿元	1045.4	455.5	1066.5	1477.8	382.8	758.5
第三产业增加值	亿元	1042.34	491.71	1160.86	1282.57	397.79	687.34
人均生产总值（按常住人口计算）	元	101011	75748	58684	76087	64843	64301
居民人均可支配收入	元	42392	29568	24647	25711	26404	30746
城镇居民人均可支配收入	元	51804	41180	35947	36051	35671	42134
农村居民人均可支配收入	元	25421	17102	15567	15732	17323	18928
居民消费价格指数	%	102.8	103.0	102.7	102.4	102.5	102.4
固定资产投资额增幅	%	8.4	0.6	7.0	10.1	5.5	6.7
#工业投资	%	3.1	2.2	3.4	-2.0	-0.7	-3.7
房地产开发增幅	%	2.0	1.4	12.7	8.0	1.6	14.2
地方财政收入	亿元	169.54	81.76	141.59	226.02	66.91	168.4
财政支出	亿元	264.79	182.48	482.40	462.94	177.80	324.8
金融机构本外币存款余额	亿元	2778.85	1649.25	3763.51	3146.53	1233.86	2189.9
金融机构本外币贷款余额	亿元	2261.34	1396.68	2616.78	3020.56	860.90	1762.1
全社会用电量	亿千瓦时	213.90	97.89	120.47	214.63	83.32	148.1
#工业用电量	亿千瓦时	176.99	78.24	71.11	155.73	64.76	107.3
实到外资	亿美元	28.15	4.34	3.44	15.97	4.56	12.9
进出口总额	亿元	402.29	527.14	130.12	267.56	71.86	134.4
#出口额	亿元	172.53	66.07	102.90	202.15	16.28	124.6
社会消费品零售总额	亿元	795.79	350.33	1128.39	1182.59	406.33	626.62